CB049290

FICHA CATALOGRÁFICA
(Preparada na Editora)

Kardec, Allan,1804-1869.

K27l   *O Livro dos Médiuns* / Allan Kardec; tradução de Salvador
Gentile, revisão de Elias Barbosa. Araras, SP, IDE, 86ª edição, 2008.

352 p.

Tradução de: Le Livre des Médiums, 31ª Édition de française.

1. Espiritismo I. Gentile, Salvador, 1927-   II. Barbosa,
Elias, 1934-2011. III. Título.

CDD -133.9
-133.91
-133.901 3
-236.2

Índices para catálogo sistemático:

1. Espiritismo 133.9
2. Espíritos: Comunicações mediúnicas: Espiritismo 133.91
3. Vida depois da Morte: Espiritismo 133.901 3
4. Estado Futuro do Homem (Vida depois da Morte) 236.2

ESPIRITISMO EXPERIMENTAL

O Livro dos Médiuns

OU

GUIA DOS MÉDIUNS E DOS EVOCADORES

CONTENDO

O ENSINAMENTO ESPECIAL DOS ESPÍRITOS SOBRE A TEORIA DE TODOS OS GÊNEROS DE MANIFESTAÇÕES, OS MEIOS DE COMUNICAÇÃO COM O MUNDO INVISÍVEL, O DESENVOLVIMENTO DA MEDIUNIDADE, AS DIFICULDADES E OS ESCOLHOS QUE SE PODEM ENCONTRAR NA PRÁTICA DO ESPIRITISMO.

EM CONTINUAÇÃO DE

O LIVRO DOS ESPÍRITOS

POR

ALLAN KARDEC

Título do original:
LE LIVRE DES MÉDIUMS
31ª edição francesa

© 1987, Instituto de Difusão Espírita

86ª edição - abril/2008
24ª reimpressão - novembro/2023

Conselho Editorial:
Doralice Scanavini Volk
Wilson Frungilo Júnior

Tradução:
Salvador Gentile

Revisão:
Elias Barbosa

Coordenação:
Jairo Lorenzeti

Revisão de texto:
Mariana Frungilo Paraluppi

Capa:
César França de Oliveira

Diagramação:
Maria Isabel Estéfano Rissi

Parceiro de distribuição:
Instituto Beneficente Boa Nova
Fone: (17) 3531-4444
www.boanova.net
boanova@boanova.net

INSTITUTO DE DIFUSÃO ESPÍRITA - IDE
Rua Emílio Ferreira, 177 - Centro
CEP 13600-092 - Araras/SP - Brasil
Fones (19) 3543-2400 e 3541-5215
CNPJ 44.220.101/0001-43
Inscrição Estadual 182.010.405.118
www.ideeditora.com.br
editorial@ideeditora.com.br

Todos os direitos estão reservados.
Nenhuma parte desta
obra pode ser reproduzida
ou transmitida por qualquer forma e/ou
quaisquer meios (eletrônico ou mecânico,
incluindo fotocópia e gravação) ou
arquivada em qualquer sistema
ou banco de dados sem permissão,
por escrito, da Editora.

SUMÁRIO

INTRODUÇÃO

A experiência nos confirma todos os dias, nesta opinião, que as dificuldades e as decepções, que se encontram na prática do Espiritismo, têm sua fonte na ignorância dos princípios desta ciência, e estamos felizes por termos constatado que o trabalho que fizemos, para premunir os adeptos contra os escolhos do noviciado, produziu seus frutos, e que muitos deveram à leitura atenta desta obra ter podido evitá-los.

Um desejo bem natural, entre as pessoas que se ocupam com o Espiritismo, é o de poderem entrar, elas mesmas, em comunicação com os Espíritos; é para aplainar-lhes o caminho que esta obra está destinada, em as fazendo aproveitar o fruto dos nossos longos e laboriosos estudos, porque far-se-ia uma ideia muito falsa pensando que, para ser perito nesta matéria, basta saber colocar os dedos sobre uma mesa para fazê-la girar ou tomar do lápis para escrever.

Enganar-se-ia, igualmente, quem cresse encontrar, nesta obra, uma receita universal e infalível para formar médiuns. Conquanto cada um encerre, em si mesmo, o germe das qualidades necessárias para tornar-se médium, essas qualidades não existem senão em graus muito diferentes, e seu desenvolvimento provém de causas que não dependem de ninguém fazê-las nascer à vontade. As regras da poesia, da pintura e da música não fazem nem poetas, nem pintores e nem músicos daqueles que não lhes têm o gênio: elas guiam no emprego de faculdades naturais. Ocorre o mesmo com o nosso trabalho; seu objetivo é indicar os meios de desenvolver a faculdade medianímica tanto quanto o permitam as disposições de cada um e, sobretudo, dirigir-lhe o emprego de maneira útil quando a faculdade existe. Mas nisso não está a finalidade única a que nos propusemos.

Ao lado dos médiuns propriamente ditos, há a multidão, que

aumenta todos os dias, de pessoas que se ocupam com as manifestações espíritas; guiá-las em suas observações, assinalar-lhes os escolhos que podem e devem, necessariamente, encontrar em uma coisa nova, iniciá-las na maneira de conversar com os Espíritos, indicar-lhes os meios de terem boas comunicações, tal é o círculo que devemos abranger, sob pena de fazermos uma coisa incompleta. Não será, pois, surpreendente encontrar em nosso trabalho informações que, à primeira vista, poderiam parecer-lhe estranha: a experiência mostrará sua utilidade. Depois de havê-lo estudado com cuidado, compreender-se-á melhor os fatos que se vier a testemunhar; a linguagem de certos Espíritos parecerá menos estranha. Como instrução prática, não se dirige, pois, exclusivamente aos médiuns, mas a todos aqueles que são capazes de ver e de observar os fenômenos espíritas.

Algumas pessoas teriam desejado que publicássemos um manual prático muito sucinto, contendo em poucas palavras a indicação dos procedimentos a seguir para entrar em comunicação com os Espíritos; elas pensam que um livro dessa natureza, podendo, pela modicidade do seu preço, ser distribuído em profusão, seria um meio poderoso de propaganda, em multiplicando os médiuns; quanto a nós, veríamos uma tal obra, como mais nociva do que útil, ao menos no momento. A prática do Espiritismo está cercada de muitas dificuldades, e não está sempre isenta de inconvenientes, que só um estudo sério e completo pode prevenir. Seria, pois, de temer que uma indicação, muito sucinta, provocasse experiências feitas com leviandade, e das quais se poderia ter motivo para arrependimento; estas são coisas com as quais não é nem *conveniente*, nem prudente brincar, e creríamos prestar um mau serviço, colocando-as à disposição do primeiro estouvado que encontrasse prazer em conversar com os mortos. Nós nos dirigimos às pessoas que veem no Espiritismo uma finalidade séria, que lhe compreendem toda a gravidade, e não fazem dele jogo de comunicações com o mundo invisível.

Publicamos uma *Instrução Prática* com a finalidade de guiar os médiuns; essa obra hoje está esgotada e, embora feita com um objetivo eminentemente grave e sério, não a reimprimiremos, porque não a achamos ainda bastante completa para esclarecer sobre todas as dificuldades que se podem encontrar. Nós a substituímos por esta, na qual reunimos todos os dados que uma longa experiência e um estudo conscencioso nos orientou para adquirir. Ela contribuirá, pelo menos o esperamos, para dar ao Espiritismo o caráter sério que é sua essência e para evitar de se ver nele um objeto de ocupação frívola e de divertimento.

A estas considerações acrescentaremos outra muito importante e que é a má impressão que produz sobre certas pessoas novatas ou mal dispostas, a visão de experiências feitas levianamente e sem conhecimento de causa; elas têm o inconveniente de darem, do mundo dos Espíritos, uma ideia muito falsa e se prestarem à zombaria e a uma crítica frequentemente fundada; por isso, os incrédulos saem dessas reuniões raramente convertidos e pouco dispostos a verem um lado sério no Espiritismo. A ignorância e a leviandade de certos médiuns causaram mais dano do que se crê à opinião de muitas pessoas.

O Espiritismo fez grandes progressos desde alguns anos, mas fez imensos depois que entrou na senda filosófica, porque foi apreciado por pessoas esclarecidas. Hoje, não é mais um espetáculo: é uma doutrina da qual não se riem mais os que zombavam das mesas girantes. Em fazendo nossos esforços para conduzi-lo e mantê-lo nesse terreno, temos a convicção de conquistar-lhe mais partidários úteis do que em provocando, a torto e a direito, manifestações das quais se poderia abusar. Disso temos, todos os dias, a prova pelo número de adeptos que faz tão-somente a leitura de *O Livro dos Espíritos*.

Após termos exposto em *O Livro dos Espíritos* a parte filosófica da ciência espírita, damos, nesta obra, a parte prática para uso daqueles que querem se ocupar das manifestações, seja para si mesmos, seja para se inteirarem dos fenômenos que podem ser chamados a ver. Nela, verão os escolhos que se podem encontrar e terão, assim, um meio de evitá-los. Essas duas obras, embora fazendo continuação uma à outra, até certo ponto, são independentes; mas a todo aquele que quiser se ocupar seriamente da coisa, diremos para ler primeiro *O Livro dos Espíritos*, porque contém os princípios fundamentais, sem os quais certas partes desta obra seriam talvez dificilmente compreendidas.

Melhoramentos importantes foram trazidos à segunda edição, muito mais completa do que a primeira. Ela foi corrigida com cuidado todo particular pelos Espíritos, que lhe acrescentaram um grande número de notas e de instruções do mais alto interesse. Como eles tudo revisaram, aprovaram ou modificaram à sua vontade, pode-se dizer que, em grande parte, a obra é sua, porque sua intervenção não se limitou a alguns artigos assinados; não indicamos os nomes senão quando isso nos pareceu necessário para caracterizar certas citações ou passos extensas, como emanadas deles textualmente; de outra forma nos teria sido preciso citá-los quase a cada página, notadamente em todas as respostas dadas às questões propostas, o que não nos pareceu útil. Os nomes, como se sabe, importam pouco em semelhante matéria; o essencial é que o conjunto do trabalho responda à finalidade a que nos propusemos. A acolhida dada à primeira edição, conquanto imperfeita, faz-nos esperar que esta não o será com menos favor.

Como nela acrescentamos muitas coisas e vários capítulos inteiros, suprimimos alguns artigos que tinham duplo emprego, entre outros a *Escala espírita* que já se encontra em *O Livro dos Espíritos*. Suprimimos igualmente no *Vocabulário* o que não entrava especialmente no plano desta obra e que se acha utilmente substituído por coisas mais práticas. Por outra parte, este vocabulário não era bastante completo; nós o publicaremos mais tarde, separadamente, sob a forma de um pequeno dicionário de filosofia espírita; dele só conservamos as palavras novas ou especiais relativas ao objeto de que nos ocupamos.

PRIMEIRA PARTE / **NOÇÕES PRELIMINARES**

CAPÍTULO I

HÁ ESPÍRITOS?

1. A dúvida concernente à existência dos Espíritos tem por causa primeira a ignorância da sua verdadeira natureza. Geralmente, são imaginados como seres à parte na criação e cuja necessidade não está demonstrada. Muitos não os conhecem senão pelos contos fantásticos com que foram embalados, mais ou menos como se conhece a história pelos romances; sem indagar se esses contos, apartados dos acessórios ridículos, repousam sobre um fundo de verdade, só o lado absurdo os impressiona; não se dando ao trabalho de tirar a casca amarga, para descobrir a amêndoa, rejeitam o todo, como fazem, na religião, aqueles que, chocados com certos abusos, confundem tudo na mesma reprovação.

Qualquer que seja a ideia que se faça dos Espíritos, essa crença está necessariamente fundada na existência de um princípio inteligente fora da matéria e é incompatível com a negação absoluta deste princípio. Tomamos, pois, nosso ponto de partida na existência, sobrevivência e individualidade da alma, da qual o *Espiritualismo* é a demonstração teórica e dogmática, e o *Espiritismo,* a demonstração patente. Façamos, por um instante, abstração das manifestações propriamente ditas e, raciocinando por indução, vejamos a quais consequências chegaremos.

2. Desde o momento que se admite a existência da alma e sua individualidade após a morte, é preciso admitir também: 1º, que ela é de uma natureza diferente da do corpo, uma vez que separada dele não lhe tem mais as propriedades; 2º, que goza da consciência de si mesma, uma vez que se lhe atribui a alegria ou o sofrimento; de outro modo, seria um ser inerte e o mesmo valeria para nós não tê-la. Isto admitido, a alma vai para alguma parte; em que se torna ela e aonde vai? Segundo

a crença comum, ela vai para o céu ou para o inferno; mas onde estão
o céu e o inferno? Dizia-se, antigamente que o céu estava em cima e
o inferno embaixo; mas o que é o alto e o baixo no Universo uma vez
que se conhece a redondeza da Terra, o movimento dos astros que faz
com que o que é o alto em um momento dado, torna-se o baixo em doze
horas, e o infinito do espaço no qual o olhar mergulha, indo a distâncias
incomensuráveis? É verdade que, por lugares baixos, entende-se também as profundezas da Terra; mas em que se tornaram essas profundezas desde que foram pesquisadas pela Geologia? Em que se tornaram,
igualmente, essas esferas concêntricas chamadas céu de fogo, céu de
estrelas, desde que se sabe que a Terra não é o centro dos mundos, que
nosso Sol, ele mesmo, não é senão um dos milhões de sóis que brilham
no espaço, sendo, cada um, o centro de um turbilhão planetário? Em
que se tornou a importância da Terra, perdida nessa imensidade? Por
qual privilégio injustificável esse grão de areia imperceptível, que não se
distingue nem por seu volume, nem por sua posição, nem por um papel
particular, seria o único povoado por seres racionais? A razão se recusa
a admitir essa inutilidade do Infinito, e tudo nos diz que esses mundos
são habitados. Se são povoados, eles fornecem, pois, seu contingente ao
mundo das almas; mas, ainda uma vez, em que se tornam essas almas,
já que a Astronomia e a Geologia destruíram as moradas que lhes eram
assinaladas, e, sobretudo, depois que a teoria tão racional da pluralidade
dos mundos as multiplicou ao infinito? A doutrina da localização das almas, não podendo estar de acordo com os dados da ciência, uma outra
doutrina mais lógica lhes assinala por domínio, não um lugar determinado e circunscrito, mas o espaço universal: é todo um mundo invisível
no meio do qual vivemos, que nos rodeia e nos acotovela sem cessar. Há
nisso uma impossibilidade, alguma coisa que repugne à razão? De modo
algum; tudo nos diz, ao contrário, que não pode ser de outra forma.
Mas, então, em que se tornam as penas e as recompensas futuras, se
lhes tirais os lugares especiais? Notai que a incredulidade, com respeito
a essas penas e recompensas, está geralmente provocada porque se as
apresentam em condições inadmissíveis; mas dizei, em lugar disso, que
as almas tiram sua felicidade ou sua infelicidade de si mesmas; que sua
sorte está subordinada ao seu estado moral e que a reunião das almas
simpáticas e boas é uma fonte de felicidade; que, segundo seu grau de
depuração, penetram e entreveem as coisas que se apagam diante das
almas grosseiras, e todo mundo o compreenderá sem dificuldade; dizei
ainda que as almas não chegam ao grau supremo senão pelos esforços
que fazem por se melhorarem e depois de uma série de provas que se
prestam à sua depuração; que os anjos são as almas que alcançaram o
último degrau, o qual todos podem atingir com a boa vontade; que os

anjos são os mensageiros de Deus, encarregados de velar pela execução dos seus desígnios em todo o Universo, que são felizes com suas missões gloriosas, e dareis à sua felicidade um fim mais útil e mais atraente do que aquele de uma contemplação perpétua, que não seria outra coisa senão uma inutilidade perpétua; dizei, enfim, que os demônios não são senão as almas dos maus ainda não depurados, mas que podem chegar a ser como as outras e isso parecerá mais, conforme a justiça e a bondade de Deus do que a doutrina de seres criados para o mal e perpetuamente devotados ao mal. Ainda uma vez, eis aí o que a razão mais severa, a lógica mais rigorosa, o bom senso, em uma palavra, podem admitir.

Ora, essas almas que povoam o espaço são precisamente o que se chamam *Espíritos*; os *Espíritos* não são, pois, outra coisa senão as almas dos homens despojadas do seu envoltório corporal. Se os Espíritos fossem seres à parte, sua existência seria hipotética; mas se se admite que há almas, é preciso também admitir os Espíritos que não são senão as almas; se se admite que as almas estão por toda parte, é preciso admitir igualmente que os Espíritos estão por toda a parte. Não se poderia, pois, negar a existência dos Espíritos sem negar a das almas.

3. Isso, é verdade, não é senão uma teoria mais racional do que a outra; mas já é muito que uma teoria não contradiga nem a razão nem a ciência; se, além do mais, ela está corroborada pelos fatos, tem para si a sanção do raciocínio e da experiência. Esses fatos, nós os encontramos no fenômeno das manifestações espíritas, que são, assim, a prova patente da existência e da sobrevivência da alma. Mas, entre muitas pessoas, aí se detém a prova; admitem bem a existência da alma e, por conseguinte, a dos Espíritos, mas negam a possibilidade de se comunicar com eles, pela razão, dizem, de que seres imateriais não podem agir sobre a matéria. Essa dúvida está fundada na ignorância da verdadeira natureza dos Espíritos, da qual se faz, geralmente, uma ideia muito falsa, porque são imaginados erradamente como seres abstratos, vagos e indefinidos, o que não são.

Imaginemos primeiro, o Espírito em sua união com o corpo; o Espírito é o ser principal, já que é o ser *pensante e sobrevivente*; o corpo, pois, não é senão um *acessório* do Espírito, um envoltório, uma veste que ele deixa quando está estragada. Além desse envoltório material, o Espírito tem um segundo, semimaterial, que o une ao primeiro; na morte, o Espírito se despoja deste, mas não do segundo ao qual damos o nome de *perispírito*. Esse envoltório semimaterial, que afeta a forma humana, constitui, para ele, um corpo fluídico, vaporoso, mas que, por ser-nos invisível em seu estado normal, não deixa de possuir algumas das propriedades da matéria. O Espírito não é, pois, um ponto, uma abstração, mas um ser limitado e circunscrito, ao qual não falta senão ser visível e palpável, para assemelhar-se aos seres humanos. Por que, pois, não agiria sobre a matéria? Por que seu corpo é fluídico? Mas não é entre os fluidos, os mais rarefeitos, aqueles que se consideram como imponderáveis, a eletricidade, por exemplo, que o homem acha seus mais poderosos motores? É que a luz imponderável não exerce uma ação química sobre a matéria ponderável? Nós não conhecemos a natureza íntima do perispírito; mas supondo-o formado de matéria elétrica ou outra tão sutil, por que não teria a mesma propriedade, estando dirigido por uma vontade?

4. A existência da alma e a de Deus, que são a consequência uma da outra, sendo a base de todo o edifício, antes de iniciar alguma discussão espírita, importa assegurar-se de que o interlocutor admite esta base. Se a estas questões:

Credes em Deus?

Credes ter uma alma?

Credes na sobrevivência da alma após a morte? – ele responde negativamente ou mesmo se diz simplesmente: *Eu não sei, gostaria que fosse assim, mas não estou seguro disso,* o que, o mais frequentemente equivale a uma negação polida, disfarçada sob uma forma menos cortante para evitar ferir, muito bruscamente, o que ele chama de preconceitos respeitáveis; seria tão inútil ir além quanto tentar demonstrar as propriedades da luz a um cego que não admitisse a luz; porque, em definitivo, as manifestações espíritas não são outra coisa senão os efeitos das propriedades da alma; com estas, há uma ordem diferente de ideias a seguir, se não se quer perder tempo.

Se a base está admitida, não a título de *probabilidade,* mas como coisa averiguada, incontestável, a existência dos Espíritos dela decorre muito naturalmente.

5. Resta agora a questão de saber se o Espírito pode se comunicar com o homem, quer dizer, se pode trocar pensamentos com ele. E por que não? O que é o homem senão um Espírito aprisionado em um corpo? Por que o Espírito livre não poderia se comunicar com o Espírito cativo, como o homem livre com o que está aprisionado? Desde que admitais a sobrevivência da alma, é racional não admitir a sobrevivência das afeições? Uma vez que as almas estão por toda parte, não é natural pensar que a de um ser que nos amou durante a vida venha para perto de nós, que deseja se comunicar conosco e que se sirva, para isso, dos meios que estão à sua disposição? Durante sua vida não agia sobre a matéria do seu corpo? Não era ela quem lhe dirigia os movimentos? Por que, pois, após a morte, de acordo com um outro Espírito ligado a um corpo, não emprestaria esse corpo vivo para manifestar seu pensamento, como um mudo pode se servir de um falante, para fazer-se compreender?

6. Façamos, por um instante, abstração dos fatos que, para nós, tornam a coisa incontestável; admitamo-la a título de simples hipótese; peçamos que os incrédulos nos provem, não por uma simples negação, porque sua opinião pessoal não pode fazer lei, mas por razões peremptórias, que isso não é possível. Nós nos colocamos no seu terreno, e uma vez que querem apreciar os fatos espíritas com a ajuda das leis da matéria, que tomem, pois, nesse arsenal, alguma demonstração matemática, física, química, mecânica, fisiológica e provem por *a* mais *b*, sempre partindo do princípio da existência e da sobrevivência da alma:

1º Que o ser que pensa em nós durante a vida, não deve mais pensar após a morte;

2º Que, se pensa, não deve mais pensar naqueles que amou;

3º Que, se pensa naqueles que amou, não deve mais querer se comunicar com eles;

4º Que, se pode estar por toda a parte, não pode estar ao nosso lado;

5º Que, se está ao nosso lado, não pode se comunicar conosco;

6º Que por seu corpo fluídico não pode agir sobre a matéria inerte;

7º Que, se pode agir sobre a matéria inerte, não pode agir sobre um ser animado;

8º Que, se pode agir sobre um ser animado, não pode dirigir sua mão para fazê-lo escrever;

9º Que, podendo fazê-lo escrever, não pode responder às suas perguntas e lhe transmitir seu pensamento.

Quando os adversários do Espiritismo nos tiverem demonstrado que isso não é possível, por razões tão patentes como aquelas pelas quais Galileu demonstrou que não é o Sol que gira ao redor da Terra, então, poderemos dizer que suas dúvidas são fundadas; infelizmente, até este dia, toda a sua argumentação se resume nestas palavras: *Eu não creio, portanto, isso é impossível*. Eles nos dirão, sem dúvida, que cabe a nós provar a realidade das manifestações; nós as provamos pelos fatos e pelo raciocínio; se eles não admitem nem um nem outro, se negam o que veem, cabe a eles provarem que o nosso raciocínio é falso e que os fatos são impossíveis.

CAPÍTULO II

O MARAVILHOSO E O SOBRENATURAL

7. Se a crença nos Espíritos e em suas manifestações fosse uma concepção isolada, o produto de um sistema poderia, com alguma aparência de razão, ser suspeita de ilusão: mas que se nos diga ainda, por que é encontrada tão viva em todos os povos, antigos e modernos, nos livros santos de todas as religiões conhecidas? Dizem alguns críticos, que é porque, em todos os tempos, o homem amou o maravilhoso. O que é, pois, o maravilhoso segundo eles? – O que é sobrenatural? – Que entendeis por sobrenatural? – O que é contrário às leis da Natureza? – Conheceis, pois, tão bem essas leis, que vos é possível assinalar um limite ao poder de Deus? Pois bem! Então, provai que a existência dos Espíritos e suas manifestações são contrárias às leis da Natureza; que não é, nem pode ser, uma dessas leis. Segui a Doutrina Espírita e vede se esse encadeamento não tem todos os caracteres de uma admirável lei, que resolve tudo o que as leis filosóficas não puderam resolver até este dia. O pensamento é um dos atributos do Espírito; a possibilidade de agir sobre a matéria, de impressionar nossos sentidos e, por conseguinte, transmitir seu pensamento, resulta, se podemos nos exprimir assim, da sua constituição fisiológica: portanto, não há, nesse fato, nada de sobrenatural, nada de maravilhoso. Que um homem morto, e bem morto, reviva corporalmente, que seus membros dispersos se reúnam para reformar seu corpo, eis o maravilhoso, o sobrenatural, o fantástico; estaria aí uma verdadeira derrogação que Deus não pode realizar senão por um milagre, mas nada há de semelhante na Doutrina Espírita.

8. Todavia, dir-se-á, admitis que um Espírito pode erguer uma mesa e mantê-la no espaço sem ponto de apoio; não é isso uma derrogação da lei de gravidade? Sim, da lei conhecida; mas a Natureza disse a sua última palavra? Antes que se tivesse experimentado a força ascensional de certos gases, quem teria dito que uma pesada máquina, levando vários homens, pudesse superar a força de atração? Aos olhos do vulgo isso não deveria parecer maravilhoso, diabólico? Aquele que tivesse proposto há um século transmitir um despacho a 500 léguas e de lá receber a resposta em alguns minutos, teria passado por um louco; se o tivesse feito, ter-se-ia acreditado que tinha o diabo às suas ordens, porque, então, só o diabo era capaz de ir tão depressa. Por que, pois, um fluido desconhecido não teria a propriedade, em dadas circunstâncias, de contrabalançar o efeito da gravidade, como o hidrogênio contrabalança o peso do balão? Isso, notemo-lo de passagem, é uma comparação, mas não uma assimilação, e unicamente para mostrar, por analogia, que o fato não é fisicamente impossível. Ora, foi precisamente quando os sábios, na observação dessas espécies de fenômenos, quiseram proceder pela via da assimilação, que eles se enganaram. De resto, o fato está aí; todas as negações não poderão fazer com que não esteja, porque negar não é provar; para nós, não há nada de sobrenatural; é tudo o que podemos, a respeito, dizer no momento.

9. Se o fato está constatado, dirão, nós o aceitamos, aceitamos mesmo a causa que vindes de assinalar, a de um fluido desconhecido; mas, o que prova a intervenção dos Espíritos? Aí está o maravilhoso, o sobrenatural.

Seria preciso aqui toda uma demonstração, que seria inoportuna e teria, aliás, duplo emprego, porque ressalta de todas as outras partes do ensinamento. Contudo, para resumi-la em algumas palavras, diremos que está fundada, em teoria, sobre este princípio: todo efeito inteligente deve ter uma causa inteligente; na prática: sobre a observação de que os fenômenos ditos espíritas, tendo dado provas de inteligência, deviam ter sua causa fora da matéria; que essa inteligência não sendo a dos assistentes, – isto é um resultado da experiência, – deveria estar fora deles; uma vez que não se via o ser operante, era, pois, um ser invisível. Foi então que, de observação em observação, chegou-se a reconhecer que esse ser invisível, ao qual se deu o nome de Espírito, não era outro senão a alma daqueles que viveram corporalmente e que a morte despojou do seu grosseiro envoltório visível, não lhes deixando senão um envoltório etéreo, invisível em seu estado normal. Eis, pois, o maravilhoso e o sobrenatural reduzidos à sua mais simples expressão. A existência de seres invisíveis, uma vez constatada, sua ação sobre a matéria resulta da natureza do seu envoltório fluídico; essa ação é inteligente porque, em morrendo, não perderam senão seus corpos, mas conservaram a inteligência que é sua essência; aí está a chave de todos esses fenômenos considerados erradamente sobrenaturais. A existência dos Espíritos não é, pois, um sistema preconcebido, uma hipótese imaginada para explicar os fatos; é o resultado de observações e a consequência natural da existência da alma; negar essa causa, é negar a alma e seus atributos. Que aqueles que pensam poder dar, desses efeitos inteligentes, uma solução mais racional, podendo, sobretudo, explicar *todos os fatos*, queiram fazê-lo e, então, se poderá discutir o mérito de cada uma.

10. Aos olhos daqueles que olham a matéria como uma única força da natureza, *tudo o que não pode ser explicado pelas leis da matéria é maravilhoso ou sobrenatural* e, para eles, *maravilhoso* é sinônimo de *superstição*. A esse título, a religião, fundada na existência de um princípio imaterial, seria um enredo de superstições; não ousam dizê-lo bem alto, mas o dizem baixinho e creem salvar as aparências, concedendo que é preciso uma religião para o povo e para fazer com que as crianças sejam sábias; ora, de duas coisas, uma: ou o princípio religioso é verdadeiro ou é falso; se é verdadeiro, ele o é para todo o mundo; se é falso, não é melhor para os ignorantes do que para as pessoas esclarecidas.

11. Os que atacam o Espiritismo, em nome do maravilhoso, apoiam-se, pois, geralmente, no princípio materialista, uma vez que, denegando todo efeito extramaterial, denegam, por isso mesmo, a existência da alma; sondai o fundo do seu pensamento, perscrutai bem o sentido das suas palavras e vereis, quase sempre, esse princípio, se ele não está categoricamente formulado, despontar sob as aparências de uma pretensa filosofia racional com que o cobrem. Em rejeitando, por conta do maravilhoso, tudo o que decorre da existência da alma, estão, pois, consequentes consigo mesmos; não admitindo a causa, não podem admitir os efeitos; daí, neles, uma opinião preconcebida que os torna impróprios para julgar sadiamente o Espiritismo, porque partem do princípio da negação de tudo o que não é material. Quanto a nós, do fato de admitirmos os efeitos que são a consequência da existência da alma, se segue que aceitamos todos os fatos qualificados de maravilhosos; que sejamos os campeões de todos os visionários, os adeptos de todas as utopias, de todas as excentricidades sistemáticas? Seria preciso conhecer bem pouco o Espiritismo para pensar assim; mas nossos adversários não o encaram de tão perto; a necessidade de conhecer aquilo de que falam é o menor dos seus cuidados. Segundo eles, o maravilhoso é absurdo; ora, o Espiritismo se apoia nos fatos maravilhosos, portanto, o Espiritismo é absurdo: é, para eles, um julgamento sem apelação. Creem opor um argumento sem réplica quando, depois de ter feito eruditas pesquisas nos convulsionários de Saint-Médard, os calvinistas de Cévennes, ou nas religiosas de Loudum, chegaram a descobrir nelas fatos patentes de fraude que ninguém contesta; mas essas histórias são o evangelho do Espiritismo? Seus partidários negaram que o charlatanismo tenha explorado certos fatos em seu proveito; que a imaginação os tenha criado; que o fanatismo os tenha exagerado muito? Não é mais solidário com as extravagâncias que se podem cometer em seu nome, do que a verdadeira ciência não o é com os abusos da ignorância, nem a verdadeira religião com os excessos do fanatismo. Muitos críticos não julgam o Espiritismo senão sobre os contos de fadas e lendas populares que lhes são as ficções: seria como julgar a história nos romances históricos ou nas tragédias.

12. Em lógica elementar, para se discutir uma coisa, é preciso conhecê-la, porque a opinião de um crítico não tem valor senão quando fale com perfeito conhecimento de causa; só, então, sua opinião, ainda que errônea, pode ser levada em consideração; mas de que peso é ela sobre uma matéria que não conheça? O verdadeiro crítico deve provar não somente erudição, mas um saber profundo no que concerne ao objeto que trate, um julgamento sadio e de uma imparcialidade a toda prova; de outro modo, qualquer rabequista poderia se arrogar o direito de julgar Rossini, e um aprendiz de pintura, o de censurar Rafael.

13. O Espiritismo não aceita, pois, todos os fatos reputados maravilhosos ou sobrenaturais; longe disso, demonstra a impossibilidade de um grande número deles e o ridículo de certas crenças que constituem, propriamente falando, a superstição. É verdade que, no que ele admite, há coisas que, para os incrédulos, são puramente do maravilhoso, ou seja, da superstição; que seja, mas, ao menos, não discuti senão esses pontos, porque sobre os outros não há nada a dizer, e estareis procurando convencer quem já está convertido. Em atacando o que ele mesmo refuta, provais vossa ignorância da coisa e vossos argumentos se perdem. Mas onde se detém a crença do Espiritismo, dir-se-á? Lede, observai e o sabereis. Toda ciência não se adquire senão com tempo e estudo; ora, o Espiritismo, que toca nas mais graves questões da filosofia, a todas as ramificações da ordem social, que abarca, ao mesmo tempo, o homem físico e o homem moral, é, ele próprio, toda uma ciência, toda uma filosofia que não pode ser apreendida em algumas horas, como todas as outras ciências; haveria tanta puerilidade em ver todo o Espiritismo em uma mesa girante como em ver toda a física em certos jogos infantis. Para todo aquele que não quer se deter na superfície, não são preciso horas, mas meses e anos para sondar-lhe todos os arcanos. Que se julgue, por aí, o grau do saber e do valor da opinião daqueles que se arrogam o direito de julgar, porque viram uma ou duas experiências, o mais frequentemente, à guisa de distração e de passatempo. Eles dirão, sem dúvida, que não têm tempo disponível para dar todo o tempo necessário a esse estudo; seja, nada os constrange a isso; mas, então, quando não se tem tempo para aprender uma coisa, não se ocupe em falar sobre ela, menos ainda em julgá-la, se não quiser ser acusado de leviandade; ora, quanto mais se ocupa uma posição elevada na ciência, menos se é desculpável por tratar levianamente um assunto que não se conhece.

14. Nós nos resumimos nas proposições seguintes:

1º Todos os fenômenos espíritas têm por princípio a existência da alma, sua sobrevivência ao corpo e suas manifestações;

2º Estando esses fenômenos fundados sobre uma lei da Natureza, não têm nada de *maravilhoso* nem de *sobrenatural*, no sentido vulgar dessas palavras;

3º Muitos fatos não são reputados sobrenaturais senão porque não se lhes conhece a causa; indicando-lhes o Espiritismo uma causa, os faz entrar no domínio dos fenômenos naturais;

4º Entre os fatos qualificados de sobrenaturais, há muitos que o Espiritismo demonstra a impossibilidade e classifica entre as crenças supersticiosas;

5º Conquanto o Espiritismo reconheça, em muitas crenças populares, um fundo de verdade, não aceita, de nenhum modo, a solidariedade de todas as histórias fantásticas criadas pela imaginação;

6º Julgar o Espiritismo pelos fatos que ele não admite, é provar ignorância e tirar todo valor à sua opinião;

7º A explicação dos fatos admitidos pelo Espiritismo, suas causas e suas consequências morais, constituem toda uma ciência e toda uma filosofia, que requerem um estudo sério, perseverante e aprofundado;

8º O Espiritismo não pode considerar como crítico sério senão aquele que tiver visto tudo, estudado tudo, aprofundado tudo, com a paciência e a perseverança de um observador consciencioso; que soubesse sobre o assunto quanto o adepto mais esclarecido; que tivesse, por conseguinte, haurido seus conhecimentos em outro lugar do que nos romances da ciência; a quem não se pudesse opor *nenhum* fato do qual não tivesse conhecimento, nenhum argumento que não tivesse meditado; que refutasse, não por negação, mas por outros argumentos mais peremptórios; que pudesse, enfim, assinalar uma causa mais lógica para os fatos averiguados. Esse crítico está ainda por se encontrar.

15. Pronunciamos, a toda a hora, a palavra *milagre*; uma curta observação a seu respeito não estará deslocada neste capítulo sobre o maravilhoso.

Em sua acepção primitiva e por sua etimologia, a palavra milagre significa *coisa extraordinária, coisa admirável a ver*; mas esta palavra, como tantas outras, fugiu ao seu sentido original, e hoje se diz (segundo a Academia) *de um ato do poder divino contrário às leis comuns da Natureza*. Tal é, com efeito, sua acepção usual, e não é senão por comparação e por metáfora que se a aplica às coisas vulgares que nos surpreendem e cuja causa é desconhecida. Não entra, de nenhum modo, em nossos objetivos, examinar se Deus pôde julgar útil, em certas circunstâncias, derrogar as leis estabelecidas por Ele mesmo; nosso objetivo é unicamente demonstrar que os fenômenos espíritas, por extraordinários que sejam, não derrogam de nenhum modo essas leis, não têm nenhum caráter miraculoso, nem são maravilhosos ou sobrenaturais. O milagre não explica-se; os fenômenos espíritas, ao contrário, explicam-se da maneira mais racional; não são milagres, mas simples efeitos que têm sua razão de ser nas leis gerais. O milagre tem ainda um outro caráter: o de ser insólito e isolado. Ora, desde o momento em que um fato se reproduz, por assim dizer, à vontade e por diversas pessoas, não pode ser um milagre.

Todos os dias, a Ciência faz milagres aos olhos dos ignorantes; eis porque outrora aqueles que sabiam mais do que o vulgo passavam por feiticeiros e, como se acreditava que toda ciência sobre-humana vinha do diabo, eram queimados. Hoje, quando se está muito mais civilizado, contentam-se em mandá-los ao hospício.

Que um homem realmente morto, como dissemos desde o princípio, seja chamado à vida por uma intervenção divina, eis aí um verdadeiro milagre, porque é contrário às leis da Natureza. Mas se esse homem não tem senão as aparências da morte, se há um resto de *vitalidade latente*, e que a ciência ou uma ação magnética, chega a reanimar, para as pessoas esclarecidas, há um fenômeno natural; mas, aos olhos do vulgo ignorante, o fato passará por miraculoso, e o autor será perseguido a pedradas ou venerado, segundo o caráter dos indivíduos. Que, no meio de certos campos, um físico lance um papagaio elétrico e faça o raio cair sobre uma árvore, e esse novo Prometeu será, certamente, olhado como armado de um poder diabólico; e, diga-se de passagem, Prometeu nos parece singularmente ter precedido Franklin; mas Josué, detendo o movimento do Sol ou, antes, da Terra, eis o verdadeiro milagre, pois não conhecemos nenhum magnetizador dotado de tão grande poder para operar tal prodígio. De todos os fenômenos espíritas, um dos mais extraordinários, senão contradita, é o da escrita direta e um daqueles que demonstram, da maneira mais patente, a ação das inteligências ocultas; mas o fato de que o fenômeno é produzido por seres ocultos, não é mais miraculoso do que todos os outros fenômenos que são devidos a agentes invisíveis, porque esses seres ocultos que povoam os espaços são uma das forças da Natureza, força cuja ação é incessante sobre o mundo material, do mesmo modo que sobre o mundo moral.

O Espiritismo, em nos esclarecendo sobre essa força, nos dá a chave de uma multidão de coisas inexplicadas e inexplicáveis por todo outro meio, e que puderam, nos tempos recuados, passar por prodígios; revela, da mesma forma que o magnetismo, uma lei, senão desconhecida, pelo menos mal compreendida ou, melhor dizendo, conheciam-se os efeitos, porque se produziram em todos os tempos, mas não se conhecia a lei, e foi a ignorância dessa lei que engendrou a superstição. Conhecida a lei, o maravilhoso desaparece e os fenômenos entram na ordem das coisas naturais. Eis por que os espíritos não fazem mais milagre, fazendo girar uma mesa, ou os mortos escrevendo, do que o médico, fazendo reviver um moribundo, ou o físico fazendo cair o raio. Aquele que pretendesse, com a ajuda da ciência, *fazer milagres*, seria ou um ignorante do assunto ou um farsante.

16. Os fenômenos espíritas, da mesma forma que os fenômenos magnéticos, antes que se lhes conhecesse a causa, passaram por prodígios; ora, como os céticos, os espíritos fortes, quer dizer, aqueles que têm o privilégio exclusivo da razão e do bom senso, não creem que uma coisa seja possível desde que não a compreendem, eis porque todos os fatos reputados prodigiosos são objeto de suas zombarias; e como a religião contém um grande número de fatos desse gênero, não creem na religião, e daí à incredulidade absoluta não há senão um passo. O Espiritismo, explicando a maioria desses fatos, dá-lhes uma razão de ser. Ele vem, pois, em ajuda da religião, demonstrando a possibilidade de certos fatos que, por não terem mais o caráter miraculoso, não são menos extraordinários, e Deus não é menos grande, nem menos poderoso, por não ter derrogado suas leis. De quantas zombarias as levitações de São Cupertino foram objeto! Ora, a suspensão etérea dos corpos graves é um fato explicado pela lei espírita; disso fomos *pessoalmente testemunhas ocular*, e o Sr. Home, assim como outras pessoas do nosso conhecimento, repetiram muitas vezes o fenômeno produzido por São Cupertino. Portanto, esse fenômeno entra na ordem das coisas naturais.

17. No número dos fatos desse gênero, é preciso colocar, em primeiro lugar, as aparições, porque são os mais frequentes. A de Salette, que divide mesmo o clero, para nós não tem nada de insólita. Seguramente, não podemos afirmar que o fato ocorreu, porque dele não temos a prova material; mas, para nós, ele é possível, visto que milhares de fatos análogos *recentes* nos são conhecidos. Cremos neles não somente porque sua realidade foi averiguada por nós, mas, sobretudo, porque nos damos perfeitamente conta da maneira pela qual se produzem. Quem quiser se reportar à teoria das aparições, que daremos mais adiante, verá que esse fenômeno se torna tão simples e tão plausível como uma multidão de fenômenos físicos que não são prodigiosos senão por falta de se ter deles a chave. Quanto ao personagem que se apresentou em Salette, é uma outra questão; sua identidade não nos está, de nenhum modo, demonstrada; nós constatamos simplesmente que uma aparição pode ter tido lugar, o resto não é da nossa competência; cada um pode, a esse respeito, guardar suas convicções, o Espiritismo disso não tem que se ocupar; dizemos somente que os fatos produzidos pelo Espiritismo nos revelam leis novas e nos dão a chave de uma multidão de coisas que pareciam sobrenaturais; se alguns daqueles que passavam por miraculosos nele encontram uma explicação lógica, é um motivo para não se apressar em negar o que não se compreende.

Os fenômenos espíritas são contestados por certas pessoas, precisamente porque parecem fugir da lei comum e porque deles não se dão conta. Dai-lhes uma base racional, e a dúvida cessa. A explicação, neste século em que não se pagam as palavras, é, pois, um poderoso motivo de convicção; vemos também todos os dias pessoas que não foram testemunhas de nenhum fato, que não viram nenhuma mesa girar, nenhum médium escrever, e que são tão convencidas quanto nós, unicamente porque leram e compreenderam. Se não devesse crer senão no que se vê com os olhos, nossa convicção se reduziria a bem poucas coisas.

CAPÍTULO III

MÉTODO

18. O desejo natural e muito louvável de todo adepto, desejo que não se saberia mais encorajar, é o de fazer prosélitos. Foi com a finalidade de facilitar sua tarefa que nos propusemos a examinar aqui o caminho mais seguro, a nosso ver, para atingir esse objetivo, a fim de poupar-lhe esforços inúteis.

Dissemos que o Espiritismo é toda uma ciência, toda uma filosofia; aquele que quer seriamente conhecê-lo deve, pois, como primeira condição, sujeitar-se a um estudo sério e persuadir-se de que, como em toda outra ciência, não se pode aprender brincando. O Espiritismo, já o dissemos, toca em todas as questões que interessam à Humanidade; seu campo é imenso e é, sobretudo, em suas consequências que deve ser examinado. A crença nos Espíritos, sem dúvida, forma-lhe a base, mas não basta para fazer um espírita esclarecido, da mesma forma que a crença em Deus não basta para fazer um teólogo. Vejamos, pois, de que maneira é conveniente proceder nessa instrução para levar, mais seguramente, à convicção.

Que os adeptos não se espantem com esta palavra instrução; não é apenas o ensinamento dado do alto do púlpito ou da tribuna: há também o da simples conversação. Toda pessoa que procura persuadir uma outra, seja através de explicações, seja pelo caminho das experiências, ensina; o que desejamos é que seu trabalho frutifique e, por isso, cremos dever dar alguns conselhos, dos quais poderão igualmente aproveitar-se aqueles que desejam se instruir por si mesmos; neles, encontramos o meio de atingir mais seguramente e mais prontamente o objetivo.

19. Crê-se geralmente que, para convencer, basta mostrar os fatos; esse parece, com efeito, o caminho mais lógico, e, todavia, a experiência mostra que não é sempre o melhor, porque vê-se, frequentemente, pessoas às quais os fatos mais patentes não convencem de modo algum. A que se deve isso? É o que vamos tentar demonstrar.

No Espiritismo, a questão dos Espíritos é secundária e consecutiva; não é o ponto de partida e aqui precisamente está o erro em que se cai e que, frequentemente, leva ao fracasso diante de certas pessoas. Os Espíritos, não sendo outra coisa senão a alma dos homens, o verdadeiro ponto de partida, pois, é a existência da alma. Ora, como o materialista pode admitir que os seres vivem fora do mundo material, quando crê que ele mesmo não é senão matéria? Como pode crer em Espíritos fora de si, quando não crê ter um em si? Em vão acumular-se-iam, diante de seus olhos, as provas mais palpáveis; contesta-las-á todas porque não admite o princípio. Todo ensinamento metódico deve partir do conhecido para o desconhecido; para o materialista, o conhecido é a matéria; parti, pois, da matéria, e esforçai-vos antes de tudo, fazendo-o observá-la, de convencê-lo de que matéria existe, mas que haja alguma coisa que escapa às leis da matéria; em uma palavra, *antes de torná-lo Espírita, esforçai-vos em torná-lo Espiritualista*; mas, para isso, há toda uma outra ordem de fatos, um ensinamento todo especial, para o qual é preciso operar por outros meios; falar-lhe dos Espíritos, antes que esteja convencido de ter uma alma, é começar por onde ele deveria acabar, porque não pode admitir a conclusão se não admite as premissas. Antes, pois, de procurar convencer um incrédulo, mesmo pelos fatos, convém assegurar-se da sua opinião com respeito à alma, quer dizer, se crê em sua existência, em sua sobrevivência ao corpo, em sua individualidade após a morte; se sua resposta for negativa, será trabalho perdido falar-lhe dos Espíritos. Eis a regra. Não dizemos que ela seja sem exceção, mas, nesse caso, haverá, provavelmente, uma outra causa que o torne menos refratário.

20. Entre os materialistas, é preciso distinguir duas classes: na primeira, alinhamos aqueles que o são *por sistema*; entre eles, não há a dúvida, mas a negação absoluta, raciocinada à sua maneira; aos seus olhos, o homem não é senão uma máquina que vai enquanto está montada, que se desarranja, e da qual, depois da morte, não resta senão a carcaça. Seu número, felizmente, é muito restrito e não constitui, em nenhuma parte, uma escola altamente reconhecida; não temos necessidade de insistir sobre os deploráveis efeitos que teriam, para a ordem social, a vulgarização de semelhante doutrina; nós nos entendemos suficientemente sobre esse assunto em *O Livro dos Espíritos* (nº 147 e Conclusão, § III).

Quando dissemos que a dúvida cessa nos incrédulos em presença de uma explicação racional, é preciso disso excetuar os materialistas, pelo menos os que negam todo poder e todo princípio inteligente fora da matéria; a maioria se obstina em sua opinião por orgulho e creem seu amor-próprio obrigado a nela persistir; e persistem a despeito de todas provas contrárias, porque não querem se rebaixar.

Com essas pessoas não há nada a fazer; não é preciso mesmo se deixar levar pelas falsas aparências de sinceridade dos que dizem: faça-me ver e crerei. Há os que são mais francos e dizem claramente: veria e não creria.

21. A segunda classe de materialistas, e a mais numerosa, porque o verdadeiro materialismo é um sentimento antinatural, compreende aqueles que o são por indiferença e, pode-se dizer, *por falta de melhor;* não o são de propósito deliberado, e não pedem mais do que crer, porque a incerteza é, para eles, um tormento. Há neles uma vaga aspiração com relação ao futuro; mas esse futuro lhes foi apresentado sob cores que sua razão não pode aceitar; daí a dúvida e, como consequência da dúvida, a incredulidade. Neles, a incredulidade não é, pois, um sistema; apresentai-lhes também alguma coisa racional e a aceitam com ardor; estes podem, pois, compreender-nos, porque estão mais perto de nós do que eles mesmos o creem. Com o primeiro, não falai nem de revelação, nem de anjos, nem de paraíso, pois não vos compreenderia; mas, colocando-vos sobre seu terreno, provai primeiro que as leis da fisiologia são impotentes para explicar tudo; o resto virá em seguida. Ocorre de outra maneira quando a incredulidade não é preconcebida, porque, então, a crença não é absolutamente nula; há um germe latente abafado pelas ervas daninhas, mas que uma centelha pode reviver; é o cego a quem se restitui a vista e que fica feliz em rever a luz; é o náufrago a quem se estende uma tábua de salvação.

22. Ao lado dos materialistas propriamente ditos, há uma terceira classe de incrédulos, se bem que espiritualistas, pelo menos de nome, não tão menos refratários quanto eles: são os *incrédulos de má vontade*. Estes ficariam tristes em crer, porque isso perturbaria sua quietude nos prazeres materiais; temem ver a condenação de sua ambição, de seu egoísmo e das vaidades humanas, de que fazem suas delícias; fecham os olhos para não ver e tapam os ouvidos para não ouvir. Não se pode senão lamentá-los.

23. Não falaremos senão para lembrar de uma quarta categoria, que chamaremos a dos *incrédulos interessados* ou de *má-fé*. Estes sabem muito bem o que devem pensar sobre o Espiritismo, mas, ostensivamente, condenam-no por motivos de interesse pessoal. Nada há a dizer, como nada há a fazer com eles. Se o materialista puro se engana, tem, ao menos, para desculpá-lo, a boa-fé, e se pode conduzi-lo provando seu erro; naqueles, há uma determinação contra a qual todos os argumentos se chocam; o tempo se encarregará de abrir-lhes os olhos e mostrar-lhes, talvez às suas próprias custas, onde estavam seus verdadeiros interesses, porque, não podendo impedir que a verdade se derrame, serão arrastados pela torrente, e com eles, os interesses que acreditavam salvaguardar.

24. Além dessas diversas categorias de opositores, há uma infinidade de nuanças entre as que se pode contar os *incrédulos por pusilanimidade:* a coragem lhes virá quando virem que os outros não se queimam; os *incrédulos por escrúpulos religiosos*: um estudo esclarecido lhes ensinará que o Espiritismo se apoia sobre as bases fundamentais da religião e respeita todas as crenças; que um dos seus efeitos é dar sentimentos religiosos aos que não os têm e fortalecê-los naqueles que estão vacilantes; depois, vêm os incrédulos por orgulho, por espírito de contradição, por negligência, por leviandade, etc., etc.

25. Não podemos omitir uma categoria que chamaremos a dos *incrédulos por decepções*. Compreende as pessoas que passaram de uma confiança exagerada à incredulidade, porque experimentaram decepções; então, desencorajadas, tudo abandonaram, tudo rejeitaram. Estão na situação daqueles que negariam a boa-fé porque foram enganados. É ainda o resultado de um estudo incompleto do Espiritismo e de falta de experiência. Aquele que é mistificado pelos Espíritos, o é, geralmente, porque lhes pede o que não devem ou não podem dizer ou porque não está bem esclarecido sobre o assunto para discernir a verdade da impostura. Muitos, aliás, não veem no Espiritismo senão um novo meio de adivinhação e imaginam que os Espíritos foram feitos para ler a sorte; ora, os Espíritos levianos e zombeteiros não deixam de se divertir às suas custas: assim, anunciarão maridos às jovens; ao ambicioso, honras, heranças, tesouros ocultos, etc.: daí, frequentemente, as decepções desagradáveis, mas das quais o homem sério e prudente sabe sempre se preservar.

26. Uma classe muito numerosa, a mais numerosa mesmo de todas, mas que não pode ser alinhada entre os opositores, é a dos *incertos;* são geralmente *espiritualistas* por princípio e, na maioria, há uma vaga intuição das ideias espíritas, uma aspiração para alguma coisa que não podem definir; não faltam aos seus pensamentos senão serem coordenados e formulados, sendo o Espiritismo, para eles, como um raio de luz: a claridade que dissipa o nevoeiro; também o acolhem com ardor porque os livra da angústia da incerteza.

27. Se, daí, lançarmos o olhar sobre as diversas categorias de *crentes*, encontraremos primeiro *os espíritas sem o saberem;* é, propriamente falando, uma variedade ou uma nuança da classe precedente. Sem jamais terem ouvido falar da Doutrina Espírita, têm o sentimento inato dos grandes princípios que dela decorrem, e esse sentimento se reflete em certas passagens de seus escritos e de seus discursos, a tal ponto que, em os ouvindo, crer-se-ia serem completamente iniciados. Disso se encontram numerosos exemplos nos escritores sacros e profanos, nos poetas, nos oradores, nos moralistas, nos filósofos antigos e modernos.

28. Entre aqueles que um estudo direto convenceu, pode-se distinguir:

1º Os que creem pura e simplesmente nas manifestações. O Espiritismo é para eles uma simples ciência de observação, uma série de fatos mais ou menos curiosos; nós os chamaremos *espíritas experimentadores;*

2º Os que veem no Espiritismo outra coisa além dos fatos; compreendem a sua parte filosófica e admiram a moral que dele decorre, mas não a praticam. Sua influência sobre seu caráter é insignificante ou nula; não mudam nada em seus hábitos, e não se privariam de um só prazer; o avaro é sempre de uma avareza sórdida, o orgulhoso pleno de si mesmo, o invejoso e o ciumento sempre hostis; para eles, a caridade cristã não é senão uma bela máxima; são *os espíritas imperfeitos;*

3º Os que não se contentam em admirar a moral espírita, mas a praticam e aceitam todas as suas consequências. Convencidos de que a existência terrestre é uma prova passageira, esforçam-se por aproveitarem seus curtos instantes, caminhando na única via de progresso que os pode elevar na hierarquia do mundo dos Espíritos, esforçando-se por fazer o bem e reprimir suas más tendências; suas relações são sempre seguras, porque sua convicção os distancia de todo pensamento do mal. A caridade, em todas as coisas, é a regra de sua conduta: são os *verdadeiros espíritas*, ou melhor, os *espíritas cristãos.*

4º Há, enfim, os *espíritas exaltados.* A espécie humana seria perfeita se não tomasse sempre senão o lado bom das coisas. O exagero é nocivo em tudo; em Espiritismo, dá uma confiança muito cega e, frequentemente, pueril nas coisas do mundo invisível, e leva a aceitar, muito facilmente e sem controle, o que a reflexão e o exame demonstrariam a absurdidade ou a impossibilidade; mas o entusiasmo não reflete, deslumbra. Esta espécie de adepto é mais nociva do que útil à causa do Espiritismo; são os menos apropriados a convencer, porque se desconfia, com razão, do seu julgamento; são enganados de boa-fé, seja por Espíritos mistificadores, seja por homens que procuram explorar sua credulidade. Se devessem suportar sozinhos as consequências, não haveria senão meio-mal; o pior é que dão, sem o quererem, armas aos incrédulos que procuram antes as ocasiões de zombar do que se convencer, e não deixam de imputar a todos o ridículo de alguns. Isso, sem dúvida, não é justo nem racional; mas, sabe-se, os adversários do Espiritismo não reconhecem senão sua razão como sendo de bom quilate, e conhecer a fundo aquilo do que falam é o menor dos seus cuidados.

29. Os meios de convicção variam extremamente segundo os indivíduos; o que persuade alguns, não produz nada nos outros; tal é convencido por certas manifestações materiais, tal outro por comunicações inteligentes, a maioria pelo raciocínio.

Podemos mesmo dizer que, para a maioria dos que não estão preparados para o raciocínio, os fenômenos materiais são de pouco peso; quanto mais esses fenômenos são extraordinários e mais se afastam das leis conhecidas, mais encontram oposição e isso por uma razão muito simples: a de ser naturalmente levado a duvidar de uma coisa que não tem sanção racional; cada um a encara sob seu ponto de vista e se explica à sua maneira: o materialista nela vê uma causa puramente física ou uma fraude; o ignorante e o supersticioso, uma causa diabólica ou sobrenatural, ao passo que uma explicação preliminar tem por efeito subtrair as ideias preconcebidas e mostrar, senão a realidade, pelo menos a possibilidade da coisa; compreende-se antes a ter visto; ora, desde o momento em que a possibilidade está reconhecida, a convicção tem três quartas partes feitas.

30. É útil procurar convencer um incrédulo obstinado? Dissemos que isso depende das causas e da natureza da sua incredulidade; frequentemente, a insistência que se põe em persuadi-lo, leva-o a crer em sua importância pessoal, o que lhe é uma razão para mais se obstinar. Aquele que não está convencido nem pelo raciocínio nem pelos fatos, deve suportar ainda a prova da incredulidade; é preciso deixar, à Providência, o cuidado de proporcionar-lhe circunstâncias mais favoráveis; muita gente não pede senão receber a luz, para não perder seu tempo com aqueles que a recusam; dirigi-vos, pois, aos homens de boa vontade, cujo número é maior do que se crê, e seu exemplo, em se multiplicando, vencerá mais resistência do que as palavras. O verdadeiro espírita não deixará jamais o bem por fazer; corações aflitos a aliviar, consolações a dar, desesperos a acalmar, reformas morais a operar, aí está sua missão; nisso também encontrará sua verdadeira satisfação. O Espiritismo está no ar; espalha-se pela força das coisas e porque torna feliz os que o professam. Quando seus adversários sistemáticos o ouvirem ressoar ao seu redor, mesmo entre seus amigos, compreenderão seu isolamento e serão forçados ou a calar-se ou a render-se.

31. Para se proceder, no ensino do Espiritismo, como se o faria nas ciências ordinárias, seria preciso passar, em revista, toda a série de fenômenos que podem se produzir, começando pelos mais simples e alcançando, sucessivamente, os mais complicados; ora, é o que não se pode, porque seria impossível fazer um curso de Espiritismo experimental como se faz um curso de física e de química. Nas ciências naturais se opera sobre a matéria bruta que se manipula à vontade, e se está quase certo de poder regular seus efeitos; no Espiritismo, trata-se com inteligências que têm sua liberdade e nos provam, a cada instante, que não se submetem aos nossos caprichos; é preciso, pois, observar, esperar os resultados e apanhá-los de passagem; também dissemos claramente que *todo aquele que se gabasse de os obter à vontade, não poderia ser senão um ignorante ou um impostor*: por isso, ao Espiritismo verdadeiro não se porá jamais em espetáculo e jamais subirá ao palco. Há mesmo alguma coisa de ilógica em supor que os Espíritos vêm desfilar e se submeter à investigação como objetos de curiosidade. Os fenômenos, portanto, podem faltar quando deles se tem necessidade ou se apresentar de maneira diferente daquela que se deseja. Ajuntamos ainda que, para obtê-los, é preciso pessoas dotadas de faculdades especiais, e que essas faculdades variam ao infinito, segundo a aptidão dos indivíduos; ora, como é extremamente raro que a mesma pessoa tenha todas as aptidões, há uma dificuldade a mais, porque seria preciso ter sempre, sob a mão, uma verdadeira coleção de médiuns, o que não é possível.

O meio de obviar esse inconveniente é muito simples e é o de começar pela teoria; por ela, todos os fenômenos são passados em revista; são explicados, podendo-se deles inteirar-se, compreender-lhes a possibilidade, conhecer as condições nas quais podem se produzir e os obstáculos que podem encontrar; então, qualquer que seja a ordem à qual são conduzidos pelas circunstâncias, não têm nada que possa surpreender. Esse caminho oferece ainda uma outra vantagem, a de poupar àquele que quer operar, uma multidão de decepções; premunido contra as dificuldades, pode manter-se em guarda e evitar adquirir experiências às suas próprias custas.

Depois que nos ocupamos com o Espiritismo, seria-nos difícil dizer o número de pessoas que vieram junto a nós, e, entre estas, quantas vimos permanecerem indiferentes ou incrédulas em presença de fatos os mais patentes e que não se convenceram, senão mais tarde, por uma explicação racional; quantas outras estavam predispostas à convicção pelo raciocínio; quantas, enfim, foram persuadidas sem nada terem visto, mas unicamente porque haviam compreendido. É, pois, por experiência que falamos e é também porque dizemos que o melhor método de ensino espírita é o de se dirigir à razão antes de dirigir-se aos olhos. É o que seguimos em nossas lições, e não temos senão que nos aplaudir. (1)

---

(1) Nosso ensino teórico e prático é sempre gratuito.

32. O estudo preliminar da teoria tem uma outra vantagem, qual seja a de mostrar, imediatamente, a grandeza do objetivo e a importância desta ciência; aquele que se inicia por ver uma mesa girar ou bater está mais inclinado à zombaria, porque dificilmente imagina que de uma mesa possa sair uma doutrina regeneradora da Humanidade. Nós sempre mencionamos que aqueles que creem antes de ter visto, porque leram e compreenderam, longe de serem superficiais são, ao contrário, os que refletem mais; apegando-se mais ao fundo do que à forma, para eles, a parte filosófica é a principal, os fenômenos propriamente ditos são acessórios, e dizem a si mesmos que se os fenômenos não existissem, restaria, pelo menos, uma filosofia, a única que resolve problemas insolúveis até hoje; a única que dá, ao passado do homem e ao seu futuro, a teoria mais racional; ora, eles preferem uma doutrina que explica a que nada explica ou que explica mal. Todo aquele que reflete, compreende muito bem que se poderia fazer abstração das manifestações, e que a doutrina não subsistiria menos por isso; as manifestações vêm corroborá-la, confirmá-la, mas não lhe são a base essencial; o observador sério não as repele, mas, ao contrário, espera as circunstâncias favoráveis que lhe permitirão testemunhá-las. A prova do que dissemos é que, antes de ter ouvido falar das manifestações, muitas pessoas tiveram intuição dessa doutrina, que não fez mais do que dar um corpo, um conjunto, às suas ideias.

33. De resto, não seria exato dizer que aqueles que começam pela teoria deixam de ter motivos de observações práticas; ao contrário, eles os têm e, aos seus olhos, devem ter um valor maior do que aqueles que se poderiam produzir diante deles, e que são os numerosos fatos de *manifestações espontâneas* de que falaremos nos capítulos seguintes. Há poucas pessoas que delas não tenham conhecimento pelo menos por ouvir dizer; muitos, tiveram-nas pessoalmente, e não lhes prestaram senão uma atenção medíocre. A teoria tem por efeito dar-lhes explicações, e nós dizemos que esses fatos têm um grande peso quando se apoiam sobre testemunhos irrecusáveis, porque não se pode supor nem preparação, nem conivência. Se os fenômenos provocados não existissem, os fenômenos espontâneos não os substituíram menos, e o Espiritismo não teria, por resultado, senão dar-lhes uma solução racional, o que já seria muito. Por isso, a maioria, daqueles que leem antes, liga seus conhecimentos a esses fatos, que são, para eles, como uma confirmação da teoria.

34. Equivocar-se-ia estranhamente sobre nossa maneira de ver, se se supusesse que aconselhamos negligenciar os fatos; foi pelos fatos que chegamos à teoria; é verdade que necessitamos, para isso, de um trabalho assíduo de vários anos e milhares de observações; mas, uma vez que os fatos nos serviram e nos servem todos os dias, seríamos inconsequentes conosco mesmo em contestar-lhes a importância, sobretudo, quando fazemos um livro destinado a fazer conhecê-los. Dizemos apenas que, sem o raciocínio, não bastam para determinar a convicção; que uma explicação preliminar, afastando as prevenções e mostrando que não contrariam a razão, *dispõe* a aceitá-los. Isso é tão verdadeiro que, sobre dez pessoas completamente iniciantes que assistissem a uma sessão de experimentação, fosse ela a mais satisfatória no ponto de vista dos adeptos, haveria nove que sairiam sem estarem convencidas e algumas mais incrédulas do que antes, porque as experiências não responderam às suas expectativas. Ocorreria de outra forma com aquelas que pudessem compreendê-las por um conhecimento teórico antecipado; para elas, é um meio de controle, mas nada as surpreende, mesmo o insucesso, porque sabem em que condições os fatos se produzem e que não se pode lhes pedir, o que não podem dar. A inteligência prévia dos fatos as coloca, pois, em condições de não só compreenderem todas as anomalias, mas também de perceberem uma multidão de detalhes, de nuanças frequentemente muito delicadas, que são, para elas, meio de convicção e que escapam ao observador ignorante. Tais são os motivos que nos levam a não admitir, em nossas sessões experimentais, senão as pessoas que possuam noções preparatórias suficientes para compreender o que nelas se faz, persuadidos de que as outras ali perderiam seu tempo e nos fariam perder o nosso.

35. Àqueles que quiserem adquirir esses conhecimentos preliminares pela leitura de nossas obras, eis a ordem que lhes aconselharíamos:

1º *O que é o Espiritismo?* Esta brochura, de apenas uma centena de páginas, é uma exposição sumária dos princípios da Doutrina Espírita, um esboço geral, que permite abarcar o conjunto sob um quadro restrito. Em poucas palavras, vê-se o objetivo e pode-se julgar sua importância. Por outro lado, nele se encontra a resposta às principais questões ou objeções que estão naturalmente dispostas a fazerem as pessoas novatas. Esta primeira leitura, que não requer senão um pouco de tempo, é uma introdução que facilita um estudo mais aprofundado.

2º *O Livro dos Espíritos:* contém a doutrina completa, ditada pelos próprios Espíritos, com toda a sua filosofia e todas as suas consequências morais; é a revelação da destinação do homem, a iniciação à natureza dos Espíritos e aos mistérios da vida de além-túmulo. Lendo-o, compreende-se que o Espiritismo tem um objetivo sério, e não é um passatempo frívolo.

3º *O Livro dos Médiuns:* destina-se a guiar, na prática das manifestações, pelo conhecimento dos meios mais próprios para comunicar-se com os Espíritos; é um guia, seja para os médiuns, seja para os evocadores, e o complemento de *O Livro dos Espíritos*.

4º A *Revista Espírita*: é uma coletânea variada de fatos, de explicações teóricas e trechos destacados, que completa o que se disse das duas obras precedentes e que lhes é, de alguma forma, a aplicação. Sua leitura pode ser feita ao mesmo tempo com elas, mas será mais proveitosa e mais inteligível, sobretudo, após a leitura de *O Livro dos Espíritos*.

Isto pelo que nos concerne. Aqueles que querem tudo conhecer numa ciência, devem necessariamente ler tudo o que está escrito sobre a matéria ou, pelo menos, as coisas principais, e não se limitar a um só autor; devem mesmo ler os prós e os contras, as críticas, como também as apologias, iniciar-se nos diferentes sistemas a fim de poder julgar pela comparação. Sob esse aspecto, não preconizamos nem criticamos nenhuma obra, nem queremos influir em nada sobre a opinião que se pode delas formar; trazendo nossa pedra ao edifício, colocamo-nos nas fileiras: não nos cabe ser juiz e parte, e não temos a pretensão ridícula de sermos os únicos dispensadores da luz; cabe ao leitor apartar o bom do mau, o verdadeiro do falso.

CAPÍTULO IV

SISTEMAS

36. Quando os estranhos fenômenos do Espiritismo começaram a se produzir ou, por melhor dizer, renovaram-se nestes últimos tempos, o primeiro sentimento que despertaram foi o da dúvida sobre a sua própria realidade e ainda mais sobre a sua causa. Logo que foram averiguados por testemunhos irrecusáveis e pelas experiências que cada um pôde fazer, sucedeu que cada um os interpretou à sua maneira, segundo suas ideias pessoais, suas crenças ou suas prevenções; daí, vários sistemas, que uma observação mais atenta viria reduzir ao seu justo valor.

Os adversários do Espiritismo acreditaram encontrar um argumento nessa divergência de opiniões, dizendo que os próprios espíritas não estavam de acordo entre si. Era uma razão bem pobre, desde que se reflita que os passos de toda ciência nascente são necessariamente incertos, até que o tempo haja permitido colecionar e coordenar os fatos que podem fundamentar a opinião; à medida que os fatos se completam e são melhor observados, as ideias prematuras se apagam e a unidade se estabelece, pelo menos sobre os pontos fundamentais, senão em todos os detalhes. Foi o que ocorreu com o Espiritismo; não podia escapar à lei comum e devia mesmo, por sua natureza, prestar-se mais, do que toda outra coisa, à diversidade de interpretações. Pode-se mesmo dizer que, a esse respeito, foi mais rápido do que outras ciências mais antigas, a Medicina, por exemplo, que divide ainda os maiores sábios.

37. Na ordem metódica, para seguir a marcha progressiva das ideias, convém colocar na frente aqueles que se podem chamar *sistemas de negação*, quer dizer, os dos adversários do Espiritismo. Refutamos suas objeções na introdução e na conclusão de O Livro dos Espíritos, assim como na pequena obra intitulada: O que é o Espiritismo? Seria supérfluo voltar a fazê-lo aqui; limitar-nos-emos a lembrar, em duas palavras, os motivos sobre os quais se fundam.

Os fenômenos espíritas são de duas espécies: os efeitos físicos e os efeitos inteligentes. Não admitindo a existência dos Espíritos, pela razão que não admitem nada fora da matéria, concebe-se que neguem os efeitos inteligentes. Quanto aos efeitos físicos, eles os comentam sob seu ponto de vista e seus argumentos podem se resumir nos quatro sistemas seguintes:

38. *Sistema do charlatanismo.* Entre os antagonistas, muitos atribuem esses efeitos à fraude, pela razão de que alguns puderam ser imitados. Essa suposição transformaria todos os espíritas em ingênuos, e todos os médiuns em fazedores de ingênuos, sem considerar a posição, o caráter, o saber e a honorabilidade das pessoas. Se merecesse uma resposta, diríamos que certos fenômenos da Física são também imitados pelos prestidigitadores e que isso nada prova contra a verdadeira ciência. Demais disso, há pessoas cujo caráter afasta toda suspeita de fraude e é preciso desconhecer as regras de civilidade e de urbanidade para ousar dizer-lhes na face que são cúmplices de charlatanismo. Em um salão muito respeitável, um senhor, supostamente educado, tendo-se permitido uma reflexão dessa natureza, a dona da casa lhe disse: "Senhor, uma vez que não estais contente, vosso dinheiro será devolvido à porta"; e com um gesto fê-lo compreender o que tinha de melhor a fazer. Dir-se-á, por isso, que nunca houve abuso? Seria preciso, para crê-lo, admitir que os homens são perfeitos. Abusa-se de tudo, mesmo das coisas mais santas; por que não se abusaria do Espiritismo? Mas o mau uso que se faz de uma coisa não pode prejulgar nada contra a própria coisa; o controle que se pode ter alcança a boa fé das pessoas e os motivos que as fazem agir. Onde não há especulação, o charlatanismo nada tem a fazer.

39. *Sistema da loucura.* Alguns, por condescendência, admitem afastar a suspeita de fraude e pretendem que aqueles que não fazem ingênuos são ingênuos eles mesmos: o que quer dizer que são imbecis. Quando os incrédulos nisso colocam menos formalidade, dizem muito simplesmente que se trata de loucura, atribuindo-se, assim, sem cerimônia, o privilégio do bom senso. Esse é o grande argumento daqueles que não têm uma boa razão a opor. De resto, esse modo de ataque se tornou ridículo por ser banal, e não merece que se perca tempo em refutá-lo. Os espíritas, aliás, pouco se importam com isso; tomam bravamente seu partido e se consolam pensando que têm por companheiros de infortúnio muitas pessoas cujo mérito não poderia ser contestado. É preciso, com efeito, convir que essa loucura, se loucura há, tem um caráter bem singular, que é o de atingir de preferência a classe esclarecida, entre a qual o Espiritismo conta, até o presente, a imensa maioria dos seus adeptos. Se, entre eles, encontram-se algumas excentricidades, não provam mais contra a Doutrina do que os loucos religiosos não provam contra a religião; os melomaníacos contra a música; os maníacos matemáticos contra as matemáticas. Todas as ideias encontraram fanáticos exagerados, e seria preciso ser dotado de um juízo bem obtuso para confundir a exageração de uma coisa com a própria coisa. Remetemos, para mais amplas explicações a respeito, à nossa brochura: *O Que é o Espiritismo?* e *O Livro dos Espíritos* (Introdução, 15).

40. *Sistema da alucinação.* Uma outra opinião menos ofensiva, na qual há uma pequena coloração científica, consiste em colocar os fenômenos à conta de ilusão dos sentidos; assim, o observador estaria de muito boa-fé; somente, creria ver o que não vê. Quando vê uma mesa se elevar e manter-se no espaço sem ponto de apoio, a mesa não teria se mexido do lugar; ele a vê no ar por uma espécie de miragem ou um efeito de refração, como o que faz ver um astro ou um objeto na água, fora da sua posição real. Isto seria possível, a rigor; mas aqueles que tiveram testemunho desse fenômeno puderam constatar o isolamento passando sob a mesa suspensa, o que parece difícil se ela não estiver desprendida do solo. Por outro lado, ocorreu muitas vezes que a mesa se quebrou em caindo: dir-se-á também que nisso não há senão um efeito de ótica?

Uma causa fisiológica bem conhecida, sem dúvida, faz crer-se ver girar uma coisa que não se move ou crer-se girar a si mesmo quando está imóvel; mas quando várias pessoas, ao redor de uma mesa, são arrastadas por um movimento tão rápido que têm dificuldade em segui-la, e algumas por vezes lançadas por terra, dir-se-á que todas estão tomadas de vertigem, como o bêbado que crê ver passar sua casa diante de si?

41. *Sistema do músculo estalante.* Se, assim, é para a visão, não poderia ser de outra forma quanto à audição, e, quando as pancadas são ouvidas por toda uma assembleia, não se pode, razoavelmente, atribuí-las a uma ilusão. Descartamos, evidentemente, toda ideia de fraude e supomos que uma observação atenta constatou que elas não são devidas a nenhuma causa fortuita ou material.

É verdade que um sábio médico lhe deu uma explicação, segundo ele, peremptória (1). "A causa está, disse ele, nas contrações voluntárias ou involuntárias do tendão do músculo curto-perônio". A esse respeito, entra nos detalhes anatômicos, os mais completos, para demonstrar por qual mecanismo esse tendão pode produzir esses ruídos, imitar as pancadas do tambor e mesmo executar árias ritmadas: donde ele conclui que aqueles

---

(1) Sr. Jobert (de Lamballe). Para ser justo, é necessário dizer que esta descoberta é devida ao Sr. Schiff: o Sr. Jobert desenvolveu-lhe as consequências diante da Academia dos Médicos para dar o golpe de misericórdia nos Espíritos batedores. Encontrar-se-ão todos os detalhes na Revista Espírita do mês de junho de 1859.

que creem ouvir pancadas em uma mesa são vítimas de uma mistificação ou de uma ilusão. O fato não é novo em si mesmo; infelizmente, para o autor dessa pretensa descoberta, sua teoria não explica todos os casos. Dizemos, primeiro, que aqueles que gozam de singular faculdade de fazer estalar, à vontade, seu músculo curto-perônio ou qualquer outro e de tocar árias por esse meio são pessoas excepcionais; enquanto que a de fazer bater as mesas é muito comum, e aqueles que a possuem não desfrutam todos da primeira. Em segundo lugar, o sábio doutor esqueceu de explicar de que forma o estalido muscular de uma pessoa imóvel e isolada da mesa, pode nela produzir vibrações sensíveis ao toque; como esse ruído pode repercutir, à vontade dos assistentes, nas diferentes partes da mesa, nos outros móveis, nas paredes, no forro, etc; como enfim, a ação desse músculo pode se estender a uma mesa, que não se toca e fazê-la mover. Essa explicação, de resto, se fosse uma, invalidaria apenas os fenômenos das pancadas, não podendo referir-se a todos os outros modos de comunicação. Concluímos que ele julgou sem ter visto ou sem ter visto tudo, e bem visto. É sempre lamentável que homens de ciência se apressem em dar, sobre o que não conhecem, explicações que os fatos podem desmentir. Seu próprio saber deveria torná-los tanto mais circunspectos em seus julgamentos, quanto mais recuam, para eles, os limites do desconhecido.

42. *Sistemas das causas físicas*. Aqui, saímos do sistema da negação absoluta. A realidade dos fenômenos estando averiguada, o primeiro pensamento que veio naturalmente ao espírito daqueles que os reconheceram, foi o de atribuir os movimentos ao magnetismo, à eletricidade ou à ação de um fluido qualquer, em uma palavra, a uma causa toda física e material. Essa opinião não teria nada de irracional e teria prevalecido se o fenômeno tivesse se limitado aos efeitos puramente mecânicos. Uma circunstância parecia mesmo corroborá-la: era, em certos casos, o aumento da força em razão do número de pessoas; cada uma delas, assim, poderia ser considerada como um dos elementos de uma pilha elétrica humana. O que caracteriza uma teoria verdadeira, já o dissemos, é poder explicar tudo: mas, que se um só fato vem contradizê-la, é porque é falsa, incompleta ou muito absoluta. Ora, foi o que não tardou a ocorrer aqui. Esses movimentos e esses golpes deram sinais inteligentes, obedecendo à vontade e respondendo ao pensamento; deviam ter, pois, uma causa inteligente. Desde que o efeito cessou de ser puramente físico, a causa, por isso mesmo, deveria ter uma outra fonte; também o sistema da ação *exclusiva* de um agente material foi abandonado e não se o encontra senão entre aqueles que julgam *a priori* e sem terem visto. O ponto capital, portanto, está em constatar a ação inteligente, na qual pode se convencer quem quiser se dar ao trabalho de observar.

43. *Sistema do reflexo.* A ação inteligente, uma vez reconhecida, restava saber qual era a fonte dessa inteligência. Pensou-se que poderia ser a do médium ou dos assistentes, que se refletiam como a luz ou os raios sonoros. Isso era possível: só a experiência poderia dizer a última palavra. Mas, primeiro, notemos que esse sistema já se afasta completamente da ideia puramente materialista; para que a inteligência dos assistentes pudesse se reproduzir por via indireta, era necessário admitir, no homem, um princípio fora do organismo.

Se o pensamento manifestado tivesse sido sempre o dos assistentes, a teoria da reflexão teria sido confirmada; ora, o fenômeno, mesmo reduzido a esta proporção, não era do mais alto interesse? O pensamento, repercutindo em um corpo inerte e traduzindo-se pelo movimento e pelo ruído, não era uma coisa bem notável? Não havia aí o que excitar a curiosidade dos sábios? Por que, pois, o desdenharam, eles que se cansaram à procura de uma fibra nervosa?

Só a experiência, dissemos, podia negar ou dar razão a essa teoria, e a experiência a negou, porque demonstra, a cada instante, e por fatos os mais positivos, que o pensamento manifestado pode não ser somente estranho ao dos assistentes, mas frequentemente lhe é inteiramente contrário; que vem contradizer todas as ideias preconcebidas, frustrar todas as previsões; com efeito, quando penso branco e me responde preto, me é difícil crer que a resposta vem de mim. Apoie-se em alguns casos de identidade entre o pensamento manifestado e o dos assistentes; mas o que isso prova senão que os assistentes podem pensar como a inteligência que se comunica? Não se disse que devem ser sempre de opinião oposta. Quando, na conversação, o interlocutor emite um pensamento análogo ao vosso, direis, por isso, que ele veio de vós? Bastam alguns exemplos contrários bem constatados para provar que essa teoria não pode ser absoluta. De que forma, aliás, explicar, pela reflexão do pensamento, a escrita produzida por pessoas que não sabem escrever, as respostas da mais alta importância filosófica obtidas por pessoas iletradas, as que são dadas a perguntas mentais ou numa língua desconhecida do médium, e milhares de outros fatos que não deixam dúvida sobre a independência da inteligência que se manifesta? A opinião contrária não pode ser senão o resultado de um defeito de observação.

Se a presença de uma inteligência estranha está provada moralmente pela natureza das respostas, o está materialmente pelo fato da escrita direta, quer dizer, escrita obtida espontaneamente, sem caneta nem lápis, sem contato, e não obstante todas as precauções tomadas, para garantir-se de todo subterfúgio. O caráter inteligente do fenômeno não poderia ser posto em dúvida; portanto, há outra coisa além da ação fluídica. Demais disso, a espontaneidade do pensamento manifestado fora de toda a expectativa, de toda pergunta proposta, não permite ver nele um reflexo do pensamento dos assistentes.

O sistema do reflexo é bastante descortês em certos casos; quando, em uma reunião de pessoas honestas, sobrevém, inopinadamente, uma dessas comunicações revoltantes de grosseria, isso seria fazer um muito mau juízo dos assistentes, pretendendo que ela provenha de um deles, e é provável que cada um se apressaria em repudiá-la. (Ver *O Livro dos Espíritos*, Introdução, 16.)

44. *Sistema da alma coletiva.* É uma variante do precedente. Segundo esse sistema, só a alma do médium se manifesta, mas se identifica ela com a de várias outras pessoas presentes ou ausentes e forma um *todo coletivo*, reunindo as aptidões, a inteligência e os conhecimentos de cada um. Ainda que a brochura onde essa teoria está exposta seja intitulada *a luz* (1), ela nos pareceu de um estilo muito obscuro; confessamos tê-la compreendido pouco e dela não falamos senão de memória. É, aliás, como muitas outras, uma opinião pessoal que fez poucos prosélitos. O nome de *Emah Tirpsé* é o que toma o autor para designar o ser coletivo que representa. Toma por epígrafe: *Não há nada de oculto que não deva ser conhecido*. Esta proposição é evidentemente falsa, porque há uma multidão de coisas que o homem não pode e não deve saber; bem presunçoso seria aquele que pretendesse penetrar todos os segredos de Deus.

45. *Sistema sonambúlico.* Este sistema fez mais partidários e conta mesmo ainda com alguns. Como o precedente, admite que todas as comunicações inteligentes têm sua origem na alma ou Espírito do médium; mas, para explicar sua aptidão, para tratar de assuntos fora dos seus conhecimentos, em lugar de supor nele uma alma múltipla, atribui essa aptidão a uma superexcitação momentânea das faculdades mentais, a uma espécie de estado sonambúlico ou extático, que exalta e desenvolve sua inteligência. Não se pode negar, em certos casos, a influência dessa causa; mas basta ter visto operar a maioria dos médiuns para convencer-se de que ela não pode resolver todos os fatos e que forma a exceção e não a regra. Poder-se-ia crer que assim ocorre se o médium tivesse sempre o ar de um inspirado ou de um extático, aparência, aliás, que poderia perfeitamente simular se quisesse representar uma comédia;

---

(1) Comunhão. A luz do fenômeno do Espírito. Mesas falantes, sonâmbulos, médiuns, milagres. Magnetismo espiritual: poder da prática da fé. Por Emah Tirpsé, uma alma coletiva escrevendo por intermédio de uma prancheta. Bruxelas, 1858, Casa Devroye.

mas, como crer na inspiração, quando o médium escreve como uma máquina, sem ter a menor consciência daquilo que obtém, sem a menor emoção, sem se ocupar do que faz, olhando para outra parte, rindo e fazendo diferentes coisas? Concebe-se a superexcitação das ideias, mas não se compreende como possa fazer escrever àquele que não sabe escrever, e ainda mais quando as comunicações são transmitidas por pancadas ou com a ajuda de uma prancheta ou de uma cesta. Veremos, na continuação desta obra, a parte que é preciso conceder à influência das ideias do médium; mas os fatos nos quais a inteligência estranha se revela por sinais incontestáveis são tão numerosos e evidentes, que não podem deixar dúvida a seu respeito. O erro da maioria dos sistemas nascidos na origem do Espiritismo, foi ter tirado conclusões gerais de alguns fatos isolados.

46. *Sistema pessimista, diabólico ou demoníaco.* Aqui, entramos em outra ordem de ideias. Estando constatada a intervenção de uma inteligência estranha, tratava-se de saber qual era a natureza dessa inteligência. O meio mais simples era, sem dúvida, o de perguntar-lhes; mas certas pessoas não encontravam nisso uma garantia suficiente, e não quiseram ver, em todas as manifestações, senão uma obra diabólica; segundo eles, só o diabo ou os demônios podiam se comunicar. Embora esse sistema encontre pouco eco hoje, não deixou de gozar, por momentos, de algum crédito, pelo caráter daqueles que procuram fazê-lo prevalecer. Faremos notar, todavia, que os partidários do sistema demoníaco não devem ser colocados entre os adversários do Espiritismo, bem ao contrário. Que os seres que se comunicam sejam demônios ou anjos, são sempre seres incorpóreos; ora, admitir a manifestação dos demônios, é sempre admitir a possibilidade de se comunicar com o mundo invisível, ou pelo menos, com uma parte desse mundo.

A crença na comunicação exclusiva dos demônios, por irracional que seja, podia não parecer impossível quando se consideravam os Espíritos como seres criados fora da Humanidade; mas, desde que se sabe que os Espíritos não são outra coisa que as almas daqueles que viveram, perdeu todo o seu prestígio e, pode-se dizer, toda a sua verossimilhança; porque se seguiria que todas essas almas são demônios, fosse elas de um pai, de um filho, de um amigo, e que nós mesmos, morrendo, tornamo-nos demônios, doutrina pouco lisonjeira e pouco consoladora para muita gente. Será bem difícil de persuadir a uma mãe de que o filho querido que ela perdeu e que vem lhe dar, depois de sua morte, provas de sua afeição e de sua identidade, seja um agente de Satanás. É verdade que, entre os Espíritos, há os que são muito maus e não valem mais do que aqueles a que chamam *demônios*, por uma razão bem simples, a de que há homens muito maus aos quais a morte não torna imediatamente melhores; a questão é saber se estes são os únicos que podem se comunicar. Àqueles que assim pensam, endereçamos as seguintes questões:

1ª Há bons e maus Espíritos?

2ª Deus é mais poderoso do que os maus Espíritos, ou demônios, se quereis chamá-los assim?

3ª Afirmar que somente os maus se comunicam, é dizer que os bons não podem fazê-lo; se assim é, de duas, uma: isto se passa pela vontade ou contra a vontade de Deus. Se é contra a sua vontade, é que os maus Espíritos são mais poderosos do que Ele; se é por sua vontade, por que, em sua bondade, não o permitiria aos bons, para contrabalançar a influência dos outros?

4ª Que provas podeis dar da impossibilidade dos bons Espíritos em se comunicar?

5ª Quando se vos opõe a sabedoria de certas comunicações, respondeis que o demônio toma todas as máscaras para melhor seduzir. Sabemos, com efeito, que há Espíritos hipócritas que dão à sua linguagem um falso verniz de sabedoria; mas, admitis que a ignorância possa imitar o verdadeiro saber, e uma natureza má imitar a verdadeira virtude, sem deixar nada perceber que pudesse revelar a fraude?

6ª Se só o demônio se comunica, pois que é inimigo de Deus e dos homens, por que recomenda orar a Deus, submeter-se à sua vontade, sofrer sem murmurar as tribulações da vida, não ambicionar nem as honras nem as riquezas, praticar a caridade e todas as máximas de Cristo; em uma palavra, fazer tudo o que é necessário para destruir seu império? Se é o demônio que dá tais conselhos, é preciso convir que, por astuto que seja, é bem inábil para prover armas contra si mesmo. (1)

7ª Se os Espíritos se comunicam é porque Deus o permite; vendo as boas e as más comunicações, não é mais lógico pensar que Deus permite umas para nos experimentar, e outras para nos aconselhar o bem?

8ª Que pensaríeis de um pai que deixasse seu filho à mercê de exemplos e conselhos perniciosos, que o afastasse de si, e que lhe

---

(1) Esta questão foi tratada em O Livro dos Espíritos (nº 128 e seguintes); mas recomendamos, a esse respeito, como sobre tudo o que toca à parte religiosa, a brochura intitulada: Carta de um católico sobre o Espiritismo, por M. o doutor Grand, antigo consul de França (Casa Ledoyen. In-18; preço 1 franco), assim como a que vamos publicar sob o título de : Os contraditores do Espiritismo, do ponto de vista da religião, da ciência e do materialismo.

proibisse ver as pessoas que o pudessem desviá-lo do mal? O que um bom pai não faria, deve-se pensar que Deus, que é a bondade por excelência, fizesse menos do que faria um homem?

9ª A Igreja reconhece como autênticas certas manifestações da Virgem e outros santos, nas aparições, visões, comunicações orais, etc; esta crença não é contraditória com a doutrina da comunicação exclusiva dos demônios?

Cremos que certas pessoas professaram essa doutrina de boa fé; mas cremos também que outras o fizeram unicamente para evitarem de se ocupar com essas coisas, por causa das más comunicações a que estão expostos a receber; dizendo que só o diabo se manifesta, quiseram assustar, mais ou menos como quando se diz a uma criança: não toques nisto, porque isto queima. A intenção pode ser boa, mas o fim é errado; porque a proibição só excita a curiosidade, e o medo do diabo retém a bem pouca gente: se quer vê-lo, seja apenas para ver como é feito, e se fica muito admirado de não encontrá-lo tão feio como se havia acreditado.

Não se poderia ver também um outro motivo nessa teoria exclusiva do diabo? Há pessoas que acham que todos os que não são de sua opinião estão errados; ora, os que pretendem que todas as comunicações são obra do demônio, não estariam movidas pelo medo de não se acharem os Espíritos de acordo com eles em todos os pontos, mais ainda sobre os que tocam os interesses deste mundo mais do que do outro? Não podendo negar os fatos, quiseram apresentá-los de maneira apavorante; mas esse meio não impediu o avanço mais do que os outros. Onde o medo do ridículo é impotente, é preciso resignar-se a deixar passar as coisas.

Um muçulmano que ouvisse um Espírito falar contra certas leis do Corão pensaria, certamente, que este era um mau Espírito; o mesmo seria com um judeu no que concerne a certas práticas da lei de Moisés. Quanto aos católicos, ouvimos um deles afirmar que o Espírito que se comunicava não podia ser senão o *diabo*, porque se havia permitido pensar de outro modo que ele sobre o poder temporal, ainda que não houvesse, de resto, pregado senão a caridade, a tolerância, o amor ao próximo e a abnegação das coisas deste mundo, máximas ensinadas pelo Cristo.

Os Espíritos, não sendo outros que as almas dos homens, e os homens não sendo perfeitos, disso resulta que há Espíritos igualmente imperfeitos e cujo caráter se reflete nas suas comunicações. É um fato incontestável que os há maus, astuciosos, profundamente hipócritas, e contra os quais é preciso manter-se em guarda; mas, porque se encontram no mundo homens perversos, não é uma razão para se fugir de toda a sociedade. Deus nos deu a razão e o juízo para apreciar os Espíritos, assim como os homens. O melhor meio de premunir-se contra os inconvenientes que pode apresentar a prática do Espiritismo, não é o de interditá-lo, mas o de fazê-lo compreender. Um medo imaginário não impressiona senão um instante e não afeta todo mundo; a realidade, claramente demonstrada, é compreendida por todos.

47. *Sistema otimista.* Ao lado daqueles que não veem nesses fenômenos senão a ação dos demônios, há outros que não viram senão a dos bons Espíritos; supuseram que a alma, estando separada da matéria, nenhum véu existia mais para ela, e ela deveria ter a soberana ciência e a soberana sabedoria. Sua confiança cega nessa superioridade absoluta dos seres do mundo invisível foi para muitos a fonte de muitas decepções; aprenderam, às suas custas, a desconfiar de certos Espíritos, assim como de certos homens.

48. *Sistema uniespírita ou monoespírita.* Uma variedade do sistema otimista consiste na crença de que um único Espírito se comunica com os homens, e que esse Espírito é o Cristo, que é o protetor da Terra. Quando se veem comunicações da mais baixa trivialidade, de uma grosseria revoltante, impregnadas de malevolência e de maldade, seria profanação e impiedade supor que pudessem emanar do Espírito do bem por excelência. Ainda, se aqueles que o creem não tivessem jamais tido senão comunicações irrepreensíveis, conceber-se-ia sua ilusão; mas a maioria concorda em havê-las tido muito más, o que explicam, dizendo ser uma prova que o bom Espírito lhes faz sofrer, ditando-lhes coisas absurdas: deste modo, enquanto que uns atribuem todas as comunicações ao diabo, que pode dizer coisas boas, para tentar, outros pensam que só Jesus se manifesta e pode dizer coisas más para provar. Entre essas duas opiniões tão inversas, quem julgará? O bom senso e a experiência. Dizemos a experiência porque é impossível que aqueles que professam ideias tão exclusivas, tenham visto tudo, e tudo bem visto.

Quando se lhes objeta com os fatos de identidade que atestam a presença de parentes, amigos ou conhecidos, pelas manifestações escritas, visuais ou outras, respondem que é sempre o mesmo Espírito, o diabo segundo uns, o Cristo segundo outros, que toma todas as formas; mas, não nos dizem por que os outros Espíritos não podem se comunicar, com qual objetivo o Espírito de Verdade viria nos enganar, apresentando-se sob falsas aparências, iludir uma pobre mãe, fazendo-a crer, mentirosamente, que ele é o filho por quem chora. A razão se recusa a admitir que o Espírito Santo, entre todos, rebaixe-se para executar uma semelhante comédia. De outra parte, negar a possibilidade de qualquer outra comunicação, não é tirar do Espiritismo o que tem de mais doce: o consolo dos aflitos? Digamos, muito simplesmente, que um semelhante sistema é irracional e não pode suportar um exame sério.

49. *Sistema multiespírita ou poliespírita.* Todos os sistemas que passamos em revista, sem excetuar os que são no sentido negativo, repousam sobre algumas observações, mas incompletas ou mal interpretadas. Se uma casa é vermelha de um lado e branca do outro, aquele que não a tenha visto, senão de um lado, afirmará que é vermelha; um outro, que é branca: todos os dois estarão em erro e com razão; mas aquele que tenha visto a casa de todos os lados dirá que é vermelha e branca e será o único com a verdade. Ocorre o mesmo com relação à opinião que se faz do Espiritismo: pode ser verdadeira em certos aspectos, e falsa se se generaliza o que não é senão parcial, se se toma por regra o que não é senão exceção, pelo todo o que não é senão a parte. Por isso, dissemos que quem quer estudar seriamente esta ciência deve ver muito e por muito tempo; somente o tempo lhe permitirá apanhar os detalhes, notar as nuanças delicadas, observar uma multidão de fatos característicos que serão, para ele, raios de luz; mas se se detém na superfície, expõe-se a formar um julgamento prematuro e, por consequência, errôneo. Eis aqui as consequências gerais que foram deduzidas de uma observação completa, que formam atualmente a crença, pode-se dizer, da universalidade dos Espíritas, porque os sistemas restritivos não são mais do que opiniões isoladas.

1º Os fenômenos espíritas são produzidos por inteligências extracorpóreas, ou melhor dito, pelos Espíritos.

2º Os Espíritos constituem o mundo invisível; estão por toda parte; os espaços são por eles povoados ao infinito; estão, sem cessar, ao nosso redor e com eles estamos em contato.

3º Os Espíritos reagem, incessantemente, sobre o mundo físico e sobre o mundo moral, e são uma das forças da Natureza.

4º Os Espíritos não são seres à parte na criação; são as almas daqueles que viveram sobre a Terra ou em outros mundos e que deixaram seu envoltório corporal; de onde se segue que as almas dos homens são Espíritos encarnados; e que morrendo nos tornamos Espíritos.

5º Há Espíritos de todos os graus de bondade e de malícia, de saber e de ignorância.

6º Todos estão submetidos à lei do progresso e todos podem

alcançar a perfeição; mas como têm seu livre-arbítrio, alcançam-na em um tempo mais ou menos longo, segundo seus esforços e sua vontade.

7º São felizes ou infelizes segundo o bem ou o mal que fizeram durante sua vida e o grau de adiantamento que atingiram. A felicidade perfeita e sem mescla não é partilhada senão pelos Espíritos chegados ao supremo grau de perfeição.

8º Todos os Espíritos, em circunstâncias dadas, podem se manifestar aos homens; o número dos que podem se comunicar é indefinido.

9º Os Espíritos se comunicam por intermédio de médiuns, que lhes servem de instrumentos e de intérpretes.

10º Reconhecem-se a superioridade ou a inferioridade dos Espíritos por sua linguagem; os bons não aconselham senão o bem e não dizem senão coisas boas: tudo neles atesta a elevação; os maus enganam e todas as suas palavras carregam a marca da imperfeição e da ignorância.

Os diferentes graus que os Espíritos percorrem estão indicados na *Escala espírita* (*O Livro dos Espíritos*, livro II, cap. I, nº 100). O estudo dessa classificação é indispensável para apreciar a natureza dos Espíritos que se manifestam suas boas e más qualidades.

50. *Sistema da alma material;* consiste, unicamente, numa opinião particular sobre a natureza íntima da alma. Segundo esta opinião, a alma e o perispírito não seriam duas coisas distintas ou, melhor dizendo, o perispírito não seria outro senão a própria alma se depurando, gradualmente, pelas diversas transmigrações como o álcool se depura pelas diversas destilações, enquanto a Doutrina Espírita não considera o perispírito senão como o envoltório fluídico da alma ou do Espírito. O perispírito sendo matéria, embora muito etérea, a alma seria, assim, de uma natureza material mais ou menos essencial segundo o grau da sua depuração.

Este sistema não invalida nenhum dos princípios fundamentais da Doutrina Espírita, porque nada muda na destinação da alma; as condições de sua felicidade futura são sempre as mesmas; a alma e o perispírito formam um todo, sob o nome de Espírito, como o germe e o perisperma o formam sob o nome de fruto; toda a questão se reduz em considerar o todo como homogêneo, em lugar de estar formado por duas partes distintas.

Como se vê, isso não leva a nenhuma consequência e disso não teríamos falado se não tivéssemos encontrado pessoas inclinadas a ver uma nova escola no que não é, definitivamente, senão uma simples interpretação de palavras. Esta opinião, de resto muito restrita, fosse mesmo mais geral, não constituiria uma cisão entre os espíritas, mais do que as duas teorias da emissão ou das ondulações da luz não foi uma entre os físicos. Os que quisessem formar partido por uma questão tão pueril, provariam, só por isso, que dão mais importância ao acessório do que à coisa principal e que são levados à desunião por Espíritos que não podem ser bons, porque os bons Espíritos não insuflam jamais a acrimônia e a cizânia; por isso, exortamos todos os verdadeiros espíritas a se porem em guarda contra semelhantes sugestões, e não ligar a certos detalhes mais importância do que merecem; o essencial é o fundo.

Cremos necessário dever dizer, em poucas palavras, sobre o que se apoia a opinião daqueles que consideram a alma e o perispírito como duas coisas distintas. Está fundada nos ensinamentos dos Espíritos, que jamais variaram a esse respeito; falamos dos Espíritos esclarecidos, porque entre eles há os que não sabem mais e mesmo menos do que os homens, ao passo que a teoria contrária é uma concepção humana. Não inventamos, nem supusemos o perispírito para explicar os fenômenos; sua existência nos foi revelada pelos Espíritos, e a observação no-la confirmou (*O Livro dos Espíritos*, nº 93). Ela se apoia ainda sobre o estudo das sensações dos Espíritos (*O Livro dos Espíritos*, nº 257) e, sobretudo, sobre os fenômenos das aparições tangíveis que implicariam, segundo a outra opinião, a solidificação e a desagregação das partes constituintes da alma e, por consequência, sua desorganização. Seria necessário, por outro lado, que esta matéria, que pode impressionar os sentidos, fosse, ela mesma, o princípio inteligente, o que não é mais racional que confundir o corpo com a alma ou a veste com o corpo. Quanto à natureza íntima das almas, nos é desconhecida. Quando se diz que é *imaterial*, é preciso entender no sentido relativo, e não absoluto, porque a imaterialidade absoluta seria o nada; ora, a alma ou Espírito é alguma coisa; quer-se dizer que sua essência é de tal modo superior que não tem nenhuma analogia com aquilo que nós chamamos matéria e, assim, para nós, é imaterial (*O Livro dos Espíritos*, nº 23 e 82).

51. Eis aqui a resposta dada, a esse respeito, por um Espírito:

"O que uns chamam *perispírito* não é outra coisa senão o que os outros chamam envoltório material fluídico. Direi, para me fazer compreender de maneira mais lógica, que esse fluido é a perfectibilidade dos sentidos, a extensão da vista e das ideias: falo dos Espíritos elevados. Quanto aos Espíritos inferiores, os fluidos terrestres são ainda completamente inerentes a eles; pois são matéria , como vedes; daí os sofrimentos da fome, do frio, etc., sofrimentos que não podem experimentar os Espíritos superiores, uma vez que os fluidos terrestres são depurados ao redor do pensamento, quer dizer, da alma. A alma, para seu progresso, tem sempre necessidade de um agente; a alma, sem agente, não é nada para vós ou, melhor dizendo, não pode ser concebida por vós. O perispírito, para nós, Espíritos errantes, é o agente pelo qual nos comunicamos convosco, seja indiretamente pelo vosso corpo ou vosso perispírito, seja diretamente à vossa alma; daí os infinitos matizes de médiuns e de comunicações. Agora, resta o ponto de vista científico, quer dizer, a própria essência do perispírito; este é um outro assunto. Compreendei primeiro moralmente; não resta mais do que uma discussão sobre a natureza dos fluidos, o que é inexplicável no momento; a ciência não conhece bastante, mas lá chegará se quiser caminhar com o Espiritismo. O perispírito pode variar e mudar ao infinito; a alma é o pensamento: não muda de natureza; a esse respeito não vades mais longe, é um ponto que não pode ser explicado. Credes que não procuro com vós? Vós buscais o perispírito; nós buscamos a alma. Esperai, pois. – *Lamennais*".

Assim, se os Espíritos que se podem considerar como avançados, não puderam ainda sondar a natureza da alma, como poderíamos fazê-lo nós mesmos? Vai, pois, perder seu tempo quem quiser perscrutar o princípio das coisas, que, como está dito em *O Livro dos Espíritos* (nºs 17,49) está nos segredos de Deus. Pretender explorar, com a ajuda do Espiritismo, o que não é ainda da alçada da Humanidade, é desviar-se de seu verdadeiro objetivo; é fazer como a criança que quisera saber tanto como o velho. Que o homem utilize o Espiritismo para o seu adiantamento moral, é o essencial; o resto não é senão curiosidade estéril e, frequentemente, orgulhosa, cuja satisfação não lhe fará dar nenhum passo à frente; o único meio de avançar é o de tornar-se melhor. Os Espíritos que ditaram o livro que leva seu nome, provaram sua sabedoria, limitando-se, no que concerne ao princípio das coisas, nos limites que Deus não permite atravessar, deixando aos Espíritos sistemáticos e presunçosos a responsabilidade das teorias antecipadas e errôneas, mais sedutoras que sólidas, e que cairão um dia diante da razão, como tantas outras saídas dos cérebros humanos. Não disseram senão o que era necessário para fazer o homem compreender o futuro que o espera, e, por isso mesmo, encorajá-lo ao bem. (Veja-se, em continuação, 2ª parte, cap. 1º, *Ação dos Espíritos sobre a matéria*.)

SEGUNDA PARTE / **DAS MANIFESTAÇÕES ESPÍRITAS**

CAPÍTULO I

AÇÃO DOS ESPÍRITOS SOBRE A MATÉRIA

52. Estando descartada a opinião materialista, como condenada ao mesmo tempo pela razão e pelos fatos, tudo se resume em saber se a alma, depois da morte, pode se manifestar aos vivos. A questão assim reduzida à sua mais simples expressão, encontra-se singularmente desembaraçada. Poder-se-ia perguntar, de início, por que seres inteligentes, que vivem de alguma forma no nosso meio, embora invisíveis por sua natureza, não poderiam atestar sua presença de um modo qualquer. A própria razão diz que, para isso, não há nada absolutamente impossível e já é alguma coisa. Esta crença tem, de outra parte, para ela, o assentimento de todos os povos, porque se a encontra por toda parte e em todas as épocas; ora, uma intuição não poderia ser tão geral, nem sobreviver aos tempos, sem apoiar-se sobre alguma coisa. Ela é ainda sancionada pelo testemunho dos livros sagrados e dos Pais da Igreja, e foi preciso o ceticismo e o materialismo do nosso século para relegá-la entre as ideias supersticiosas; se estamos em erro, estas autoridades o estão igualmente.

Mas, isto apenas são considerações morais. Uma causa, sobretudo, contribuiu para fortificar a dúvida, numa época tão positiva como a nossa, em que se procura dar-se conta de tudo, em que se quer saber o porquê e o como de cada coisa, e foi a ignorância da natureza dos Espíritos e dos meios pelos quais eles podem se manifestar. Este conhecimento adquirido, o fato das manifestações, nada mais tem de surpreendente e entra na ordem dos fatos naturais.

53. A ideia que se forma dos Espíritos torna, à primeira vista, o fenômeno incompreensível. Estas manifestações não podem ocorrer senão pela ação do Espírito sobre a matéria; é, por isso, que aqueles que creem que o Espírito é a ausência de toda a matéria, perguntam-se com alguma aparência de razão, como pode ele agir materialmente. Ora, aí está o erro; porque o Espírito não é uma abstração, é um ser definido, limitado e circunscrito. O Espírito encarnado no corpo constitui a alma; quando o deixa, na morte, não sai despojado de todo o envoltório. Todos nos dizem que conservam a forma humana e, com efeito, quando nos aparecem é sob aquela que nós os conhecemos.

Observemo-los atentamente no momento em que acabam de deixar a vida; estão num estado de perturbação; tudo está confuso ao seu redor; eles veem seu corpo, são ou mutilado, conforme o gênero de morte; de outra parte, veem-se e se sentem vivos; alguma coisa lhes diz que esse corpo é o seu e não compreendem por que estão separados dele. Continuam a ver-se sob sua forma primitiva, e esta visão produz, em alguns, durante um certo tempo, uma singular ilusão: a de se crerem ainda vivos; necessitam da experiência do seu novo estado para se convencerem da realidade. Dissipado esse primeiro momento de perturbação, o corpo se lhes torna uma vestimenta velha da qual estão despojados e não têm saudade; sentem-se mais leves e como desembaraçados de um fardo; não experimentam mais dores físicas e são muito felizes de poderem se elevar, percorrer o espaço, assim, como, em suas vidas, fizeram-no muitas vezes durante seus sonhos (1). Entretanto, apesar da ausência do corpo, constatam sua personalidade; têm uma forma, mas uma forma que não os oprime nem os embaraça; têm, enfim, a consciência de seu eu e de sua individualidade. Que devemos disso concluir? É que a alma não deixa tudo no túmulo e que leva alguma coisa consigo.

54. Numerosas observações de fatos irrecusáveis, dos quais falaremos mais tarde, conduziram a esta consequência de que há no homem três coisas: 1ª - alma ou Espírito, princípio inteligente em que reside o senso moral; 2ª - o corpo, envoltório grosseiro, material, do qual está temporariamente revestido para o cumprimento de certos objetivos providenciais; 3ª - o perispírito, envoltório fluídico, semimaterial, servindo de laço entre a alma e o corpo.

---

(1) Se se recordar de tudo o que dissemos em *O Livro dos Espíritos* sobre os sonhos e o estado do Espírito durante o sono (nº 400 a 418), se conceberá que estes sonhos, que quase todo mundo teve, nos quais se vê transportado através do espaço e, como voando, não são mais do que uma lembrança da sensação experimentada pelo Espírito, quando, durante o sono, havia momentaneamente deixado seu corpo material, não levando consigo senão seu corpo fluídico, aquele que conserva depois da morte. Estes sonhos podem, pois, dar-nos uma ideia do estado do Espírito quando estiver desembaraçado dos entraves que o retêm ao solo.

A morte é a destruição, ou melhor, a desagregação do envoltório grosseiro, daquele que a alma abandona; o outro se separa e segue a alma que se encontra, dessa maneira, sempre com um envoltório; este último, se bem que fluídico, etéreo, vaporoso, invisível para nós em seu estado normal, não deixa de ser matéria, embora, até o presente, não pudéssemos apanhá-la e submetê-la à análise.

Este segundo envoltório da alma ou *perispírito* existe, pois, durante a vida corporal; é o intermediário de todas as sensações que o Espírito percebe, aquele pelo qual o Espírito transmite sua vontade ao exterior e age sobre os órgãos. Para servir-nos de uma comparação material, é o fio elétrico condutor que serve para a recepção e a transmissão do pensamento; é, enfim, esse agente misterioso, inacessível, designado sob o nome de fluido nervoso, que desempenha um grande papel na economia e do qual não se dá bastante conta nos fenômenos fisiológicos e patológicos. A Medicina, não considerando senão o elemento material ponderável, priva-se, na apreciação dos fatos, de uma causa incessante, de ação. Mas não é aqui o lugar de examinar essa questão; faremos somente notar que o conhecimento do perispírito é a chave de uma multidão de problemas até agora inexplicados.

O perispírito não é uma dessas hipóteses às quais se recorrem na ciência, algumas vezes, para a explicação de um fato; sua existência não é revelada somente pelos Espíritos, mas um resultado da observação, como teremos ocasião de demonstrá-lo. Para o momento, e para não antecipar sobre os fatos que iremos relatar, limitar-nos-emos a dizer que, seja durante sua união com o corpo, seja depois de sua separação, a alma jamais está separada de seu perispírito.

55. Já se disse que o Espírito é uma chama, uma chispa; isto se deve entender do Espírito, propriamente dito, como princípio intelectual e moral e ao qual não se poderia atribuir uma forma determinada; mas, em qualquer grau que se encontre, está sempre revestido de um envoltório ou perispírito, cuja matéria se eteriza à medida que ele se purifica e se eleva na hierarquia; de tal sorte que, para nós, a ideia de forma é inseparável da do Espírito, e que não concebemos um sem o outro. O perispírito faz, pois, parte integrante do Espírito, como o corpo faz parte integrante do homem; mas o perispírito sozinho não é o Espírito como apenas o corpo não é o homem, porque o perispírito não pensa; é para o Espírito o que o corpo é para o homem; é o agente ou o instrumento de sua ação.

56. A forma do perispírito é a forma humana, e quando nos aparece é, geralmente, aquela sob a qual conhecemos o Espírito em sua vida. Poder-se-ia crer, em razão disso, que o perispírito, separado de todas as partes do corpo, amolda-se de alguma sorte sobre ele e lhe conserva o tipo, mas não parece que seja assim. A forma humana, com algumas diferenças aproximadas de detalhes, e salvo as modificações necessitadas para o meio no qual o ser foi chamado a viver, se encontra nos habitantes de todos os globos, é, ao menos, o que dizem os Espíritos; é, igualmente, a forma de todos os Espíritos não encarnados e que não têm senão o perispírito; é aquela sob a qual, em todos os tempos, representaram-se os anjos ou Espíritos puros; de onde devemos concluir que a forma humana é a forma tipo de todos os seres humanos, qualquer que seja o grau ao qual pertencem. Mas a matéria sutil do perispírito não tem a tenacidade nem a rigidez da matéria compacta do corpo; se podemos nos exprimir assim, ela é flexível e expansível; por isso, a forma que toma, se bem que calcada sobre a do corpo, não é absoluta; amolda-se à vontade do Espírito, que pode lhe dar tal ou tal aparência a seu gosto, enquanto o envoltório sólido lhe oferece uma resistência insuperável. Desembaraçado desse entrave que o comprimia, o perispírito se expande ou se contrai, transforma-se, em uma palavra, presta-se a todas as metamorfoses, segundo a vontade que age sobre ele. É por consequência dessa propriedade de seu envoltório fluídico que o Espírito, que quer se fazer reconhecer, pode, quando necessário, tomar a exata aparência que tinha em sua vida, mesmo a de acidentes corporais que podem ser sinais de reconhecimento.

Os Espíritos, como se vê, são, pois, seres semelhantes a nós, formando, ao nosso redor, toda uma população invisível em seu estado normal; dizemos em seu estado normal, porque, como veremos, essa invisibilidade não é absoluta.

57. Voltemos à natureza do perispírito, porque ela é essencial para a explicação que vamos dar. Nós dissemos que, embora fluídica, não deixa de ser uma espécie de matéria, e isso resulta do fato das aparições tangíveis, sobre as quais voltaremos. Viu-se, sob a influência de certos médiuns, aparecerem mãos com todas as propriedades de mãos vivas, que têm calor, que se podem apalpar, que oferecem a resistência de um corpo sólido, que vos agarram e, de repente, esvanecem-se como uma sombra. A ação inteligente dessas mãos que, evidentemente, obedecem a uma vontade em executando certos movimentos, tocando mesmo melodias em um instrumento, provam que elas são a parte visível de um ser inteligente invisível. Sua tangibilidade, sua temperatura, em uma palavra, a impressão que fazem sobre os sentidos, verificou-se deixar marcas sobre a pele, dar golpes dolorosos ou acariciar delicadamente, provam que são de matéria qualquer. Sua desaparição instantânea prova, por outro lado, que essa matéria é eminentemente sutil e se comporta como certas substâncias que podem passar, alternativamente, do estado sólido para o estado fluídico, e reciprocamente.

58 A natureza íntima do Espírito, propriamente dito, quer dizer, do ser pensante, nos é inteiramente desconhecida; não se revela a nós senão por seus atos, e seus atos não podem impressionar nossos sentidos materiais senão por um intermediário material. O Espírito tem, pois, necessidade de matéria. Tem por instrumento direto seu perispírito, como o homem tem seu corpo; ora, seu perispírito é matéria, como acabamos de ver. Tem, em seguida, por agente intermediário, o fluido universal, espécie de veículo sobre o qual age, como nós agimos sobre o ar para produzir certos efeitos com a ajuda da dilatação, da compressão, da propulsão ou das vibrações.

Considerada dessa maneira, a ação do Espírito sobre a matéria se concebe facilmente; e se compreende, desde logo, que todos os efeitos que dela resultam entram na ordem dos fatos naturais, e nada têm de maravilhoso. Não pareceram sobrenaturais senão porque não se lhes conhecia a causa; conhecida a causa, o maravilhoso desaparece, e esta causa está toda inteira nas propriedades semimateriais do perispírito. É uma nova ordem de fatos, que uma nova lei vem explicar e da qual não se admirará mais, dentro de algum tempo, como não se admira hoje da correspondência à distância pela eletricidade em alguns minutos.

59. Talvez, perguntem-nos como o Espírito, com a ajuda da matéria tão sutil, pode agir sobre corpos pesados e compactos, erguer mesas, etc. Seguramente, não seria um homem de ciência quem poderia fazer semelhante objeção; porque, sem falar das propriedades desconhecidas que pode ter esse novo agente, não temos sob nossos olhos exemplos análogos? Não é nos gases mais rarefeitos, nos fluidos imponderáveis, que a indústria encontra seus mais poderosos motores? Quando se vê o ar derrubar edifícios, o vapor arrastar massas enormes, a pólvora gaseificada levantar as rochas, a eletricidade destruir árvores e perfurar muralhas, o que há de mais estranho em admitir que o Espírito, com a ajuda do seu perispírito, possa erguer uma mesa? Quando se sabe, sobretudo, que esse perispírito pode tornar-se visível, tangível e comportar-se como um corpo sólido?

CAPÍTULO II

MANIFESTAÇÕES FÍSICAS – MESAS GIRANTES

60. Dá-se o nome de manifestações físicas àquelas que se traduzem por efeitos sensíveis, tais como os ruídos, o movimento e o deslocamento de corpos sólidos. Alguns são espontâneos, quer dizer, independentes de toda vontade; os outros podem ser provocados. Não falaremos primeiro senão destes últimos.

O efeito mais simples e um dos primeiros que foram observados, consiste no movimento circular dado a uma mesa. Este efeito se produz igualmente sobre todos os outros objetos; mas a mesa, sendo sobre a qual mais se exercitou, porque era a mais cômoda, o nome de *mesas girantes* prevaleceu para a designação desse tipo de fenômeno.

Quando dizemos que esse efeito foi um dos primeiros a serem observados, queremos nos referir a estes últimos tempos, porque é bem certo que todos os gêneros de manifestações foram conhecidos desde os tempos mais recuados, e não pode ser de outra maneira; uma vez que são efeitos naturais, devem ter-se produzido em todas as épocas. Tertuliano fala em termos explícitos de mesas girantes e falantes.

Esse fenômeno, durante algum tempo, alimentou a curiosidade dos salões, depois foi abandonado para passar a outras distrações, porque não era senão um objeto de distração. Duas causas contribuíram para o abandono das mesas girantes: a moda para as pessoas frívolas, que raramente consagram dois invernos ao mesmo passatempo e que, coisa prodigiosa para elas, dispensaram três ou quatro a este. Para as pessoas graves e observadoras, daí saiu alguma coisa de sério que prevaleceu; negligenciaram-se as mesas girantes, foi para se ocuparem das consequências muito mais importantes em seus resultados: trocaram o alfabeto pela ciência e eis todo o segredo deste aparente abandono do qual tanto ruído fizeram os ridicularizadores.

Como quer que seja, as mesas girantes não deixam de ser o ponto de partida da Doutrina Espírita e, a esse título, nós lhes devemos algum desenvolvimento, tanto mais que, apresentando os fenômenos em sua maior simplicidade, o estudo das causas será mais fácil, e a teoria, uma vez estabelecida, nos dará a chave dos efeitos mais complicados.

61. Para a produção do fenômeno, é necessária a intervenção de uma ou várias pessoas dotadas de aptidão especial, que se designam sob o nome de *médiuns*. O número dos cooperadores é indiferente, a não ser que, na quantidade, pode-se encontrar alguns médiuns desconhecidos. Quanto àqueles cuja mediunidade é nula, sua presença é sem nenhum resultado, e mesmo mais nociva que útil, pela disposição de espírito que, frequentemente, carregam.

Os médiuns gozam, sob esse aspecto, de uma força mais ou menos grande e produzem, em consequência, efeitos mais ou menos pronunciados; frequentemente uma pessoa, médium poderosa, produzirá ela sozinha mais do que vinte outras reunidas; bastar-lhe-á pousar a mão sobre a mesa para que no instante se mova, eleve-se, tombe, dê saltos ou gire com violência.

62. Não há nenhum indício da faculdade mediúnica; só a experiência pode fazê-la conhecer. Quando, em uma reunião, se quer ensaiar, é preciso muito simplesmente sentar-se ao redor de uma mesa, pousar as mãos estendidas em cima, sem pressão nem contenção muscular. No princípio, como se ignorasse a causa do fenômeno, havia-se indicado várias precauções, depois reconhecidas como absolutamente inúteis; tal é, por exemplo, a alternância dos sexos; tal é ainda o contato dos dedos mínimos das diferentes pessoas, de maneira a formar uma cadeia não interrompida. Esta última precaução havia parecido necessária quando se acreditava na ação de uma espécie de corrente elétrica; depois, a experiência demonstrou sua inutilidade. A única prescrição, rigorosamente, obrigatória é o recolhimento, um silêncio absoluto e, sobretudo, a paciência se o efeito se faz esperar. Pode ocorrer que ele se produza em alguns minutos, como pode tardar meia hora ou uma hora; isso depende da força medianímica dos coparticipantes.

63. Dizemos ainda que a forma da mesa, a substância da qual foi feita, a presença de metais, a seda nas vestes dos assistentes, o dia, as horas, a obscuridade ou a luz, etc., são tão indiferentes como a chuva ou o bom tempo. Só o volume da mesa tem alguma importância, mas somente no caso de que a força medianímica seja insuficiente para vencer a resistência; em caso contrário, uma única pessoa, uma criança mesmo, pode fazer erguer uma mesa de 100 quilos, enquanto que, em condições menos favoráveis, doze pessoas não fariam mover a menor mesinha.

Estando as coisas nesse estado, quando o efeito começa a manifestar-se, ouve-se, geralmente, um pequeno estalido na mesa; sente-se como um frêmito que é o prelúdio do movimento; parece fazer esforços para desprender-se, depois o movimento de rotação se pronuncia; acelera-se ao ponto de adquirir uma rapidez tal que os assistentes experimentam sérias dificuldades para segui-la. Uma vez estabelecido o movimento se pode mesmo afastar-se da mesa, que continua a se mover, em diversos sentidos, sem contato.

Em outras circunstâncias, a mesa se levanta e se endireita, tanto sobre um só pé, tanto sobre outro, depois retoma docemente sua posição natural. Outras vezes, ela se balança imitando o movimento transversal ou longitudinal de um barco. De outras vezes, enfim, mas, para isso, é preciso uma força medianímica considerável, destaca-se inteiramente do solo e se mantém em equilíbrio no espaço, sem ponto de apoio, erguendo-se mesmo, por vezes, até o teto, de modo que se possa passar-lhe por debaixo; depois, desce lentamente, balançando como o faria uma folha de papel ou cai violentamente e se quebra, o que prova, de maneira patente, que não se é joguete de uma ilusão de ótica.

64. Um outro fenômeno que se produz, muito frequentemente, segundo a natureza do médium, é o dos golpes dados na própria textura da madeira, sem nenhum movimento da mesa; esses golpes, algumas vezes muito fracos, outras vezes bastante fortes, fazem-se ouvir igualmente nos outros móveis do apartamento, contra as portas, as paredes e o teto. Voltaremos ao assunto num instante. Quando ocorrem na mesa, produzem nesta uma vibração muito apreciável pelos dedos e, sobretudo, muito clara quando se lhe aplica o ouvido.

CAPÍTULO III

MANIFESTAÇÕES INTELIGENTES

65. No que acabamos de ver, nada, seguramente, revela a intervenção de uma força oculta, e esses efeitos poderiam perfeitamente explicar-se pela ação de uma corrente magnética ou elétrica ou a de um fluido qualquer. Tal foi, com efeito, a primeira solução dada a esses fenômenos e que podia, com razão, passar por muita lógica. Haveria, sem dúvida, prevalecido, se outros fatos não tivessem vindo demonstrar-lhe a insuficiência; esses fatos são as provas de inteligência que deram; ora, como todo efeito inteligente deve ter uma causa inteligente, fica evidente que, mesmo lhe admitindo que a eletricidade ou outro fluido tivesse nele um papel, a ele se mistura uma outra causa. Qual seria? Qual seria essa inteligência? Foi o que a continuação das observações fez conhecer.

66. Para que a manifestação seja inteligente, não é necessário que seja eloquente, espirituosa ou sábia; basta que prove um ato livre e voluntário, exprimindo uma intenção ou respondendo a um pensamento. Seguramente, quando se vê um cata-vento agitado pelo vento, se está bem certo de que ele não obedece senão a um impulso mecânico; mas se fossem reconhecidos nos movimentos do cata-vento, sinais intencionais, se ele vira à direita ou à esquerda, rápido ou com lentidão ao comando, seria forçoso admitir, não que o cata-vento é inteligente, mas que obedece a uma inteligência. Foi ao que se chegou pela mesa.

67. Vimos a mesa mover-se, erguer-se, dar pancadas, sob a influência de um ou de vários médiuns. O primeiro efeito inteligente que foi notado, foi o de ver esses movimentos obedecerem a um comando; assim, sem mudar de lugar, a mesa se levantava, alternativamente sobre o pé designado; depois, caindo, dava um número determinado de golpes, respondendo a uma questão. De outras vezes, a mesa, sem o contato de ninguém, passeava sozinha pelo quarto, indo à direita ou à esquerda, para a frente ou para trás, executando diversos movimentos conforme a ordem dos assistentes. É bem evidente que descartamos qualquer suposição de fraude; que admitimos a completa lealdade dos assistentes, atestada pela sua honorabilidade e seu perfeito desinteres-

se. Falaremos, mais tarde, das fraudes contra as quais é prudente estar-
-se em guarda.

68. Por meio das pancadas dadas e, sobretudo, pelas pancadas no interior da mesa, de que acabamos de falar, obtêm-se efeitos ainda mais inteligentes, como a imitação de diversas batidas do tambor, do simulacro de luta com fogo de fila ou de pelotão, de um canhoneio; depois o rangido da serra, os golpes de martelo, o ritmo de diferentes melodias, etc. Como se compreende, foi um vasto campo aberto à exploração. Foi dito que, uma vez que havia ali uma inteligência oculta, deveria poder responder às questões, e ela respondeu, com efeito, por sim ou por não, por meio de um número de pancadas convencionadas. Por terem sido essas respostas muito insignificantes, ocorreu a ideia de fazer designar as letras do alfabeto, e de compor, assim, palavras e frases.

69. Esses fatos, renovados à vontade por milhares de pessoas e em todos os países, não poderiam deixar dúvida sobre a natureza inteligente das manifestações. Foi, então, que surgiu um novo sistema segundo o qual essa inteligência não seria outra senão a do médium, do interrogante ou mesmo dos assistentes. A dificuldade era explicar como essa inteligência podia se refletir na mesa e traduzir-se por pancadas; desde que se averiguou que essas pancadas não eram dadas pelo médium, o eram, pois, pelo pensamento; ora, o pensamento dando pancadas, seria um fenômeno mais prodigioso ainda que todos aqueles que foram vistos. A experiência não tardou em demonstrar a inadmissibilidade dessa opinião. Com efeito, as respostas se encontravam, muito frequentemente, em oposição formal com o pensamento dos assistentes, fora da capacidade intelectual do médium, mesmo em idiomas ignorados por ele ou relatando fatos desconhecidos de todos. Os exemplos são tão numerosos, e é quase impossível que alguém que tenha se ocupado um pouco com as comunicações espíritas, dele não tenha sido, muitas vezes, testemunha. Citaremos apenas um que nos foi referido por uma testemunha ocular.

70. A bordo de um navio da marinha imperial francesa, navegando pelos mares da China, toda a tripulação, desde os marinheiros ao estado maior, ocupava-se em fazer as mesas falarem. Teve-se a ideia de evocar o Espírito de um tenente desse navio, morto havia dois anos. Ele veio e, depois de diversas comunicações, que deixaram todos admirados, disse o que se segue, por meio de pancadas: "Suplico-vos insistentemente que paguem ao capitão a soma de ... (indicava a quantia), que lhe devo e que sinto não ter podido lhe reembolsar antes de minha morte." Ninguém conhecia o fato, o próprio capitão havia esquecido desse crédito, de resto bastante pequeno; mas, procurando em suas contas, encontrou a menção da dívida do tenente, cuja quantia indicada era perfeitamente exata. Perguntamos: do pensamento de quem essa indicação poderia ser o reflexo?

71. Aperfeiçoou-se a arte de comunicar-se por pancadas alfabéticas, mas o meio era sempre muito demorado; entretanto, obtiveram-se comunicações de uma certa extensão, assim, como interessantes revelações sobre o mundo dos Espíritos. Estes indicaram outros meios e é a eles que se deve o das comunicações escritas.

As primeiras comunicações deste gênero tiveram lugar adaptando-se um lápis ao pé de uma mesa leve pousada sobre uma folha de papel. A mesa, posta em movimento pela influência de um médium, pôs-se a traçar caracteres, depois palavras e frases. Simplificou-se sucessivamente esse meio, servindo-se de mesinhas do tamanho da mão, feitas para isso; depois cestinhas, caixas de papelão e, enfim, simples pranchetas. A escrita era tão corrente, tão rápida e tão fácil como com a mão, mas se reconheceu, mais tarde, que todos esses objetos não eram, definitivamente, senão apêndices, verdadeiras lapiseiras dos quais se podia prescindir, segurando o médium, ele mesmo, o lápis; a mão, arrastada por um movimento involuntário, escrevia sob o impulso dado pelo Espírito e sem o concurso da vontade ou do pensamento do médium. Desde então, as comunicações de além-túmulo não tiveram mais limites do que a correspondência habitual entre vivos. Voltaremos a esses diferentes meios e os explicaremos com detalhes; nós os esboçamos rapidamente para mostrar a sucessão dos fatos que conduziram à constatação, nesses fenômenos, da intervenção de inteligências ocultas ou dos Espíritos.

CAPÍTULO IV

TEORIA DAS MANIFESTAÇÕES FÍSICAS

Movimentos e suspensões – Ruídos –
Aumento e diminuição de peso dos corpos.

72. Estando demonstrada a existência dos Espíritos, pelo raciocínio e pelos fatos, assim como a possibilidade de agirem sobre a matéria, trata-se de conhecer agora como se opera essa ação e como procede para fazer mover as mesas e os outros corpos inertes.

Um pensamento se apresenta muito naturalmente, e foi o que tivemos; como foi combatido pelos Espíritos que nos deram uma outra explicação, a qual estávamos longe de esperar, é uma prova evidente de que sua teoria não era nossa opinião. Ora, esse primeiro pensamento, cada um poderia tê-lo como nós; quanto à teoria dos Espíritos, não cremos que jamais tenha vindo à ideia de alguém. Reconhece-se, sem esforço, como é ela superior à nossa, embora menos simples, porque dá a solução de uma multidão de outros fatos que não encontravam naquela uma explicação satisfatória.

73. Do momento em que se conheceu a natureza dos Espíritos, sua forma humana, as propriedades semimateriais do perispírito, a ação mecânica que ele pode ter sobre a matéria; que nos fatos de aparição se viram mãos fluídicas e mesmo tangíveis pegar objetos e transportá-los, era natural crer-se que o Espírito se servia, muito simplesmente, de suas mãos para fazer girar a mesa e que a erguia no espaço por força do braço. Mas, então, neste caso, qual a necessidade de ter um médium? O Espírito não pode agir sozinho? Isto porque o médium, que pousa suas mãos, o mais frequentemente, em sentido contrário ao do movimento ou mesmo que não as pousa completamente, não pode, evidentemente, secundar o Espírito por uma ação muscular qualquer. Deixemos, primeiro, falarem os Espíritos que interrogamos a esse respeito.

74. As respostas seguintes nos foram dadas pelo Espírito de *São Luís* e foram depois confirmadas por muitos outros.

1. O fluido universal é uma emanação da Divindade?

Não.

2. É uma criação da Divindade?

Tudo é criado, exceto Deus.

3. O fluido universal é, ao mesmo tempo, o elemento universal?

Sim, é o princípio elementar de todas as coisas.

4. Tem alguma relação com o fluido elétrico do qual conhecemos os efeitos?

É seu elemento.

5. Qual é o estado no qual o fluido universal se nos apresenta em sua maior simplicidade?

Para encontrá-lo em sua simplicidade absoluta, seria preciso remontar aos Espíritos puros; em vosso mundo é sempre mais ou menos modificado para formar a matéria compacta que vos rodeia; entretanto, podeis dizer que o estado mais próximo dessa simplicidade, é o do fluido que chamais fluido magnético animal.

6. Foi dito que o fluido universal é a fonte da vida; é, ao mesmo tempo, a fonte da inteligência?

Não, esse fluido, não anima senão a matéria.

7. Uma vez que é esse fluido que compõe o perispírito, parece nele estar em uma espécie de estado de condensação, que o aproxima, até certo ponto, da matéria propriamente dita?

Até certo ponto, como dizeis, porque não lhe tem todas as propriedades; ele é mais ou menos condensado conforme os mundos.

8. Como um Espírito pode operar o movimento de um corpo sólido?

Combina uma parte do fluido universal com o fluido que o médium libera, próprio para esse efeito.

9. Os Espíritos levantam a mesa com a ajuda de seus braços de certo modo solidificados?

Esta resposta não conduzirá ainda ao que desejais. Quando uma mesa se move sob vossas mãos, o Espírito evocado vai utilizar, do fluido universal, o necessário para animar essa mesa de uma vida factícia. Assim, preparada a mesa, o Espírito a atrai e a põe sob a influência do seu próprio fluido, liberado por sua vontade. Quando a massa que quer pôr em movimento lhe é muito pesada, chama em sua ajuda outros Espíritos que estão em suas mesmas condições. Em razão de sua natureza etérea, o Espírito, propriamente dito, não pode agir sobre a matéria grosseira sem intermediário, quer dizer, sem o laço que a une à matéria; esse laço, que constitui o que chamais perispírito, dá-vos a chave de todos os fenômenos espíritas materiais. Creio ter-me explicado bastante claramente para fazer-me compreender.

Nota. Chamamos a atenção para esta primeira frase. *Esta resposta não conduzirá ainda ao que desejais.* O Espírito havia compreendido que todas as questões precedentes não foram feitas senão para chegar a esta e faz alusão a nosso pensamento, que esperava, com efeito, uma outra resposta, quer dizer, a confirmação de nossa ideia sobre a maneira que o Espírito faz mover as mesas.

10. Os Espíritos que chama em sua ajuda, lhe são inferiores? Estão sob suas ordens?

Iguais quase sempre; frequentemente, vêm por si mesmos.

11. Todos os Espíritos estão aptos para produzir os fenômenos desse gênero?

Os Espíritos que produzem essa espécie de efeito, são sempre Espíritos inferiores, que não estão ainda, inteiramente, despojados de toda a influência material.

12. Compreendemos que os Espíritos superiores não se ocupam de coisas que estão abaixo deles; mas, perguntamos se, em razão de serem mais desmaterializados, teriam a força de fazê-lo, se tivessem disso vontade?

Eles têm a força moral como os outros têm a força física; quando têm necessidade dessa força, servem-se daqueles que a possuem. Não vos foi dito que se servem dos Espíritos inferiores como fazeis com os carregadores?

Nota. Foi dito que a densidade do perispírito, se se pode exprimir assim, varia segundo o estado dos mundos; parece que varia também no mesmo mundo segundo os indivíduos. Nos Espíritos avançados *moralmente*, é mais sutil e se aproxima da dos Espíritos elevados; nos Espíritos inferiores, ao contrário, aproxima-se da matéria e o que faz com que esses Espíritos de baixo estágio conservem, por tempo tão longo, as ilusões da vida terrestre; eles pensam e agem como se estivessem ainda vivos; têm os mesmos desejos e, se poderá dizer, a mesma sensualidade. Essa grosseria do perispírito, dando-lhe mais *afinidade* com a matéria, torna os Espíritos inferiores mais próprios para as manifestações físicas. Pela mesma razão, um homem do mundo, habituado aos trabalhos de inteligência, cujo corpo é débil e delicado, não pode erguer um fardo pesado como um carregador. A matéria, nele, de alguma sorte, é menos compacta, os órgãos menos resistentes e tem menos fluido nervoso. O perispírito, sendo para o Espírito o que o corpo é para o homem, e sua densidade, estando em razão da inferioridade do Espírito, supre nele a força muscular, quer dizer, dá-lhe, sobre os fluidos necessários às manifestações, uma força maior do que aqueles cuja natureza é mais etérea. Se um Espírito elevado quer produzir tais efeitos, faz o que fazem, entre nós, as pessoas delicadas: manda fazê-lo um *Espírito do ofício*.

13. Se compreendemos bem o que dissestes, o princípio vital reside no fluido universal; o Espírito toma nesse fluido o envoltório semimaterial que constitui seu perispírito e é por esse meio que age sobre a matéria inerte. É isso?

Sim; quer dizer que ele anima a matéria de uma espécie de vida factícia: a matéria se anima da vida animal. A mesa que se move sob vossas mãos vive, como o animal; obedece, por si mesma, ao ser inteligente. Não é este que a ergue como o homem faz com um fardo; quando a mesa se eleva, não é o Espírito que a levanta à força de braços, é a mesa animada que obedece ao impulso dado pelo Espírito.

14. Qual é o papel do médium nesse fenômeno?

Já o disse, o fluido próprio do médium se combina com o fluido universal acumulado pelo Espírito; é necessária a união desses dois fluidos, quer dizer, do fluido animalizado com o fluido universal, para dar vida à mesa. Mas, note bem, que esta vida não é senão momentânea; ela se extingue com a ação e, muitas vezes, antes do fim da ação, logo que a quantidade de fluido não é mais suficiente para animá-la.

15. O Espírito pode agir sem o concurso de um médium?

Pode agir com desconhecimento do médium; quer dizer que muitas pessoas servem de auxiliares dos Espíritos para certos fenômenos, sem disso desconfiarem. O Espírito toma delas, como de uma fonte, o fluido animalizado de que tem necessidade; é, assim, que o concurso de um médium, tal como entendeis, não é necessário, e é o que tem lugar, sobretudo, nos fenômenos espontâneos.

16. A mesa animada age com inteligência? Ela pensa?

Ela não pensa mais do que um bastão com o qual fazeis um sinal inteligente, mas a vitalidade de que está animada lhe permite obedecer ao impulso de uma inteligência. Sabei, pois, bem, que a mesa que se move não se torna Espírito e que não tem, por si mesma, nem pensamento e nem vontade.

Nota. Muitas vezes, serve-se de uma expressão análoga na linguagem usual, dizendo-se de uma roda que gira com velocidade, que está *animada* de um movimento rápido.

17. Qual é a causa preponderante na produção deste fenômeno: o Espírito ou o fluido?

O Espírito é a causa; o fluido é o instrumento; as duas coisas são necessárias.

18. Que papel desempenha a vontade do médium nesse caso?

Chamar os Espíritos e secundá-los no impulso dado ao fluido.

A ação da vontade é sempre indispensável?

Ela ajuda a força, mas não é sempre necessária, uma vez que o movimento pode ocorrer contra e malgrado essa vontade e isso é uma prova de que há uma causa independente do médium.

Nota. O contato das mãos não é sempre necessário para fazer mover um objeto. O mais frequentemente, o é para dar o primeiro impulso, mas, uma vez que o objeto está animado, pode obedecer à vontade sem contato material; isto depende, seja da força do médium, seja da natureza dos Espíritos. Um primeiro contato não é mesmo sempre indispensável; disso temos a prova nos movimentos e deslocamentos espontâneos, que não se sonha provocar.

19. Por que todo mundo não pode produzir o mesmo efeito, e por que os médiuns não têm a mesma força?

Isso depende do organismo e da maior ou menor facilidade com a qual a combinação dos fluidos pode se operar; depois, o Espírito do médium simpatiza mais ou menos com os Espíritos estranhos que nele encontram a força fluídica necessária. Ocorre com esta força, como com a dos magnetizadores, ser maior ou menor. Sob esse aspecto, há pessoas que são inteiramente refratárias; outras, nas quais a combinação não se opera senão por um esforço de sua vontade; outras, enfim, nas quais ocorre tão naturalmente e tão facilmente, que nem desconfiam disso e servem de instrumento sem o saberem, como já dissemos.

(Veja-se, adiante, o capítulo das manifestações espontâneas).

Nota. O magnetismo, sem nenhuma dúvida, é o princípio desses fenômenos, mas não como se o entende geralmente; a prova é que há magnetizadores muito poderosos que não fariam mover uma mesinha, e pessoas que não podem magnetizar, mesmo crianças, a quem basta pousarem os dedos sobre uma mesa pesada para fazê-la agitar-se; logo, se a força medianímica não está em razão da força magnética, é que há uma outra causa.

20. As pessoas ditas elétricas podem ser consideradas como médiuns?

Essas pessoas tomam, em si mesmas, o fluido necessário à produção do fenômeno e podem agir sem o concurso de Espíritos estranhos. Não são

*médiuns, no sentido dado a essa palavra; mas, pode ser também que um
Espírito as assista e aproveite as suas disposições naturais.*

Nota. Essas pessoas seriam como os sonâmbulos que podem agir com ou
sem o concurso de um Espírito estranho. (Veja, no capítulo dos médiuns, a parte
relativa aos médiuns sonâmbulos).

21. O Espírito que age sobre os corpos sólidos para movê-los, está
na substância mesma dos corpos ou fora dessa substância?

*Na substância e fora dela; dissemos que a matéria não é obstáculo
para os Espíritos, que penetram tudo; uma porção do perispírito se
identifica, por assim dizer, com o objeto que ele penetra.*

22. Como o Espírito faz para bater? Serve-se de um objeto material?

*Não mais do que de seus braços para erguer a mesa. Sabeis bem
que não tem martelo à sua disposição. Seu martelo é o fluido combinado
posto em ação por sua vontade para mover ou para bater. Quando move,
a luz vos dá a visão dos movimentos; quando bate, o ar vos traz o som.*

23. Concebemos isso quando bate num corpo duro; mas, como
pode fazer ouvir ruídos ou sons articulados no vago do ar?

*Uma vez que age sobre a matéria, pode agir sobre o ar, tão bem
como sobre a mesa. Quanto aos sons articulados, pode imitá-los como
todos os outros ruídos.*

24. Dizeis que o Espírito não se serve das mãos para remover a
mesa; entretanto, viu-se, em certas manifestações visuais, aparecerem
mãos cujos dedos passeavam sobre o teclado, agitavam as teclas e faziam
ouvir sons. Não pareceria que o movimento das teclas, aqui, era produzido
pela pressão dos dedos? Esta pressão não é direta e real quando se faz
sentir sobre nós mesmos, quando essas mãos deixam marcas sobre a pele?

*Não podeis compreender a natureza dos Espíritos e sua maneira de
agir, senão por comparações que somente vos dão uma ideia incompleta,
e é um erro sempre querer assimilar seus procedimentos ao vosso. Seus
procedimentos devem estar em relação com o seu organismo. Não vos disse
que o fluido do perispírito penetra a matéria e se identifica com ela, que
a anima de uma vida factícia? Pois bem! Quando o Espírito pousa os
dedos sobre as teclas, pousa-os realmente e mesmo as movimenta; mas,
não é pela força muscular que pressiona sobre a tecla; anima a tecla
como anima a mesa, e a tecla, que obedece à sua vontade, movimenta-se
e golpeia a corda. Aqui se passa uma coisa que tereis dificuldades para
compreender, e é que certos Espíritos são tão pouco avançados e de tal
modo materializados, comparativamente aos Espíritos elevados, que
têm ainda as ilusões da vida terrestre e creem agir como quando tinham*

seus corpos; não se dão mais conta da verdadeira causa dos efeitos que produzem, do mesmo modo que um camponês não se dá conta da teoria dos sons que articula; perguntai-lhes como tocam o piano, e vos dirão que golpeiam em cima com seus dedos, porque eles creem golpear; o efeito se produz instintivamente neles sem que saibam como, e, entretanto, pela sua vontade. Quando se fazem ouvir por palavras, sucede o mesmo.

Nota. Resulta, dessas explicações, que os Espíritos podem produzir todos os efeitos que nós mesmos produzimos, mas por meios apropriados ao seu organismo; certas forças que lhes são próprias, substituem os músculos que nos são necessários para agir; do mesmo modo que o gesto substitui, nos mudos, a palavra que lhes falta.

25. Entre os fenômenos que se citam como provas da ação de uma inteligência oculta, há os que são evidentemente contrários a todas as leis conhecidas da Natureza; a dúvida, então, não parece permitida?

É que o homem está longe de conhecer todas as leis da Natureza; se as conhecesse todas, seria Espírito superior. Cada dia, entretanto, dá um desmentido àqueles que, crendo tudo saber, pretendem impor limites à Natureza e, por isso, não ficam menos orgulhosos. Revelando, sem cessar, novos mistérios, Deus adverte o homem para desconfiar de suas próprias luzes, porque um dia virá em que a ciência do mais sábio será confundida. Não tendes, todos os dias, exemplos de corpos animados de um movimento capaz de sobrepujar a força da gravitação? A bala de canhão, lançada no ar, não supera, momentaneamente, essa força? Pobres homens que creem ser tão sábios e cuja tola vaidade é, a cada instante, confundida, sabei, pois, que ainda sois bem pequeninos.

75. Essas explicações são claras, categóricas e sem ambiguidade; delas ressalta esse ponto capital de que o fluido universal, no qual reside o princípio da vida, é o agente principal das manifestações, e que esse agente recebe seu impulso do Espírito, seja este encarnado ou errante. Esse fluido condensado constitui o perispírito ou envoltório semimaterial do Espírito. No estado de encarnação, o perispírito está unido à matéria do corpo; no estado de erraticidade, está livre. Quando o Espírito está encarnado, a substância do perispírito está mais ou menos ligada, mais ou menos aderente, se se pode exprimir assim. Entre certas pessoas, há uma espécie de emanação deste fluido, por consequência de seu organismo, e isto é, propriamente falando, o que constitui os médiuns de influências físicas. A emissão do fluido animalizado pode ser mais ou menos abundante, sua combinação mais ou menos fácil, e daí os médiuns mais ou menos potentes; não é também permanente, o que explica a intermitência da força.

76. Citemos uma comparação. Quando se tem vontade de agir materialmente sobre um ponto qualquer colocado à distância, é o pensamento que quer, mas o pensamento sozinho não irá tocar esse ponto; necessita de um intermediário que ele dirige; um bastão, um projétil, uma corrente de ar, etc. Notai também que o pensamento não age diretamente sobre o bastão, porque, se não o toca, não agirá por si mesmo. O pensamento, que não é outro senão o Espírito encarnado em nós, está unido ao corpo pelo perispírito; ora, ele não pode mais agir sobre o corpo sem o perispírito, como não pode agir sobre o bastão sem o corpo; age sobre o perispírito, porque é a substância com a qual tem mais afinidade; o perispírito age sobre os músculos, os músculos pegam o bastão, e o bastão toca o objeto. Quando o Espírito não está encarnado, lhe é necessário um auxiliar estranho; esse auxiliar é o fluido com a ajuda do qual torna o objeto próprio para seguir o impulso de sua vontade.

77. Assim, quando um objeto é posto em movimento, elevado ou lançado no ar, não é o Espírito quem o pega, o empurra e o ergue como faríamos com a mão; ele o satura, por assim dizer, do seu fluido combinado com o do médium, e o objeto, assim momentaneamente vivificado, age como o faria um ser vivente, com a diferença que, não tendo vontade própria, segue o impulso da vontade do Espírito.

Uma vez que o fluido vital, compelido de alguma forma pelo Espírito, dá uma vida factícia e momentânea aos corpos inertes, que o perispírito não é outra coisa que esse fluido vital, segue-se, que quando o Espírito está encarnado, é ele que dá a vida ao seu corpo por intermédio do perispírito; a ele fica unido enquanto o organismo lhe permita; quando se retira, o corpo morre. Agora, se no lugar de uma mesa, talha-se uma estátua de madeira, e se age sobre esta estátua como sobre a mesa, ter-se-á uma estátua que se desloca, que bate, que responde por seus movimentos e por suas pancadas; ter-se-á, em uma palavra, uma estátua momentaneamente animada de uma vida artificial: tem-se dito que as mesas falantes e poder-se-ia também dizer as estátuas falantes. Que luz esta teoria não derrama sobre uma multidão de fenômenos até agora sem solução! Que alegorias e efeitos misteriosos não explica!

78. Os incrédulos também objetam que o fato da suspensão da mesa sem ponto de apoio é impossível, porque é contrário à lei da gravidade. Responderemos, desde logo, que sua negação não é uma prova; em segundo lugar, que, se o fato existe, por mais contrário a todas as leis conhecidas, isso provaria uma coisa: que repousa sobre uma lei desconhecida e que os negadores não podem ter a pretensão de conhecer todas as leis da Natureza. Acabamos de explicar esta lei, mas não é uma razão para que seja aceita por eles, precisamente porque foi dada pelos Espíritos que tiraram sua roupa terrestre, em lugar de ser por Espíritos que a têm ainda e que se sentam na Academia. De tal sorte que se o Espírito de Arago vivo tivesse apresentado essa lei, a teriam aceito de olhos fechados; mas dada pelo Espírito de Arago morto, é uma utopia, e por que isso? Porque creem que estando Arago morto, tudo está morto nele. Não temos a pretensão de dissuadi-los; entretanto, como esta objeção poderia embaraçar certas pessoas, vamos ensaiar em respondê-la, desde seu ponto de vista, quer dizer, fazendo abstração, por um instante, da teoria da animação factícia.

79. Quando se faz o vácuo sob a campana da máquina pneumática, esta campana adere com uma tal força que é impossível levantá-la por causa do peso da coluna de ar que pesa sobre ela. Que se deixe entrar o ar, e a campana se levanta com a maior facilidade, porque o ar de baixo faz contrapeso com o ar de cima; entretanto, abandonada a si mesma, ficará sobre o prato em virtude da lei da gravidade. Agora, que o ar de baixo seja comprimido, que tenha uma densidade maior que a de cima, e a campana será erguida malgrado a lei da gravidade; se a corrente de ar for rápida e violenta, poderá ser sustentada no espaço sem nenhum apoio *visível*, à maneira desses bonecos que se faz voltear sobre um jato de água. Por que, pois, o fluido universal, *que é o elemento de toda matéria*, estando acumulado ao redor da mesa, não teria a propriedade de diminuir-lhe ou aumentar-lhe o peso específico relativo, como o ar o faz com a campana da máquina pneumática, como o gás hidrogênio o faz com os balões, sem que sejam, por isso, derrogadas as leis da gravidade? Conheceis todas as propriedades e toda a força desse fluido? Não; muito bem! Não negueis, pois, um fato porque não podeis explicá-lo.

80. Voltemos à teoria do movimento da mesa. Se, pelo meio indicado, o Espírito pode levantar uma mesa, pode levantar qualquer outra coisa: uma poltrona, por exemplo. Se pode levantar uma poltrona, pode também, com uma força suficiente, levantar, ao mesmo tempo, uma pessoa sentada nela. Eis, pois, a explicação desse fenômeno que o Sr. Home produziu cem vezes, em si mesmo e sobre outras pessoas; ele o renovou durante uma viagem a Londres e, a fim de provar que os espectadores não eram joguete de uma ilusão de ótica, fez no teto uma marca com lápis e passou sob ela. Sabe-se que o Sr. Home é um poderoso médium para os efeitos físicos; era, nesse caso, a causa eficiente e o objeto.

81. Faz um momento, falamos do aumento possível do peso; com efeito, é um fenômeno que se produz algumas vezes e nada tem de mais anormal do que a prodigiosa resistência da campana sob a pressão da coluna atmosférica. Viram-se, sob a influência de certos médiuns, objetos bem leves oferecerem a mesma resistência, depois, de repente, cederem ao menor esforço. Na experiência acima, a campana não pesa,

na realidade, por si mesma, nem mais nem menos, mas parece mais
pesada pelo efeito da causa exterior que age sobre ela; provavelmente,
o mesmo ocorre aqui. A mesa tem sempre o mesmo peso intrínseco,
porque sua massa não aumentou, mas uma força estranha se opõe ao
seu movimento, e esta causa pode estar nos fluidos ambientes que a
penetram, como a que aumenta ou diminui o peso aparente da campânula
que está no ar. Fazei a experiência da campânula pneumática diante de um
camponês ignorante e, não compreendendo que é o ar que não vê, que
age, não será difícil persuadi-lo de que é o diabo.

     Dir-se-á, talvez, que sendo esse fluido imponderável, seu acúmulo
não pode aumentar o peso de um objeto: de acordo; mas notai que, se nos
servimos da palavra *acúmulo* foi por comparação e não por assimilação
absoluta com o ar; ele é imponderável, seja; entretanto, nada a prova; sua
natureza íntima nos é desconhecida, e estamos longe de conhecer-lhe
todas as propriedades. Antes que se tivesse experimentado o peso do ar,
não se suspeitava do peso desse mesmo ar. A eletricidade está também
alinhada entre os fluidos imponderáveis; entretanto, um corpo pode
ser detido por uma corrente elétrica e oferecer uma grande resistência
àquele que queria levantá-lo; é, pois, que se tornou aparentemente mais
pesado. Porque não se vê o suporte, seria ilógico concluir que não existe.
O Espírito pode ter, pois, alavancas que nos são desconhecidas; a Natureza
nos prova, todos os dias, que sua força não se detém no testemunho dos
sentidos.

     Não se pode explicar, senão por uma causa semelhante, o
fenômeno singular, do qual se viram muitos exemplos, de uma pessoa
jovem, débil e delicada, levantando com dois dedos, sem esforço e como
uma pluma, a um homem forte e robusto com o assento em que estava.
O que prova uma causa estranha à pessoa são as intermitências da
faculdade.

CAPÍTULO V

MANIFESTAÇÕES FÍSICAS ESPONTÂNEAS

Ruídos, barulhos e perturbações. – Lançamento de objetos – Fenômeno dos transportes.

82. Os fenômenos dos quais acabamos de falar são provocados; mas ocorre, algumas vezes, que se dão espontaneamente, sem participação da vontade; longe disso, uma vez que, frequentemente, tornam-se importunos. O que exclui, de outra parte, o pensamento de que podem ser um efeito da imaginação superexcitada pelas ideias espíritas, é que se produzem entre pessoas que delas jamais ouviram falar e no momento em que menos o esperavam. Esses fenômenos, que se poderia chamar o Espiritismo prático natural, são muito importantes, visto que não podem ter suspeita de conivência; por isso, convidamos as pessoas que se ocupam com os fenômenos espíritas a registrarem todos os fatos desse gênero que vierem ao seu conhecimento, mas, sobretudo, a lhes constatarem, com cuidado, a realidade por um estudo minucioso das circunstâncias, a fim de se assegurarem não ser joguete de uma ilusão ou de uma mistificação.

83. De todas as manifestações espíritas, as mais simples e as mais frequentes são os ruídos e as pancadas; é aqui, sobretudo, que é necessário temer a ilusão, porque uma multidão de causas naturais pode produzi-los: o vento que silva ou que agita um objeto, um corpo que se desloca por si mesmo sem que se perceba, um efeito acústico, um animal escondido, um inseto, etc., até mesmo as travessuras de um mau gracejador. Os ruídos espíritas têm, aliás, um caráter particular, revelando uma intensidade e um timbre muito variados, que os tornam facilmente reconhecíveis e não permitem confundi-los com o estalido da madeira, o crepitar do fogo ou o tic-tac monótono de um pêndulo; são golpes secos, logo, surdos, fracos e leves; logo, claros, distintos, algumas vezes barulhentos, que mudam de lugar e se repetem sem terem uma regularidade mecânica. De todos os meios de controle mais eficazes, o que não pode deixar dúvida sobre sua origem é a obediência à vontade. Se os golpes se fazem ouvir no lugar designado, respondem-se ao pensamento por seu número ou sua intensidade, não se pode desconhecer neles uma causa inteligente; mas a falta de obediência nem sempre é uma prova contrária.

84. Admitamos agora que, por uma constatação minuciosa, chegue-se à certeza de que os ruídos ou quaisquer outros efeitos são manifestações reais; é racional temê-los? Não, seguramente; porque em nenhum caso teriam o menor perigo; somente as pessoas às quais se persuade que são do diabo, podem ser afetadas de uma maneira deplorável como as crianças às quais se mete medo do lobisomem ou do papão. Essas manifestações adquirem, em certas circunstâncias, é preciso disso convir, proporções e persistência desagradáveis, das quais se tem o desejo muito natural de livrar-se delas. Uma explicação é necessária a esse respeito.

85. Dissemos que as manifestações físicas têm por objeto chamar nossa atenção sobre alguma coisa e de convencer-nos da presença de uma força superior à do homem. Dissemos também que os Espíritos elevados não se ocupam dessas espécies de manifestações; servem-se dos Espíritos inferiores para produzi-las, como nos servimos de criados para as tarefas grosseiras, e isso com o objetivo que acabamos de indicar. Uma vez atingido esse objetivo, a manifestação material cessa, porque não é mais necessária. Um ou dois exemplos farão compreender melhor a coisa.

86. Há vários anos, no começo dos meus estudos sobre o Espiritismo, estando uma tarde ocupado com um trabalho sobre essa matéria, pancadas se fizeram ouvir ao meu redor durante quatro horas consecutivas; era a primeira vez que semelhante coisa me acontecia; constatei que não havia nenhuma causa acidental, mas, no momento, não pude saber mais a respeito. Nessa época, tinha a oportunidade de ver, frequentemente, um excelente médium escrevente. No dia seguinte, interroguei o Espírito que se comunicava por seu intermédio, sobre a causa dessas pancadas. *Era teu Espírito familiar que queria te falar,* foi-me respondido. – E o que queria ele me dizer? Resposta: Tu mesmo podes lhe perguntar, porque ele está aqui. Tendo, pois, interrogado esse Espírito, fez-se conhecer por um nome alegórico (soube depois, por outros Espíritos, que ele pertencia a uma ordem muito elevada e que desempenhou um papel muito importante sobre a Terra); assinala-me os erros no meu trabalho, indicando *as linhas* onde se encontram, dá-me conselhos úteis e sábios e acrescenta que estará sempre comigo e virá ao meu chamado todas as vezes que quiser interrogá-lo. Desde então, com efeito, esse Espírito jamais me deixou. Deu-me muitas provas de uma grande superioridade, e sua intervenção *benevolente e eficaz* me foi manifestada nos negócios da vida material, como no que toca às coisas metafísicas. Mas, desde a nossa primeira conversa, as pancadas cessaram. O que queria afinal? Entrar em comunicação regular comigo; para isso, era preciso me advertir. Feita a advertência, depois explicada, as relações regulares estabelecidas, as pancadas se tornaram inúteis, por isso, cessaram. Não se bate mais o tambor para despertar os soldados, uma vez que já estão de pé.

Um fato quase semelhante ocorreu com um dos nossos amigos. Desde há algum tempo, em seu quarto, ouviam-se ruídos diversos, que se tornaram muito incômodos. Quando se apresentou ocasião de interrogar o Espírito de seu pai, por um médium escrevente, soube o que queriam dele, fez o que lhe foi recomendado e, desde então, não ouviu mais nada. Note-se que as pessoas que têm, com os Espíritos, um meio regular e fácil de comunicação, mais raramente têm manifestações desse gênero, e isso se concebe.

87. As manifestações espontâneas não se limitam sempre aos ruídos e às pancadas; degeneram, algumas vezes, em verdadeiro barulho e em perturbações; móveis e objetos diversos são desordenados, projéteis de toda espécie são atirados de fora, portas e janelas são abertas e fechadas por mãos invisíveis, ladrilhos são quebrados, o que não pode ser levado à conta de ilusão.

Frequentemente, a desordem é efetiva, mas, algumas vezes, não há senão a aparência da realidade. Ouve-se barulho em uma parte vizinha, louça que cai e se quebra com estrondo, achas de lenha que rolam sobre o soalho; apressa-se em verificar e se encontra tudo tranquilo e em ordem; depois, logo que se sai, o tumulto recomeça.

88. As manifestações desse gênero não são nem raras nem novas; poucas são as crônicas locais que não encerram alguma história desse tipo. O medo, sem dúvida, frequentemente, tem exagerado os fatos que deveram tomar proporções gigantescamente ridículas passando de boca em boca; com a ajuda da superstição, as casas onde eles se passaram foram reputadas mal-assombradas pelo diabo, e daí todos os contos maravilhosos ou terríveis de fantasmas. De seu lado, a patifaria não deixou escapar tão bela ocasião de explorar a credulidade e isso, frequentemente, em proveito de interesses pessoais. Concebe-se, de resto, a impressão que fatos desse gênero, mesmo reduzidos à realidade, podem causar em personalidades fracas e predispostas, pela educação, às ideias supersticiosas. O meio mais seguro de prevenir os inconvenientes que poderiam ter, uma vez que não se poderia impedi-los, é fazer conhecer a verdade. As coisas mais simples se tornam assustadoras quando a causa é desconhecida. Quando se estiver familiarizado com os Espíritos, e aqueles aos quais se manifestam não creem mais ter uma legião de demônios a lhes perseguir, deles não terão mais medo.

Pode-se ver, na *Revista Espírita*, a narração de vários fatos autênticos desse gênero, entre outros a história do Espírito batedor de Bergzabern, cujas más visitas duraram mais de oito anos (números de maio, junho e julho de 1858); a de Dibbelsdorp (agosto de 1858); a do padeiro das Grandes-Vendas, perto de Dieppe (março de 1860); a da Rua de Noyers, em Paris (agosto de 1860); a do Espírito de Castelnaudary, sob o título de *História de um condenado* (fevereiro de 1860); a do fabricante de São Petersburgo (abril de 1860), e muitas outras.

89. Os fatos dessa natureza têm, frequentemente, o caráter de uma verdadeira perseguição. Conhecemos seis irmãs que moravam juntas e que, durante vários anos, encontravam, pela manhã, suas roupas dispersadas, escondidas até sobre o teto, rasgadas e cortadas em pedaços, mesmo tomando a precaução de fechá-las à chave. Frequentemente, ocorre que pessoas deitadas e *perfeitamente despertas*, vejam sacudir suas cortinas, arrancar violentamente suas cobertas e seus travesseiros; foram erguidas por sobre seus colchões e, algumas vezes mesmo, atiradas fora do leito. Esses fatos são mais frequentes do que se crê; mas, na maioria das vezes, aqueles que lhes são vítimas, não ousam falar deles com medo do ridículo. É do nosso conhecimento que se acreditou curar certos indivíduos do que se admitia como alucinações, submetendo-os ao tratamento dos alienados, o que os tornou realmente loucos. A Medicina não pode compreender essas coisas, porque não admite nas causas senão o elemento material, de onde resultam equívocos frequentemente funestos. A História narrará, um dia, certos tratamentos do século dezenove, como narra hoje certos procedimentos da Idade Média.

Admitimos perfeitamente que certos fatos são obra da malícia ou da malevolência; mas se, depois de constatados, permanece averiguado que não são obra dos homens, é preciso convir que são obra, uns dirão do diabo, e nós, nós diremos que são dos Espíritos; mas de que Espíritos?

90. Os Espíritos superiores, tanto como entre nós, os homens graves e sérios, não se divertem fazendo algazarra. Frequentemente, nós os fazemos vir para perguntar-lhes o motivo que os leva a perturbar, assim, o repouso. A maioria não tem outro objetivo senão se divertir; são Espíritos antes levianos do que maus, que se riem do temor que ocasionam e da procura inútil que se faz para se descobrir a causa do tumulto. Frequentemente, obstinam-se junto de um indivíduo, que se comprazem em vexar e que perseguem de casa em casa; outras vezes, ligam-se a um lugar sem outro motivo senão seu capricho. Algumas vezes também é uma vingança que exercem, como teremos ocasião de ver. Em certos casos, sua intenção é mais louvável; querem chamar a atenção e pôr-se em contato, seja para uma advertência útil à pessoa à qual se dirigem, seja para pedir alguma coisa para eles mesmos. Frequentemente, nós os vimos pedir preces; outras vezes, solicitar o cumprimento, em seu nome, de um voto que não puderam cumprir; outras, enfim, querer, no interesse do próprio repouso, reparar uma má ação cometida, por eles, durante a vida. Em geral, é um erro amedrontar-se; sua presença pode ser importuna, mas não perigosa. Concebe-se, de resto, o desejo que se tem de se livrar deles e se faz geralmente, para isso, tudo ao contrário do que seria preciso. Se são Espíritos que se divertem, quanto mais se leva a coisa a sério, mais eles persistem, como crianças traquinas que importunam tanto mais quando os veem se impacientar e fazem medo aos poltrões. Se se tomasse a sábia atitude de rir-se de suas malvadezas, acabariam por cansar e por se tranquilizarem. Conhecemos alguém que, longe de se irritar, excitava-os, desafiando-os a fazerem tal ou tal coisa, tão bem que, ao cabo de alguns dias, não retornaram mais. Mas, como dissemos, há casos cujo motivo é menos frívolo. Por isso, é sempre útil saber o que querem. Se pedem alguma coisa, pode-se estar certo de que cessarão suas visitas desde que seu desejo seja satisfeito. O melhor meio de esclarecer-se a esse respeito, é o de evocar o Espírito por intermédio de um bom médium escrevente; por suas respostas, ver-se-á logo o que se deseja e se agirá de acordo; se é um Espírito infeliz, a caridade manda que se o trate com o respeito que merece; se é um zombeteiro, pode-se agir para com ele sem cerimônias; se é malevolente, é preciso orar a Deus para que se torne melhor. Qualquer que seja a causa, a prece, sempre, não pode ter senão um bom resultado. Mas a gravidade das fórmulas de exorcismos os faz rir, e não as levam em nenhuma conta. Se se pode entrar em comunicação com eles, é necessário desconfiar de qualificações burlescas ou atemorizantes que se dão, algumas vezes, para se divertirem com a credulidade.

Voltaremos com mais detalhes sobre este assunto e sobre as causas que tornam, frequentemente, os exorcismos ineficazes, nos capítulos dos *lugares assombrados e da obsessão.*

91. Esses fenômenos, embora executados por Espíritos inferiores, são frequentemente provocados por Espíritos de uma ordem mais elevada, com o objetivo de convencer da existência de seres incorpóreos e de uma força superior ao homem. A ressonância que deles resulta, o pavor mesmo que causam, chamam a atenção e acabarão por abrir os olhos aos mais incrédulos. Estes acham mais simples colocar esses fenômenos à conta da imaginação, explicação muito cômoda e que dispensa lhes dar outras; todavia, quando os objetos são empurrados ou vos são lançados na cabeça, seria preciso uma imaginação bem complacente para imaginar que semelhantes coisas são quando não são. Nota-se um efeito qualquer, e esse efeito, necessariamente, tem uma causa; se uma *fria e calma* observação nos demonstra que esse efeito é independente de toda vontade humana e de toda causa material, se além do mais nos dá sinais *evidentes* de inteligência e de livre vontade, *o que é o sinal o mais característico,* se está forçado a atribuí-lo a uma inteligência oculta. Quais são esses seres misteriosos? É o que os estudos espíritas nos ensinam da maneira menos contestável, pelos meios que nos dão para nos comunicarmos com eles. Esses estudos nos ensinam, por outro lado, a separar o que há de real, de falso ou de exagerado nos fenômenos dos quais não nos rendemos conta. Se um efeito insólito se produz: ruído, movimento, mesmo aparição, o primeiro pensamento se deve ter é de que é devido a uma causa toda natural, porque é a mais provável; é necessário, então, procurar essa causa com o maior cuidado, e não admitir a intervenção dos Espíritos senão conscientemente; é o meio de não se iludir. Aquele, por exemplo, que sem estar perto de ninguém, recebesse uma bofetada ou uma paulada nas costas, como já se viu, não poderia duvidar da presença de um ser invisível.

Deve manter-se em guarda não somente contra as narrações, que podem estar mais ou menos exageradas, mas contra as próprias impressões, e não atribuir uma origem oculta a tudo o que não se compreende. Uma infinidade de causas, muito simples e muito naturais, podem produzir efeitos estranhos à primeira vista, e seria uma verdadeira superstição ver, por toda parte, Espíritos ocupados em deslocar os móveis, quebrar a louça, suscitar, enfim, mil e um aborrecimentos no lar, quando é mais racional atribuí-las à imperícia.

92. A explicação dada quanto ao movimento dos corpos inertes, aplica-se, naturalmente, a todos os efeitos espontâneos que acabamos de ver. Os ruídos, embora mais fortes do que as pancadas na mesa, têm a mesma causa; os objetos lançados ou deslocados, o são pela mesma força que ergue um objeto qualquer. Uma circunstância vem mesmo aqui em apoio dessa teoria. Poder-se-ia perguntar onde está o médium nessa circunstância. Os Espíritos nos disseram que, em semelhante caso, há sempre alguém cujo poder se exerce com o seu desconhecimento. As manifestações espontâneas se produzem muito raramente nos lugares isolados; é quase sempre nas casas habitadas que elas ocorrem e pelo fato da presença de certas pessoas que exercem uma influência sem o querer; essas pessoas são verdadeiros médiuns que ignoram a si mesmos, e que nós chamamos, por essa razão, *médiuns naturais;* eles são para os outros médiuns, que os sonâmbulos naturais são para os sonâmbulos magnéticos e, do mesmo modo, interessantes para se observar.

93. A intervenção voluntária ou involuntária de uma pessoa dotada de uma aptidão especial para a produção desses fenômenos, parece ser necessária na maioria dos casos, embora haja os que o Espírito parece agir sozinho; mas, então, ele poderia tirar o fluido animalizado alhures do que de uma pessoa presente. Isso explica porque os Espíritos que nos rodeiam sem cessar, não produzem, a cada instante, perturbações. É necessário, primeiro, que o Espírito o queira, que tenha um objetivo, um motivo, sem isso não faz nada. Frequentemente, é necessário, em seguida, que encontre, precisamente no lugar em que gostaria de agir, uma pessoa apta a secundá-lo, coincidência que se encontra muito raramente. Essa pessoa sobrevindo inopinadamente, dela se aproveita. Malgrado a reunião das circunstâncias favoráveis, poderia ainda disso ser impedido por uma vontade superior que não lhe permitisse agir à sua vontade. Pode não lhe ser permitido fazê-lo senão em certos limites, e no caso em que essas manifestações seriam julgadas úteis, seja como meio de convicção, seja como prova para a pessoa que delas é objeto.

94. Não citaremos, a esse respeito, senão o diálogo provocado a propósito dos fatos que se passaram, em junho de 1860, na rua de Noyers, em Paris. Encontrar-se-ão os detalhes na *Revista Espírita* de agosto de 1860.

1. (*A São Luís*) Teríeis a bondade de dizer-nos se os fatos, que se diz terem se passado na rua de Noyers são reais? Quanto à possibilidade não duvidamos.

Sim, esses fatos são verdadeiros; somente a imaginação dos homens os aumentarão, seja por medo, seja por ironia, mas repito que são verdadeiros. Estas manifestações são provocadas por um Espírito que se diverte um pouco às custas dos habitantes do lugar.

2. Há, nessa casa, uma pessoa que seja causa destas manifestações?

São sempre causadas pela presença da pessoa à qual se ataca; é que o Espírito perturbador, vendo o habitante do lugar onde está, quer lhe fazer traquinices ou mesmo procurar desalojá-lo.

3. Perguntamos se, entre os habitantes da casa, há algum que seja a causa destes fenômenos por uma influência medianímica espontânea e voluntária?

É bem necessário; sem ele o fato não poderia ocorrer. Um Espírito habita um lugar de sua predileção; fica inativo até que uma natureza que lhe seja conveniente, apresente-se nesse lugar; quando essa pessoa chega, diverte-se o quanto pode.

4. A presença dessa pessoa nos próprios lugares é indispensável?

É o caso mais comum, e este é o fato que citais; por isso, disse que sem isso o fato não ocorreria; mas não quis generalizar; há casos que a presença imediata não é necessária.

5. Esses Espíritos, sendo sempre de uma ordem inferior, a aptidão a servir-lhes de auxiliares é uma presunção desfavorável para a pessoa? Isso anuncia uma simpatia com os seres desta natureza?

Não precisamente, porque essa aptidão se prende a uma disposição física; entretanto, anuncia, muito frequentemente, uma tendência material que seria preferível não ter: porque, quanto mais se está elevado moralmente, mais se atrai os bons Espíritos, que afastam necessariamente os maus.

6. Onde o Espírito vai apanhar os projéteis dos quais se serve?

Esses diversos objetos, o mais frequentemente, são apanhados nos próprios lugares ou na vizinhança; uma força vinda de um Espírito os lança no espaço e caem num lugar designado por este Espírito.

7. Uma vez que as manifestações espontâneas são frequentemente permitidas e mesmo provocadas com o objetivo de convencer, parece-nos que se certos incrédulos delas fossem pessoalmente o objeto, seriam mais forçados a se renderem à evidência. Queixam-se, algumas vezes, de não poderem ser testemunhas de fatos concludentes; não dependeria dos Espíritos, fazer-lhes dar alguma prova sensível?

Os ateus e os materialistas não são, a cada instante, testemunhas dos efeitos do poder de Deus e do pensamento? Isso não os impede de negar a Deus e a alma. Os milagres de Jesus converteram todos os seus contemporâneos?

Os Fariseus que lhe diziam: "Mestre, faze-nos ver algum prodígio", não se parecem com os de vosso tempo que pedem que lhes façais ver manifestações? Se não estão convencidos pelas maravilhas da criação, menos estariam quando os próprios Espíritos lhes aparecessem da maneira menos equivocada, porque seu orgulho os torna como cavalos empacadores. As oportunidades de ver não lhes faltariam se as procurassem de boa-fé, e é, por isso, que Deus não julga conveniente fazer por eles mais do que faz para aqueles que procuram sinceramente se instruir, porque não recompensa senão aos homens de boa vontade. Sua incredulidade não impedirá que se cumpra a vontade de Deus; vede bem que ela não impediu a expansão da doutrina. Cessai, pois, de inquietar-vos por sua oposição, que está para a doutrina como a sombra está para o quadro e lhe dá maior realce. Que méritos teriam se fossem convencidos pela força? Deus lhes deixa toda a responsabilidade por sua teimosia, e essa responsabilidade será mais terrível do que pensais. Bem-aventurados os que creem sem terem visto, disse Jesus, porque estes não duvidam do poder de Deus.

8. Acreditas que seria útil evocar esse Espírito para pedir-lhe algumas explicações?

Evocai-o, se quereis; mas é um Espírito inferior que não vos dará senão respostas bastante insignificantes.

95. Entrevista com o Espírito perturbador da rua de Noyers.

1. Evocação

Que quereis para me chamar? Quereis que vos apedreje? Então, ver-se-ia um lindo salve-se-quem-puder, malgrado vosso ar de bravura.

2. Ainda que nos atirásseis pedras aqui, isso não nos amedrontaria; e pedimos mesmo, positivamente, que as arremesse.

Aqui, não poderia talvez; tendes um guardião que vela bem sobre vós.

3. Na rua de Noyers, havia uma pessoa que te servia de auxiliar para facilitar as más voltas que pregavas nos habitantes da casa?

Certamente, encontrei um bom instrumento, e nenhum Espírito douto, sábio e virtuoso para impedir-me; porque sou alegre e amo, às vezes, divertir-me.

4. Qual foi a pessoa que te serviu de instrumento?

Uma criada.

5. Era sem o saber que te servia de auxiliar?

Oh! sim, pobre moça! Era a mais amedrontada.

6. Agias com um fim hostil?

Não tinha nenhum fim hostil; mas os homens, que se apoderam de tudo, o farão tornar em sua vantagem.

7. Que entendes por isso? Não te compreendemos.

Procurava divertir-me; mas vós estudareis a coisa e tereis um fato a mais, para mostrar que existimos.

8. Dizes que não tinhas finalidade hostil, e, entretanto, quebraste todos os vidros do apartamento; causaste, assim, um prejuízo real.

É um detalhe.

9. Onde procuraste os objetos que lançaste?

São bastante comuns; encontrei-os no pátio e nos jardins vizinhos.

10. Encontrou-os todos ou fabricaste alguns? (Veja em seguida o capítulo VIII).

Não criei nada, nada compus.

11. Se não os tivesse encontrado, terias podido fabricá-los?

Teria sido mais difícil; mas, a rigor, misturam-se as matérias, e isso faz um todo qualquer.

12. Agora, diga-nos, como os lançou?

Ah! Isso é mais difícil de dizer; fui ajudado pela natureza elétrica da jovem, junto à minha menos material; nós dois pudemos transportar, assim, essas diversas matérias.

13. Penso que gostarias de nos dar algumas informações sobre tua pessoa. Dize-nos, pois, de início, se faz muito tempo que morreste.

Faz bastante tempo, há bem cinquenta anos.

14. Que eras quando vivias?

Pouca coisa de bom. Recolhia objetos nas ruas deste bairro e, por vezes, diziam-me tolices, porque gostava muito do licor vermelho do bom homem Noé; por isso, queria fazê-los todos fugirem.

15. Foste tu mesmo, e de plena vontade, quem respondeu nossas perguntas?

Tinha um instrutor.

16. Qual é esse instrutor?

Vosso bom rei Luís.

Nota: Esta pergunta foi motivada pela natureza de certas respostas que pareceram ultrapassar a capacidade deste Espírito, pelo fundo das ideias e mesmo pela forma da linguagem. Não há nada, pois, a admirar pelo fato de ter sido ajudado por um Espírito mais esclarecido, que queria aproveitar esta ocasião para dar-nos uma instrução. Este é um fato muito comum, mas uma particularidade a ser notada nesta circunstância, de vez que a influência de outro Espírito se faz sentir na própria escrita; as respostas, nas quais interveio, são mais regulares, mais fluentes; a do trapeiro é angulosa, grosseira, irregular, frequentemente, pouco legível e tem, em tudo, outro caráter.

17. Que fazes tu agora; ocupas-te com teu futuro?

Não ainda, eu erro. Pensa-se tão pouco em mim sobre a Terra, que ninguém ora por mim; porque não sou ajudado, não trabalho.

Nota: Ver-se-á mais tarde o quanto se pode contribuir para o adiantamento e o alívio de Espíritos inferiores, pela prece e conselhos.

18. Qual era seu nome quando vivo?

Jeannet.

19. Muito bem! Jeannet, oraremos por ti. Diga-nos se nossa evocação te causou prazer ou contrariedade.

Antes prazer, porque sois bons, alegres viventes, embora um pouco austeros; pouco importa, escutaste-me e estou contente.

Jeannet

FENÔMENO DE TRANSPORTE

96. Este fenômeno não difere dos que acabamos de falar senão pela intenção benevolente do Espírito, que é o autor, pela natureza dos objetos, quase sempre graciosos, e pela maneira doce e frequentemente delicada com que são transportados. Consiste no transporte espontâneo de objetos que não existiam no lugar onde se está; estes são, o mais frequentemente, flores, algumas vezes frutas, bombons, joias, etc.

97. Dizemos, desde logo, que este fenômeno é um dos que mais se prestam à imitação, e, por consequência, é preciso manter-se em guarda contra a fraude. Sabe-se até onde pode chegar a arte da prestidigitação em fatos de experiências deste gênero; mas, sem ter pela frente a um homem do ofício, poder-se-á ser facilmente enganado por uma manobra hábil e interesseira. A melhor de todas as garantias, está no *caráter*, na *honorabilidade notória e no desinteresse absoluto* da pessoa que obtém semelhantes efeitos; em segundo lugar, no exame atento de todas as circunstâncias nas quais os fatos se produzem; enfim, no conhecimento esclarecido do Espiritismo, que só pode fazer descobrir o que era suspeito.

98. A teoria do fenômeno de transporte e das manifestações físicas em geral se encontra resumida, de maneira notável, na dissertação seguinte, por um Espírito cujas comunicações têm um caráter incontestável de profundidade e de lógica. Encontrar-se-ão diversas no desenrolar desta obra. Faz-se conhecer sob o nome de Erasto, discípulo de São Paulo, e como Espírito protetor do médium que lhe serviu de intérprete:

Necessariamente, é preciso, para se obterem fenômenos desta ordem, ter consigo, médiuns que eu chamaria sensitivos, quer dizer, dotados, no mais alto grau, de faculdades medianímicas de expansão e de penetrabilidade; porque o sistema nervoso destes médiuns, facilmente excitável, permite-lhes, por meio de certas vibrações, projetar ao seu redor, com profusão, seu fluido animalizado.

As naturezas impressionáveis, as pessoas cujos nervos vibram ao

*menor sentimento, à menor sensação, que a influência moral ou física,
interna ou externa, sensibiliza, são pessoas muito aptas a se tornarem
excelentes médiuns para os efeitos físicos de tangibilidade e de transporte.
Com efeito, seu sistema nervoso, quase inteiramente desprovido da capa
refratária que isola esse sistema na maioria dos outros encarnados,
torna-os próprios ao desenvolvimento destes diversos fenômenos. Em
consequência, com um sujeito dessa natureza, cujas outras faculdades
não são hostis à mediunização, obter-se-ão, mais facilmente, os fenômenos
de tangibilidade, as pancadas dadas nas paredes e nos móveis, os
movimentos* inteligentes *e mesmo a suspensão no espaço da mais pesada
matéria inerte. A fortiori, se obterão estes resultados se, no lugar de um
médium, tiver à mão, vários outros igualmente bem dotados.*

*Mas, da produção desses fenômenos à obtenção dos fenômenos de
transporte, há todo um mundo; porque, neste caso, não só o trabalho do
Espírito é mais complexo, mais difícil, mas, bem mais, o Espírito não
pode operar senão por intermédio de um único aparelho medianímico,
quer dizer que vários médiuns não podem concorrer simultaneamente
na produção do mesmo fenômeno. Ocorre mesmo, ao contrário, que a
presença de certas pessoas, antipáticas ao Espírito que opera, entrava
radicalmente sua ação. É por esse motivo que, como vedes, é importante
acrescentar que os transportes necessitam sempre de maior concentração
e, ao mesmo tempo, de maior difusão de certos fluidos e que não podem
ser obtidos senão com médiuns, os melhores dotados, aqueles, em uma
palavra, cujo aparelho eletromedianímico é o de melhores condições.*

*Em geral, os fatos do transporte são e ficarão excessivamente
raros. Não tenho necessidade de vos demonstrar porque são e serão menos
frequentes que os outros fatos de tangibilidade; do que disse, vós mesmos
deduzireis. Além de que, esses fenômenos são de uma natureza tal que, não
somente todos os médiuns não lhe são próprios, mas todos os Espíritos,
eles mesmos, não podem produzi-los. Com efeito, é necessário que, entre
o Espírito e o médium influenciado, exista uma certa afinidade, uma
certa analogia, em uma palavra, uma certa semelhança que permita, à
parte expansível do fluido perispirítico (1) do encarnado, de misturar-se,
unir-se, combinar-se com o Espírito que quer fazer um transporte. Essa
fusão deve ser tal que a força resultante se torne, por assim dizer, uma;
ao igual de uma corrente elétrica que, agindo sobre o carvão, produz
um foco, uma claridade única. Por que essa união, por que essa fusão?*

---

(1) Vê-se que, quando se trata de exprimir uma ideia nova, para a qual a língua
não tem palavra, os Espíritos sabem perfeitamente criar neologismos. Estas palavras,
eletromedianímica, perispirítico, não são nossas. Aqueles que nos criticaram por termos
criado as palavras *Espírito, Espiritismo* e *perispírito,* que não tinham suas análogas, poderão
também fazer o mesmo processo aos *Espíritos.*

perguntareis. É que, para a produção destes fenômenos, é preciso que as propriedades essenciais do Espírito motor sejam aumentadas com algumas das propriedades do mediunizado; isso porque o fluido vital, indispensável para a produção de todos os fenômenos mediânimicos, é apanágio exclusivo do encarnado e, por consequência, o Espírito operador está obrigado a dele impregnar-se. Só, então, ele pode, por intermédio de certas propriedades de vosso meio ambiente, desconhecidas para vós, isolar, tornar invisíveis e fazer mover certos objetos materiais, e mesmo os próprios encarnados.

Não me é permitido, no momento, revelar essas leis particulares que regem os gases e os fluidos que vos rodeiam; mas, antes que os anos sejam decorridos, antes que uma existência de homem seja cumprida, a explicação dessas leis e desses fenômenos vos será revelada, e vereis surgir e se produzir uma nova variedade de médiuns, que cairão num estado cataléptico particular, desde que sejam medianimizados.

Vede de quantas dificuldades a produção de transporte está cercada; podeis concluir, muito logicamente, que os fenômenos desta natureza são excessivamente raros como já disse, e com maior razão, porque os Espíritos a eles se prestam muito pouco, uma vez que motiva, de sua parte, um trabalho quase material, o que é um aborrecimento e uma fadiga para eles. De outra parte ainda ocorre isto: é que muito, frequentemente, malgrado sua energia e sua vontade, o próprio estado do médium lhe opõe uma barreira intransponível.

É, pois, evidente, e vosso raciocínio o sanciona, não duvido disso, que os fatos tangíveis de pancadas, de movimentos e de suspensão, são fenômenos simples, que se operam pela concentração e dilatação de certos fluidos e que podem ser provocados e obtidos pela vontade e trabalho de médiuns que lhes estão aptos, quando nisso são secundados por Espíritos amigos e benevolentes; ao passo que os fatos de transporte são múltiplos, complexos, exigem um concurso de circunstâncias especiais, não podem se operar senão por um só Espírito e um só médium e precisam, fora das necessidades da tangibilidade, de uma combinação toda particular para isolar e tornar invisível o objeto ou os objetos que foram o motivo do transporte.

Todos vós, espíritas, compreendeis minhas explicações e vos rendeis conta perfeitamente dessa concentração de fluidos especiais, para a locomoção e a tatilidade da matéria inerte; credes nisso, como credes nos fenômenos da eletricidade e do magnetismo, com quais os fatos mediânimicos estão plenos de analogia e são, por assim dizer, a consagração e o desenvolvimento. Quanto aos incrédulos e aos sábios piores do que os incrédulos, não vou procurar convencê-los, não me ocupo deles; serão, um dia, convencidos pela força da evidência, porque será preciso que se inclinem diante do testemunho unânime dos fatos espíritas, como foram forçados a fazê-lo diante de tantos outros fatos que haviam, de início, repelido.

Para me resumir, se os fatos da tangibilidade são frequentes, os fatos de transporte são muito raros, porque suas condições são muito difíceis; por consequência, nenhum médium pode dizer: A tal hora, em tal momento, obterei um transporte; porque, frequentemente, o próprio Espírito se acha impedido em sua obra. Devo acrescentar que esses fenômenos são duplamente difíceis em público, porque aí, quase sempre, encontram-se elementos energicamente refratários que paralisam os esforços do Espírito e, com maior razão, a ação do médium. Tende, ao contrário, a certeza de que estes fenômenos se produzem, quase sempre, em particular, espontaneamente, a miúdo com o desconhecimento do médium e sem premeditação e, enfim, muito raramente quando estes estão prevenidos; de onde deveis concluir que há motivo legítimo de suspeita toda vez que um médium sa gaba de obtê-lo à vontade, ou seja, de comandar os Espíritos como a servidores, o que é simplesmente absurdo. Tende ainda, por regra geral, que os fenômenos espíritas não são feitos para se darem em espetáculo e para divertir os curiosos. Se alguns Espíritos se prestam a essa espécie de coisa, só pode ser para os fenômenos simples, e não para aqueles que, tais como o transporte e outros semelhantes, exigem condições excepcionais.

Recordai, espíritas, que se é absurdo repelir sistematicamente todos os fenômenos de além-túmulo, não é prudente aceitá-los cegamente.

Quando um fenômeno de tangibilidade, de aparição, de visibilidade ou transporte se manifesta espontaneamente e de um modo instantâneo, aceitai-o; mas não seria demais vos repetir, não aceiteis nada cegamente; que cada fato sofra um exame minucioso, aprofundado e severo; porque, crede-o, o Espiritismo, tão rico de fenômenos sublimes e grandiosos, nada tem a ganhar com essas pequenas manifestações, que hábeis prestidigitadores podem imitar.

Sei muito bem o que vais me dizer: que esses fenômenos são úteis para convencer aos incrédulos; mas sabei que, se não tivésseis outros meios de convicção, não teríeis, hoje, a centésima parte dos espíritas que tendes. Falai ao coração, é por aí que fareis mais conversões sérias. Se credes útil, para certas pessoas, agir pelos fatos materiais, apresentai-os menos em circunstâncias tais que não possam dar lugar a nenhuma interpretação falsa e, sobretudo, não vos afasteis das condições normais desses fatos, porque os fatos apresentados em más condições fornecem argumento aos incrédulos, em lugar de convencê-los.

Erasto

99. Este fenômeno oferece uma particularidade bastante singular, e é que certos médiuns não o obtêm senão no estado sonambúlico e isso se explica facilmente. Há, no sonâmbulo, um desprendimento natural, uma espécie de isolamento do Espírito e do perispírito, que deve facilitar a combinação dos fluidos necessários. Tal é o caso dos transportes, dos quais fomos testemunha. As questões seguintes foram endereçadas ao Espírito que os havia produzido, mas suas respostas, por vezes, de sua insuficiência; nós as submetemos ao Espírito Erasto, muito mais esclarecido do ponto de vista teórico, e que as completou com observações muito judiciosas. Um é o artesão; o outro, o sábio e a própria comparação dessas duas inteligências é um estudo instrutivo, porque prova que não basta ser Espírito para tudo compreender.

1. Rogo-vos dizer-nos por que o transporte que fazeis não se produz senão no sono magnético do médium?

Isso se prende à natureza do médium; os fatos que produzo quando o meu está dormindo, poderia igualmente produzi-los no estado de vigília com um outro médium.

2. Por que fazeis esperar tão longo tempo o transporte de objetos, e por que excitais a cobiça do médium, irritando seu desejo de obter o objeto prometido?

Esse tempo me é necessário a fim de preparar os fluidos que servem para o transporte; quanto à excitação, não é, frequentemente, senão para divertir as pessoas presentes e a sonâmbula.

Nota de Erasto: O Espírito que respondeu não sabia mais; não se rende conta do motivo dessa cobiça que aguilhoa instintivamente sem lhe compreender o efeito. Crê divertir, ao passo que, em realidade, provoca, sem disto se aperceber, uma maior emissão de fluido; é a consequência da dificuldade que o fenômeno apresenta. Dificuldade sempre maior quando não é espontânea, sobretudo, com certos médiuns.

3. A produção do fenômeno se prende à natureza especial do médium, e poderia se produzir por outros médiuns com mais facilidade e prontidão?

A produção do fenômeno se prende à natureza especial do médium, e não poderia se produzir senão com naturezas correspondentes; pela prontidão, o hábito que adquirimos, correspondendo, frequentemente, com o mesmo médium, nos é de um grande socorro.

4. A influência das pessoas presentes contribui com alguma coisa?

Quando há incredulidade, oposição, podem nos incomodar muito; gostamos bem mais de fazer provas com os crentes e pessoas versadas no Espiritismo; mas não quero dizer que a má vontade poderia nos paralisar completamente.

5. Onde fostes buscar as flores e os confeitos que transportastes?

As flores, apanho-as nos jardins, onde me aprazem.

6. E os confeitos? O confeiteiro terá se apercebido de sua falta?

Apanho-os onde quero; o confeiteiro nada notou, porque coloquei outros em seu lugar.

7. Mas os anéis têm um valor; onde os tomastes? Isso não prejudicou àquele de quem os tirastes?

Apanhei-os em lugares desconhecidos a todos, de maneira que ninguém possa ter algum prejuízo.

Nota de Erasto. Creio que o fato está explicado de um modo insuficiente em razão da capacidade do Espírito que respondeu. Sim; pode nisso ter causado um mal real; mas o Espírito não quis passar por ter subtraído alguma coisa. Um objeto não pode ser substituído senão por um outro objeto idêntico, da mesma forma, do mesmo valor; consequentemente, se um Espírito tinha a faculdade de substituir um objeto com o que toma, não teria motivos para tomá-lo, e deveria dar aquele que serve para substituir.

8. É possível trazer flores de outro planeta?

Não, isso não é possível.

(A *Erasto*) Outros Espíritos teriam esse poder?

Não, isso não é possível em razão do meio ambiente.

9. Poderíeis transportar flores de um outro hemisfério, dos trópicos, por exemplo?

Desde o momento que estejam na Terra, eu o posso.

10. Os objetos que transportastes, poderíeis fazê-los desaparecer e trazê-los de volta?

Assim como os trouxe, posso levá-los à minha vontade.

11. A produção do fenômeno de transporte, causa-vos alguma dificuldade, um embaraço qualquer?

Não nos causa nenhuma dificuldade quando, para isso, temos permissão; poderia causar-nos, e muito grande, se quiséssemos produzir estes efeitos sem estarmos, para isso, autorizados.

Nota de Erasto. Não quer admitir sua dificuldade, embora seja real, uma vez que está forçado a fazer uma operação, por assim dizer, material.

12. Quais são as dificuldades que encontrais?

Nenhuma outra a não ser as más disposições fluídicas que podem nos ser contrárias.

13. Como transportais o objeto; prendei-os com as mãos?

Não, nós o envolvemos em nós.

Nota de Erasto. Ele não explica claramente sua operação, porque não envolve o objeto com sua própria personalidade; mas, como seu fluido pessoal é dilatável, penetrável e expansível, combina uma parte desse fluido com uma parte de fluido animalizado do médium, e é nessa combinação que ele esconde e transporta o objeto, motivo do transporte. Não é, pois, justo dizer que o envolve nele.

14. Transportaríeis, com a mesma facilidade, um objeto de um peso considerável, de 50 quilos, por exemplo?

O peso não é nada para nós; transportamos flores, porque isso pode ser mais agradável do que um peso volumoso.

Nota de Erasto. É justo; pode transportar cem ou duzentos quilos de objetos, porque a gravidade que existe para vós, está anulada para ele; mas, ainda aqui, não se rende conta do que se passa. A massa dos fluidos combinados é proporcional à massa dos objetos; em uma palavra, a força deve estar em razão da resistência, de onde se segue que, se o Espírito não transporta senão uma flor ou um objeto leve, frequentemente, é porque não encontra no médium ou nele mesmo, os elementos necessários para um esforço mais considerável.

15. Algumas vezes, há desaparecimento de objetos cuja causa é ignorada, e que seria obra dos Espíritos?

Isso acontece muito frequentemente, com mais frequência do que pensais, e isso poderia ser remediado, pedindo ao Espírito para trazer de volta o objeto desaparecido.

16. Há efeitos que se consideram como sendo fenômenos naturais e que são devidos à ação de certos Espíritos?

Vossos dias estão repletos desses fatos que não compreendeis, porque não os haveis sonhado, e que um pouco de reflexão vos faria ver claramente.

Nota de Erasmo. Não atribuais aos Espíritos o que é obra da humanidade; mas crede na sua influência oculta, constante, que faz nascer, ao vosso derredor, mil circunstâncias, mil incidentes necessários ao cumprimento dos vossos atos, de vossa existência.

17. Entre os objetos transportados há os que podem ser fabricados pelos Espíritos; quer dizer, produzidos espontaneamente pelas modificações que os Espíritos podem impor ao fluido ou ao elemento universal?

Não por mim, porque não tenho permissão para isso; só um Espírito elevado pode fazê-lo.

18. Como introduzistes esses objetos, outro dia, pois o quarto estava fechado?

Fi-los entrarem comigo, envolvidos, por assim dizer, na minha substância; quanto a dizer-vos mais, isso não é explicável.

19. Como fizestes para tornar visíveis esses objetos, que estavam invisíveis um instante antes?

Retirei a matéria que os envolvia.

Nota de Erasto. Não é a matéria, propriamente dita, que os envolve, mas um fluido tomado metade no perispírito do médium, metade no do Espírito que opera.

20. (A Erasto). Um objeto pode ser transportado num lugar perfeitamente fechado, em uma palavra, o Espírito pode espiritualizar um objeto material, de maneira que possa penetrar a matéria?

Esta questão é complexa. Para os objetos transportados, o Espírito pode torná-los invisíveis, mas não penetráveis; não pode romper a agregação da matéria, o que seria a destruição do objeto. Tornando invisível esse objeto, pode transportá-lo quando quiser, e não apartar-se dele senão no momento conveniente para fazê-lo aparecer. Ocorre de outra forma para aqueles que nós compomos; como não introduzimos senão os elementos da matéria e como esses elementos são essencialmente penetráveis; e como penetramos, nós mesmos, e atravessamos os corpos mais condensados, com tanta facilidade como os raios solares atravessam as vidraças, podemos perfeitamente dizer que introduzimos o objeto num lugar, por mais fechado que seja; mas é somente neste caso.

Nota. Veja-se, adiante, para a teoria da formação espontânea dos objetos, o capítulo intitulado: *Laboratório do mundo invisível.*

CAPÍTULO VI

MANIFESTAÇÕES VISUAIS

Perguntas sobre as aparições – Ensaio teórico sobre as aparições – Espíritos glóbulos. – Teoria da alucinação.

100. De todas as manifestações espíritas, as mais interessantes são, sem contradita, aquelas pelas quais os Espíritos podem se tornar visíveis. Ver-se-á, pela explicação deste fenômeno, que ele não é mais sobrenatural do que os outros. Damos, primeiro, as respostas que, a esse respeito, foram dadas pelos Espíritos.

1. Os Espíritos podem se tornar visíveis?

Sim, sobretudo durante o sono; entretanto, certas pessoas os veem durante a vigília, mas é mais raro.

Nota. Enquanto o corpo repousa, o Espírito se desliga dos laços materiais; ele está mais livre e pode, mais facilmente, ver os outros Espíritos com os quais entra em comunicação. O sonho não é senão a lembrança deste estado; quando não se lembra de nada, diz-se que não sonhou, mas a alma não deixou de ver e de gozar de sua liberdade. Ocupamo-nos aqui, mais especialmente, das aparições no estado de vigília. (1)

2. Os Espíritos que se manifestam à visão pertencem mais a uma classe do que a outra?

Não; podem pertencer a todas as classes, as mais elevadas como as mais inferiores.

3. É dado a todos os Espíritos se manifestarem visivelmente?

Todos o podem; mas não têm sempre a permissão nem a vontade.

4. Qual é o objetivo dos Espíritos que se manifestam visivelmente?

Isso depende; segundo sua natureza, ele pode ser bom ou mau.

---

(1) Ver, para mais detalhes sobre o estado do Espírito durante o sono, *O Livro dos Espíritos*, capítulo *Emancipação da alma*, nº 409.

5. Como essa permissão pode ser dada, quando o objetivo é mau?

É, então, para experimentar aqueles aos quais aparecem. A intenção do Espírito pode ser má; porém, o resultado pode ser bom.

6. Qual pode ser o objetivo dos Espíritos que têm uma intenção má, em se fazendo ver?

Amedrontar e, frequentemente, vingar-se.

Qual é o objetivo dos Espíritos que vêm com uma boa intenção?

Consolar as pessoas que os lamentam; provar que existem e que estão perto de vós; dar conselhos e, algumas vezes, reclamar assistência para eles mesmos.

7. Que inconvenientes haveria se a possibilidade de ver os Espíritos fosse permanente e geral? Não seria um meio de tirar as dúvidas dos mais incrédulos?

Estando o homem constantemente rodeado de Espíritos, sua visão incessante o perturbaria, torturaria-o em suas ações e lhe tiraria a iniciativa na maioria dos casos, enquanto que, crendo-se só, age mais livremente. Quanto aos incrédulos, eles têm bastante meios para se convencerem, se quiserem deles aproveitar-se e se não estiverem cegos pelo orgulho. Sabeis que existem pessoas que viram e que não creem mais por isso, uma vez que dizem serem ilusões. Não vos inquieteis por estas pessoas, Deus se encarrega delas.

Nota: Haveria tanto inconveniente em se ver constantemente em presença dos Espíritos, como ver o ar que nos rodeia, ou as miríades de animais microscópicos que pululam ao redor de nós e sobre nós. De onde devemos concluir que o que Deus faz é bem feito e que sabe melhor do que nós o que nos convém.

8. Se a visão dos Espíritos é inconveniente, por que é permitida em certos casos?

É para dar uma prova de que não morre tudo com o corpo, e que a alma conserva a sua individualidade depois da morte. Essa visão passageira basta para dar essa prova e atestar a presença de vossos amigos perto de vós; mas não tem os inconvenientes da permanência.

9. Nos mundos mais avançados que o nosso, a visão dos Espíritos é mais frequente?

Quanto mais o homem se aproxima da natureza espiritual, mais facilmente entra em relação com os Espíritos; é a grosseria do vosso envoltório que torna mais difícil e mais rara a percepção dos seres etéreos.

10. É racional amedrontar-se com a aparição de um Espírito?

Aquele que reflete, deve compreender que um Espírito, qualquer que seja, é menos perigoso do que um vivo. Os Espíritos, aliás, vão por toda parte e não se tem necessidade de vê-los para saber que se pode tê-los ao vosso lado. O Espírito que quisesse causar dano, poderia causá-lo sem se fazer ver e mesmo com mais segurança; não é perigoso porque é Espírito, mas pela influência que pode exercer sobre o pensamento, desviando do bem e compelindo ao mal.

Nota. As pessoas que têm medo na solidão ou obscuridade, raramente têm consciência da causa do seu pavor; não saberiam dizer do que têm medo, mas, seguramente, deveriam temer mais de encontrar homens do que Espíritos, porque um malfeitor é mais perigoso vivo do que depois de sua morte. Uma dama do nosso conhecimento teve, uma tarde, em seu quarto, uma aparição tão bem caracterizada, que acreditou estar na presença de alguém, e seu primeiro movimento foi o de espanto. Estando assegurada de que não havia ninguém, ela disse: Parece que isto *não é senão um Espírito*; posso dormir tranquila.

11. Aquele a quem um Espírito aparece, poderia iniciar uma conversação com ele?

Perfeitamente, e é mesmo o que se deve sempre fazer em semelhante caso, perguntando ao Espírito quem é, o que deseja e se pode fazer para ser-lhe útil. Se o Espírito é infeliz e sofredor, a comiseração que se lhe testemunha o alivia; se é um Espírito benévolo, pode vir com a intenção de dar bons conselhos.

– Nesse caso, como o Espírito pode responder?

Às vezes o faz por meio de sons articulados como o faria uma pessoa viva; o mais frequentemente, há transmissão de pensamentos.

12. Os Espíritos que aparecem com asas, as têm realmente, ou essas asas não são mais do que uma aparência simbólica?

Os Espíritos não têm asas; delas não têm necessidade, uma vez que podem se transportar para toda parte como Espíritos. Aparecem segundo o modo com o qual querem sensibilizar a pessoa à qual se mostram: uns aparecerão com o traje vulgar, outros, envolvidos em roupagens, alguns com asas, como atributo da categoria de Espíritos que representam.

13. As pessoas que se veem em sonho, são sempre aquelas das quais têm o aspecto?

São, quase sempre, essas mesmas pessoas que vosso Espírito vai encontrar ou que vêm vos encontrar.

14. Os Espíritos zombeteiros não poderiam tomar a aparência de pessoas que nos são caras, para induzir-nos ao erro?

Não tomam aparências fantásticas senão para se divertirem às vossas custas; mas há coisas com as quais não lhes é permitido brincar.

15. Sendo o pensamento uma espécie de evocação, compreende-se que provoque a presença do Espírito; mas como acontece que, frequentemente, as pessoas nas quais mais se pensa, que se deseja ardentemente rever, não se apresentam jamais em sonho, enquanto que se veem pessoas indiferentes e às quais não se pensa de nenhum modo?

Os Espíritos não têm sempre a possibilidade de se manifestarem à visão, mesmo em sonho, e malgrado o desejo que se tem de vê-los; causas independentes da sua vontade podem impedi-lo. É, frequentemente, uma prova da qual o mais ardente desejo não pode isentar. Quanto às pessoas indiferentes, se não pensais nelas, é possível que pensem em vós. De outra parte, não podeis fazer uma ideia das relações do mundo dos Espíritos; aí reencontrareis uma multidão de conhecimentos íntimos, antigos e novos, dos quais não tendes nenhuma ideia no estado de vigília.

Nota. Quando não há nenhum meio de controlar as visões ou aparições, pode-se, sem dúvida, colocá-las à conta de alucinações; mas quando são confirmadas pelos acontecimentos, não se poderia atribuí-las à imaginação; tais são, por exemplo, as aparições no momento da morte, em sonho ou estado de vigília, de pessoas às quais não se pensa de nenhum modo, e que, por diversos sinais, vêm revelar as circunstâncias de todo inesperadas de seu falecimento. Viram-se, muitas vezes, cavalos se empinarem e recusar avançar diante de aparições que amedrontam aqueles que os conduzem. Se a imaginação produz coisa entre os homens, seguramente ela em nada afeta os animais. Além de que, se as imagens que se veem em sonho fossem sempre um efeito das preocupações da vigília, nada explicaria por que, frequentemente, não se sonha jamais com as coisas em que mais se pensa.

16. Por que certas visões são mais frequentes no estado de enfermidade?

Também ocorrem no estado de saúde perfeita; mas, na enfermidade, os laços materiais estão frouxos; a fraqueza do corpo dá mais liberdade ao Espírito, que entra, mais facilmente, em comunicação com os outros Espíritos.

17. As aparições espontâneas parecem ser mais frequentes em certos países. É que certos povos são melhores dotados do que outros para ter esses tipos de manifestações?

Levantais um processo verbal de cada aparição? As aparições, os ruídos, todas as manifestações, enfim, estão igualmente espalhados sobre toda a Terra, mas apresentam caracteres distintivos segundo os povos nos quais ocorrem. Entre aqueles, por exemplo, nos quais a escrita está pouco disseminada, não há médiuns escreventes; entre outros existem muitíssimos; além de que, o mais frequentemente, há mais ruídos e movimentos do que comunicações inteligentes, porque estas são menos preferidas e procuradas.

18. Por que as aparições ocorrem mais à noite? Não seria um efeito do silêncio e da obscuridade sobre a imaginação?

É pela mesma razão que vos faz ver, durante a noite, as estrelas que não vedes em pleno dia. A grande claridade pode apagar uma aparição pouco nítida; mas é um erro crer que a noite nisso sirva para alguma coisa. Interrogai todos aqueles que já tiveram aparições e vereis que a maioria as tiveram de dia.

Nota. Os fatos das aparições são muito mais frequentes e mais gerais do que se crê; mas muitas pessoas não os confessam por medo do ridículo, de outros atribuí-los à ilusão. Se parecem mais multiplicados entre certos povos, isto ocorre porque eles conservam mais cuidadosamente as tradições verdadeiras ou falsas, quase sempre amplificadas pelo atrativo do maravilhoso, ao qual se presta mais ou menos o aspecto das localidades; a credulidade, então, faz ver efeitos sobrenaturais nos fenômenos mais vulgares: o silêncio da solidão, o escarpamento dos barrancos, o rugido da floresta, as rajadas da tempestade, o eco das montanhas, a forma fantástica das nuvens, as sombras, as miragens, tudo, enfim, que se presta à ilusão por imaginações simples e ingênuas, que contam de boa fé o que viram e o que acreditaram ver. Mas, ao lado da ficção, há realidade; é para livrá-la de todos os acessórios ridículos da superstição que o estudo sério do Espiritismo conduz.

19. A visão dos Espíritos se produz no estado normal ou somente em um estado de êxtase?

Pode ocorrer em condições perfeitamente normais; entretanto, as pessoas que os veem, bastante frequentemente, estão num estado particular, vizinho do êxtase, que lhes dá uma espécie de dupla vista (O Livro dos Espíritos, n° 447.)

20. Aqueles que veem os Espíritos, veem-nos pelos olhos?

Eles o creem, mas, na realidade, é a alma quem vê, e, o que o prova, é que se pode ver com os olhos fechados.

21. Como o Espírito pode se tornar visível?

O princípio é o mesmo de todas as manifestações e, se prende às propriedades do perispírito, que pode sofrer diversas modificações à vontade do Espírito.

22. O Espírito, propriamente dito, pode se tornar visível ou não o pode senão com a ajuda do perispírito?

No vosso estado material, os Espíritos não podem se manifestar senão com a ajuda do seu envoltório semimaterial; é o intermediário através do qual age sobre os vossos sentidos. É sob este envoltório que eles aparecem, às vezes, com uma forma humana ou outra diversa, seja nos sonhos, seja mesmo no estado de vigília, tanto na luz como na obscuridade.

23. Poder-se-ia dizer que é pela condensação do perispírito que o Espírito se torna visível?

Condensação não é a palavra; é antes uma comparação que pode ajudar-vos a fazer compreender o fenômeno, porque não há realmente condensação. Pela combinação dos fluidos, produz-se no perispírito uma disposição particular, que não tem analogia para vós e que o torna perceptível.

24. Os Espíritos que aparecem são sempre inapreensíveis e inacessíveis ao tato?

Inapreensíveis como num sonho, em seu estado normal; entretanto, podem fazer impressões sobre o tato e deixar traços de sua presença e mesmo, em certos casos, tornarem-se momentaneamente tangíveis, o que prova que entre eles e vós há uma matéria.

25. Todo mundo está apto para ver os Espíritos?

No sono sim, mas não no estado de vigília. No sono, a alma vê sem intermediários; na vigília, é sempre mais ou menos influenciada pelos órgãos; por isso, as condições não são sempre as mesmas.

26. A que se prende a faculdade de ver os Espíritos durante a vigília?

Essa faculdade depende do organismo; prende-se à facilidade maior ou menor que tem o fluido do vidente para se comunicar com o fluido do Espírito. Assim, não basta ao Espírito querer se mostrar, é preciso ainda que encontre, na pessoa à qual quer se fazer ver, a aptidão necessária.

Essa faculdade pode se desenvolver pelo exercício?

Ela o pode, como todas as outras faculdades; mas é uma daquelas nas quais é melhor esperar o desenvolvimento natural do que provocá-lo, por temor de superexcitar a imaginação. A visão geral e permanente dos Espíritos é excepcional, e não está nas condições normais do homem.

27. Pode-se provocar a aparição dos Espíritos?

Isto se pode algumas vezes, mas muito raramente; ela é quase sempre espontânea. É necessário, para fazê-lo, estar dotado de uma faculdade especial.

28. Os Espíritos podem se tornar visíveis sob uma aparência diversa da forma humana?

A forma humana é a forma normal; o Espírito pode variar-lhe a aparência, mas é sempre o tipo humano.

Não podem se manifestar sob a forma de chama?

Podem produzir chamas, clarões, como muitos outros efeitos, para atestarem sua presença; mas não são os próprios Espíritos. A chama, frequentemente, é apenas uma miragem, ou uma emanação do perispírito; em todos os casos, não é senão uma parte deles; o perispírito não aparece por inteiro senão nas visões.

29. Que pensar da crença que atribui os fogos fátuos à presença de almas ou Espíritos?

Superstição resultante da ignorância. A causa física dos fogos fátuos é bem conhecida.

A chama azul que apareceu, diz-se, sobre a cabeça do menino Servius Tullius, é uma fábula ou uma realidade?

Era real; foi produzida pelo Espírito familiar que queria advertir a mãe. Essa mãe, médium vidente, havia percebido uma irradiação do Espírito protetor de seu filho. Todos os médiuns videntes não veem no mesmo grau, como os médiuns escreventes não escrevem todos a mesma coisa. Enquanto essa mãe não via senão uma chama, um outro médium teria podido ver o próprio corpo do Espírito.

30. Os Espíritos poderiam se apresentar sob a forma de animais?

Pode ocorrer, mas são sempre Espíritos muito inferiores que tomam essas aparências. Isso não seria, em todo caso, senão uma aparência momentânea; porque seria absurdo crer que um animal verdadeiro qualquer possa ser a encarnação de um Espírito. Os animais são apenas animais e nenhuma outra coisa.

Nota. Só a superstição pode fazer crer que certos animais são animados por Espíritos; é necessária uma imaginação bem complacente ou muito impressionada para ver alguma coisa de sobrenatural nas circunstâncias um pouco bizarras nas quais, algumas vezes, eles se apresentam; mas o medo faz ver o que não existe. O medo nem sempre é a fonte dessa ideia; conhecemos uma dama, muito inteligente de resto, que se afeiçoou em excesso por um grande gato negro, porque o acreditava de uma natureza *superanimal*; mas não havia jamais ouvido falar do Espiritismo; se o tivesse conhecido, faria-lhe compreender o ridículo da causa de sua predileção, provando-lhe a impossibilidade de uma tal metamorfose.

ENSAIO TEÓRICO SOBRE AS APARIÇÕES

101. As mais comuns manifestações aparentes ocorrem no sono, pelos sonhos: são as visões. Não pode entrar em nosso plano, examinar todas as particularidades que os sonhos podem apresentar. Resumimo-nos dizendo que eles podem ser: uma visão atual de coisas presentes ou ausentes; uma visão retrospectiva do passado e, em alguns casos excepcionais, um pressentimento do futuro. São também, frequentemente, quadros alegóricos que os Espíritos fazem passar sob nossos olhos, para dar-nos úteis advertências e salutares conselhos, se são bons Espíritos; ou para induzir-nos ao erro e lisonjear nossas paixões, se são Espíritos imperfeitos. A teoria seguinte se aplica aos sonhos e a todos os casos de aparições (Ver, *O Livro dos Espíritos*, nº 400 e seguintes).

Cremos fazer justiça ao bom senso de nossos leitores, em refutando o que há de absurdo e de ridículo nisso que, vulgarmente, chama-se interpretação dos sonhos.

102. As aparições, propriamente ditas, têm lugar no estado de vigília e quando se goza da plenitude e da inteira liberdade das faculdades. Apresentam-se, geralmente, sob uma forma vaporosa e diáfana; algumas vezes, vaga e indecisa; à primeira vista, frequentemente, é um clarão esbranquiçado cujos contornos se desenham pouco a pouco; de outras vezes, as formas são nitidamente acentuadas e se distinguem os menores traços fisionômicos, a ponto de poder-se fazer uma descrição muito precisa. As maneiras, o aspecto, são semelhantes aos que o Espírito tinha quando encarnado.

Podendo tomar todas as aparências, o Espírito se apresenta sob aquela que melhor o faz reconhecer se tal é o seu desejo. Assim, embora, como Espírito, não tenha nenhuma enfermidade corporal, ele se mostrará estropiado, coxo, corcunda, ferido, com cicatrizes, se isso for necessário para se constatar sua identidade. Esopo, por exemplo, como Espírito, não é disforme; mas, se for evocado como Esopo, embora tenha tido várias existências depois, aparecerá feio e corcunda, com o traje tradicional. Uma coisa notável é que, a menos de circunstâncias particulares, as partes menos desenhadas são os membros inferiores, enquanto que a cabeça, o tronco, os braços e as mãos são sempre nitidamente observados: assim, não se o vê quase nunca andar, mas deslizar como as sombras. Quanto ao traje, o mais ordinariamente, compõe-se de uma roupagem terminando em longo franzido flutuante; em todo caso, é com uma cabeleira ondulante e graciosa a aparência dos Espíritos que nada conservaram das coisas terrestres; mas os Espíritos vulgares, os que se conheceu, têm, geralmente, o traje que usavam no último período de sua existência. Frequentemente, têm atributos característicos de sua elevação, como uma auréola ou asas para aqueles que podem-se considerar como anjos, enquanto outros têm algo que lembra suas ocupações terrestres: assim, um guerreiro poderá aparecer com sua armadura; um sábio, com livros; um assassino, com um punhal, etc. Os Espíritos superiores têm uma figura bela, nobre e serena; os mais inferiores têm alguma coisa de selvagem e de bestial e, algumas vezes, carregam ainda os traços de crimes que cometeram ou de suplícios que tenham suportado. A questão do traje e de todos os seus acessórios pode ser a que mais espanta; voltaremos ao assunto em um capítulo especial, porque dá lugar a outros fatos muito importantes.

103. Dissemos que a aparição tem qualquer coisa de vaporosa; em certos casos, poder-se-ia compará-la à imagem refletida num espelho sem aço e que, malgrado sua nitidez, não impede de se ver através dela os objetos que estão por detrás. A miúdo é, assim, que as distinguem os médiuns videntes; veem-nas irem, virem, entrarem em um apartamento ou dele saírem, circular entre a multidão de vivos, tendo ares de, pelo menos para os Espíritos vulgares, tomar parte ativa em tudo o que se faz ao seu derredor e se interessar por tudo e escutar o que se diz. Comumente, se as vê se aproximarem de uma pessoa, soprarem-lhe ideias, a influenciarem, consolá-la se são boas, escarnecendo-as se são malignas, mostrando-se tristes ou contentes do resultado que obtêm; em uma palavra, são o forro do mundo corporal. Tal é esse mundo oculto que nos rodeia, no meio do qual vivemos sem disso desconfiarmos, como vivemos sem desconfiarmos mais no meio de miríades do mundo microscópico. O microscópio nos revelou o mundo dos infinitamente pequenos que não supúnhamos; o Espiritismo, com a ajuda dos médiuns videntes, revelou-nos o mundo dos Espíritos, que é também uma das forças ativas da Natureza. Com a ajuda dos médiuns videntes, pudemos estudar o mundo invisível, iniciar-nos em seus hábitos, como um povo de cegos poderia estudar o mundo visível com a ajuda de alguns homens que gozassem da visão (Ver adiante no capítulo sobre os médiuns, o artigo concernente aos médiuns videntes).

104. O Espírito quer ou pode aparecer revestido, algumas vezes, de uma forma ainda mais nítida, tendo todas as aparências de um corpo sólido, a ponto de produzir uma ilusão completa e fazer crer que se está diante de um ser corporal. Em alguns casos, enfim, e sob o império de certas circunstâncias, a tangibilidade pode tornar-se real, quer dizer, se o pode tocar, apalpar, sentir a mesma resistência, o mesmo calor como da parte de um corpo vivo, o que não impede de se desvanecer com a rapidez do relâmpago. Então, não é mais pelos olhos que se lhe constata a presença, mas pelo toque. Se se podia atribuir à ilusão ou a uma espécie de fascinação, a aparição simplesmente visual não é mais permitida a dúvida quando se pode agarrá-la, apalpar, quando ela mesma nos agarra e nos aperta. Os fatos de aparições tangíveis são os mais raros; mas aqueles que ocorreram nestes últimos tempos, pela influência de alguns médiuns poderosos (1), e que têm toda a autenticidade de testemunhos irrecusáveis, provam e explicam os que a história relaciona a respeito de pessoas que se mostraram, depois da morte, com todas as aparências da realidade. Além disso, como dissemos, por extraordinários que sejam semelhantes fenômenos, todo o maravilhoso desaparece quando se conhece a maneira pela qual se produzem, e se compreende que, longe de serem uma derrogação das leis da Natureza, são delas apenas uma nova aplicação.

105. Pela sua natureza e em seu estado normal, o perispírito é invisível e tem isso de comum com uma porção de fluidos que sabemos existir, mas que jamais vimos; mas pode também, como certos fluidos, sofrer modificações que o tornam perceptível à visão, seja por uma espécie de condensação, seja por uma alteração em sua disposição molecular; é quando nos aparece sob uma forma vaporosa. A condensação (e não é preciso tomar esta palavra ao pé da letra, de vez que a empregamos na falta de outra e a título de comparação), a condensação, dizíamos, pode ser tal que o perispírito adquire as propriedades de um corpo sólido e tangível; mas pode, instantaneamente, retomar seu estado etéreo e invisível. Podemos nos inteirar desse efeito pelo do vapor, que pode passar da invisibilidade ao estado brumoso, depois líquido, depois sólido, e vice-versa. Estes diferentes estados do perispírito resultam da vontade do Espírito, e não de uma causa física exterior como em nosso gás. Quando nos aparece, é porque colocou seu perispírito no estado necessário para torná-lo visível; mas, para isso, sua vontade não basta, porque a modificação do perispírito se opera pela sua combinação com o fluido próprio do médium; ora, esta combinação não é sempre possível, o que explica por que a visibilidade dos Espíritos não é geral. Assim, não basta que o Espírito queira se mostrar; não basta também que uma pessoa queira vê-lo: é necessário que os dois fluidos possam se combinar, que haja entre eles uma espécie de afinidade; pode ser também que a emissão de fluido da pessoa seja bastante abundante para operar a transformação do perispírito e, provavelmente, existam ainda outras condições que nos são desconhecidas; é preciso, enfim, que o Espírito tenha a permissão de fazer-se ver a tal pessoa, o que não lhe é sempre concedido ou não o é senão em certas circunstâncias, por motivos que não podemos apreciar.

106. Uma outra propriedade do perispírito e que diz respeito à sua natureza etérea é a penetrabilidade. Matéria nenhuma lhe é obstáculo:

---

(1) Entre outros, o Sr. Home.

ele as atravessa todas como a luz atravessa os corpos transparentes. É, por isso, que não há recinto fechado que se possa opor à entrada dos Espíritos; vão visitar o prisioneiro em seu cárcere tão facilmente como ao homem que está no meio dos campos.

107. As aparições no estado de vigília não são nem raras e nem novas; houve em todos os tempos, e a história relaciona um grande número delas; mas sem remontar tão longe, em nossos dias são muito frequentes; em muitas pessoas que as tiveram, tomaram-na de início pelo que se convencionou chamar de alucinações. São frequentes, sobretudo, nos casos de morte de pessoas ausentes que vêm visitar seus parentes ou amigos. Frequentemente, não têm um objetivo bem determinado, mas pode-se dizer que, em geral, os Espíritos, que assim aparecem, são atraídos pela simpatia. Que cada um interrogue suas lembranças e se verá que são poucas as pessoas que não tenham conhecimento de alguns fatos deste gênero cuja autenticidade não poderia ser posta em dúvida.

108. Acrescentaremos, às considerações precedentes, o exame de alguns efeitos de ótica que deram lugar ao singular sistema dos *Espíritos glóbulos*.

O ar nem sempre é de uma limpidez absoluta, e há tais circuns-tâncias nas quais as correntes de moléculas aeriformes e sua agitação produzidas pelo calor são perfeitamente visíveis. Algumas pessoas toma-ram isso por montões de Espíritos se agitando no espaço; basta assinalar esta opinião para refutá-la. Mas, eis um outro gênero de ilusão, não menos bizarro, contra a qual, igualmente, é bom estar prevenido.

O humor aquoso do olho oferece pontos dificilmente perceptíveis que perderam sua transparência. Esses pontos são como corpos opacos em suspensão no líquido do qual seguem os movimentos. Produzem no ar ambiente e à distância, pelo efeito do aumento e da refração, a aparência de pequenos discos, variando de um a dez milímetros de diâmetro e que parecem flutuar na atmosfera. Vimos pessoas tomarem estes discos por Espíritos que lhe seguiam e acompanhavam por toda parte e, em seu entusiasmo, tomarem por figuras as nuanças da irisação, o que é mais ou menos tão racional como ver uma figura na lua. Uma simples observação, fornecida por elas mesmas, vai conduzi-las ao terreno da realidade.

Estes discos ou medalhões, dizem elas, não somente as acom-panham, mas seguem todos os seus movimentos; vão à direita, à esquerda, ao alto, embaixo, ou se detêm, segundo o movimento da cabeça. Isto não é de admirar, uma vez que a sede da aparência está no globo ocular e deve seguir-lhe os movimentos. Se fossem Espíritos, seria preciso convir que estariam constrangidos a um papel muito mecânico para seres inteligentes e livres; papel bem fastidioso mesmo para os Espíritos inferiores, e com maior razão, incompatível com a ideia que fazemos dos Espíritos superiores. Alguns, é verdade, tomam, por maus Espíritos, os pontos negros ou moscas amauróticas. Estes discos, ao igual das manchas negras, têm um movimento ondulatório que não escapa jamais da amplitude de um certo ângulo e o que se acrescenta à ilusão é que não seguem bruscamente os movimentos da linha visual. A razão é bem simples. Os pontos opacos do humor aquoso, causa primeira do fenômeno, o dissemos, são como mantidos em suspensão e têm sempre uma tendência a descer; quando sobem, é porque são solicitados pelo movimento do olho de baixo para cima; mas, chegados a uma certa altura, se se fixa o olho, veem-se os discos descerem e depois se deterem. Sua mobilidade é extrema, porque basta um movimento imperceptível do olho para fazê-los mudar de direção e percorrer toda a amplitude do arco no espaço onde se produz a imagem. Enquanto não se possa provar que uma imagem possui um movimento próprio, espontâneo e inteligente, não se pode nisso ver senão um simples fenômeno ótico ou fisiológico.

Ocorre o mesmo com as centelhas que se produzem algumas vezes em maços ou em feixes mais ou menos compactos pela contração dos músculos do olho e que são, provavelmente, devidos à eletricidade fosforescente da íris, uma vez que, geralmente, são circunscritas na circunferência do disco desse órgão.

Semelhantes ilusões não podem ser senão o resultado de uma observação incompleta. Quem quer que tenha estudado seriamente a natureza dos Espíritos, por todos os meios proporcionados pela ciência prática, compreenderá tudo que têm de pueril. Do mesmo modo que combatemos as teorias duvidosas com as quais se atacam as manifestações, quando essas teorias são baseadas na ignorância dos fatos também devemos procurar destruir as ideias falsas que provam mais entusiasmo do que reflexão e que, por isso mesmo, fazem mais mal do que bem junto aos incrédulos, já tão dispostos a procurarem o lado ridículo.

109. O perispírito, como se vê, é o princípio de todas as manifestações; seu conhecimento deu a chave de uma multidão de fenômenos e um passo imenso à ciência espírita, abrindo-lhe um caminho novo, tirando-lhe todo o caráter maravilhoso. Encontramos pelos próprios Espíritos, porque, notai bem, foram eles que nos colocaram no caminho, a explicação da ação dos Espíritos sobre a matéria, do movimento dos corpos inertes, dos ruídos e das aparições. Aí encontraremos ainda a de vários outros fenômenos que nos restam a examinar, antes de passarmos ao estudo das comunicações propriamente ditas. Tanto melhor se as compreenderá quando melhor nos dermos conta das causas primeiras. Se se compreendeu bem esse princípio, far-se-á por si mesmo sua aplicação aos diversos fatos que poderão se apresentar ao observador.

110. Estamos longe de considerar a teoria que damos como absoluta e como sendo a última palavra; ela será, sem dúvida, completada ou retificada mais tarde por novos estudos, mas, por incompleta ou imperfeita que seja hoje, pode sempre ajudar a entender a possibilidade dos fatos por causas que nada têm de sobrenatural; se é uma hipótese não se lhe pode recusar o mérito da racionalidade e da probabilidade e vale tanto, como todas as explicações que dão os negadores, para provar que tudo não é senão ilusão, fantasmagoria e subterfúgio nos fenômenos espíritas.

TEORIA DA ALUCINAÇÃO

111. Os que não admitem o mundo incorpóreo e invisível creem tudo explicar com a palavra *alucinação*. A definição dessa palavra é conhecida: Um erro, uma ilusão de uma pessoa que crê ter percepções que, realmente, não tem (do latim *hallucinari*, erro, feita de *ad lucem*); mas os sábios, que saibamos, ainda não deram a sua razão fisiológica.

A ótica e a fisiologia, não parecendo se lhes ter mais segredos, como ocorre que não tenham ainda explicado a natureza e a origem das imagens, que se oferecem ao espírito, em certas circunstâncias?

Querem tudo explicar pelas leis da matéria, seja; que deem pois, por essas leis, uma teoria da alucinação; boa ou má, será sempre uma explicação.

112. A causa dos sonhos jamais foi explicada pela ciência; atribuem-na a um efeito da imaginação; mas não diz o que é a imaginação, nem como produz essas imagens tão claras e tão nítidas que, algumas vezes, aparecem-nos; é explicar uma coisa que não é conhecida por uma outra também desconhecida e a questão permanece toda inteira. É, diz-se, uma lembrança das preocupações da vigília; mas, admitindo mesmo esta solução, que não o é, restaria ainda saber qual é esse espelho mágico que assim conserve a impressão das coisas; como explicar, sobretudo, essas visões de coisas reais que jamais se viram no estado de vigília, e aquelas mesmo em que jamais se pensou? Só o Espiritismo podia nos dar a chave desse fenômeno bizarro, que passa desapercebido por causa da própria vulgaridade, como todas as maravilhas da Natureza que calcamos sob nossos pés.

Os sábios desdenharam de se ocuparem com a alucinação; seja ela real ou não, não deixa de ser um fenômeno que a fisiologia deve poder explicar, sob pena de reconhecer sua insuficiência. Se um dia um sábio empreender dar-lhe, não uma definição, entendemo-nos bem, mas uma explicação fisiológica, veremos se sua teoria resolve todos os casos; que não omita, sobretudo, os fatos tão comuns de aparições de pessoas no momento de sua morte; que diga de onde vem a coincidência da aparição com a morte da pessoa; se fosse um fato isolado, poder-se-ia atribuí-lo ao acaso; mas, como é muito frequente, o acaso não tem essas reincidências. Se aquele que vê a aparição ainda tivesse a imaginação impressionada pela ideia de que a pessoa deve morrer, seja; mas, frequentemente, a que aparece é aquela com quem ele menos sonha: portanto, a imaginação nada tem com isso. Pode-se explicar ainda menos pela imaginação as circunstâncias da morte da qual não se tem nenhuma ideia. Os alucinacionistas dirão que a alma (se tanto é que admitem uma alma) tem momentos de superexcitação em que suas faculdades estão exaltadas? Estamos de acordo; mas quando aquilo que ela vê é real, não é, pois, uma ilusão. Se, na sua exaltação, a alma vê uma coisa que não está presente, é, portanto, que ela se transporta; mas se nossa alma pode se transportar até uma pessoa ausente, por que a alma dessa pessoa não se transportaria até nós? Que, em sua teoria da alucinação, queiram ter em conta estes fatos, e não se esqueçam de que uma teoria à qual se pode opor fatos contrários é, necessariamente, falsa ou incompleta.

À espera de suas explicações, vamos tentar emitir algumas ideias a esse respeito.

113. Os fatos provam que há verdadeiras aparições, as quais a teoria espírita explica perfeitamente e que só podem ser negadas por aqueles que nada admitem fora do organismo; mas, ao lado das visões reais, há alucinações no sentido ligado a essa palavra? Isso não é duvidoso. Qual é sua origem? São os Espíritos que vão nos colocar na pista, porque a explicação nos parece inteiramente contida nas respostas dadas às questões seguintes:

As visões são sempre reais ou, algumas vezes, são o efeito da alucinação? Quando se vê, em sonho ou de outro modo, o diabo, por exemplo, ou outras coisas fantásticas que não existem, isso não é um produto da imaginação?

Sim, algumas vezes, quando se está impressionado por certas leituras ou por histórias de feitiçaria que impressionam, se se as recorda, pode-se crer ver o que não existe. Mas dissemos também que o Espírito, sob seu envoltório semimaterial, pode tomar todas as espécies de formas para se manifestar. Um Espírito zombeteiro pode, pois, aparecer com chifres e garras se isso lhe apraz para se divertir com a credulidade como um bom Espírito pode se mostrar com asas e uma figura radiosa.

Podem-se considerar como sendo aparições as figuras e outras imagens que se apresentam, frequentemente, no semissono, ou simplesmente quando se fecham os olhos?

Desde que os sentidos se entorpecem, o Espírito se desliga e pode ver, ao longe ou perto, aquilo que não podia ver com os olhos. Amiúde, essas imagens são visões, mas podem ser também um efeito de impressão que a visão de certos objetos deixou no cérebro que lhes conservou os traços como conserva os sons. O Espírito liberto vê, então, em seu próprio cérebro, as impressões que nele se fixaram como sobre uma chapa de daguerreotipia. Sua variedade e sua mistura formam os conjuntos bizarros e fugidios que se apagam quase que imediatamente, malgrado os esforços que se façam para retê-los. A uma causa semelhante é preciso atribuir certas aparições fantásticas que nada têm de real e que, frequentemente, produzem-se no estado de enfermidade.

Consta que a memória é o resultado das impressões conservadas pelo cérebro; por qual singular fenômeno, essas impressões tão variadas, tão múltiplas, não se confundem? Aí está um mistério impenetrável, mas que não é mais estranho do que o das ondas sonoras que se cruzam no ar e não ficam menos distintas. Em um cérebro sadio e bem organizado, essas impressões são nítidas e precisas; em um estado menos favorável, apagam-se e se confundem; daí a perda da memória ou a confusão das ideias. Isso parece ainda menos extraordinário se se admite, como em frenologia, uma distinção especial a cada parte e mesmo a cada fibra do cérebro.

As imagens chegadas ao cérebro pelos olhos, aí deixam, pois, uma impressão, que faz com que se lembre de um quadro como se ele estivesse diante de si, mas sempre isso não é senão uma questão de memória, porque não se o vê mais; ora, em um certo estado de emancipação, a alma vê no cérebro e reencontra essas imagens; sobretudo aquelas que mais o impressionaram segundo a natureza das preocupações ou das disposições do espírito e é, assim, que reencontra a impressão de cenas religiosas, diabólicas, dramáticas, mundanas, de figuras de animais bizarros, que viu em uma outra época, em pintura ou em gravura, porque as narrações também deixam impressões. Assim, a alma vê realmente, mas vê apenas uma imagem daguerreotipada no cérebro. No estado normal, essas imagens são fugidias e efêmeras, porque todas as partes cerebrais funcionam livremente; mas, no estado de enfermidade, o cérebro está sempre mais ou menos enfraquecido, não existe equilíbrio entre todos os órgãos, alguns somente conservam sua atividade, enquanto que outros estão de alguma sorte paralisados; daí a permanência de certas imagens que não são mais apagadas, como no estado normal, pelas preocupações da vida exterior. Aí está a verdadeira alucinação e a causa primeira das ideias fixas.

Como se vê, inteiramo-nos dessa anomalia por uma lei fisiológica bem conhecida, a das impressões cerebrais, mas sempre nos foi necessário fazer a alma intervir; ora, se os materialistas não podem ainda dar uma solução satisfatória desse fenômeno, é porque não querem admitir a alma; também dirão que nossa explicação é má, porque colocamos, como princípio, o que é contestado. Contestado por quem? Por eles, mas admitido pela imensa maioria, depois, que há homens sobre a Terra, e a negação de alguns não pode fazer lei.

Nossa explicação é boa? Nós a damos pelo que pode valer à falta de outra, e, querendo-se, a título de simples hipótese à espera de melhor. Tal como é, dá a razão de todos os casos de visão? Certamente que não, e desafiamos todos os fisiologistas de dar-lhe uma só, sob seu ponto de vista exclusivo, que resolva todos os casos; porque, quando pronunciaram suas palavras sacramentais de superexcitação e de exaltação, nada disseram; portanto, se todas as teorias da alucinação são insuficientes para explicarem todos os fatos, é que há outra coisa, além da alucinação propriamente dita. Nossa teoria seria falsa se a aplicássemos a todos os casos de visão, porque alguns viriam contradizê-la; pode ser justa se a restringimos a certos efeitos.

CAPÍTULO VII

BICORPOREIDADE E TRANSFIGURAÇÃO

*Aparições do Espírito dos vivos – Homens duplos –
Santo Alfonso de Liguori e Santo Antônio de Pádua –
Vespasiano – Transfiguração – Invisibilidade.*

114. Bicorporeidade e transfiguração são variedades do fenômeno das manifestações visuais, e por maravilhosos que possam parecer à primeira vista, se reconhecerá, facilmente, pelas explicações que deles se podem dar, que não saem da ordem dos fenômenos naturais. Repousam, um e o outro, sobre o princípio de que tudo o que foi dito sobre as propriedades do perispírito depois da morte, aplica-se ao perispírito dos vivos. Sabemos que, durante o sono, o Espírito recobra parte da sua liberdade, quer dizer, isola-se do corpo, e foi nesse estado que tivemos muitas vezes ocasião de observá-lo. Mas o Espírito, esteja o homem vivo ou morto, tem sempre o seu envoltório semimaterial que, pelas mesmas causas que descrevemos, pode adquirir a visibilidade e a tangibilidade. Fatos bem positivos não podem deixar nenhuma dúvida a esse respeito; não citaremos senão alguns exemplos que são do nosso conhecimento pessoal e dos quais podemos garantir a exatidão, podendo, cada um, recolher fatos análogos consultando suas reminiscências.

115. A esposa de um dos nossos amigos viu, por repetidas vezes, durante a noite, entrar em seu quarto, quer houvesse ou não luz, uma vendedora de frutas da vizinhança que conhecia de vista, mas com quem não havia jamais falado. Essa aparição lhe causou um medo tanto maior porque, nessa época, essa senhora não tinha nenhum conhecimento do Espiritismo, e esse fenômeno se renova muito frequentemente. Ora, a vendedora estava perfeitamente viva e, a essa hora, provavelmente dormia; enquanto seu corpo material estava em sua casa, seu Espírito e seu corpo fluídico estavam na casa dessa senhora; por qual motivo? É o que não se sabe. Em semelhante caso, um espírita, iniciado nessa espécie de coisa, ter-lhe-ia perguntado, mas disso a senhora não teve ideia. Cada vez a aparição se eclipsava sem que ela soubesse como e, a cada vez também, depois da sua desaparição, ela ia assegurar-se de que todas as portas estavam perfeitamente fechadas e que ninguém havia podido se introduzir no seu apartamento. Esta precaução lhe prova que estava bem desperta e que não foi joguete de um sonho. De outras vezes ela viu, do mesmo modo, um homem que não conhecia, mas um dia viu seu irmão que estava então na Califórnia; tinha a aparência igual a de uma pessoa real, que, no primeiro momento, acreditou ter retornado e quis lhe dirigir a palavra, mas desapareceu sem dar-lhe tempo. Uma carta recebida posteriormente, prova-lhe que não estava morto. Essa senhora era, o que se pode chamar, uma médium vidente natural, mas nessa época, como já dissemos, ela não tinha jamais ouvido falar de médiuns.

116. Uma outra senhora, que reside na província, estando bastante enferma, viu uma noite, pelas dez horas, um senhor idoso, habitante da mesma vila e que ela via algumas vezes na sociedade, mas sem nenhuma relação de intimidade. Esse senhor estava sentado em uma poltrona ao pé do seu leito e, de tempos em tempos, tomava uma pitada de tabaco; tinha o ar de velá-la. Surpresa com tal visita a essa hora, quis lhe perguntar o motivo, mas o senhor lhe fez sinal para não falar e dormir; por repetidas vezes quis dirigir-lhe a palavra, e cada vez a mesma recomendação. Ela acabou por dormir. Alguns dias depois, estando restabelecida, recebeu a visita do mesmo senhor, mas em hora mais conveniente, e dessa vez era ele mesmo, tinha a mesma roupa, a mesma tabaqueira e exatamente as mesmas maneiras. Persuadida de que ele veio durante a enfermidade, agradecia-lhe o incômodo que tivera. O senhor, fortemente surpreso, disse-lhe que não tinha o prazer de vê-la já há bastante tempo. A senhora, que conhecia os fenômenos espíritas, compreendeu o que se passara; mas, não querendo se explicar mais com ele a respeito, contentou-se em dizer-lhe que provavelmente teve um sonho.

Isso é o provável, dirão os incrédulos, os espíritos fortes, o que para eles é sinônimo de gente de espírito; mas foi constatado que essa senhora não dormia de todo, como a precedente. – Então, ela sonhou bem desperta ou, dizendo de outra maneira, teve uma alucinação. – Eis a grande palavra, a explicação universal de tudo o que não se compreende. Como já refutamos suficientemente essa objeção, prosseguiremos dirigindo-nos àqueles que possam nos compreender.

117. Eis, entretanto, um fato mais característico, e estamos curiosos de ver como se poderia explicá-lo só pelo jogo da imaginação.

Um senhor, habitante da província, nunca quis casar-se, malgrado as instâncias de sua família. Notadamente, havia-se insistido em favor de uma pessoa que residia numa vila vizinha, e que jamais vira. Um dia, estando em seu quarto, ficou admiradíssimo de ver-se em presença de uma jovem, vestida de branco, e a cabeça ornada com uma coroa de flores. Ela lhe disse que era sua noiva, estendeu-lhe a mão, que tomou na sua, e nela viu um anel. Depois de alguns instantes, tudo desapareceu. Surpreso com essa aparição e estando seguro de que estava bem acordado, informou-se se alguém tinha vindo nesse dia; mas lhe disseram que pessoa alguma fora vista. Um ano depois, cedendo às novas solicitações de uma parenta, decidiu ir ver a jovem que lhe propunham. Chegou no dia de Corpus Christi e, quando voltava da procissão, uma das primeiras pessoas que vê entrando na casa é uma jovem que reconhece como sendo a que lhe tinha aparecido; estava vestida do mesmo modo, porque o dia da aparição era também o dia de Corpus Christi. Ele ficou desorientado, e, de sua parte, a jovem soltou um grito de surpresa e se sentiu mal. Voltando a si, disse que já tinha visto esse senhor em igual dia do ano precedente. O casamento foi realizado. Isso foi em 1835 e, nessa época, não havia a questão dos Espíritos e, aliás, ambos são pessoas de um positivismo extremo e de imaginação a menos exaltada que há no mundo.

Dir-se-á, talvez, que ambos tinham o espírito impressionado pela ideia de união proposta e que essa preocupação determinou uma alucinação; mas é preciso não esquecer que o marido lhe era tão indiferente que ficou um ano sem ir ver a sua pretendida. Admitindo-se mesmo essa hipótese, restaria para ser explicada a dupla aparição, a coincidência do traje com o do dia de Corpus Christi e, enfim, o reconhecimento físico entre pessoas que jamais se viram, circunstâncias que não podem ser o produto da imaginação.

118. Antes de ir mais longe, devemos responder imediatamente a uma questão que não se pode deixar de indagar, que é a de se saber como o corpo pode viver enquanto o Espírito está ausente. Poderíamos dizer que o corpo pode viver da vida orgânica que independe da presença do Espírito, e a prova disto é que as plantas vivem e não têm Espírito; mas devemos acrescentar que, durante a vida, o Espírito jamais está completamente desligado do corpo. Os Espíritos, da mesma forma que certos médiuns videntes, reconhecem o Espírito de uma pessoa viva pelo rastro luminoso que chega ao seu corpo, fenômeno que jamais ocorre quando o corpo está morto, porque então a separação é completa. Por essa comunicação, o Espírito é advertido instantaneamente, a qualquer distância que esteja, da necessidade que o corpo pode ter da sua presença e, então, ele volta com a prontidão do relâmpago. Disso resulta que o corpo jamais pode morrer estando ausente o Espírito, e jamais pode ocorrer que este, no seu retorno, encontre a porta fechada, como disseram alguns romancistas em suas histórias de pura invenção (*O Livro dos Espíritos,* nº 400 e seguintes).

119. Voltemos ao nosso assunto. O Espírito de uma pessoa viva, isolado do corpo, pode aparecer como o de uma pessoa morta e ter todas as aparências da realidade; e mais, pelas mesmas causas que explicamos,

pode adquirir uma tangibilidade momentânea. Este fenômeno é designado sob o nome de *bicorporeidade*, que deu lugar às histórias de homens
duplos, quer dizer, de indivíduos cuja presença simultânea foi constatada
em dois lugares diferentes. Eis dois exemplos tirados não das lendas populares, mas da história eclesiástica.

Santo Alfonso de Liguori foi canonizado antes do tempo necessário
por se ter mostrado, simultaneamente, em dois lugares diferentes, o que
passou como sendo um milagre.

Santo Antônio de Pádua estava na Espanha, e, enquanto aí prega-
va, seu pai, que estava em Pádua, ia ao suplício, acusado de uma morte.
Nesse momento, Santo Antônio aparece, demonstra a inocência do pai e
revela o verdadeiro criminoso que, mais tarde, sofre o castigo. Foi cons-
tado que, nesse momento, Santo Antônio não tinha deixado a Espanha.

Santo Alfonso, tendo sido evocado e interrogado por nós sobre o
fato acima, eis as respostas que deu:

1. Poderias nos dar a explicação desse fenômeno?

*Sim; o homem, quando está completamente desmaterializado pela
sua virtude, e elevou sua alma a Deus, pode aparecer em dois lugares ao
mesmo tempo, e eis como: o Espírito encarnado, sentindo o sono chegar,
pode pedir a Deus para se transportar a um lugar qualquer. Seu Espírito
ou sua alma, como quereis chamá-lo, abandona então seu corpo, seguido
de uma parte do seu perispírito, e deixa a matéria imunda num estado
vizinho da morte. Disse vizinho da morte, porque permanece, no corpo,
um laço que liga o perispírito e a alma à matéria, e esse laço não pode ser
definido. O corpo aparece, então, no lugar pedido. Creio que isso é tudo o
que desejais saber.*

2. Isso não nos dá explicação quanto à visibilidade e à tangibilidade
do perispírito.

*O Espírito, estando desligado da matéria, segundo seu grau de
elevação, pode se tornar tangível à matéria.*

3. O sono do corpo é indispensável para que o Espírito apareça em
outros lugares?

*A alma pode se dividir quando se sente transportada para um
lugar diferente daquele onde se encontra o corpo. Pode acontecer que o
corpo não durma, embora isso seja muito raro, mas não estará jamais
num estado perfeitamente normal, porém, está sempre num estado mais
ou menos extático.*

Nota. A alma não se divide no sentido literal da palavra; ela se irradia para
diferentes lados e pode, assim, manifestar-se em vários pontos sem estar repartida;

ocorre o mesmo que uma luz que pode se refletir simultaneamente em várias vidraças.

4. Estando um homem mergulhado no sono, enquanto seu Espírito aparece em outro lugar, que sucederia se fosse despertado subitamente?

Não sucederia nada, porque se alguém tivesse a intenção de despertá-lo, o Espírito reentraria no corpo, prevendo a intenção, já que o Espírito lê o pensamento.

Nota. Uma explicação inteiramente idêntica nos foi dada várias vezes pelo Espírito de pessoas mortas ou vivas. Santo Alfonso explica o fato da dupla presença, mas não dá a teoria da visibilidade e da tangibilidade.

120. Tácito reporta um fato análogo:

Durante os meses que Vespasiano passou em Alexandria para esperar o retorno periódico dos ventos de verão e a estação na qual o mar se torna seguro, vários prodígios ocorreram, pelos quais se manifestaram o favor do céu e o interesse que os deuses pareciam tomar por esse príncipe...

Esses prodígios redobraram em Vespasiano o desejo de visitar a morada sagrada do deus, para consultá-lo a respeito do império. Ordenou que o templo fosse fechado a todo mundo; entrou ele mesmo, todo atento ao que iria dizer o oráculo e percebeu, atrás de si, um dos principais Egípcios, de nome Basilide, que sabia estar retido doente a vários dias de Alexandria. Informou-se com os sacerdotes se Basilide esteve nesse dia no templo, informou-se com os transeuntes se o viram na cidade, enfim, enviou homens a cavalo e se assegurou de que, nesse mesmo momento, estava a oitenta milhas de distância. Então, não duvidou mais que a visão não foi sobrenatural, e o nome de Basilide tomou o lugar de um oráculo. (Tácito, *Histórias*, livro IV, cap. 81 e 82. Tradução de *Burnouf*)

121. O indivíduo que se mostra simultaneamente em dois lugares diferentes tem, pois, dois corpos; mas, desses dois corpos, só um é real, o outro não é senão uma aparência; pode-se dizer que a vida orgânica e que o segundo tem a vida da alma; ao despertar, os dois corpos se reúnem, e a vida da alma entra no corpo material. Não parece possível, pelo menos disso não temos exemplo, e a razão parece demonstrá-lo, que no estado de separação, os dois corpos possam desfrutar, simultaneamente, e no mesmo grau, da vida ativa e inteligente. Resulta, de outra parte, do que acabamos de dizer, que o corpo real não poderia morrer enquanto o corpo aparente estivesse visível: a aproximação da morte chama sempre o Espírito para o corpo, ainda que por um instante. Resulta, igualmente, que o corpo aparente não poderia ser morto, porque não tem organismo e não é formado de carne e osso; desapareceria no momento que se quisesse infligir-lhe a morte. (1)

122. Passemos ao segundo fenômeno, o da *transfiguração*. Ela consiste na mudança de aspecto de um corpo vivo. Eis um fato do qual podemos garantir a perfeita autenticidade, e que se passou nos anos de 1858 e 1859, nos arredores de Saint-Etienne. Uma jovem de uns quinze anos desfrutava da singular faculdade de se transfigurar, quer dizer, a de tomar, em certos momentos dados, todas as aparências de certas pessoas mortas; a ilusão era tão completa que se acreditava ter a pessoa diante de si, tanto eram semelhantes a fisionomia, o olhar, o som da voz e a linguagem. Esse fenômeno se repetiu centenas de vezes sem que a vontade da moça nele interferisse. Várias vezes tomou a aparência de seu irmão, morto alguns anos antes; tinha-lhe não apenas a figura, mas o talhe e o volume do corpo. Um médico do local, muitas vezes foi testemunha desses efeitos bizarros, e, querendo se assegurar de que não era joguete de uma ilusão, fez a experiência seguinte. Conhecemos os fatos por ele mesmo, pelo pai da jovem e por várias testemunhas oculares muito honradas e muito dignas de fé. Teve a ideia de pesar a moça no seu estado normal, depois no estado de transfiguração, quando tinha a aparência de seu irmão de vinte e poucos anos de idade, que era maior e mais forte. Pois bem! Ele constatou que neste último estado o peso era quase o dobro. A experiência foi concludente, e era impossível atribuir essa aparência a uma ilusão de ótica. Tentemos explicar esse fato que, durante um tempo, foi chamado milagre, e que chamamos simplesmente de fenômeno.

123. A transfiguração, em certos casos, pode ter por causa uma simples contração muscular, que pode dar à fisionomia uma outra expressão, a ponto de tornar a pessoa quase irreconhecível. Frequentemente, têmo-lo observado em certos sonâmbulos, mas, nesse caso, a transformação não é radical; uma mulher poderá parecer jovem ou velha, bela ou feia, contudo, será sempre uma mulher e seu peso, sobretudo, não aumentará nem diminuirá. No caso do qual se trata, é bem evidente que há alguma coisa a mais; a teoria do perispírito vai colocar-nos no caminho.

Está admitido, em princípio, que o Espírito pode dar ao seu perispírito todas as aparências; que, por uma modificação na disposição molecular, pode dar-lhe a visibilidade, a tangibilidade e, por consequência, a *opacidade*; que o perispírito de uma pessoa viva, isolado do corpo, pode sofrer as mesmas transformações; que essa mudança de estado se opera

---

(1) Ver a *Revista Espírita*, janeiro 1859, O *duende de Bayonne*, fevereiro de 1859; Os *agêneres*; *meu amigo Hermann*; maio de 1859; O *laço entre o Espírito e o corpo*; novembro de 1859; A *alma errante*; janeiro de 1860, O *Espírito de um lado e o corpo de outro*; março de 1860, *Estudos sobre o Espírito de pessoas vivas: o doutor V e a senhorita L*; abril de 1860, O *Fabricante de S. Petersburgo: aparições tangíveis*; novembro de 1860, *História de Marie d'Agréda*; julho de 1861, *Uma aparição providencial*.

pela combinação de fluidos. Figuremo-nos, agora, o perispírito de uma pessoa viva, não mais isolado, mas irradiando ao redor do corpo de maneira a envolvê-lo como de um vapor; nesse estado, ele pode sofrer as mesmas modificações que se estivesse separado; se perde sua transparência, o corpo pode desaparecer, tornar-se invisível e ser velado como se estivesse mergulhado numa neblina. Poderá mesmo mudar de aspecto, tornar-se brilhante se tal é a vontade do Espírito. Um outro Espírito, combinando seu próprio fluido com o primeiro pode lhe substituir a própria aparência; de tal sorte que o corpo real desaparece sob um envoltório fluídico exterior, cuja aparência pode variar à vontade do Espírito. Tal parece ser a verdadeira causa do fenômeno estranho e raro, é preciso dizer, da transfiguração. Quanto à diferença de peso, explica-se do mesmo modo que para os corpos inertes. O peso intrínseco do corpo não varia, porque a quantidade da matéria não varia; mas sofre a influência de um agente exterior que pode aumentar-lhe ou diminuir-lhe o peso relativo, como explicamos acima, nos números 78 e seguintes. É, pois, provável que, se a transfiguração ocorresse com relação a uma criança, o peso teria diminuído em proporção.

124. Concebe-se que o corpo possa tomar uma outra aparência de maior ou menor dimensão; mas como poderia tomar uma dimensão menor, a de uma criança, como acabamos de dizer? Nesse caso, o corpo real não deveria ultrapassar os limites do corpo aparente? Também não dissemos que o fato se tenha produzido; apenas quisemos mostrar, em nos reportando à teoria do peso específico, que o peso aparente teria podido diminuir. Quanto ao fenômeno em si mesmo, não afirmamos nem a sua possibilidade, nem a sua impossibilidade; mas no caso em que ele ocorresse, de não se lhe poder dar uma solução satisfatória, isso não invalidaria a coisa; é preciso não esquecer que estamos no início da ciência e que ela está longe de haver dito sua última palavra sobre esse ponto como sobre muitos outros. Aliás, as partes excedentes poderiam perfeitamente ser tornadas invisíveis.

A teoria do fenômeno da invisibilidade se deduz muito naturalmente das explicações precedentes e das que foram dadas a respeito do fenômeno de transportes, números 96 e seguintes.

125. Restar-nos-ia falar do singular fenômeno dos *agêneres* que, por mais extraordinário que possa parecer à primeira vista, não é mais sobrenatural do que os outros. Mas, como explicamos na *Revista Espírita* (fevereiro de 1859), cremos inútil reproduzir aqui todos os seus detalhes; diremos apenas que é uma variedade das aparições tangíveis; é o estado de certos Espíritos que podem revestir, momentaneamente, as formas de uma pessoa viva, a ponto de ocasionar uma ilusão completa. (Do grego *a*, privativo, e *géine*, *géinomai*, engendrar; que não foi engendrado.)

CAPÍTULO VIII

LABORATÓRIO DO MUNDO INVISÍVEL

*Vestuários dos Espíritos – Formação espontânea de objetos
tangíveis – Modificação das propriedades da matéria. –
Ação magnética curativa.*

126. Dissemos que os Espíritos se apresentam vestidos de túnicas, roupagens ou mesmo com seus trajes ordinários. As roupagens parecem ser um vestuário geral no mundo dos Espíritos; mas, pergunta-se onde vão buscar esses vestuários em tudo semelhantes aos que usavam em sua vida, com todos os seus acessórios. É certo que não os levaram consigo, uma vez que os objetos reais estão ainda aqui, sob nossos olhos; de onde provêm, pois, os que usam no outro mundo? Esta questão tem sempre intrigado muito; mas, para muita gente, era simples negócio de curiosidade; entretanto, ela confirmava uma questão de princípios de uma grande importância, porque sua solução nos colocou no caminho de uma lei geral que encontra igualmente aplicação no nosso mundo corporal. Vários fatos vieram complicá-la e demonstrar a insuficiência das teorias que se tinham experimentado.

Podia-se, até certo ponto, certificar-se do vestuário, porque pode-se considerá-lo como fazendo parte do indivíduo; já não ocorre o mesmo com os objetos acessórios, como, por exemplo, a tabaqueira da visita da senhora doente de que falamos no nº 116. Anotemos a esse respeito que não se tratava ali de um morto, mas de um vivo, e que esse senhor, quando voltou em pessoa, tinha uma tabaqueira em tudo semelhante. Onde, pois, o seu Espírito havia encontrado aquela que ele tinha quando estava ao pé do leito da doente? Poderíamos citar um grande número de casos, nos quais os Espíritos dos mortos ou dos vivos, apareceram com diversos objetos, tais como bengala, armas, cachimbos, lanternas, livros, etc.

Veio-nos, então, um pensamento: de que os corpos inertes poderiam ter seus análogos etéreos no mundo invisível; que a matéria condensada que forma os objetos, poderia ter uma parte quintessenciada escapando aos nossos sentidos. Esta teoria não era desprovida de verossimilhança, mas era insuficiente para explicar todos os fatos, sobretudo um, que parecia dever frustrar todas as interpretações. Até então não se tratava senão de imagens ou aparências; vimos bem que o perispírito pode adquirir as propriedades da matéria e tornar-se tangível, mas esta tangibilidade não é senão momentânea, e o corpo sólido se desvanece igual a uma sombra. Já é um fenômeno muito extraordinário, mas o que o é também é ver-se produzir a matéria sólida persistente, como o provam numerosos fatos autênticos e, notadamente, o da escrita direta, do qual falaremos com detalhes num capítulo especial. Todavia, como esse fenômeno se liga intimamente ao assunto que tratamos neste momento, e que é uma das suas aplicações mais positivas, antecipar-nos-emos quanto à ordem na qual ele deve vir.

127. A escrita direta, ou *pneumatografia*, é aquela que se produz espontaneamente, sem o concurso, quer da mão do médium, quer do lápis. Basta pegar uma folha de papel branco, o que se pode fazer com todas as precauções necessárias para assegurar-se de não ser vítima de alguma fraude, dobrá-la e depositá-la em alguma parte, numa gaveta ou simplesmente sobre um móvel e, se houver condições convenientes, ao cabo de um tempo mais ou menos longo, encontram-se, sobre o papel, caracteres traçados, sinais diversos, palavras, frases e mesmo discursos, o mais frequentemente com uma substância acinzentada, análoga à aparência do chumbo, de outras vezes com lápis vermelho, tinta comum e mesmo tinta de imprensa. Eis o fato em toda a sua simplicidade e cuja reprodução, embora pouco comum, não é, entretanto, muito rara, porque há pessoas que o obtêm com muita facilidade. Se se colocasse um lápis com o papel, poder-se-ia crer que o Espírito dele se serviu para escrever; mas, do momento em que o papel está inteiramente só, é evidente que a escrita está formada por uma matéria depositada; de onde o Espírito tomou essa matéria? Tal é a questão à solução da qual vamos ser conduzidos pela tabaqueira, de que falamos a toda hora.

128. Foi o Espírito de São Luís quem nos deu essa solução, nas respostas seguintes:

1. Citamos um caso de aparição de uma pessoa viva. Esse Espírito tinha uma tabaqueira e a aspirava. Ele experimentava a sensação que se experimenta em aspirando?

Não.

2. Essa tabaqueira tinha a forma da outra, da qual se servia

habitualmente e que estava em sua casa. Que era aquela tabaqueira que estava entre as mãos daquele homem?

Uma aparência; era para que a circunstância fosse notada, como o foi, e para que a aparição não fosse tomada por uma alucinação, produzida pelo estado de saúde da vidente. O Espírito queria que aquela senhora acreditasse na realidade da sua presença e tomou todas as aparências da realidade.

3. Dizeis que é uma aparência; mas uma aparência nada tem de real, é como uma ilusão de ótica; queremos saber se a tabaqueira em questão não era senão uma imagem da realidade ou se nela havia alguma coisa de material?

Certamente; é com a ajuda desse princípio material que o perispírito toma a aparência de vestuários semelhantes ao que o Espírito usava quando vivia.

Nota. É evidente que se deve entender aqui a palavra aparência no sentido de aspecto, imitação. A tabaqueira real não estava lá; a que o Espírito detinha era apenas a representação: era, pois, uma aparência comparada ao original, embora formada de um princípio material.

A experiência nos ensina que não é preciso sempre tomar ao pé da letra certas expressões empregadas pelos Espíritos; interpretando-as segundo nossas ideias, expomo-nos a grandes equívocos; por isso, é necessário aprofundar o sentido de suas palavras, todas as vezes que apresentem a menor ambiguidade; é uma recomendação que nos fazem os próprios Espíritos. Sem a explicação que provocamos, a palavra *aparência*, constantemente repetida em casos análogos, poderia dar lugar a uma falsa interpretação.

4. É que a matéria inerte se desdobraria? Haveria no mundo invisível uma matéria essencial que revestiria a forma dos objetos que vemos? Em uma palavra, esses objetos teriam seu *duplo etéreo* no mundo invisível, como os homens aí são representados pelos Espíritos?

Não é assim que a coisa se passa; o Espírito tem, sobre os elementos materiais, disseminados por toda parte no espaço, na vossa atmosfera, um poder que estais longe de supor. Pode, à sua vontade, concentrar esses elementos e dar-lhes a forma aparente própria para os seus projetos.

Nota. Esta pergunta, como se viu, era a tradução do nosso pensamento, quer dizer, da ideia que formávamos sobre a natureza desses objetos. Se as respostas fossem, como alguns o pretendem, o reflexo do pensamento, teríamos obtido a confirmação da nossa teoria, em lugar de uma teoria contrária.

5. Coloco, de novo, a questão de maneira categórica, a fim de evitar qualquer equívoco.

Os vestuários com os quais os Espíritos se cobrem são alguma coisa?

Parece-me que minha resposta precedente resolve a questão. Não sabeis que o próprio perispírito é alguma coisa?

6. Resulta dessa explicação, que os Espíritos fazem a matéria inerte sofrer transformações à sua vontade, e que, assim, por exemplo, quanto à tabaqueira, o Espírito não a encontrou pronta, mas a fez, ele mesmo, para o momento em que dela teve necessidade, por um ato de sua vontade, e a pôde desfazer: deve ocorrer o mesmo com todos os outros objetos, tais como vestuários, joias, etc.

Mas, é evidente.

7. A tabaqueira ficou visível para aquela senhora, a ponto de iludi-la. O Espírito teria podido torná-la tangível para ela?

Teria podido.

8. Se a ocasião se apresentasse, aquela senhora teria podido tomá-la entre as mãos, crendo ter uma tabaqueira de verdade?

Sim.

9. Se a tivesse aberto, provavelmente teria encontrado o tabaco; se tivesse aspirado esse tabaco, teria espirrado?

Sim.

10. O Espírito pode, pois, dar não somente a forma, mas propriedades especiais?

Se o quiser; foi em virtude desse princípio que respondi afirmativamente às questões precedentes. Tereis provas da poderosa ação que o Espírito exerce sobre a matéria e que estais longe de supor, como já vos disse.

11. Suponhamos, então, que ele tenha querido fazer uma substância venenosa e que, se uma pessoa a tivesse tomado, teria sido envenenada?

Teria podido, mas não o teria feito; isto não lhe seria permitido.

12. Teria o poder de fazer uma substância salutar e própria para curar em caso de doença, e o caso já se lhe apresentou?

Sim, muito frequentemente.

13. Poderia, então, fazer também uma substância alimentar; suponhamos que fizesse uma fruta, uma comida qualquer, alguém poderia tê-las comido e ficado saciado?

Sim, sim; mas não procureis tanto para achar o que é tão fácil de compreender. Basta um raio de sol para tornar perceptíveis aos vossos órgãos grosseiros essas partículas materiais que atravancam o espaço no meio do qual viveis; não sabeis que o ar contém vapor d'água? Condensai-os e os conduzireis ao estado normal; privai-os de calor, e eis que as moléculas impalpáveis e invisíveis se tornam um corpo sólido, e muito sólido, e muitas outras substâncias das quais os químicos tirarão maravilhas mais espantosas ainda. Somente o Espírito possui instrumentos mais perfeitos do que os vossos: a vontade e a permissão de Deus.

Nota. A questão da saciedade é aqui muito importante. Como uma substância que não tem senão uma existência e propriedades temporárias e de certa forma convencionais, pode produzir a saciedade? Esta substância, pelo seu contato com o estômago, produz a *sensação* da saciedade, mas não a saciedade resultante da plenitude. Se uma tal substância pode agir sobre a economia e modificar um estado mórbido, pode muito bem agir sobre o estômago e produzir o sentimento da saciedade. Rogamos, contudo, aos senhores farmacêuticos e restauradores não conceberem ciúme, nem crerem que os Espíritos lhes venham fazer concorrência: esses casos são raros, excepcionais, e jamais dependem da vontade; de outro modo, nutrir-se-ia e se curaria a preço muito bom.

14. Os objetos, tornados tangíveis pela vontade do Espírito, poderiam ter um caráter permanente e estável e virem a ser usados?

Isso poderia dar-se, mas isso não se faz; é que está fora das leis.

15. Todos os Espíritos têm, no mesmo grau, o poder de produzir objetos tangíveis?

É certo que, quanto mais elevado é o Espírito, mais facilmente os obtém; mas isso ainda depende das circunstâncias; os Espíritos inferiores podem ter esse poder.

16. O Espírito sempre tem consciência da maneira pela qual produz seus vestuários ou os objetos dos quais oferece a aparência?

Não; frequentemente concorrem para a sua formação por um ato instintivo que eles mesmos não compreendem, se não estão bem esclarecidos quanto a isso.

17. Se o Espírito pode tirar, do elemento universal, os materiais para fazer todas essas coisas, dar a elas uma realidade temporária com suas propriedades, pode muito bem tirar o que seja necessário para escrever, e, por consequência, isto nos parece dar a chave do fenômeno da escrita direta?

Enfim, chegastes onde queríeis!

Nota. Era aí, com efeito, onde queríamos chegar por todas as nossas perguntas preliminares; a resposta prova que o Espírito havia lido nosso pensamento.

18. Se a matéria, da qual o Espírito se serve, não é persistente, como ocorre que os traços da escrita direta não desaparecem?

Não critiqueis sobre palavras; primeiro, eu não disse: jamais; era questão de um objeto volumoso; aqui, são sinais traçados, cuja conservação é útil, e se conservam. Quis dizer que os objetos assim compostos pelo Espírito, não poderiam se tornar objetos de uso, porque não há, na realidade, agregação de matéria como nos vossos corpos sólidos.

129. A teoria acima pode ser assim resumida: o Espírito age sobre a matéria; tira da matéria cósmica universal os elementos necessários para formar, à sua vontade, objetos tendo a aparência de diversos corpos que existem na Terra. Pode também operar sobre a matéria elementar, por sua vontade, uma transformação íntima que lhe dá propriedades determinadas. Esta faculdade é inerente à natureza do Espírito que frequentemente a exerce como um ato instintivo quando isso é necessário, e sem disso tomar conhecimento. Os objetos formados pelo Espírito têm uma existência temporária, subordinada à sua vontade ou à necessidade; pode fazê-los e desfazê-los à sua vontade. Esses objetos podem, em certos casos, ter, aos olhos das pessoas vivas, todas as aparências da realidade, quer dizer, tornarem-se momentaneamente visíveis e mesmo tangíveis. Há formação, mas não criação, uma vez que o Espírito não pode tirar nada do nada.

130. A existência de uma matéria elementar única é quase que geralmente admitida hoje pela ciência e confirmada, como se viu, pelos Espíritos. Esta matéria dá nascimento a todos os corpos da natureza; pelas transformações que ela sofre, produz também as diversas propriedades desses mesmos corpos; é assim que uma substância salutar pode se tornar venenosa por uma simples modificação; a química disso nos oferece numerosos exemplos. Todo mundo sabe que duas substâncias inocentes combinadas em certas proporções podem produzir uma outra que seja deletéria. Uma parte de oxigênio e duas de hidrogênio, todas as duas inofensivas, formam a água; ajuntai um átomo de oxigênio e tendes um líquido corrosivo. Sem mudar as proporções, frequentemente, basta uma simples mudança no modo de agregação molecular para mudar as propriedades; é, assim, que um corpo opaco pode se tornar transparente, e *vice-versa.* Uma vez que o Espírito, por sua vontade, tem uma ação tão poderosa sobre a matéria elementar, concebe-se que ele possa, não somente formar substâncias, mas também desnaturar-lhes as propriedades, com a vontade aqui fazendo o efeito de um reativo.

131. Esta teoria nos dá a solução de um fato bem conhecido em magnetismo, mas até o momento inexplicado, que é o da mudança das propriedades da água pela vontade. O Espírito atuante é o do magnetizador, o mais comumente assistido por um Espírito estranho; ele opera uma transmutação com a ajuda do fluido magnético que, como se disse, é a substância que mais se aproxima da matéria cósmica ou elemento universal. Se pode operar uma modificação nas propriedades da água, pode igualmente produzir um fenômeno análogo sobre os fluidos do organismo, e daí o efeito curativo da ação magnética convenientemente dirigida.

Sabe-se o papel capital que exerce a vontade em todos os fenômenos do magnetismo; mas como explicar a ação material de um agente tão sutil? A vontade não é um ser, uma substância qualquer; não é nem uma propriedade da mais etérea matéria; a vontade é o atributo essencial do Espírito, quer dizer, do ser pensante. Com ajuda dessa alavanca, ele age sobre a matéria elementar e, por uma ação consecutiva, reage seus compostos, cujas propriedades íntimas podem assim ser transformadas.

A vontade é o atributo do Espírito encarnado, assim como do Espírito errante; daí o poder do magnetizador, poder que se sabe estar em razão da força de vontade. O Espírito encarnado, podendo agir sobre a matéria elementar, pode, pois, igualmente, variar-lhe as propriedades em certos limites, e é assim que se explica a faculdade de curar pelo contato e imposição das mãos, faculdade que algumas pessoas possuem num grau mais ou menos elevado. (Ver no capítulo dos *médiuns*, o artigo relativo aos *médiuns curadores*. Ver, também, a *Revista Espírita*, julho 1859, páginas 184 e 189: *O zuavo de Magenta; Um oficial do exército da Itália.*).

CAPÍTULO IX

DOS LUGARES ASSOMBRADOS

132. As manifestações espontâneas que se produziram em todos os tempos, e a persistência de alguns Espíritos em darem sinais ostensivos de sua presença em determinadas localidades, são a origem da crença em lugares assombrados. As respostas seguintes foram dadas a questões formuladas a esse respeito.

1. Os Espíritos se apegam somente às pessoas ou se apegam também às coisas?

Isso depende da sua elevação; certos Espíritos podem se apegar aos objetos terrestres; os avaros, por exemplo, que esconderam seus tesouros e que não estão bastante desmaterializados, podem ainda vigiá--los e guardá-los.

2. Os Espíritos errantes têm lugares de predileção?

Ocorre ainda o mesmo princípio. Os Espíritos que não se prendem mais à Terra, vão aonde encontram a quem amar; são atraídos mais pelas pessoas do que pelos objetos materiais; entretanto, há os que podem ter uma preferência momentânea por certos lugares, mas são sempre Espíritos inferiores.

3. Uma vez que o apego dos Espíritos por uma localidade é sinal de inferioridade, é igualmente uma prova de que são Espíritos maus?

Seguramente que não; um Espírito pode ser pouco avançado sem ser mau por isso; não ocorre o mesmo entre os homens?

4. A crença de que os Espíritos frequentam de preferência as ruínas, têm algum fundamento?

Não; os Espíritos vão para esses lugares como vão para todos os outros; mas a imaginação é tocada pelo aspecto lúgubre de certos lugares e atribui à sua presença o que não é, o mais frequentemente, senão um efeito muito natural. Quantas vezes o medo não fez tomar a sombra de uma árvore por um fantasma, o grito de um animal ou o sopro do vento por espectros! Os Espíritos gostam da presença dos homens; é, por isso, que eles procuram antes os lugares habitados que os lugares isolados.

Entretanto, depois do que sabemos da diversidade de caráter dos Espíritos, deve haver os misantropos e que podem preferir a solidão.

Também não respondi de uma maneira absoluta à questão; disse que podem ir aos lugares desertos como a todos os outros lugares, e é bem evidente que aqueles que se ligam aos lugares afastados, é porque aí encontram prazer; mas isso não é uma razão para que as ruínas sejam forçosamente seus lugares de predileção; porque, é certo que estão muito mais nas cidades e palácios do que no fundo dos bosques.

5. As crenças populares, em geral, têm um fundo de verdade; qual pode ser a origem da crença nos lugares assombrados?

O fundo de verdade é a manifestação dos Espíritos, na qual o homem acreditou em todos os tempos, instintivamente; mas, como já disse, o aspecto dos lugares lúgubres toca a sua imaginação, e ele coloca aí naturalmente os seres que considera como sobrenaturais. Essa crença supersticiosa é mantida pelas narrativas dos poetas e os contos fantásticos, com os quais embalaram sua infância.

6. Os Espíritos que se reúnem têm, para isso, dias e horas de predileção?

Não; os dias e as horas são controles do tempo de uso dos homens e para a vida corporal, mas dos quais os Espíritos não têm necessidade e com os quais não se inquietam.

7. Qual a origem da ideia de que os Espíritos vêm de preferência durante a noite?

A impressão produzida sobre a imaginação pelo silêncio e a obscuridade. Todas essas crenças são superstições, que o conhecimento racional do Espiritismo deve destruir. Ocorre o mesmo com os dias e as horas que se crê serem os mais propícios; crede bem que a influência da meia-noite não existiu jamais senão nos contos.

Se assim é, por que, pois, certos Espíritos anunciam sua chegada e suas manifestações para hora e dia determinados como sexta-feira, por exemplo?

São Espíritos que se aproveitam da credulidade e se divertem com ela. Pela mesma razão, há os que dizem ser o diabo ou se dão nomes infernais. Mostrai-lhes que não sois enganados, e eles não voltarão mais.

8. Os Espíritos voltam de preferência aos túmulos onde repousam seus corpos?

O corpo não é senão uma veste; eles não se ligam mais ao envoltório que os fez sofrer, do que os prisioneiros às suas cadeias. A lembrança das pessoas que lhes são caras é a única coisa à qual dão valor.

As preces que se lhes fazem em seus túmulos, são-lhes mais agradáveis e os atraem, antes ali do que em outro lugar?

Sabeis bem que a prece é uma evocação que atrai os Espíritos. A prece tem tanto mais ação quanto é mais fervorosa e mais sincera; ora, diante de um túmulo venerado há mais recolhimento, e a conservação de piedosas relíquias é um testemunho da afeição que se tem ao Espírito, e à qual é sempre sensível. É sempre o pensamento que age sobre o Espírito, e não os objetos materiais; esses objetos têm mais influência sobre aquele que ora, fixando-lhes a atenção, que sobre o Espírito.

9. Segue-se, então, que a crença nos lugares assombrados parece absolutamente falsa?

Dissemos que certos Espíritos podem ser atraídos por coisas materiais; podem sê-lo por certos lugares onde parecem fazer morada, até que cessem as circunstâncias que para ali os trazem..

Quais são as circunstâncias que podem, para ali, conduzi-los?

A simpatia por algumas das pessoas que os frequentam ou o desejo de comunicar-se com elas. Entretanto, suas intenções não são sempre tão louváveis; quando são maus Espíritos, podem querer exercer uma vingança sobre certas pessoas das quais têm do que se lamentar. A estada em um lugar determinado pode ser também, para alguns, uma punição que lhes é infligida, sobretudo, se cometeram aí um crime, a fim de que, tenham constantemente o crime diante dos olhos. (1)

10. Os lugares assombrados, o são sempre por antigos habitantes dessas residências?

Algumas vezes, mas nem sempre, porque, se o antigo habitante é um Espírito elevado, não se ligará mais à sua morada terrestre que ao seu corpo. Os Espíritos que assombram certos lugares, frequentemente, não têm outro motivo que o capricho, a menos que sejam para aí atraídos pela sua simpatia por certas pessoas.

Podem se fixar aí, tendo em vista proteger uma pessoa ou sua família?

Seguramente, se são bons Espíritos; mas nesse caso não manifestam jamais sua presença por coisas desagradáveis.

11. Há alguma coisa de real na história da dama Branca?

É um conto tirado de mil fatos verdadeiros.

12. É racional temer os lugares assombrados pelos Espíritos?

Não; os Espíritos que frequentam certos lugares e aí fazem alvoroço, procuram antes divertir-se à custa da credulidade e da covardia, do que

---

(1) Ver *Revista Espírita*, fevereiro de 1860; *História de um danado.*

fazerem mal. Aliás, figurai-vos bem que há Espíritos por toda a parte, e que em qualquer parte que estejais, tê-los-eis sem cessar ao vosso lado, mesmo nas casas mais pacíficas. Parecem, geralmente, frequentar certas habitações apenas porque nelas encontram uma ocasião de manifestar sua presença.

13. Há um meio de expulsá-los?

Sim, e, o mais frequentemente, o que se faz para isso os atrai ao invés de distanciá-los. O melhor meio de afastar os maus Espíritos é atrair os bons. Atraí, pois, os bons Espíritos, fazendo todo o bem possível, e os maus se irão; porque o bem e o mal são incompatíveis. Sede sempre bons, e não tereis senão bons Espíritos ao vosso lado.

Há, todavia, pessoas muito boas que são alvo dos tormentos dos maus Espíritos?

Se essas pessoas são realmente boas, pode ser uma prova para exercer sua paciência e excitá-las a serem ainda melhores; mas, crede bem, não são os que falam sem cessar da virtude os que mais a têm. Aqueles que possuem qualidades reais, geralmente, eles mesmos as ignoram ou delas não falam nunca.

14. O que se pode crer relativamente à eficácia do exorcismo para afastar os maus Espíritos dos lugares assombrados?

Tendes visto, frequentemente, esse meio ser bem sucedido? Ao contrário, não tendes visto o barulho redobrar depois das cerimônias do exorcismo? É que eles se divertem por serem tomados pelo diabo.

Os Espíritos que não vêm com má intenção, podem também manifestar sua presença por ruídos, e mesmo em se tornando visíveis, mas não fazem jamais barulho incômodo. Geralmente, são Espíritos sofredores, que podeis aliviar orando por eles; de outras vezes, são Espíritos benevolentes que querem provar estarem perto de vós, ou, enfim, Espíritos levianos que brincam. Como aqueles que perturbam o repouso com o alvoroço são quase sempre Espíritos que se divertem, o melhor a fazer é rir-se deles; cansar-se-ão, vendo que não conseguem nem amedrontar, nem impacientar. (Ver atrás, capítulo V, manifestações físicas espontâneas).

Resulta das explicações anteriores que há Espíritos que se apegam a certas localidades e aí permanecem de preferência, mas que não têm, por isso, necessidade de manifestar a sua presença por efeitos sensíveis. Um lugar qualquer pode ser a morada forçada ou de predileção de um Espírito, mesmo mau, sem que seja aí jamais produzida qualquer manifestação.

Os Espíritos que se apegam às localidades ou às coisas materiais, jamais são Espíritos superiores, mas sem serem superiores podem não ser maus nem terem nenhuma intenção má; algumas vezes, são mesmo, comensais mais úteis do que nocivos, porque, se se interessam pelas pessoas, podem protegê-las.

CAPÍTULO X

NATUREZA DAS COMUNICAÇÕES

Comunicações grosseiras, frívolas, sérias ou instrutivas.

133. Dissemos que todo efeito que revela, em sua causa, um ato de livre vontade, por insignificante que seja esse ato, acusa, por isso mesmo, uma causa inteligente. Assim, um simples movimento de mesa, que responde ao nosso pensamento ou apresenta um caráter intencional, pode ser considerado como manifestação inteligente. Se o resultado devesse se limitar a isso, não haveria, para nós, senão um interesse muito secundário; todavia, já seria alguma coisa em dar-nos a prova de que há nesses fenômenos mais do que uma ação puramente material; mas a utilidade prática, que disso advíria para nós, seria nula ou, pelo menos, muito restrita; mas é bem diferente quando essa inteligência adquire um desenvolvimento que permite uma troca regular e continuada de pensamentos; já não são simples manifestações inteligentes, mas verdadeiras *comunicações*. Os meios dos quais se dispõem, permitem obtê-las tão extensas, tão explícitas e tão rápidas como as que mantemos com os homens.

Se se está bem compenetrado, segundo a *escala espírita (O Livro dos Espíritos,* nº 100), da variedade infinita que existe entre os Espíritos sob o duplo aspecto da inteligência e da moralidade, conceber-se-á facilmente a diferença que deve existir em suas comunicações; devem refletir a elevação ou a inferioridade de suas ideias, seu saber e sua ignorância, seus vícios e suas virtudes; em uma palavra, elas não devem se assemelhar mais do que a dos homens, desde o selvagem até o europeu mais esclarecido. Todas as diferenças que possam apresentar podem ser agrupadas em quatro categorias principais; segundo o seu caráter mais acentuado, elas são: *grosseiras, frívolas, sérias* ou *instrutivas.*

134. As *comunicações grosseiras* são aquelas que se traduzem por expressões que chocam a decência. Elas não podem emanar senão de

Espíritos de camada baixa, ainda enlameados de todas as impurezas da matéria, e não diferem em nada das que poderiam dar os homens viciosos e grosseiros. Repugnam a toda pessoa que tenha a menor delicadeza de sentimento; porque são, segundo o caráter dos Espíritos, triviais, ignóbeis, obscenas, insolentes, arrogantes, malévolas e mesmo ímpias.

135. As *comunicações frívolas* emanam de Espíritos levianos, zombeteiros e travessos, mais maliciosos do que maus e que não dão nenhuma importância ao que dizem. Como não têm nada de inconveniente, agradam a certas pessoas que com elas se divertem, e encontram prazer nessas entrevistas fúteis, onde se fala muito para não se dizer nada. Esses Espíritos, algumas vezes, rivalizam em tiradas espirituosas e mordazes e, em meio a gracejos banais, dizem duras verdades que ferem quase sempre com justiça. Esses Espíritos levianos pululam ao nosso redor e aproveitam todas as ocasiões para se misturarem nas comunicações; a verdade é o menor dos seus cuidados, e é, por isso, que têm um maligno prazer em mistificar os que têm a fraqueza ou, algumas vezes, a presunção de neles crer sob palavra. As pessoas que se comprazem nesses tipos de comunicações dão, naturalmente, acesso aos Espíritos levianos e enganadores; os Espíritos sérios, delas se afastam como, entre nós, os homens sérios se afastam das sociedades de estouvados.

136. As *comunicações sérias* são graves quanto ao objeto e à maneira pela qual se realizam. Toda comunicação que exclui a frivolidade e a grosseria, e que tem um fim útil, ainda que de interesse privado é, por isso mesmo, séria; mas não está, por isso, sempre isenta de erros. Os Espíritos sérios não são todos igualmente esclarecidos; há muitas coisas que ignoram e sobre as quais podem se enganar de boa-fé; é, por isso, que os Espíritos verdadeiramente superiores nos recomendam, sem cessar, submeter todas as comunicações ao controle da razão e da mais severa lógica.

É preciso, pois, distinguir as comunicações *sérias verdadeiras* das comunicações *sérias falsas*, e isso não é sempre fácil, porque é tendo a seu favor a gravidade da linguagem, que certos Espíritos presunçosos ou pseudossábios, procuram fazer prevalecer suas ideias, as mais falsas, e seus mais absurdos sistemas; e, para se darem mais crédito e importância, não têm escrúpulos em se enfeitarem com nomes os mais respeitáveis e mesmo os mais venerados. Está aí um dos maiores escolhos da ciência prática; a ele voltaremos mais tarde, com todo o desenvolvimento que necessita um assunto tão importante, ao mesmo tempo que faremos conhecer os meios de premunir-se contra o perigo das falsas comunicações.

137. As *comunicações instrutivas* são as comunicações sérias que têm por objeto principal um ensinamento qualquer, dado pelos Espíritos, sobre as ciências, a moral, a filosofia, etc. Elas são mais ou menos profundas segundo o grau de elevação e de *desmaterialização* do Espírito. Para retirar, dessas comunicações, um fruto real, é preciso que sejam regulares e continuadas com perseverança. Os Espíritos sérios se ligam àqueles que querem se instruir e os secundam, enquanto que deixam aos Espíritos levianos o encargo de divertirem aqueles que não veem nas manifestações senão uma distração passageira. É apenas pela regularidade e frequência dessas comunicações, que se pode apreciar o valor moral e intelectual dos Espíritos com os quais se conversa e o grau de confiança que merecem. Se é preciso experiência para julgar os homens, esta é necessária mais ainda para julgar os Espíritos.

Dando, a essas comunicações, a qualificação de *instrutivas*, nós as supomos *verdadeiras*, porque uma coisa que não seja *verdadeira* não poderia ser *instrutiva*, ainda que fosse dita na linguagem mais imponente. Não poderíamos, pois, alinhar, nesta categoria, certos ensinamentos que não têm de sério senão a forma, empolada e enfática, com ajuda da qual os Espíritos, mais presunçosos do que sábios, que as ditam, esperam iludir; mas esses Espíritos, não podendo suprir o fundo que lhes falta, não poderiam sustentar seu papel por longo tempo; traem cedo seu lado fraco por pouco que suas comunicações tenham continuidade, ou quando se sabe empurrá-los para suas derradeiras fortalezas.

138. Os meios de comunicação são muito variados. Os Espíritos, agindo sobre os nossos órgãos e sobre os nossos sentidos, podem se manifestar à visão nas aparições, ao toque pelas impressões tangíveis, ocultas ou visíveis, à audição pelos ruídos, ao olfato pelos odores sem causa conhecida. Este último modo de manifestação, embora muito real, é, sem contradita, o mais incerto pelas numerosas causas que podem induzir em erro; também não nela não nos deteremos. O que devemos examinar, com atenção, são os diversos meios de se obterem as comunicações, quer dizer, uma troca regular e continuada de pensamentos. Esses meios são: as *pancadas, a palavra* e *a escrita*. Nós os desenvolveremos em capítulos especiais.

CAPÍTULO XI

SEMATOLOGIA E TIPTOLOGIA

Linguagem dos sinais e das pancadas. – Tiptologia alfabética.

139. As primeiras manifestações inteligentes foram obtidas por meio de pancadas ou da tiptologia. Esse meio primitivo, que se ressentia da infância da arte, não oferecia senão recursos muito limitados e se reduzia, nas comunicações, às respostas monossilábicas por sim ou por não, com a ajuda de um número convencionado de golpes. Aperfeiçoa-se mais tarde, como já dissemos. As pancadas se obtêm de duas maneiras, através de médiuns especiais; geralmente, é preciso, para esse modo de operar, uma certa aptidão para as manifestações físicas. A primeira, que se poderia chamar de *tiptologia por báscula*, consiste no movimento da mesa que se eleva de um lado, depois, cai batendo o pé. Basta para isso que o médium pouse a mão sobre a borda da mesa; se deseja conversar com um Espírito determinado, é preciso fazer sua evocação; caso contrário, é o primeiro que chega quem se apresenta ou aquele que tem o hábito de vir. Estando convencionado, por exemplo, uma pancada por *sim*, e duas por *não*, isto é indiferente; dirige-se ao Espírito as perguntas que se deseja; veremos, mais tarde, aquelas das quais convém abster-se. O inconveniente está na brevidade das respostas e na dificuldade de formular-se a questão de maneira a conduzir para um *sim* ou um *não*. Suponhamos que se pergunte ao Espírito: Que deseja? Ele não poderá responder senão por uma frase; é preciso então dizer: desejas tal coisa? Não; tal outra? Sim; e assim por diante.

140. É de se notar que, com o emprego desse meio, o Espírito, frequentemente, utiliza uma espécie de *mímica*, quer dizer, que exprime a energia da afirmação ou da negação à força de pancadas. Exprime também a natureza dos sentimentos que o animam: a violência, pela rudeza dos movimentos; a cólera e a impaciência, batendo com força os golpes reiterados como uma pessoa que bate o pé com desatino, algumas vezes, jogando a mesa por terra. Se é benevolente e polido, no começo e no fim da sessão, inclina a mesa em forma de cumprimento; se quer se dirigir diretamente a uma pessoa da sociedade, dirige a mesa até ela com doçura ou violência, segundo o que quer lhe testemunhar de afeição ou de antipatia. Está aí, propriamente falando, a *sematologia* ou linguagem dos sinais, como a *tiptologia* é a linguagem das pancadas. Eis um notável exemplo do emprego espontâneo da sematologia:

Um senhor do nosso conhecimento, estando um dia em seu salão, onde várias pessoas se ocupavam com as manifestações, recebeu nesse momento uma carta nossa. Enquanto a lia, a mesinha que servia às experiências veio de repente até ele. Acabada a leitura da carta, vai colocá-la sobre uma mesa na outra extremidade do salão; a mesinha o segue e se dirige para a mesa onde estava a carta. Surpreso com essa coincidência, pensa que há alguma relação entre esse movimento e a carta; interroga o Espírito, que responde ser nosso Espírito familiar. Tendo ele nos informado das circunstâncias, pedimos por nossa vez ao Espírito, dizer-nos o motivo da visita que lhe tinha feito; respondeu: "É natural que eu visite as pessoas com as quais estás em relação, a fim de poder, se for preciso, dar-te, assim como a elas, os avisos necessários."

É, pois, evidente, que o Espírito quis chamar a atenção desse senhor e procurava uma ocasião de fazer-lhe saber que estava lá. Um mudo não lhe teria indicado melhor.

141. A tiptologia não tarda a se aperfeiçoar e se enriquece com um meio de comunicação mais completo, o da *tiptologia alfabética*. Consiste em fazer designar as letras do alfabeto por meio de pancadas; podem-se, então, obter palavras, frases e mesmo discursos inteiros. Seguindo um método, a mesa bate tantos golpes quantos necessários para indicar cada letra, quer dizer, uma pancada por *a*, duas por *b*, e assim por diante; durante esse tempo, uma pessoa escreve as letras, à medida em que são designadas. Quando o Espírito termina, o faz saber por um sinal qualquer convencionado.

Esse modo de operar, como se vê, é muito demorado e requer um tempo enorme para as comunicações de uma certa extensão; entretanto, há pessoas que tiveram a paciência de se servirem dele para obter ditados de várias páginas; mas a prática fez descobrir meios abreviativos que permitem seguir com uma certa rapidez. O que está mais em uso, consiste em ter, diante de si, um alfabeto todo escrito, assim, como a série de números marcando as unidades. Enquanto o médium está na mesa, uma outra pessoa percorre sucessivamente as letras do alfabeto, se se trata de uma palavra; ou a dos algarismos, se se trata de um número; chegando sobre a letra necessária, a mesa bate, por si mesma, uma pancada, e se escreve a letra; depois se recomeça para a segunda, a terceira, e assim por diante. Ocorrendo engano em uma letra, o Espírito adverte, por vários golpes ou por um movimento da mesa, e se recomeça. Com o hábito se vai bem depressa; mas, sobretudo, abrevia-se muito, adivinhando o fim de uma palavra começada, e que o sentido da frase dá a conhecer; quando se está na incerteza, pergunta-se ao Espírito se ele quer colocar tal palavra, e ele responde por sim ou por não.

142. Todos os efeitos que acabamos de indicar podem ser obtidos de maneira ainda mais simples, por meio de golpes que se fazem ouvir na própria madeira da mesa, sem nenhuma espécie de movimento, e que descrevemos no capítulo das manifestações físicas, nº 64: é a *tiptologia íntima*. Todos os médiuns não são igualmente apropriados para este último modo de comunicação; porque há os que não obtêm senão pancadas por básculo; entretanto, com o exercício, a maioria pode aí chegar, e este modo tem a dupla vantagem de ser rápido e de menos prestar-se à suspeição do que o básculo, que se pode atribuir a uma pressão voluntária. É bem verdade que os golpes íntimos poderiam também ser imitados por médiuns de má fé. As melhores coisas podem ser imitadas, o que não prova nada contra elas. (Ver no fim deste volume o capítulo intitulado: *Fraudes e velhacarias*.)

Quaisquer que sejam os aperfeiçoamentos que se pôde trazer para esta maneira de proceder, não se pode jamais esperar a rapidez e a facilidade que apresenta a escrita, agora também empregada muito pouco; entretanto, algumas vezes é muito interessante do ponto de vista do fenômeno, principalmente para os novatos, sobretudo, por ter a vantagem de provar, de um modo categórico, a independência absoluta do pensamento do médium. Assim se obtêm, frequentemente, respostas tão imprevistas, tão surpreendentes a propósito, que seria preciso uma prevenção bem determinada para não se render à evidência; também é, para muitas pessoas, um poderoso motivo de convicção; mas por este meio, não mais que pelos outros, os Espíritos não gostam de se prestar aos caprichos dos curiosos que querem pô-los à prova por meio de perguntas impróprias.

143. Com o objetivo de melhor assegurar a independência do pensamento do médium, imaginaram-se diversos instrumentos, consistindo em quadrantes, sobre os quais são traçadas as letras, à maneira dos quadrantes dos telégrafos elétricos. Uma agulha móvel, posta em movimento pela influência do médium com a ajuda de um fio condutor e de uma polia, indica as letras. Não conhecemos esses instrumentos senão pelos desenhos e pelas descrições que foram publicadas na América; não podemos, pois, pronunciar-nos sobre seu mérito, mas pensamos que sua complicação própria é um inconveniente; a independência do médium está muito bem atestada pelos golpes íntimos e, muito mais ainda, pelo imprevisto das respostas do que por todos os meios materiais. De um outro lado, os incrédulos que estão sempre dispostos a ver, por toda parte, astúcia e preparações, são ainda mais levados a supô-las em um mecanismo especial, do que na primeira mesa, que se encontra desprovida de todo acessório.

144. Um aparelho mais simples, mas do qual a má fé pode facilmente abusar, como veremos no capítulo das Fraudes, é o que designaremos sob o nome de *Mesa-Girardin*, em memória do uso que dela fazia madame Émile de Girardin nas numerosas comunicações que obteve como médium; porque madame de Girardin, toda mulher de espírito que era, tinha a fraqueza de crer nos Espíritos e em suas manifestações. Esse instrumento consiste em um tampo de mesa móvel de trinta a quarenta centímetros de diâmetro, girando livre e facilmente sobre seu eixo, à maneira da roleta. Sobre a superfície e na circunferência são traçados, como num quadrante, as letras, os algarismos e as palavras *sim e não*. No centro está uma agulha fixa. Pousando o médium seus dedos na borda da mesinha, esta gira e se detém quando a letra desejada está sob a agulha. Anotam-se as letras indicadas, e se formam assim, bem rapidamente, as palavras e as frases.

Há a anotar-se que a mesinha não desliza sob os dedos, mas que os dedos nela ficam aplicados, seguindo seu movimento. Talvez, um médium poderoso pudesse obter um movimento independente, o que cremos possível, mas disso jamais fomos testemunhas. Se a experiência pudesse ser feita desta maneira, seria infinitamente mais concludente, porque descartaria toda possibilidade de fraude.

145. Resta-nos destruir um erro bastante difundido, e que consiste em confundir todos os Espíritos que se comunicam por meio de pancadas com os Espíritos batedores. A tiptologia é um meio de comunicação como outro, e não é mais indigna dos Espíritos elevados do que a escrita ou a palavra. Todos os Espíritos, bons ou maus, podem, pois, dela se servirem tão bem como de outros modos. O que caracteriza os Espíritos superiores é a elevação de pensamento, e não o instrumento do qual se servem para transmiti-lo; sem dúvida que preferem os meios mais cômodos e sobretudo, os mais rápidos; mas, na falta de lápis e de papel, servir-se-ão sem escrúpulos da vulgar mesa falante, e a prova disso está em que se obtém, por esse meio, as coisas mais sublimes. Se não nos servimos mais dele, não é porque o desprezemos, mas unicamente porque, como fenômeno, ensinou-nos tudo o que poderíamos saber, porque não pode acrescentar nada às nossas convicções, e porque a extensão das comunicações que recebemos exige uma rapidez incompatível com a tiptologia.

Todos os Espíritos que batem não são, pois, Espíritos batedores; este nome deve ser reservado para aqueles que se podem chamar de batedores de profissão e que, com a ajuda deste meio, comprazem-se em pregar peças para divertir uma sociedade ou para vexar pela sua importunidade. De sua parte, pode se esperar, algumas vezes, coisas espirituosas, mas jamais coisas profundas; seria também perder tempo o endereçar-lhes questões de uma certa importância científica ou filosófica; sua ignorância e sua inferioridade lhes valeram, a justo título, da parte dos outros Espíritos, a qualificação de Espíritos batedores ou de saltimbancos do mundo espírita. Ajuntemos que, se agem frequentemente por sua própria conta, também são, amiúde, instrumentos dos quais se servem os Espíritos superiores quando querem produzir efeitos materiais.

CAPÍTULO XII

PNEUMATOGRAFIA OU ESCRITA DIRETA. –
PNEUMATOFONIA

Escrita direta

146. A *pneumatografia* é a escrita produzida diretamente pelo Espírito, sem nenhum intermediário; difere da *psicografia* no fato de que esta é a transmissão do pensamento do Espírito por meio da escrita e através da mão do médium.

O fenômeno da escrita direta, sem contradita, é um dos mais extraordinários do Espiritismo; mas, por anormal que parecesse no começo, é hoje um fato averiguado e incontestável. Se a teoria é necessária para evidenciar a possibilidade dos fenômenos espíritas em geral, talvez seja mais ainda neste caso, sem dúvida, um dos mais estranhos que se apresentaram até o presente, mas que deixa de parecer sobrenatural desde que se lhe compreenda o princípio.

À primeira revelação deste fenômeno, o sentimento dominante foi o da dúvida; a ideia de uma fraude logo veio ao pensamento; com efeito, todo mundo conhece a ação das tintas ditas simpáticas, cujos traços, primeiro completamente invisíveis, aparecem ao cabo de algum tempo. Podia, pois, que se tivesse abusado da credulidade, e não afirmaríamos que jamais haja sido feito; estamos mesmo convencidos de que certas pessoas, seja com um fim mercenário, seja unicamente por amor-próprio ou para fazer crer em seu poder, empregaram subterfúgios. (Ver o capítulo das *Fraudes*).

Mas do fato de que se pode imitar uma coisa, seria absurdo concluir que a coisa não existe. Não se encontrou, nestes últimos tempos, o meio de imitar a lucidez sonambúlica a ponto de iludir? Mas do fato de que esse procedimento de escamoteador haja corrido todas as feiras, é preciso concluir que não haja verdadeiros sonâmbulos? Porque certos comerciantes vendem vinho adulterado, é uma razão para que não haja mais vinho puro? Ocorre o mesmo com a escrita direta; as precauções para se assegurar da realidade do fato, aliás, são bem simples e bem fáceis, e, graças a essas precauções, hoje não se pode lhe fazer objeto de nenhuma dúvida.

147. Uma vez que a possibilidade de escrever sem intermediário é um dos atributos do Espírito, que os Espíritos existiram de todos os tempos, e de todos os tempos também produziram os diversos fenômenos que conhecemos, devem ter igualmente produzido a escrita direta na antiguidade, tão bem como em nossos dias; e é, assim, que se pode explicar a aparição de três palavras na sala do festim de Baltazar. A Idade Média, tão fecunda em prodígios ocultos, mas que foram abafados sob as fogueiras, deve ter conhecido também a escrita direta e, talvez, encontrasse na teoria das modificações que os Espíritos podem operar na matéria, e que desenvolvemos no capítulo VIII, o princípio da crença na transmutação dos metais.

Quaisquer que tenham sido os resultados obtidos em diversas épocas, não foi senão depois da vulgarização das manifestações espíritas que se tomou a sério a questão da escrita direta. O primeiro, que parece tê-la feito conhecer em Paris, nestes últimos anos, foi o barão de Guldenstubbe, que publicou, a esse respeito, uma obra muito interessante, contendo um grande número de *fac-símile* das escritas que obteve. (1) O fenômeno já era conhecido na América desde há algum tempo. A posição social do senhor de Guldenstubbe, sua independência, a consideração que desfrutava no mundo mais elevado, descartam, incontestavelmente, toda suspeição de fraude voluntária, porque não pode ter sido movido por nenhum motivo de interesse. Poder-se-ia, quando muito, crer que ele mesmo fora joguete de uma ilusão; mas, a isso, um fato responde peremptoriamente, que é a obtenção do mesmo fenômeno por outras pessoas, que se cercaram de todas as precauções necessárias para evitar todas as fraudes e toda causa de erro.

148. A escrita direta se obtém, como, em geral, a maioria das manifestações espíritas *não espontâneas*, pelo recolhimento, a prece e a evocação. Frequentemente, têm sido obtidas nas igrejas, nos túmulos, ao pé de estátuas ou de imagens dos personagens que se chamam; mas é evidente que o lugar não tem outra influência senão a de provocar um maior recolhimento e uma maior concentração do pensamento; porque está provado que ela pode ser obtida, igualmente, sem esses acessórios,

---

(1) *A realidade dos Espíritos e de suas manifestações*, demonstrada pelo fenômeno da escrita direta. Pelo senhor barão de Guldenstubbe. 1º vol. in 8º, com 15 pranchas, e 93 *fac-símile*. Preço 8 francos, em Franck, rua Richelieu. Encontra-se também em Ledoyen.

e nos lugares mais vulgares, sobre um simples móvel doméstico, se se encontram as qualidades morais desejadas, e se se desfruta da faculdade medianímica necessária.

No princípio, pretendia-se que bastava colocar um lápis com o papel; o fato então podia, até certo ponto, explicar-se. Sabia-se que os Espíritos operam o movimento e o deslocamento dos objetos; que eles os agarram e os lançam, algumas vezes, através do espaço; poderiam, pois, muito bem, agarrar o lápis e dele se servirem para traçarem os caracteres; uma vez que lhes dão impulso por intermédio da mão do médium, de uma prancheta, etc., poderiam igualmente fazê-lo de um modo direto. Mas não se tardou a reconhecer que a presença do lápis não era necessária e que bastava um simples pedaço de papel, dobrado ou não, sobre o qual se encontram, depois de alguns minutos, os caracteres traçados. Aqui, o fenômeno muda completamente de feição e nos coloca em uma outra ordem de coisas inteiramente novas; os caracteres foram traçados com uma substância qualquer; do momento em que não se forneceu essa substância ao Espírito, ele mesmo a tem feita, composta; de onde a tirou? Aí estava o problema.

Querendo se reportar às explicações dadas no capítulo VIII, números 127 e 128, aí se encontrará a teoria completa deste fenômeno. Nessa escrita, o Espírito não se serve nem das nossas substâncias, nem dos nossos instrumentos; ele próprio faz a matéria e os instrumentos dos quais tem necessidade, tirando seus materiais do elemento universal primitivo, fazendo-o sofrer, por sua vontade, as modificações necessárias ao efeito que quer produzir. Pode, pois, muito bem, fabricar lápis vermelho, tinta de impressão ou tinta comum, assim como lápis preto, até mesmo caracteres tipográficos bastante resistentes para dar um realce à impressão, como já vimos exemplos. A filha de um senhor que conhecemos, criança de 12 a 13 anos, obteve páginas inteiras escritas com uma substância análoga ao pastel.

149. Tal o resultado a que nos conduziu o fenômeno da tabaqueira, reportado no capítulo VII, número 116, e sobre o qual já nos estendemos longamente, porque nele vimos ocasião de sondar uma das leis mais sérias do Espiritismo, lei cujo conhecimento pode esclarecer mais de um mistério, mesmo do mundo visível. É, assim, que de um fato, vulgar na aparência, pode a luz; tudo está em observar com cuidado e isso é o que cada um pode fazer como nós, quando não se limitar a ver os efeitos sem lhes procurar as causas. Se nossa fé se consolidou dia a dia, foi porque compreendemos; fazei, pois, compreender, se quereis arregimentar prosélitos sérios. A inteligência das coisas tem um outro resultado, que é o de traçar uma linha divisória entre a verdade e a superstição.

Se encararmos a escrita direta do ponto de vista das vantagens que pode oferecer, diremos que, até o presente, sua principal utilidade foi a constatação material de um fato grave: a intervenção de uma potência oculta que encontrou nela um novo meio de se manifestar. Mas as comunicações que se obtêm assim, raramente são extensas; são geralmente espontâneas e limitadas a palavras, sentenças e, frequentemente, sinais ininteligíveis; foram obtidas em todas as línguas, em grego, latim, siríaco, em caracteres hieroglíficos, etc., mas não se prestam ainda para essas entrevistas continuadas e rápidas, permitidas pela psicografia ou escrita através dos médiuns.

PNEUMATOFONIA

150. Os Espíritos, podendo produzir ruídos e pancadas, podem muito bem fazer ouvir gritos de toda natureza, e sons vocais imitando a voz humana, ao nosso lado ou no vago do ar; é a esse fenômeno que designamos sob o nome de *pneumatofonia*. Segundo o que conhecemos da natureza dos Espíritos, pode-se pensar que alguns, dentre eles, quando são de ordem inferior, iludem-se e creem falar como em sua vida. (Ver, *Revista Espírita*, fevereiro 1858: História do fantasma da senhorita Clairon).

Seria preciso, todavia, guardar-se de tomar por vozes ocultas todos os sons que não têm causa conhecida ou simples zunidos do ouvido e, sobretudo, de crer que haja a menor verdade na crença vulgar de que o ouvido que zune nos adverte de que se fala de nós em algum lugar. Esses zunidos, cuja causa é puramente fisiológica, não têm aliás nenhum sentido, ao passo que os sons pneumatofônicos exprimem pensamentos e só, por isso, pode-se reconhecer que são devidos a uma causa inteligente e não acidental. Pode-se tomar como princípio de que os efeitos *notoriamente inteligentes* são os únicos que podem atestar a intervenção dos Espíritos; quanto aos outros, há pelo menos cem chances contra uma de que sejam devidos a causas fortuitas.

151. Ocorre com bastante frequência que, meio adormecido, ouve-se distintamente pronunciar palavras, nomes; algumas vezes mesmo, frases inteiras, e isso com bastante força para nos acordar sobressaltados. Embora possa acontecer que, em certos casos, seja realmente uma manifestação, esse fenômeno não tem nada de positivo para que não se possa atribuí-lo a uma causa análoga àquela que desenvolvemos na teoria das alucinações, capítulo VI, números 111 e seguintes. O que se ouve dessa maneira não tem, de resto, nenhuma continuidade; não ocorre o mesmo quando se está desperto, porque então, se é um Espírito que se faz ouvir, quase sempre se pode fazer com ele uma troca de pensamentos e iniciar uma conversação regular.

Os sons espíritas ou pneumatofônicos têm duas maneiras distintas de se produzirem: algumas vezes, é uma voz íntima que repercute no foro interior; ainda que as palavras sejam claras e distintas, não têm, entretanto, nada de material; de outras vezes, são exteriores e bem distintamente articuladas, como se proviessem de uma pessoa que estivesse ao seu lado.

De qualquer maneira que se produza, o fenômeno da pneumatofonia, quase sempre, é espontâneo e não pode, senão raramente, ser provocado.

CAPÍTULO XIII

PSICOGRAFIA

Psicografia indireta: cestas e pranchetas. –
Psicografia direta ou manual.

152. A ciência espírita progrediu como todas as outras, e mais rapidamente do que as outras; porque alguns anos apenas nos separam desse meio primitivo e incompleto que se chamou trivialmente de as mesas falantes, e já se pode comunicar com os Espíritos tão facilmente e tão rapidamente como os homens o fazem entre si, e isso pelos mesmos meios: a escrita e a palavra. A escrita tem, sobretudo, a vantagem de acusar, mais materialmente, a intervenção de uma potência oculta e de deixar traços que se podem conservar, como nós o fazemos em nossa própria correspondência. O primeiro meio empregado foi o das pranchetas e das cestinhas, munidas de um lápis. Eis qual era a sua disposição.

153. Dissemos que uma pessoa dotada de uma aptidão especial pode imprimir um movimento de rotação a uma mesa ou a um objeto qualquer; tomemos, no lugar de uma mesa, uma pequena cesta de quinze a vinte centímetros de diâmetro (seja ela em madeira ou em vime, pouco importa, a substância é indiferente). Se, agora, através do fundo da cesta, se faz passar um lápis solidamente preso, a ponta por fora e embaixo, e que se a mantenha bem equilibrada sobre a ponta do lápis, este colocado sobre uma folha de papel, colocando os dedos sobre a borda da cesta, tomará seu movimento; mas, em lugar de girar, ela passeará o lápis em sentidos diversos sobre o papel, de maneira a formar, sejam riscos insignificantes, sejam caracteres de escrita. Se um Espírito for evocado e queira ele comunicar-se, responderá não mais por pancadas, como na tiptologia, mas por palavras escritas. O movimento da cesta não é mais automático como nas mesas girantes, torna-se inteligente. Nesta disposição, o lápis, alcançando a extremidade da linha, não retorna mais sobre si mesmo para começar uma outra; continua circularmente, de tal sorte que a linha da escrita forma uma espiral e é preciso girar várias vezes o papel para ler o que foi escrito. A escrita assim obtida não é sempre muito legível, as palavras não estão separadas; mas o médium, por uma espécie de intuição, a decifra facilmente. Por medida de economia, pode-se substituir a lousa e o lápis de ardósia por papel e lápis comuns. Designaremos esta cesta com o nome de *cesta-pião*. Substitui-se, algumas vezes, a cesta por uma caixa de papelão muito semelhante às caixas de drágeas; o lápis, em forma de eixo, como no jogo do pião.

154. Vários outros dispositivos foram imaginados para atender ao mesmo fim. O mais cômodo é o que chamaremos de *cesta de bico* e que consiste em adaptar, na cesta, uma haste de madeira inclinada, fazendo sair de dez a quinze centímetros de um lado, na posição do mastro da proa de um navio. Por um buraco feito na extremidade dessa haste ou bico, se faz passar um lápis bastante longo, para que a ponta repouse sobre o papel. O médium, tendo os dedos sobre as bordas da cesta, todo o aparelho se agita, e o lápis escreve como no caso acima, com a diferença de que a escrita, em geral, é mais legível, as palavras separadas e as linhas não estão mais em espiral, mas se seguem como na escrita comum, o médium podendo facilmente reconduzir o lápis de uma linha a outra. Obtêm-se, assim, dissertações de várias páginas, tão rapidamente como se escrevesse com a mão.

155. A inteligência que atua se manifesta, frequentemente, por outros sinais inequívocos. Chegado ao fim da página, o lápis faz espontaneamente um movimento para virá-la; se quer se reportar a uma passagem precedente, na mesma página ou em uma outra, procura com a ponta do lápis, como o faria com o dedo, depois a sublinha; se o Espírito quer, enfim, dirigir-se a um dos assistentes, a extremidade da haste de madeira se dirige para ele. Para abreviar, exprime frequentemente as palavras *sim e não* por sinais de afirmação ou de negação como fazemos com a cabeça; se quer expressar a cólera e a impaciência, bate a golpes redobrados com a ponta do lápis e frequentemente a quebra.

156. Em lugar da cesta, algumas pessoas se servem de uma espécie de pequena mesa feita a propósito, de doze a quinze centímetros de comprimento por cinco a seis de altura, de três pés, um dos quais leva um lápis; os outros dois são arredondados ou guarnecidos de uma pequena bola de marfim para deslizar facilmente sobre o papel; outros se servem simplesmente de uma *prancheta* de quinze a vinte centímetros quadrados, triangular, oblonga ou oval; sobre uma das bordas há um buraco *oblíquo* para colocar o lápis; colocada para escrever, encontra-se inclinada e se apoia em um dos seus lados sobre o papel; o lado que se apoia sobre o papel está, algumas vezes, guarnecido de dois pequenos roletes para facilitar o movimento. Concebe-se, de resto, que todas essas disposições nada têm de absoluto; a mais cômoda é a melhor.

Com todos esses aparelhos, é preciso quase sempre que estejam em duas pessoas; mas não é necessário que a segunda seja dotada da faculdade medianímica: serve unicamente para manter o equilíbrio e diminuir a fadiga do médium.

157. Chamamos *psicografia indireta* à escrita assim obtida, por oposição à *psicografia direta* ou *manual*, obtida pelo próprio médium. Para compreender este último procedimento, é preciso inteirar-se do que se passa nesta operação. O Espírito estranho que se comunica, age sobre o médium; este, sob essa influência, dirige *maquinalmente* seu braço e sua mão para escrever, sem ter (é pelo menos o caso mais comum) a menor consciência do que escreve: a mão atua sobre a cesta, e a cesta sobre o lápis. Assim, *não é a cesta que se torna inteligente*, mas é um instrumento dirigido por uma inteligência; não é, na realidade, senão um porta-lápis, um apêndice da mão, um intermediário entre a mão e o lápis; suprimi esse intermediário, colocai o lápis na mão e tereis o mesmo resultado, com um mecanismo muito mais simples, uma vez que o médium escreve como o faz em condições normais; assim, toda pessoa que escreve com a ajuda de uma cesta, uma prancheta ou outro objeto, pode escrever diretamente. De todos os meios de comunicação, a *escrita manual*, designada por alguns com o nome de *escrita involuntária* é, sem contradita, a mais simples, a mais fácil e a mais cômoda, porque não exige nenhuma preparação e se presta, como a escrita corrente, aos mais longos desenvolvimentos. Voltaremos ao assunto, falando dos médiums.

158. No começo das manifestações, quando se tinham, a esse respeito, ideias menos precisas, vários escritos foram publicados com esta designação: *Comunicações de uma cesta, uma prancheta, uma mesa, etc*. Hoje, compreende-se tudo o que essas expressões têm de insuficientes ou de errôneas, abstração feita do seu caráter pouco sério. Com efeito, como acabamos de ver, as mesas, pranchetas e cestas não são senão instrumentos *ininteligentes*, embora animados momentaneamente de uma vida factícia e que não podem nada comunicar por elas mesmas; é aqui tomar o efeito pela causa, o instrumento pelo princípio; igualmente se desejaria que um autor colocasse sobre o título de sua obra, que a escreveu com pena metálica ou de pata. Esses instrumentos, aliás, não são absolutos; conhecemos alguns que, em lugar da *cesta-pião* que descrevemos, serviam-se de um funil pelo gargalo do qual passavam o lápis. Ter-se-ia, então, podido ter comunicações de um funil, ou de uma caçarola ou de uma saladeira. Se elas ocorrem por meio de golpes, e esses golpes sejam dados por uma cadeira ou um bastão, não será mais uma mesa falante, mas uma cadeira ou um bastão falantes. O que importa conhecer não é a natureza do instrumento, mas o modo de obtenção. Se a comunicação ocorre pela escrita, que o porta-lápis seja tudo o que se queira, é para nós a *psicografia*; se é por pancadas, é a *tiptologia*. Tomando o Espiritismo as proporções de uma ciência, torna-se-lhe necessária uma linguagem científica.

CAPÍTULO XIV

DOS MÉDIUNS

*Médiuns de efeitos físicos – Pessoas elétricas.
– Médiuns sensitivos ou impressionáveis. – Médiuns audientes.
– Médiuns falantes. – Médiuns videntes. – Médiuns sonâmbulos. –
Médiuns curadores. – Médiuns pneumatógrafos.*

159. *Toda pessoa que sente, em um grau qualquer, a influência dos Espíritos, por isso mesmo, é médium.* Esta faculdade é inerente ao homem e, por consequência, não é privilégio exclusivo; também são poucos nos quais não se encontrem alguns rudimentos dela. Pode-se, pois, dizer que todo mundo é, mais ou menos, médium. Todavia, usualmente, esta qualificação não se aplica senão àqueles nos quais a faculdade mediânimica está nitidamente caracterizada e se traduz por efeitos patentes de uma certa intensidade, o que depende, pois, de um organismo mais ou menos sensível. De outra parte, deve-se anotar que esta faculdade não se revela, em todos, do mesmo modo; os médiuns têm, geralmente, uma aptidão para tal ou tal ordem de fenômenos, o que lhes resulta tantas variedades quantas sejam as espécies de manifestações. As principais são: *os médiuns de efeitos físicos, os médiuns sensitivos ou impressionáveis, audientes, falantes, videntes, sonâmbulos, curadores, pneumatógrafos, escreventes ou psicógrafos.*

1. MÉDIUNS DE EFEITOS FÍSICOS

160. *Os médiuns de efeitos físicos* são mais especialmente aptos a produzirem fenômenos materiais, tais como os movimentos dos corpos inertes, os ruídos, etc. Podem-se dividi-los em *médiuns facultativos* e *médiuns involuntários.* (Ver 2ª parte, capítulo II e IV.)

Os *médiuns facultativos* são aqueles que têm consciência do seu poder e que produzem fenômenos espíritas por ato da sua vontade. Esta faculdade, se bem que inerente à espécie humana, como já dissemos, está longe de existir entre todos no mesmo grau; mas se há poucas pessoas nas quais seja absolutamente nula, as que são aptas a produzirem os grandes efeitos, tais como a suspensão de corpos pesados no espaço, a translação aérea e, sobretudo, as aparições, são mais raras ainda. Os mais simples efeitos são os da rotação de um objeto, das pancadas pelo levantamento desse objeto ou na sua própria substância. Sem ligar uma importância capital a esses fenômenos, empenhamo-nos em não negligenciá-los; podem dar lugar a observações interessantes e ajudar a convicção. Mas, há a anotar-se que a faculdade de produzir efeitos materiais existe raramente naqueles que têm meios mais perfeitos de comunicação, como a escrita ou a palavra. Geralmente, a faculdade diminui num sentido, à medida que se desenvolve em outro.

161. *Os médiuns involuntários ou naturais* são aqueles cuja influência se exerce com o seu desconhecimento. Não têm nenhuma consciência do seu poder e, frequentemente, o que se passa de anormal ao seu redor não lhes parece em nada extraordinário; isso faz parte deles mesmos, absolutamente como as pessoas dotadas da segunda vista e que dela não suspeitam. Esses assuntos são muito dignos de observação, e não se deve negligenciar de recolher e de estudar os fatos desse gênero que podem chegar ao nosso conhecimento; manifestam-se em todas as idades e, frequentemente, entre crianças muito jovens (Ver acima, capítulo V, *Manifestações espontâneas.*)

Esta faculdade não é, por ela mesma, indício de um estado patológico, porque não é incompatível com uma saúde perfeita. Se aquele que a possui sofre, isso se deve a uma causa estranha; também os meios terapêuticos são impotentes para fazê-la cessar. Ela pode, em certos casos, ser consecutiva de uma fraqueza orgânica, mas jamais causa eficiente. Não se poderia, pois, daí razoavelmente conceber nenhuma inquietação do ponto de vista higiênico; não poderia ter inconveniente senão se o sujeito, tornado médium facultativo, dela fizesse uso abusivo, porque então haveria nele uma emissão muito abundante de fluido vital e, por consequência, o enfraquecimento dos órgãos.

162. A razão se revolta à ideia das torturas morais e corporais às quais a ciência, algumas vezes, tem submetido a seres fracos e delicados, em vista de assegurar-se se não havia fraude de sua parte; essas *experimentações*, com muita frequência feitas com malevolência, são sempre nocivas aos organismos sensíveis; poderiam disso resultar graves desordens na economia; fazer tais provas é jogar com a vida. O observador de boa fé não tem necessidade do emprego desses meios; aquele que está familiarizado com essas espécies de fenômenos sabe, aliás, que pertencem mais à ordem moral do que à ordem física e que se lhe procuraria inutilmente a solução nas ciências exatas.

Pelo fato de esses fenômenos se prenderem à ordem moral, deve-se evitar, com um cuidado não menos escrupuloso, tudo o que pode superexcitar a imaginação. Sabem-se os acidentes que o medo pode ocasionar e haveria menos imprudência se se conhecessem todos os casos de loucura e de epilepsia que tiveram sua origem nos contos de lobisomens e de espantalhos; que seria, pois, se se o persuadisse de que é o *diabo*? Aqueles que propagam tais ideias não sabem a responsabilidade que assumem: *podem matar*. Ora, o perigo não está apenas para o sujeito, mas também para todos os que o cercam e que podem estar amedrontados com o pensamento de que sua casa é um antro de demônios. Foi essa crença funesta que causou tantos atos de atrocidade nos tempos de ignorância. Com um pouco mais de discernimento, entretanto, haveria de se pensar que queimando os corpos supostamente possuídos pelo diabo, não se queimava o diabo. Uma vez que se quisesse desfazer do diabo, era a ele que se devia matar; a Doutrina Espírita, em nos esclarecendo sobre a verdadeira causa de todos esses fenômenos, dá-lhes o golpe de misericórdia. *Longe, pois, de fazer nascer esse pensamento, deve-se, e é um dever de moralidade e de humanidade, combatê-lo se existe.*

O que é preciso fazer quando uma faculdade semelhante se desenvolve espontaneamente num indivíduo, é deixar o fenômeno seguir seu curso natural: a Natureza é mais prudente do que os homens; a Providência, aliás, tem seus objetivos e o menor pode ser instrumento dos maiores desígnios. Mas, é preciso nisso convir, esses fenômenos, algumas vezes, adquirem proporções fatigantes e importunas para todo mundo (1); eis, em todos os casos, o que é preciso fazer. No capítulo V, das *Manifestações físicas espontâneas*, já demos alguns conselhos a esse respeito, dizendo que é preciso procurar se pôr em contato com os Espíritos, para saber deles o que querem. O meio seguinte está também fundado na observação.

Os seres invisíveis que revelam sua presença por efeitos sensíveis

---

(1) Um dos fatos mais extraordinários dessa natureza, pela variedade e estranheza dos fenômenos, é, sem contradita, aquele que teve lugar em 1852, no Palatinado (Baviera renana), em Begzabern, perto de Wissembourg. É tanto mais notável porque reúne, mais ou menos, no mesmo indivíduo, todos os gêneros de manifestações espontâneas: barulho de sacudir a casa, queda de móveis, objetos lançados ao longe por uma mão invisível, visões e aparições, sonambulismo, êxtase, catalepsia, atração elétrica, gritos e sons aéreos, instrumentos tocando sem contato, comunicações inteligentes, etc. e, o que não é de importância medíocre, a constatação desses fatos durante quase dois anos, por inumeráveis testemunhas oculares, dignas de fé pelo seu saber e posição social. A narração autêntica foi publicada, nessa época, em vários jornais alemães e notadamente em uma brochura hoje esgotada e muito rara. Encontrar-se-á a tradução completa dessa brochura na *Revista Espírita* de 1858 com os comentários e explicações necessários. De nosso conhecimento, é a única publicação francesa que foi feita. Além do interesse impressionante que despertam esses fenômenos, são eminentemente instrutivos do ponto de vista do estudo prático do Espiritismo.

são, em geral, Espíritos de uma ordem inferior e podem ser dominados pelo ascendente moral; e é este ascendente que é preciso procurar adquirir.

Para se obter este ascendente, é preciso fazer o sujeito passar do estado de *médium natural* para o de *médium facultativo*. Produz-se, então, um efeito análogo ao que ocorre no sonambulismo. Sabe-se que o sonambulismo natural cessa geralmente quando é substituído pelo sonambulismo magnético. Não se detém a faculdade emancipadora da alma, porém, se lhe dá um outro curso. Ocorre o mesmo com a faculdade medianímica. Para esse efeito, em lugar de entravar os fenômenos, o que se consegue raramente e o que não é sempre sem perigo, é preciso excitar o médium a produzi-los à sua vontade, impondo-se sobre o Espírito; por esse meio, consegue dirigi-lo, e de um dominador, algumas vezes, tirânico, faz dele um ser subordinado e, frequentemente, dócil. Um fato digno de nota e justificado pela experiência é que, em semelhante caso, uma criança tem tanta e, amiúde, mais autoridade do que um adulto; prova nova em apoio a esse ponto capital da doutrina, de que o Espírito não é criança senão pelo corpo e que tem, por si mesmo, um desenvolvimento necessariamente anterior à sua encarnação atual, desenvolvimento que lhe pode dar o ascendente sobre os Espíritos que lhe são inferiores.

A moralização do Espírito pelos conselhos de uma terceira pessoa influente e experimentada, se o médium não está no estado de fazê-lo, é, frequentemente, um meio muito eficaz; ao assunto retornaremos mais tarde.

163. É a essa categoria de médiuns que pareceria pertencerem as pessoas dotadas de uma certa dose de eletricidade natural, verdadeiros *torpedos humanos*, produzindo, pelo simples contato, todos os efeitos da atração e da repulsão. Entretanto, seria errado considerá-los como *médiuns*, porque a verdadeira mediunidade supõe a intervenção direta de um Espírito; ora, no caso do qual falamos, experiências concludentes provaram que a eletricidade é o único agente desses fenômenos. Essa faculdade bizarra, que se poderia quase chamar de uma enfermidade, algumas vezes, pode se aliar à mediunidade, como se pode ver na história do *Espírito batedor de Bergzabern;* mas, quase sempre, é completamente independente. Como dissemos, só na prova da intervenção dos Espíritos está o caráter inteligente das manifestações, e todas as vezes que esse caráter não existir, há fundamento para atribuir-lhes uma causa puramente física. A questão está em saber se as *pessoas elétricas* teriam uma aptidão maior para se tornarem *médiuns de efeitos físicos;* nós o pensamos, mas isso seria um resultado da experiência.

2. MÉDIUNS SENSITIVOS OU IMPRESSIONÁVEIS

164. Assim, designam-se as pessoas suscetíveis de sentirem a presença dos Espíritos por uma vaga impressão, uma espécie de roçadura sobre todos os membros, da qual não podem se dar conta. Esta variedade não tem um caráter bem definido; todos os médiuns são necessariamente impressionáveis e a impressionabilidade, assim, é antes uma qualidade geral do que especial: é a faculdade rudimentar indispensável ao desenvolvimento de todas as outras; difere da impressionabilidade puramente física e nervosa, com a qual é preciso não confundi-la; porque há pessoas que não têm nervos delicados e que sentem mais ou menos o efeito da presença dos Espíritos, da mesma forma que há outras muito irritáveis que não os sentem, absolutamente.

Esta faculdade se desenvolve pelo hábito e pode adquirir tal sutileza, que aquele que dela está dotado reconhece, na impressão que sente, não só a natureza boa ou má do Espírito que está ao seu lado, mas também sua individualidade, como um cego reconhece, por um certo não sei quê, a aproximação de tal ou tal pessoa; torna-se, com relação aos Espíritos, um verdadeiro sensitivo. Um bom Espírito tem sempre uma impressão doce e agradável; a de um mau Espírito, ao contrário, é penosa, ansiosa e desagradável; há como um cheiro de impureza.

3. MÉDIUNS AUDIENTES.

165. Eles ouvem a voz dos Espíritos; como dissemos, falando da pneumatofonia, algumas vezes é uma voz íntima que se faz ouvir no foro interior; de outras vezes é uma voz exterior, clara e distinta como a de uma pessoa viva.

Os médiuns audientes podem, assim, entrar em conversação com os Espíritos. Quando têm o hábito de se comunicarem com certos Espíritos, reconhecem-nos imediatamente pelo caráter da voz. Quando não se está, por si mesmo, dotado desta faculdade, pode-se igualmente comunicar-se com um Espírito, por intermédio de um médium audiente que ocupe a função de intérprete.

Esta faculdade é muito agradável quando o médium não ouve senão os bons Espíritos ou somente aqueles que chama; mas não ocorre o mesmo quando um mau Espírito se obstina junto dele e o faz ouvir, a cada minuto, as coisas mais desagradáveis e, algumas vezes, as mais inconvenientes. Será preciso, pois, deles se desembaraçar pelos meios que indicaremos no capítulo da *Obsessão*.

4. MÉDIUNS FALANTES

166. Os médiuns audientes, que apenas transmitem o que ouvem, não são, propriamente falando, *médiuns falantes*; estes últimos, com muita frequência, não ouvem nada; neles, o Espírito atua sobre os órgãos da palavra, como atua sobre a mão dos médiuns escreventes. O Espírito, querendo se comunicar, serve-se do órgão no qual encontra mais flexibilidade no médium; de um, empresta a mão, de outro a palavra, de um terceiro, o ouvido. O médium falante se exprime geralmente sem ter a consciência do que diz e, frequentemente, diz coisas completamente fora de suas ideias habituais, de seus conhecimentos e mesmo do alcance da sua inteligência. Embora esteja perfeitamente desperto e num estado normal, raramente conserva a lembrança do que disse; em suma, a palavra é nele um instrumento do qual se serve o Espírito, e com a qual uma pessoa estranha pode entrar em comunicação, como pode fazê-lo por intermédio do médium audiente.

A passividade de um médium falante não é sempre bastante completa; há os que têm a intuição do que dizem no próprio momento em que pronunciam as palavras. Voltaremos sobre esta variedade, quando tratarmos dos médiuns intuitivos.

5. MÉDIUNS VIDENTES

167. Os médiuns videntes são dotados da faculdade de ver os Espíritos. Há os que gozam dessa faculdade no estado normal, quando estão perfeitamente despertos, e dela conservam uma lembrança exata; outros não a têm senão no estado sonambúlico ou próximo do sonambulismo. Esta faculdade raramente é permanente e é, quase sempre, o efeito de uma crise momentânea e passageira. Podemos colocar na categoria de médiuns videntes todas as pessoas dotadas da segunda vista. A possibilidade de ver os Espíritos em sonho resulta, sem contradita, de uma espécie de mediunidade, mas não constitui, propriamente falando, os médiuns videntes. Explicamos esse fenômeno no capítulo VI, das *Manifestações visuais.*

O médium vidente acredita ver pelos olhos, como os dotados da segunda vista; mas, na realidade, é a alma quem vê e essa é a razão pela qual veem tão bem com os olhos fechados como com os olhos abertos; de onde se segue que um cego pode ver os Espíritos como aquele que tem a vista intacta. Haveria sobre este último ponto, um estudo interessante, a fazer e seria o de se saber se esta faculdade é mais frequente entre os cegos. Os Espíritos que foram cegos não disseram que, em sua vida, tinham pela alma a percepção de certos objetos e que não estavam mergulhados numa obscuridade *negra*.

168. É preciso distinguir as aparições acidentais e espontâneas da faculdade propriamente dita de ver os Espíritos. As primeiras são frequentes, sobretudo, no momento da morte de pessoas que se amou ou conheceu e que vêm advertir que não são mais deste mundo. Há numerosos exemplos de fatos deste gênero, sem falar das visões durante o sono. De outras vezes, são igualmente parentes ou amigos que, embora mortos, desde mais ou menos longo tempo, aparecem, seja para advertirem de um perigo, seja para darem um conselho ou pedirem um serviço, O serviço que um Espírito pode reclamar consiste, geralmente, no cumprimento de uma coisa que não pôde fazer em sua vida ou no socorro das preces. Essas aparições são fatos isolados que têm sempre um caráter individual e pessoal, e não constituem uma faculdade propriamente dita. A faculdade consiste na possibilidade, senão permanente, pelo menos muito frequente, de ver qualquer Espírito que se apresente, mesmo aqueles que nos são os mais estranhos. É esta faculdade que constitui, propriamente falando, os médiuns videntes.

Entre os médiuns videntes há os que não veem senão os Espíritos que se evocam e dos quais podem fazer a descrição com uma minuciosa exatidão; descrevem, nos menores detalhes, seus gestos, a expressão de sua fisionomia, os traços da face, as vestes e até os sentimentos dos quais parecem animados. Há outros nos quais essa faculdade é ainda mais geral; veem toda a população espírita ambiente ir, vir e, se poderia dizer, vaguear para sua tarefas.

169. Assistimos, uma noite, à apresentação da ópera *Oberon* com um muito bom médium vidente. Havia, na sala, um número bastante grande de lugares vazios, mas dos quais muitos estavam ocupados por Espíritos que tinham o ar de tomar parte no espetáculo: alguns iam perto de certos espectadores e pareciam escutar sua conversação. Sobre o palco se passava uma outra cena; por detrás dos atores, vários Espíritos de humor jovial se divertiam arremedando-os, imitando seus gestos de um modo grotesco; outros, mais sérios, pareciam inspirar os cantores e esforçar-se para dar-lhes mais energia. Um deles estava constantemente perto de uma das principais cantoras; nós o cremos com intenções um pouco levianas; tendo-o chamado após a queda da cortina, veio a nós e reprovou, com alguma severidade, nosso julgamento temerário. Não sou o que pensais, disse ele, sou seu guia e seu Espírito protetor; estou encarregado de dirigi-la. Depois de alguns minutos de uma conversa muito séria, deixa-nos, dizendo: Adeus; ela está em seu camarote; é preciso que eu vá velar por ela. Evocamos, em seguida, o Espírito de Weber, o autor da peça, e lhe perguntamos o que pensava da execução da sua obra. "Não está muito mal, disse ele, mas está débil; os atores cantam, eis tudo, não há inspiração. Esperai, ajuntou, vou tentar dar-lhes um pouco do fogo sagrado." Então, se o viu sobre o palco, planando acima dos atores; um eflúvio parecia partir dele e derramar-se sobre os atores; nesse momento, houve, entre eles, uma recrudescência visível de energia.

170. Eis um outro fato que prova a influência que os Espíritos exercem sobre os homens com o seu desconhecimento. Estávamos, como naquela noite, em uma representação teatral com um outro médium vidente. Tendo iniciado uma conversação com um *Espírito espectador*, este nos disse: Vede aquelas duas senhoras sozinhas naquele camarote de primeira; pois bem! Desejo muito fazê-las deixar a sala. Dito isto, viu-se que se colocava no camarote em questão e falava com as duas senhoras; de repente, estas, que estavam muito atentas ao espetáculo, olham-se, parecem se consultar, depois se vão e não reaparecem mais. O Espírito nos fez então um gesto cômico para mostrar que havia tido palavra; mas não o revemos mais para pedir-lhe mais amplas explicações. Assim é que pudemos, muitas vezes, ser testemunhas do papel que desempenham os Espíritos entre os vivos; observamo-los em diversos lugares de reunião, nos bailes, concertos, sermões, funerais, bodas, etc. e por toda parte os encontramos atiçando as más paixões, soprando a discórdia, excitando as rixas e regozijando-se com suas proezas; outros, ao contrário, combatiam essa influência perniciosa, mas não eram senão raramente escutados.

171. A faculdade de ver os Espíritos, sem dúvida, pode se desenvolver, mas é uma daquelas que convém esperar seu desenvolvimento natural, não provocá-lo, se não se quer se expor a ser joguete da própria imaginação. Quando o germe de uma faculdade existe, ela se manifesta por si mesma; em princípio, é preciso se contentar com as que Deus nos concedeu, sem procurar o impossível: porque, então, querendo muito ter, arrisca-se a perder o que já se tem.

Quando dissemos que os fatos de aparições espontâneas são frequentes (nº 107), não quisemos dizer que sejam muito comuns; quanto aos médiuns videntes propriamente ditos, são ainda mais raros e há muito para desconfiar-se daqueles que pretendem desfrutar dessa faculdade; é prudente não lhes dar fé senão sobre provas positivas. Não falamos mesmo daqueles que se dão à ridícula ilusão dos Espíritos glóbulos, que descrevemos no nº 108, mas dos que pretendem ver os Espíritos de um modo racional. Certas pessoas podem, sem dúvida, enganar-se de boa fé, mas outras podem também simular essa faculdade por amor próprio ou por interesse. Nesse caso, é preciso particularmente considerar o caráter, a moralidade e a sinceridade habitual; mas é, sobretudo, nas circunstâncias dos detalhes que se pode encontrar o mais certo controle, porque há os que não podem deixar dúvidas como, por exemplo, o retrato de um Espírito que o médium não conheceu jamais quando vivo. O fato seguinte é dessa categoria.

Uma senhora viúva, cujo marido se comunicava frequentemente com ela, encontrou-se um dia com um médium vidente que não a conhecia, nem à sua família; o médium lhe disse: – Vejo um Espírito perto de vós. – Ah! disse a senhora, é sem dúvida meu marido que não me deixa quase nunca – Não, respondeu o médium, é uma mulher de certa idade; ela está penteada de uma maneira singular; tem um bandô branco sobre a fronte.

Com essa particularidade e outros detalhes descritos, a senhora reconheceu sua avó, sem qualquer engano, e na qual não pensava absolutamente nesse momento. Se o médium tivesse querido simular a faculdade, ser-lhe-ia fácil seguir o pensamento da senhora, enquanto que, no lugar do marido com quem estava preocupada, viu uma senhora com uma particularidade de penteado da qual nada lhe podia dar ideia. Este fato prova uma outra coisa, de que a visão, no médium, não era o reflexo de nenhum pensamento estranho. (Ver nº 102.)

6. MÉDIUNS SONÂMBULOS

172. O sonambulismo pode ser considerado como uma variedade da faculdade medianímica, ou melhor dizendo, são duas ordens de fenômenos que, com muita frequência, encontram-se reunidas. O sonâmbulo atua sob a influência de seu próprio Espírito; é sua alma que, nos momentos de emancipação, vê, ouve e percebe fora dos limites dos sentidos; o que ele exprime, haure em si mesmo; suas ideias são, em geral, mais justas do que no estado normal, seus conhecimentos mais extensos, porque sua alma é livre; em uma palavra, vive por antecipação a vida dos Espíritos. O médium, ao contrário, é instrumento de uma inteligência estranha; ele é passivo e o que diz não vem de si. Em resumo, o sonâmbulo exprime seu próprio pensamento, e o médium exprime o pensamento de um outro. Mas, o Espírito que se comunica, através de um médium comum, pode muito bem fazê-lo por um sonâmbulo; frequentemente, mesmo o estado de emancipação da alma, durante o sonambulismo, torna esse comunicação mais fácil. Muitos sonâmbulos veem perfeitamente os Espíritos e os descrevem com tanta precisão como os médiuns videntes; podem conversar com eles e transmitir-nos seus pensamentos; o que dizem fora do círculo dos seus conhecimentos pessoais lhe é frequentemente sugerido por outros Espíritos. Eis um exemplo notável, onde a dupla ação do Espírito do sonâmbulo e o do Espírito estranho se revelam de maneira inequívoca.

173. Um dos nossos amigos tinha por sonâmbulo um jovem de 14 a 15 anos, de uma inteligência muito vulgar e de uma instrução extremamente limitada. Entretanto, em sonambulismo, deu prova de uma lucidez extraordinária e de uma grande perspicácia. Excedia sobretudo no tratamento das doenças e fez um grande número de curas consideradas como impossíveis. Um dia, deu uma consulta a um doente do qual descreveu o mal com uma exatidão perfeita. – Não é tudo, disse-lhe, trata-se agora de indicar o remédio. – Não posso, respondeu, *meu anjo doutor não está aqui*. – Que entendeis por vosso anjo doutor? – O que me dita os remédios. – Não sois vós, pois, que vedes os remédios? – Oh! não; pois que já vos disse que é meu anjo doutor quem mos dita.

Assim, no sonâmbulo, a ação de *ver* o mal era por conta do seu próprio Espírito que, para isso, não tinha necessidade de nenhuma assistência; mas a indicação dos remédios lhe era dada por um outro; esse outro não estando lá, ele nada podia dizer. Só, não era senão *sonâmbulo*; assistido por aquele a quem chamava de seu anjo doutor, era *sonâmbulo-médium*.

174. A lucidez sonambúlica é uma faculdade que se prende ao organismo e que é totalmente independente da elevação, do adiantamento e mesmo do estado moral do indivíduo. Um sonâmbulo pode, pois, ser muito lúcido e ser incapaz de resolver certas questões, se seu Espírito é pouco avançado. Aquele que fala por si mesmo pode, pois, dizer coisas boas ou más, justas ou falsas, por mais ou menos delicadeza e escrúpulo em seus procedimentos, segundo o grau de elevação ou de inferioridade do seu próprio Espírito; é, então, que a assistência de um Espírito estranho pode suprir a sua insuficiência; mas um sonâmbulo pode ser assistido por um Espírito mentiroso, leviano, ou mesmo mau, tão bem quanto os médiuns; é aqui, sobretudo, que as qualidades morais têm uma grande influência para atrair os bons Espíritos. (Ver *O Livro dos Espíritos*, *Sonambulismo*, nº 425; e aqui adiante o capítulo sobre a *Influência moral do médium*).

7. MÉDIUNS CURADORES

175. Não falaremos aqui senão por memória desta variedade de médiuns, porque este assunto exigiria desenvolvimento muito extenso para nosso plano; aliás, sabemos que um médico, de nossos amigos, propôs tratá-lo em uma obra especial sobre a medicina intuitiva. Diremos somente que esse gênero de mediunidade consiste principalmente no dom que certas pessoas têm de curar pelo simples toque, pelo olhar, por um gesto mesmo, sem o socorro de nenhuma medicação. Dir-se-á, sem dúvida, que isso não é outra coisa do que o magnetismo. É evidente que o fluido magnético desempenha aqui um grande papel; mas, quando se examina este fenômeno com cuidado, pode-se reconhecer nele esforço que há alguma coisa a mais. A magnetização comum é um verdadeiro tratamento continuado, regular e metódico; aqui, as coisas se passam muito diferentemente. Todos os magnetizadores estão mais ou menos aptos a curar, se sabem portar-se convenientemente, ao passo que nos médiuns curadores a faculdade é espontânea, e alguns a possuem mesmo sem jamais ter ouvido falar do magnetismo. A intervenção de uma potência oculta, que constitui a mediunidade, torna-se evidente em certas circunstâncias, sobretudo, quando se considera que a maioria das pessoas que se pode com razão qualificar de médiuns curadores, recorre à prece, que é uma verdadeira evocação. (Ver, atrás, nº 131.)

176. Eis as respostas que nos foram dadas às questões seguintes, dirigidas aos Espíritos sobre este assunto.

1. Podem-se considerar as pessoas dotadas do poder magnético como formando uma variedade de médiuns?

Disso não podeis duvidar.

2. Entretanto, médium é um intermediário entre os Espíritos e o homem; ora, o magnetizador, haurindo sua força de si mesmo, não parece ser intermediário de nenhuma potência estranha?

É um erro; a potência magnética reside, sem dúvida, no homem, mas é aumentada pela ação dos Espíritos que chama em sua ajuda. Se tu magnetizas para curar, por exemplo, e evocas um bom Espírito que se interesse por ti e pelo teu doente, ele aumenta tua força e tua vontade, dirige teu fluido e lhe dá as qualidades necessárias.

3. Há, entretanto, muito bons magnetizadores que não creem nos Espíritos?

Pensas, pois, que os Espíritos não atuam senão sobre aqueles que creem neles? Os que magnetizam pelo bem são secundados pelos bons Espíritos. Todo homem que tem o desejo do bem o chama sem disso desconfiar; do mesmo modo que, pelo desejo do mal e as más intenções, chama os maus.

4. Aquele que tendo a força, crendo na intervenção dos Espíritos, agiria mais eficazmente?

Faria coisas que considerais como milagres.

5. Certas pessoas têm verdadeiramente o dom de curar pelo simples contato, sem o emprego de passes magnéticos?

Seguramente. Não tendes numerosos exemplos?

6. Nesse caso, há ação magnética ou somente influência dos Espíritos?

Uma e outra. Essas pessoas são verdadeiros médiuns, uma vez que agem sob a influência dos Espíritos; mas, isso não quer dizer que sejam médiuns escreventes, como o entendeis.

7. Esse poder pode se transmitir?

O poder, não; mas o conhecimento das coisas necessárias para exercê-lo quando se o possui. Tal não duvidará que tem esse poder, se acreditar que lhe foi transmitido.

8. Podem-se obter curas somente pela prece?

Sim, algumas vezes, se Deus o permite; mas pode ser que o bem do doente seja sofrer ainda, e, então, credes que vossa prece não foi escutada.

9. Há, para isso, fórmulas de preces mais eficazes umas do que as outras?

Só a superstição pode ligar uma virtude a certas palavras, e só os Espíritos ignorantes ou mentirosos podem manter semelhantes ideias prescrevendo fórmulas. Entretanto, pode ocorrer que, para pessoas pouco esclarecidas e incapazes de compreenderem as coisas puramente espirituais, o emprego de uma fórmula contribua para dar-lhes confiança; nesse caso, não é a fórmula que é eficaz, mas a fé que foi aumentada pela ideia ligada ao emprego da fórmula.

8. MÉDIUNS PNEUMATÓGRAFOS

177. Dá-se esse nome aos médiuns aptos a obterem a escrita direta, o que não é dado a todos os médiuns escreventes. Esta faculdade, até o presente, é muito rara; desenvolve-se provavelmente pelo exercício; mas, como já dissemos, sua utilidade prática se limita a uma constatação patente da intervenção de uma potência oculta nas manifestações. Só a experiência pode fazer conhecer se se a possui; pode-se, pois, experimentar e também se pode perguntar a um Espírito protetor por outros meios de comunicação. Segundo a maior ou menor potência do médium, obtêm-se simples traços, sinais, letras, palavras, frases, e mesmo páginas inteiras. Basta ordinariamente colocar uma folha de papel dobrada em um lugar qualquer, ou designado pelo Espírito, durante dez minutos ou um quarto de hora, algumas vezes mais. A prece e o recolhimento são condições essenciais; por isso, pode-se esperar como impossível a obtenção de alguma coisa em uma reunião de pessoas pouco sérias ou que não estejam animadas de sentimentos simpáticos e benevolentes.

(Ver a teoria da escrita direta, capítulo VIII, *Laboratório do mundo invisível* (nº 127 e seguintes), e capítulo XII, *Pneumatografia*.)

Trataremos de modo especial dos médiuns escreventes, nos capítulos seguintes.

CAPÍTULO XV

MÉDIUNS ESCREVENTES OU PSICÓGRAFOS

*Médiuns mecânicos, intuitivos, semimecânicos,
inspirados ou involuntários; de pressentimentos.*

178. De todos os meios de comunicação, a escrita manual é a mais
simples, a mais cômoda e a mais completa. É para ela que devem tender
todos os esforços, porque permite estabelecer com os Espíritos relações
tão continuadas e tão regulares como as que existem entre nós. Tanto
mais a ela deve se aplicar porque é por esse meio que os Espíritos revelam
melhor sua natureza e seu grau de perfeição ou de sua inferioridade.
Pela facilidade que têm de se exprimirem, fazem-nos conhecer seus
pensamentos íntimos e nos colocam, assim, em posição de julgá-los e de
apreciar-lhes o valor. De outra parte, a faculdade de escrever, para um
médium, é a mais suscetível de desenvolver-se pelo exercício.

MÉDIUNS MECÂNICOS

179. Se se examinam certos efeitos que se produzem nos movimentos da mesa, da cesta e da prancheta que escrevem, não se pode
duvidar de uma ação exercida diretamente pelo Espírito sobre esses objetos. A cesta se agita, por vezes, com tanta violência, que escapa das
mãos do médium; algumas vezes, dirige-se até certas pessoas do círculo
para impressioná-las; de outras vezes, seus movimentos testemunham
um sentimento afetuoso. A mesma coisa ocorre quando o lápis está colocado na mão; frequentemente, ele é lançado ao longe com força; ou
a mão, igual à cesta, agita-se convulsivamente e bate na mesa com cólera, mesmo quando o médium está na maior calma e se espanta de
não ser senhor de si. Digamos, de passagem, que esses efeitos denotam
sempre a presença de Espíritos imperfeitos; os Espíritos realmente superiores são constantemente calmos, dignos e benevolentes; se não são
escutados convenientemente, retiram-se e outros tomam o seu lugar.
O Espírito pode, pois, exprimir diretamente seu pensamento, seja pelo
movimento de um objeto do qual a mão do médium é apenas um ponto
de apoio, seja por sua ação sobre a mão do médium.

Quando o Espírito atua sobre a mão, dá a esta um impulso completamente independente da vontade. Ela funciona sem interrupção, e malgrado o médium, enquanto o Espírito tem alguma coisa a dizer, e se detém quando termina.

O que caracteriza o fenômeno, nesta circunstância, é que o médium não tem a menor consciência do que escreve; a inconsciência absoluta, neste caso, constitui o que se chamam os *médiuns passivos ou mecânicos*. Esta faculdade é preciosa pelo fato de não poder deixar nenhuma dúvida sobre a independência do pensamento daquele que escreve.

MÉDIUNS INTUITIVOS

180. A transmissão do pensamento ocorre também por intermédio do Espírito do médium, ou melhor, de sua alma, uma vez que designamos, sob esse nome, o Espírito encarnado. O Espírito estranho, neste caso, não atua sobre a mão para fazê-la escrever; não a toma, não a guia; ele age sobre a alma, com a qual se identifica. A alma, sob esse impulso, dirige a mão, e a mão dirige o lápis. Anotemos aqui uma coisa importante de se saber; é que o Espírito estranho não se substitui à alma, porque não poderia deslocá-la: domina-a sem que saiba e lhe imprime sua vontade.

Nesta circunstância, o papel da alma não é absolutamente passivo, pois é ela que recebe o pensamento do Espírito e que o transmite. Nesta situação, o médium tem a consciência daquilo que escreve, embora não seja seu próprio pensamento; é o que se chama *médium intuitivo*.

Se assim é, dir-se-á, nada prova que seja de preferência o Espírito estranho que escreve ao invés do Espírito do médium. A distinção, com efeito, algumas vezes, é bastante difícil de se fazer, mas pode ocorrer que isso pouco importe. Todavia, pode-se reconhecer o pensamento sugerido no fato de que não foi jamais preconcebido; ele nasce à medida que se escreve e, frequentemente, é contrário à ideia prévia que se tinha formado; pode mesmo estar fora dos conhecimentos e das capacidades do médium.

O papel de um médium mecânico é o de uma máquina; o médium intuitivo atua como o faria um intérprete. Este, com efeito, para transmitir o pensamento, deve compreendê-lo, dele apropriar-se de alguma sorte para traduzi-lo fielmente e, portanto, esse pensamento não é o seu: não faz mais que atravessar seu cérebro. Tal é exatamente o papel do médium intuitivo.

MÉDIUNS SEMIMECÂNICOS

181. No médium puramente mecânico, o movimento da mão é independente da vontade; no médium intuitivo, o movimento é voluntário e facultativo. O médium semimecânico participa dos dois gêneros; sente uma impulsão dada à sua mão, malgrado seu, mas, ao mesmo tempo, tem a consciência do que escreve, à medida que as palavras se formam. No primeiro, o pensamento segue o ato de escrever; no segundo, precede-o; no terceiro, acompanha-o. Estes últimos médiuns são os mais numerosos.

<h3 style="text-align:center">MÉDIUNS INSPIRADOS</h3>

182. Toda pessoa que recebe, seja no estado normal, seja no estado de êxtase, pelo pensamento, comunicações estranhas às suas ideias preconcebidas, pode ser incluído na categoria dos médiuns inspirados; como se vê, é uma variedade de mediunidade intuitiva, com a diferença de que a intervenção de uma potência oculta é ainda bem menos sensível, porque, nos inspirados é ainda mais difícil distinguir o pensamento próprio do que é sugerido. O que caracteriza este último, sobretudo, é a espontaneidade. A inspiração nos vem dos Espíritos que nos influenciam no bem ou no mal, porém, ela é antes daqueles que nos querem bem, e dos quais, frequentemente, por erro, não seguimos os conselhos; aplica-se a todas as circunstâncias da vida, nas resoluções que devemos tomar; sob este aspecto, pode-se dizer que todo mundo é médium, porque não há pessoa que não tenha seus Espíritos protetores e familiares, que fazem todos os esforços para sugerirem, aos seus protegidos, pensamentos salutares. Se se está bem compenetrado desta verdade, mais frequentemente se recorreria à inspiração do seu anjo de guarda, nos momentos em que não se sabe o que dizer ou o que fazer. Que se o invoque, pois, com *fervor e confiança*, em caso de necessidade e, com muita frequência, ficar-se-á espantado com as ideias que surgirão como por encantamento, seja que se tenha um partido a tomar, seja que se tenha alguma coisa a compor. Se nenhuma ideia vier, é que é preciso esperar. A prova de que a ideia que sobrevém é uma ideia estranha, é que se ela estivesse na mente, dela se seria sempre senhor, e não haveria razão para que não se manifestasse à vontade. Aquele que não é cego, quando quer ver, não tem senão que abrir os olhos para ver; igualmente, aquele que tem ideias, tem-nas sempre à sua disposição; se não lhe vêm à sua vontade, é porque está obrigado a hauri-las alhures, que não no seu interior.

Pode-se ainda incluir nesta categoria, as pessoas que, sem estarem dotadas de uma inteligência excepcional e sem saírem do estado normal, têm relâmpagos de uma lucidez intelectual que lhes dá, momentaneamente, uma facilidade de concepção e elocução fora do costume, e, em certos casos, o pressentimento das coisas futuras. Nesses momentos, que se chamam, justamente, de inspiração, as ideias se derramam, se seguem, se encadeiam, por assim dizer, por elas mesmas e por um impulso involuntário e quase febril; parece-nos que uma inteligência superior vem nos ajudar e que o nosso espírito se desembaraça de um fardo.

183. Os homens de gênio em todos os gêneros, artistas, sábios, literatos, são, sem dúvida, Espíritos avançados, capazes, por si mesmos, de compreender e de conceber grandes coisas; ora, é precisamente porque são julgados capazes, que os Espíritos, que querem o cumprimento de certos trabalhos, sugerem-lhes as ideias necessárias e é assim que, o mais frequentemente, são *médiuns sem o saberem*. Têm, no entanto, uma vaga intuição de uma assistência estranha, porque quem apela à inspiração, não faz outra coisa senão uma evocação; se não esperasse ser ouvido, por que exclamaria, tão frequentemente: Meu bom gênio, vem em minha ajuda!

As respostas seguintes confirmam esta assertiva.

– Qual é a causa primeira da inspiração?

O Espírito que se comunica pelo pensamento.

– A inspiração não tem por objeto senão a revelação das grandes coisas?

Não; frequentemente, ela tem relação com as mais comuns circunstâncias da vida. Por exemplo, tu queres ir a alguma parte; uma voz secreta te diz para não fazê-lo, porque há perigo para ti; ou te diz para fazeres uma coisa na qual não pensavas: é a inspiração. Há bem poucas pessoas que não tenham estado mais ou menos inspiradas em certos momentos.

– Um autor, um pintor, um músico, por exemplo, nos momentos de inspiração, poderiam ser considerados médiuns?

Sim, porque nesses momentos sua alma está mais livre e como desembaraçada da matéria; recobra uma parte das suas faculdades de Espírito e recebe mais facilmente as comunicações dos outros Espíritos que a inspiram.

MÉDIUNS DE PRESSENTIMENTOS

184. O pressentimento é uma intuição vaga das coisas futuras. Certas pessoas têm essa faculdade mais ou menos desenvolvida; podem devê-la a uma espécie de segunda vista que lhes permite entreverem as consequências das coisas presentes e a filiação dos acontecimentos; mas, frequentemente, também ela é fato de comunicações ocultas e é nesse caso, sobretudo, que se pode dar, àqueles que dela são dotados, o nome de *médiuns de pressentimentos*, que são uma variedade dos *médiuns inspirados*.

CAPÍTULO XVI

MÉDIUNS ESPECIAIS

*Aptidões especiais dos médiuns. – Quadro sinótico
das diferentes variedades de médiuns.*

185. Além das categorias de médiuns que acabamos de enumerar, a mediunidade apresenta uma variedade infinita de nuanças que constituem o que se chamam os médiuns especiais e que têm aptidões particulares ainda não definidas, abstração feita das qualidades e dos conhecimentos do Espírito que se manifesta.

A natureza das comunicações é sempre relativa à natureza do Espírito e leva a marca da sua elevação ou da sua inferioridade, do seu saber ou da sua ignorância; mas, em igualdade de merecimento, do ponto de vista hierárquico, há neles, incontestavelmente, uma propensão a se ocuparem mais de uma coisa do que de outra; os Espíritos batedores, por exemplo, não saem muito das manifestações físicas; entre os que dão manifestações inteligentes, há Espíritos poetas, músicos, desenhistas, moralistas, sábios, médicos, etc. Falamos dos Espíritos de ordem mediana, porque, chegados a certo grau, as aptidões se confundem na unidade da perfeição. Mas, ao lado da aptidão do Espírito, há a do médium que é, para ele, um instrumento mais ou menos cômodo, mais ou menos flexível, e no qual descobre qualidades particulares que não podemos apreciar.

Tomemos uma comparação. Um músico muito hábil tem sob as mãos vários violinos que, para o vulgo, seriam todos bons instrumentos, mas entre os quais o artista consumado faz uma grande diferença; neles percebe nuanças de uma delicadeza extrema, que o farão escolher a uns e rejeitar a outros, nuanças que compreende mais pela intuição, pois não as pode definir. Ocorre o mesmo com respeito aos médiuns: com qualidades iguais na potência medianímica, o Espírito dará preferência a um ou a outro, segundo o gênero de comunicações que quer dar. Assim, por exemplo, veem-se pessoas escreverem, como médiuns, admiráveis poesias, embora, nas condições ordinárias, não tenham jamais podido ou sabido fazer dois versos: outros, ao contrário, que são poetas, como médiuns jamais puderam escrever senão prosa, malgrado seu desejo. Ocorre o mesmo com o desenho, a música, etc. Há ainda outros que, sem terem, por eles mesmos, conhecimentos científicos, têm uma aptidão mais particular para receberem comunicações sábias; outros, estão para os estudos históricos; outros, servem mais facilmente de intérpretes para os Espíritos moralistas; em uma palavra, qualquer que seja a flexibilidade do médium, as comunicações que recebe com mais facilidade têm, geralmente, um cunho especial; há mesmo os que não saem de um certo círculo de ideias e quando saem não têm senão comunicações incompletas, lacônicas e, frequentemente, falsas. Fora das causas de aptidão, os Espíritos se comunicam ainda mais ou menos voluntariamente por tal ou tal intermediário, segundo suas simpatias; assim, em condições iguais, o mesmo Espírito será sempre mais explícito com certos médiuns, unicamente porque melhor lhe convém.

186. Estar-se-ia, pois, em erro se, apenas porque se tem à mão um bom médium, fosse mesmo sua escrita muito fácil, se pensasse obter por ele boas comunicações em todos os gêneros. A primeira condição, sem contradita, é assegurar-se da fonte de onde elas emanam, quer dizer, das qualidades do Espírito que as transmite; mas não é menos necessário ter em vista as qualidades do instrumento que se dá ao Espírito; é preciso, pois, estudar a natureza do médium, como se estuda a natureza do Espírito, porque são os dois elementos essenciais para se obter um resultado satisfatório. Há um terceiro elemento que desempenha um papel igualmente importante e que é a intenção o pensamento íntimo, o sentimento mais ou menos louvável daquele que interroga e isso se concebe. *Para que uma comunicação seja boa, é necessário que emane de um Espírito bom; para que esse Espírito bom POSSA transmiti-la, lhe é necessário um bom instrumento; para que QUEIRA transmiti-la, é preciso que o objetivo lhe convenha.*

O Espírito, que lê o pensamento, julga se a questão que se lhe propõe merece uma resposta séria, se a pessoa que lha endereça é digna de recebê-la; caso contrário, não perde tempo em semear bons grãos sobre as pedras, e é, então, que os Espíritos levianos e zombeteiros se dão inteira liberdade, porque, pouco inquietando-se com a verdade, não a encaram de perto e são geralmente pouquíssimo escrupulosos sobre o fim e sobre os meios.

Resumimos, aqui, os principais gêneros de mediunidade, a fim de apresentar-lhes, de alguma sorte, o quadro sinótico, compreendendo os que já descrevemos nos capítulos precedentes, indicando os números onde a questão se acha com mais detalhes.

Agrupamos as diferentes variedades de médiuns pela analogia de causas e de efeitos, sem que esta classificação nada tenha de absoluto. Alguns, encontram-se frequentemente; outros, ao contrário, são raros e mesmo excepcionais, o que temos o cuidado de mencionar. Estas últimas indicações foram todas fornecidas pelos Espíritos que, de resto, revisaram esse quadro com um cuidado todo particular e o completaram com numerosas observações e novas categorias, de tal sorte que, por assim dizer, é inteiramente obra sua. Indicamos com aspas suas observações textuais, quando acreditamos conveniente ressaltá-las. São, na maioria, de *Erasto e de Sócrates*.

187. Podem-se dividir os médiuns em duas grandes categorias:

Os MÉDIUNS DE EFEITOS FÍSICOS; aqueles que têm o poder de provocar efeitos materiais ou manifestações ostensivas. (nº 160).

Os MÉDIUNS DE EFEITOS INTELECTUAIS; os que são mais especialmente propensos a receberem e a transmitirem as comunicações inteligentes. (nº 65 e seguintes).

Todas as outras variedades se prendem mais ou menos diretamente a uma ou a outra dessas duas categorias; algumas, se ligam às duas. Se se analisam os diferentes fenômenos produzidos sob a influência mediúnica, ver-se-á que, em todos, há um efeito físico, e que aos efeitos físicos se junta, o mais frequentemente, um efeito inteligente. O limite entre os dois é, algumas vezes, difícil de se estabelecer, mas isso não leva a nenhuma consequência. Compreendemos sob a denominação de *médiuns de efeitos intelectuais* aqueles que podem mais especialmente servir de intermediários para as comunicações regulares e continuadas (nº 133.)

188. VARIEDADES COMUNS A TODOS OS GÊNEROS DE MEDIUNIDADE

Médiuns sensitivos: pessoas suscetíveis de sentirem a presença dos Espíritos por uma impressão geral ou local, vaga ou material. A maioria distingue os Espíritos bons ou maus pela natureza da impressão. (nº 164.)

"Os médiuns delicados e muito sensíveis devem se abster de comunicações com os Espíritos violentos ou cuja impressão seja penosa, por causa da fadiga que disso resulta".

Médiuns naturais ou inconscientes: aqueles que produzem os fenômenos espontaneamente, sem nenhuma participação da sua vontade e, o mais frequentemente, com o seu desconhecimento. (nº 161.)

Médiuns facultativos ou voluntários: aqueles que têm o poder de provocar os fenômenos por um ato de sua vontade. (nº 160.)

"Qualquer que seja essa vontade, nada podem se os Espíritos se recusam, o que prova a intervenção de uma potência estranha".

189. VARIEDADES ESPECIAIS PARA OS EFEITOS FÍSICOS

Médiuns tiptólogos: aqueles que, por cuja influência, produzem-se os ruídos e as pancadas. Variedade muito comum, com vontade ou sem ela.

Médiuns motores: aqueles que produzem o movimento dos corpos inertes. Muito comuns. (nº 61.)

Médiuns de translações e de suspensões: os que produzem a translação aérea e a suspensão dos corpos inertes no espaço, sem ponto de apoio. Há os que podem elevar-se a si mesmos. Mais ou menos raros, segundo o desenvolvimento do fenômeno; mais raros no último caso. (nº 75 e seguintes; nº 80.)

Médiuns de efeitos musicais: provocam o funcionamento de certos instrumentos sem contato. Muito raros. (nº 74; questão 24.)

Médiuns de aparições: os que podem provocar aparições fluídicas ou tangíveis, visíveis para os assistentes. Muito excepcionais. (nº 100; questão 27; nº 104.)

Médiuns de transportes: aqueles que podem servir de auxiliares aos Espíritos, para o transporte de objetos materiais. Variedade de médiuns motores e de translações. Excepcionais. (nº 96.)

Médiuns noturnos: os que não obtêm certos efeitos físicos, senão na obscuridade. Eis a resposta de um Espírito à questão de saber se podem ser considerados, esses médiuns, como formando uma variedade.

"Pode-se, certamente, fazer do tipo uma especialidade, mas esse fenômeno se prende mais às condições ambientes do que à natureza do médium ou dos Espíritos; devo acrescentar que alguns escapam a essa influência do meio, e que a maioria dos médiuns noturnos poderia alcançar, pelo exercício, e atuar tão bem no claro como na obscuridade. Esta variedade de médiuns é pouco numerosa e, é preciso dizê-lo, graças a essa condição que deixa toda liberdade ao emprego de truques, da ventriloquia e dos tubos acústicos; os charlatães, com muita frequência, têm abusado da credulidade em se fazendo passar por médiuns, a fim de recolher dinheiro. Mas, que importa? Os prestidigitadores de salão como os prestidigitadores de praça pública, serão cruelmente desmascarados, e os Espíritos lhes provarão que não é bom se imiscuir em suas obras. Sim, eu o repito, certos charlatães serão castigados de um modo bastante rude para que se desgostem do ofício de falsos médiuns. De resto, tudo isto só terá um momento."

ERASTO.

Médiuns pneumatógrafos, os que obtêm a escrita direta. Fenômeno muito raro e, sobretudo, muito fácil de ser imitado pelo charlatanismo. (nº 177.)

Nota. Os Espíritos insistiram, contra nossa opinião, em colocar a escrita direta entre os fenômenos de ordem física, pela razão, disseram, de que: "Os efeitos inteligentes são aqueles pelos quais os Espíritos se servem dos materiais cerebrais do médium, o que não ocorre no caso da escrita direta; a ação do médium é aqui toda material, enquanto que no médium escrevente, mesmo completamente mecânico, o cérebro desempenha sempre um papel ativo.

Médiuns curadores; os que têm o poder de curar ou de aliviar pela imposição das mãos ou pela prece.

"Esta faculdade não é essencialmente mediúnica; pertence a todo crente verdadeiro, quer seja médium ou não; frequentemente, ela não é senão uma exaltação do poder magnético fortificado em caso de necessidade pelo concurso dos bons Espíritos." (nº 175.)

Médiuns excitadores: pessoas que têm o poder de desenvolver nos outros, pela sua influência, a faculdade de escrever.

"Aí é antes um efeito magnético do que um fato de mediunidade propriamente dita, porque nada prova a intervenção de um Espírito. Em todo caso, pertence à ordem dos efeitos físicos." (Ver o capítulo da *Formação de médiuns*.)

190. MÉDIUNS ESPECIAIS PARA OS EFEITOS INTELECTUAIS – APTIDÕES DIVERSAS

Médiuns audientes: os que ouvem os Espíritos. Bastante comuns. (nº 165.)

"Há muitos que creem ouvir o que não está senão em sua imaginação."

Médiuns falantes: aqueles que falam sob a influência dos Espíritos. Bastante comuns. (nº 166.)

Médiuns videntes: os que veem os Espíritos em estado de vigília. A visão acidental e fortuita de um Espírito numa circunstância particular, é bastante frequente; mas a visão habitual ou facultativa dos Espíritos, sem distinção, é excepcional. (nº 167.)

"É uma aptidão à qual se opõe o estado atual dos órgãos; por isso, é útil não crer sempre, sob palavra, naqueles que dizem ver os Espíritos."

Médiuns inspirados: aqueles cujos pensamentos são sugeridos pelos Espíritos, o mais frequentemente com o seu desconhecimento, seja nos atos ordinários da vida, seja nos grandes trabalhos da inteligência. (nº 184.)

Médiuns de pressentimentos: pessoas que, em certas circunstâncias, têm uma vaga intuição das coisas futuras vulgares. (nº 184.)

Médiuns proféticos: variedade dos médiuns inspirados ou de pressentimentos; recebem, com a permissão de Deus e com mais precisão do que os médiuns de pressentimentos, a revelação das coisas futuras de um interesse geral e que estão encarregados de dá-la a conhecer aos homens para sua instrução.

"Se há verdadeiros profetas, mais ainda os há falsos, e que tomam os sonhos de sua imaginação por revelações, quando não são velhacos que, por ambição, fazem-se passar como tais." (Ver em *O Livro dos Espíritos*, nº 624, caracteres do verdadeiro profeta.)

Médiuns sonâmbulos: aqueles que, no estado de sonambulismo, são assistidos pelos Espíritos. (nº 172.)

Médiuns extáticos: os que, no estado de êxtase, recebem revelações da parte dos Espíritos.

"Muitos extáticos são o joguete de sua própria imaginação e dos Espíritos mentirosos que se aproveitam da sua exaltação. Os que merecem uma inteira confiança são muito raros."

Médiuns pintores e desenhistas: aqueles que pintam ou desenham sob a influência dos Espíritos. Falamos dos que obtêm coisas sérias, porque não se poderia dar esse nome a certos médiuns aos quais os Espíritos zombeteiros levam a fazer coisas grotescas que desabonariam o último entre os escolares.

Os Espíritos levianos são imitadores. Na época em que apareceram os notáveis desenhos de Júpiter, surgiu um grande número de pretensos médiuns desenhistas, aos quais os Espíritos mentirosos induziram a fazer as coisas mais ridículas. Um deles, entre outros, querendo eclipsar os desenhos de Júpiter, ao menos pela dimensão senão pela qualidade, fez um médium desenhar um monumento usando um número bastante grande de folhas para atingir a altura de dois andares. Muitos outros levaram a fazer supostos retratos que eram verdadeiras caricaturas. (*Revista Espírita*, agosto de 1858.)

Médiuns músicos: os que executam, compõem ou escrevem música sob a influência dos Espíritos. Há médiuns músicos mecânicos, semimecânicos, intuitivos e inspirados, como para as comunicações literárias. (Ver, *médiuns de efeitos musicais.*)

VARIEDADES DE MÉDIUNS ESCREVENTES

191. 1º - SEGUNDO O MODO DE EXECUÇÃO

Médiuns escreventes ou psicógrafos: os que têm a faculdade de escreverem, eles mesmos, sob a influência dos Espíritos.

Médiuns escreventes mecânicos: aqueles cuja mão recebe um impulso involuntário e que não têm nenhuma consciência daquilo que escrevem. Muito raros. (nº 179.)

Médiuns semimecânicos: aqueles cuja mão avança involuntariamente, mas que têm a consciência instantânea das palavras ou das frases à medida que escrevem. Os mais comuns. (nº 181.)

Médiuns intuitivos: aqueles com os quais os Espíritos se comunicam pelo pensamento e cuja mão é guiada pela vontade. Diferem dos médiuns inspirados em virtude de que estes últimos não têm necessidade de escrever, ao passo que o médium intuitivo escreve o pensamento que lhe é sugerido instantaneamente sobre um assunto determinado e provocado. (nº 180.)

"São muito comuns, mas também muito sujeitos ao erro, porque, frequentemente, não podem discernir o que provém dos Espíritos ou de si mesmos."

Médiuns polígrafos: aqueles cuja escrita muda com o Espírito que se comunica, ou que estão aptos a reproduzirem a escrita que o Espírito tinha em vida. O primeiro caso é muito comum; o segundo, de identidade de escrita, é muito raro. (nº 219.)

Médiuns poliglotas: os que têm a faculdade de falar ou de escrever em línguas que lhes são estranhas. Muito raros.

Médiuns iletrados: os que escrevem como médiuns, sem saberem nem ler, nem mesmo escrever em estado normal.

"Mais raros do que os precedentes; há uma maior dificuldade material a vencer."

192. 2º - SEGUNDO O DESENVOLVIMENTO DA FACULDADE

Médiuns noviços: aqueles cujas faculdades não estão ainda completamente desenvolvidas e que se ressentem da experiência necessária.

Médiuns improdutivos: os que não conseguem obter senão coisas insignificantes, monossílabos, traços ou letras sem continuidade. (Ver o capítulo da *Formação dos médiuns*.)

Médiuns feitos ou formados: estes são aqueles cujas faculdades medianímicas estão completamente desenvolvidas, que transmitem as comunicações que recebem com facilidade, prontidão, sem hesitação. Concebe-se que este resultado não se pode obter senão pelo hábito, uma vez que, nos *médiuns noviços*, as comunicações são lentas e difíceis.

Médiuns lacônicos: aqueles cujas comunicações, embora fáceis, são breves e sem desenvolvimento.

Médiuns explícitos: as comunicações que obtêm têm toda amplitude e toda extensão que se pode esperar de um escritor consumado.

"Esta aptidão se prende à expansão e à facilidade de combinação de fluidos; os Espíritos os procuram para tratarem de assuntos que comportem grandes desenvolvimentos."

Médiuns experimentados: a facilidade de execução é um assunto do hábito que se adquire, frequentemente, em pouco tempo, enquanto que a experiência é o resultado de um estudo sério de todas as dificuldades que se apresentam na prática do Espiritismo. A experiência dá ao médium o tato necessário para apreciar a natureza dos Espíritos que se manifestam, julgar suas qualidades boas ou más pelos mais minuciosos sinais, discernir a velhacaria dos Espíritos enganadores que se abrigam sob as aparências da verdade. Compreende-se facilmente a importância desta qualidade, sem a qual todas as outras são sem utilidade real; o mal é que muitos médiuns confundem a experiência, fruto do estudo, com a aptidão, produto do organismo; creem-se mestres porque escrevem facilmente; repudiam todos os conselhos e se tornam a presa de Espíritos mentirosos e hipócritas que os conquistam lisonjeando seu orgulho. (Ver, mais adiante, o capítulo da *Obsessão*.)

Médiuns flexíveis: aqueles cujas faculdades se prestam mais facilmente aos gêneros de comunicações, e pela qual todos os Espíritos ou quase todos, podem se manifestar, espontaneamente ou por evocação.

"Esta variedade de médiuns se aproxima muito da dos médiuns sensitivos."

Médiuns exclusivos: aqueles pelos quais um Espírito se manifesta de preferência, mesmo com a exclusão de todos os outros, e responde por aqueles que se chamam por intermédio do médium.

"Isto se prende sempre a uma falta de flexibilidade; quando o Espírito é bom pode se ligar ao médium por simpatia e com uma finalidade louvável; quando é mau, é sempre com a intenção de colocar o médium sob sua dependência. É antes um defeito do que uma qualidade e muito vizinho da obsessão (Ver o capítulo da *Obsessão*.)

Médiuns de evocações: os médiuns flexíveis são, naturalmente, os mais próprios a este gênero de comunicações e às perguntas de detalhes que se podem dirigir aos Espíritos. Sob este aspecto, há médiuns muito especiais.

"Suas respostas se encerram, quase sempre, num quadro restrito, incompatível com o desenvolvimento dos assuntos gerais."

Médiuns de ditados espontâneos: recebem, de preferência, comunicações espontâneas da parte de Espíritos que se apresentam sem serem chamados. Quando esta faculdade é especial num médium, é difícil, e algumas vezes mesmo impossível, fazer uma evocação por seu intermédio.

"Entretanto, são melhor aparelhados do que os da variedade precedente. Compreendei que, por aparelhagem, entendem-se aqui os materiais cerebrais, porque é preciso, frequentemente, direi mesmo sempre, maior soma de inteligências para os ditados espontâneos do que para as evocações. Entendei aqui por ditados espontâneos os que, verdadeiramente, merecem esse nome, e não algumas frases incompletas ou alguns pensamentos banais que se encontram em todas as estantes humanas."

193. 3º SEGUNDO O GÊNERO E A ESPECIALIDADE DAS COMUNICAÇÕES

Médiuns versificadores: obtêm, mais facilmente do que os outros, comunicações versificadas. Bastante comuns para os maus versos; muito raros para os bons.

Médiuns poéticos: sem obterem versos, as comunicações que recebem têm alguma coisa de vaporosa, de sentimental; nada neles denota rudeza; são, mais do que os outros, próprios à expressão de sentimentos ternos e afetuosos. Neles, tudo é vago, e seria inútil pedir-lhes algo preciso. Muito comuns.

Médiuns positivos: suas comunicações têm, em geral, um caráter de clareza e de precisão, que se presta voluntariamente aos detalhes circunstanciais, às notícias exatas. Bastante raros.

Médiuns literários: não têm nem o vago dos médiuns poéticos nem o terra-a-terra dos médiuns positivos; mas dissertam com sagacidade; seu estilo é correto, elegante e, frequentemente, de uma notável eloquência.

Médiuns incorretos: podem obter coisas muito boas, pensamentos de uma moralidade irrepreensível, mas seu estilo é difuso, incorreto, sobrecarregado de repetições e de termos impróprios.

"A incorreção material do estilo se prende, geralmente, à falta de cultura intelectual do médium que não é, para o Espírito, um bom instrumento sob esse aspecto; o Espírito, a isso, liga pouca importância; para ele o pensamento é a coisa essencial, e vos deixa livre para dar-lhe a forma conveniente. Não ocorre o mesmo com ideias falsas e ilógicas que uma comunicação possa conter; são sempre um índice de inferioridade do Espírito que se manifesta."

Médiuns historiadores: aqueles que têm uma aptidão especial para o desenvolvimento histórico. Esta faculdade, como todas as outras, é independente dos conhecimentos do médium, porque se veem pessoas sem instrução e mesmo crianças, tratarem de assuntos bem acima de sua capacidade. Variedade rara de médiuns positivos.

Médiuns científicos: não dizemos *sábios*, porque podem ser muito ignorantes e, não obstante isso, são mais especialmente próprios para as comunicações relativas às ciências.

Médiuns receitistas: sua especialidade é servir mais facilmente de intérprete dos Espíritos para as prescrições médicas. É preciso não confundi-los com os *médiuns curadores*, porque não fazem, absolutamente, senão transmitir o pensamento do Espírito, e não têm, por eles mesmos, nenhuma influência. Bastante comuns.

Médiuns religiosos: recebem, mais especialmente, comunicações de um caráter religioso ou que tratam de questões de religião, não obstante suas crenças e seus hábitos.

Médiuns filósofos e moralistas: suas comunicações têm, geralmente, por objeto as questões de moral e de alta filosofia. Muito comuns para a moral.

"Todos esses matizes são variedades de aptidões de bons médiuns. Quanto aos que têm uma aptidão especial para certas comunicações científicas, as históricas, médicas ou outras, acima de sua capacidade intelectual, estejais persuadidos de que possuíram esses conhecimentos em uma outra existência e que permaneceram neles em estado latente; fazem parte dos materiais cerebrais necessários ao Espírito que se manifesta; esses são os elementos que lhes facilitam o caminho para comunicar suas próprias ideias, porque esses médiuns são para ele instrumentos mais inteligentes e mais maleáveis do que o seria um bruto." – (ERASTO.)

Médiuns de comunicações triviais e obscenas: essas palavras indicam o gênero de comunicações que certos médiuns recebem habitualmente e a natureza dos Espíritos que as dão. Quem tenha estudado o mundo espírita em todos os graus da escala, sabe que os há cuja perversidade iguala com a dos homens mais depravados e que se comprazem em exprimir seus pensamentos em termos os mais grosseiros. Outros, menos abjetos, contentam-se com expressões triviais. Compreende-se que esses médiuns devem ter o desejo de ficarem livres da preferência desses Espíritos e que devem invejar aqueles que, nas comunicações que recebem, não tiveram jamais uma palavra malsã. Seria preciso uma estranha aberração de ideias e ter-se divorciado do bom senso, para crer que uma semelhante linguagem possa ser a dos bons Espíritos.

194. 4º - SEGUNDO AS QUALIDADES FÍSICAS DO MÉDIUM

Médiuns calmos: escrevem sempre com certa lentidão e sem experimentar a menor agitação.

Médiuns velozes: escrevem com uma rapidez maior do que poderiam fazê-lo voluntariamente, no estado normal. Os Espíritos se comunicam por eles com a prontidão do relâmpago; dir-se-ia que há neles uma superabundância de fluido que lhes permite se identificar instantaneamente com o Espírito. Esta qualidade, algumas vezes, é inconveniente, porque a rapidez da escrita torna esta muito difícil para ser lida por qualquer outro que não seja o médium.

"É muito cansativa, porque desprende muito fluido inutilmente."

Médiuns convulsivos: são de um estado de excitação quase febril; sua mão e, algumas vezes, toda a sua pessoa, é agitada por um tremor que não podem dominar. A causa primeira, sem dúvida, está no organismo, mas depende muito também da natureza dos Espíritos que se comunicam por eles; os Espíritos bons e benevolentes produzem sempre uma impressão doce e agradável; os maus, ao contrário, produzem uma impressão penosa.

"É preciso que esses médiuns não se sirvam, senão raramente, de sua faculdade medianímica, cujo uso muito frequente poderia afetar o sistema nervoso." (Capítulo da *Identidade*, distinção dos bons e dos maus Espíritos.)

195. 5º - SEGUNDO AS QUALIDADES MORAIS DO MÉDIUM

Nós os mencionamos sumariamente para memória e para completar o quadro, visto que serão desenvolvidos mais adiante, nos capítulos especiais: *Da influência moral dos médiuns, Da obsessão, Da identidade dos Espíritos,* e outros, sobre os quais chamamos uma atenção particular; aí se verá a influência que as qualidades e as manias dos médiuns podem exercer sobre a firmeza das comunicações, e quais são os que, com razão, podem-se considerar como *médiuns imperfeitos ou bons médiuns.*

196. MÉDIUNS IMPERFEITOS

Médiuns obsidiados: aqueles que não podem se desembaraçar dos Espíritos importunos e mentirosos, mas não se iludem.

Médiuns fascinados: aqueles que são enganados pelos Espíritos mentirosos e se iludem sobre a natureza das comunicações que recebem.

Médiuns subjugados: os que sofrem uma dominação moral e, frequentemente, material da parte dos maus Espíritos.

Médiuns levianos: os que não tomam sua faculdade a sério e dela não se servem senão por passatempo ou para coisas fúteis.

Médiuns indiferentes: os que não tiram nenhum proveito moral das instruções que recebem, e não modificam em nada sua conduta e seus hábitos.

Médiuns presunçosos: os que têm a pretensão de serem os únicos em relação com os Espíritos superiores. Creem em sua infalibilidade e consideram como inferior e errado tudo o que não procede deles.

Médiuns orgulhosos: os que se envaidecem das comunicações que recebem; creem não ter mais nada para aprender no Espiritismo, e não tomam, para si, as lições que recebem, frequentemente, da parte dos Espíritos. Não se contentam com as faculdades que possuem: querem tê-las todas.

Médiuns suscetíveis: variedade de médiuns orgulhosos; melindram-se com as críticas das quais suas comunicações podem ser objeto; irritam-se com a menor contrariedade e se mostram o que obtêm é para que seja admirado, e não para pedir pareceres. Geralmente, tomam aversão pelas pessoas que não os aplaudem sem reserva e desertam das reuniões onde não possam se impor e dominar.

"Deixai-os irem se pavonear em outra parte e procurarem ouvidos mais complacentes ou se retirarem para o isolamento; as reuniões que se privam da sua presença não têm uma grande perda". (ERASTO.)

Médiuns mercenários: os que exploram sua faculdade.

Médiuns ambiciosos: os que, sem pôr a preço sua faculdade, esperam dela tirar quaisquer vantagens.

Médiuns de má-fé: os que, tendo faculdades reais, simulam as que não têm para se darem importância. Não se pode dar o título de médium a pessoas que, não tendo nenhuma faculdade medianímica, não produzem efeitos senão pela charlatanice.

Médiuns egoístas: aqueles que não se servem de suas faculdades senão para seu uso pessoal e guardam, para eles, as comunicações que recebem.

Médiuns invejosos: os que veem com despeito os outros médiuns, melhor apreciados e que lhes são superiores.

Todas essas más qualidades têm, necessariamente, a sua contrapartida no bem.

197. BONS MÉDIUNS

Médiuns sérios: os que não se servem de sua faculdade senão para o bem e para as coisas verdadeiramente úteis; creem profaná-la fazendo-a servir à satisfação de curiosos e de indiferentes ou para futilidades.

Médiuns modestos: os que não se atribuem nenhum mérito pelas comunicações que recebem, por belas que sejam; consideram-se como estranhos e não se creem ao abrigo das mistificações. Longe de fugirem aos avisos desinteressados, solicitam-nos.

Médiuns devotados: os que compreendem que o verdadeiro médium tem uma missão a cumprir e deve, quando isto seja necessário, sacrificar seus gostos, seus hábitos, seus prazeres, seu tempo, e mesmo seus interesses materiais, para o bem dos outros.

Médiuns seguros: os que, além da facilidade de execução, merecem plena confiança, por seu próprio caráter, a natureza elevada dos Espíritos que os assistem e que são os menos expostos a serem enganados. Veremos mais tarde que esta segurança não depende de nenhum modo dos nomes mais ou menos respeitáveis que os Espíritos tomam.

"É incontestável, bem o sabeis, que criticando assim as qualidades e as manias dos médiuns, isso suscitará contrariedade e mesmo animosidade em alguns; mas, o que importa? A mediunidade se expande dia por dia mais, e o médium que tomasse estas reflexões por mal provaria uma coisa: que não é bom médium, quer dizer, que está assistido por maus Espíritos. De resto, como disse, tudo isso não terá senão um tempo, e os maus médiuns, os que abusam ou usam mal suas faculdades, sofrerão tristes consequências por isso, como já ocorreu com alguns; aprenderão às suas custas o que custa fazer girar em proveito de suas paixões terrestres um dom que Deus não lhes havia dado senão para seu adiantamento moral. Se não podeis conduzi-los para o bom caminho, lamentai-os, porque, posso dizê-lo, são réprobos de Deus." (ERASTO.)

"Este quadro é de grande importância, não somente para os médiuns sinceros que procurarão de boa-fé, lendo-o, de preservar-se dos escolhos aos quais estão expostos, mas também para todos aqueles que se servem de médiuns, porque lhes dará a medida do que podem racionalmente deles esperar. Deveria estar constantemente sob os olhos de qualquer que se ocupe de manifestações e, igualmente, da *escala espírita* de que é complemento; esses dois quadros resumem todos os princípios da Doutrina e contribuirão, mais do que pensais, para conduzir o Espiritismo ao verdadeiro caminho." (SÓCRATES.)

198. Todas essas variedades de médiuns apresentam graus infinitos em sua intensidade; há várias que, propriamente falando, não são senão matizes, mas não deixam de ser o fato de aptidões especiais. Concebe-se que deve ser bastante raro que a faculdade de um médium seja rigorosamente circunscrita a um só gênero; o mesmo médium pode, sem dúvida, ter várias aptidões, mas há sempre uma que domina e é a que deve se interessar em cultivar, se for útil. É um erro grave o de querer insistir no desenvolvimento de uma faculdade que não se possui; é preciso cultivar todas das quais se reconhece o germe em si; mas perseguir as outras, primeiro é perder tempo e, em segundo lugar, talvez perder, enfraquecer por certo, aquelas de que se está dotado.

"Quando o princípio, o germe de uma faculdade existe, ela se manifesta sempre por sinais inequívocos. Restringindo-se em sua especialidade, o médium pode distinguir-se e obter grandes e belas coisas; ocupando-se de tudo, não obterá nada de bem. Anotai, de passagem, que o desejo de estender indefinidamente o círculo de suas faculdades, é uma pretensão orgulhosa que os Espíritos jamais deixam impune; os bons abandonam sempre o presunçoso, que se torna, assim, o joguete de Espíritos enganadores. Infelizmente, não é raro se verem médiuns que não se contentam com os dons que receberam e aspiram, por amor-próprio ou ambição, a possuir faculdades excepcionais, próprias para fazê-los notados; esta pretensão lhes tira a qualidade mais preciosa: a de *médiuns seguros.*" (SÓCRATES.)

199. O estudo da especialidade de um médium é necessário, não só para este, mas também para o evocador. Segundo a natureza do Espírito que se deseja chamar e as perguntas que se lhe quer dirigir, convém escolher o médium o mais apto para a coisa; dirigir-se ao primeiro que chega, é expor-se a respostas incompletas ou errôneas. Tomemos uma comparação nos fatos usuais. Não se confiará uma redação, mesmo uma simples cópia, ao primeiro que chega porque sabe escrever. Um músico quer fazer executar um pedaço do canto de sua composição; tem à sua disposição vários cantores, todos hábeis; entretanto, não os tomará ao acaso; escolherá para seu intérprete aquele cuja voz, cuja expressão, cujas qualidades todas, numa palavra, respondem melhor à natureza do trecho. Os Espíritos fazem o mesmo com respeito aos médiuns, e devemos imitar os Espíritos.

De outra parte, há que se notar que os matizes que a mediunidade apresenta, e aos quais poder-se-ia ajuntar outros, não estão sempre em relação com o caráter do médium; assim, por exemplo, um médium naturalmente alegre e jovial, pode ter habitualmente comunicações sérias, mesmo severas, e *vice-versa;* é ainda uma prova evidente de que atua sob a impulsão de uma força estranha. Voltaremos a este assunto no capítulo que trata da *Influência moral do médium.*

CAPÍTULO XVII

FORMAÇÃO DOS MÉDIUNS

*Desenvolvimento da mediunidade. – Mudança da caligrafia –
Perda e suspensão da mediunidade.*

DESENVOLVIMENTO DA MEDIUNIDADE

200. Ocupar-nos-emos especialmente aqui dos médiuns escreventes, porque esse gênero de mediunidade é o mais difundido, e de outra parte porque é, ao mesmo tempo, o mais simples, o mais cômodo, o que dá os mais satisfatórios e mais completos resultados; é também aquele que todo mundo ambiciona. Infelizmente, não há, até o presente, nenhum diagnóstico que possa indicar, mesmo aproximadamente, que se possui esta faculdade; os sinais físicos pelos quais certas pessoas acreditaram ver indícios, nada têm de certos. Ela se encontra nas crianças e nos velhos, entre os homens e as mulheres, quaisquer que sejam o temperamento, o estado de saúde, o grau do desenvolvimento intelectual e moral. Não há senão um meio para lhe constatar a existência, que é o de experimentar.

Pode-se obter a escrita, como vimos, por meio de cestas e pranchetas ou diretamente pela mão; este último modo, sendo o mais fácil e, pode-se dizer, o único empregado hoje, é ao que nos empenhamos em dar preferência. O procedimento é o mais simples; consiste tão unicamente em tomar um lápis e um papel e colocar-se na posição de uma pessoa que escreve, sem outra preparação; mas, para que se tenha sucesso, várias recomendações são indispensáveis.

201. Como disposição material, recomendamos evitar tudo o que possa embaraçar o livre movimento da mão; é mesmo preferível que esta não repouse inteiramente sobre o papel. A ponta do lápis deve apoiar o suficiente para traçar, mas não o bastante para sofrer resistência. Todas essas precauções se tornam inúteis uma vez que se conseguiu escrever correntemente, porque, então, nenhum obstáculo poderia deter: estas não são senão as preliminares do aprendiz.

202. É indiferente se servir da caneta ou do lápis; certos médiuns preferem a caneta, mas esta não pode convir senão àqueles que estão formados e que escrevem pausadamente; há os que escrevem com tal velocidade que o uso da caneta seria quase impossível ou, pelo menos, muito incômodo; ocorre o mesmo quando a escrita é brusca e irregular ou quando se comunicam Espíritos violentos, que batem com a ponta e a quebram, destroçando o papel.

203. O desejo de todo médium aspirante, naturalmente, é o de poder se comunicar com o Espírito das pessoas que lhe são caras, mas deve moderar sua impaciência, porque a comunicação com um Espírito determinado, frequentemente, oferece dificuldades materiais que a tornam impossível para o principiante. Para que um Espírito possa se comunicar é necessário, entre ele e o médium, relacionamento fluídico que não se estabelece sempre instantaneamente; não é senão à medida que a faculdade se desenvolve que o médium adquire, pouco a pouco, a aptidão necessária para entrar em relação com o primeiro Espírito que chegue. Pode ocorrer, pois, que, aquele com quem se quer comunicar, não esteja em condições propícias para fazê-lo, *malgrado sua presença,* como pode ocorrer também que não tenha nem a possibilidade, nem a permissão de se entregar ao apelo que lhe é feito. Por isso convém, no início, não se obstinar em chamar um Espírito determinado, com exclusão de todos os outros, porque ocorre, frequentemente, que não seja com este que as relações fluídicas se estabeleçam com mais facilidade, qualquer que seja a simpatia que se tem por ele. Antes, pois, de pensar em obter comunicações de tal ou tal Espírito, é preciso dedicar-se ao desenvolvimento da faculdade e, para isso, é preciso fazer uma chamada geral e dirigir-se, sobretudo, ao seu anjo guardião.

Não há, aqui, fórmula sacramental; quem pretender oferecer uma, pode, ousadamente, ser tachado de charlatanice, porque, para os Espíritos, a fórmula não é nada. Todavia, a evocação deve sempre ser feita em nome de Deus; poder-se-á fazê-la nos termos seguintes ou equivalentes: *Peço a Deus todo-poderoso permitir a um bom Espírito comunicar-se comigo e me fazer escrever; peço também ao meu anjo guardião dignar-se assistir-me e afastar os maus Espíritos.* Espera-se, então, que um Espírito se manifeste fazendo escrever alguma coisa. Pode ser que esse seja o que se deseja, como pode ser também que seja um Espírito desconhecido ou o anjo guardião, mas, em todos os casos, geralmente, faz-se conhecer escrevendo seu nome; mas, então, apresenta-se a questão da *identidade,* uma das que requerem maior experiência, porque são poucos os iniciantes que não estejam expostos a serem enganados. Nós a trataremos, mais adiante, em um capítulo especial.

Quando se quer evocar Espíritos determinados, é muito essencial, ao começar, dirigir-se àqueles que se sabe serem simpáticos e que podem ter um motivo para virem, como os parentes ou os amigos. Nesse caso, a evocação pode ser assim formulada: *Em nome de Deus todo-poderoso, peço ao Espírito de tal que se comunique comigo;* ou então: *Peço a Deus todo-poderoso permitir ao Espírito de tal comunicar-se comigo;* ou qualquer outra fórmula, respondendo ao mesmo pensamento. Não é menos necessário que as primeiras perguntas sejam concebidas de tal forma que a resposta seja simplesmente *sim ou não*, como por exemplo: – *Estás aí? – Queres responder-me? Podes me fazer escrever?* etc. Mais tarde, esta precaução se torna inútil; não se trata, no começo, senão de uma relação a estabelecer; o essencial é que a pergunta não seja fútil, que não trate de coisas de interesse privado e, sobretudo, que seja a expressão de um sentimento benevolente e simpático para o Espírito a quem se dirige. (Ver, mais adiante, o capítulo especial sobre as *Evocações*.)

204. Uma coisa ainda mais importante do que o modo de chamar é a calma e o recolhimento unidos a um desejo ardente e à firme vontade de ser bem sucedido e, por vontade, não entendemos aqui uma vontade efêmera, que atua por intervalos, e que a cada minuto se interrompe por outras preocupações; mas uma vontade séria, perseverante, contínua, *sem impaciência nem desejo febril.* O recolhimento é favorecido pela solidão, pelo silêncio e o afastamento de tudo o que possa causar distrações. Não resta mais, então, do que uma coisa a fazer, que é a de renovar todos os dias as tentativas durante dez minutos ou um quarto de hora ou mais cada vez, e isso durante quinze dias, um mês, dois meses ou mais se for preciso; conhecemos médiuns que não se formaram senão depois de seis meses de exercício, enquanto que outros escrevem correntemente desde a primeira vez.

205. Para se evitarem tentativas inúteis, pode-se interrogar, por um outro médium, um Espírito sério e avançado; mas deve-se notar que, quando colocada aos médiuns a questão de saber se se é ou não médium, eles respondem, quase sempre, afirmativamente, o que não impede as tentativas de serem, frequentemente, infrutíferas. Isto se explica naturalmente. Faz-se ao Espírito uma pergunta geral, e ele responde de um modo geral; ora, como se sabe, nada é mais elástico do que a faculdade medianímica, uma vez que pode se apresentar sob as mais variadas formas e em graus muito diferentes.

Pode-se, pois, ser médium sem o perceber e num sentido que não é aquele que se pensa. A esta pergunta vaga: Sou médium? o Espírito pode responder sim; a esta outra mais precisa: Sou médium escrevente? ele pode responder não. É preciso ter em conta também a natureza do Espírito que se interroga; há os tão levianos e tão ignorantes, que respondem a torto e a direito como verdadeiros estouvados; por isso, dissemos para dirigir-se a Espíritos esclarecidos, que respondem, em geral, voluntariamente a essas perguntas e indicam o melhor caminho a seguir, se há possibilidade de sucesso.

206. Um meio que, bastante frequentemente, é bem sucedido, consiste em empregar, como auxiliar momentâneo, um bom médium escrevente flexível, já formado. Se coloca sua mão ou seus dedos sobre a mão que deve escrever, é raro que esta não o faça imediatamente; compreende-se o que se passa nesta circunstância: a mão que prende o lápis se torna, de alguma sorte, um apêndice da mão do médium, como o seria uma cesta ou uma prancheta; mas isso não impede este exercício de ser muito útil quando se puder empregá-lo, naquilo que, frequente e regularmente repetido, ajuda a superar o obstáculo material e provoca o desenvolvimento da faculdade. Basta ainda, algumas vezes, magnetizar fortemente, com essa intenção, o braço e a mão daquele que quer escrever; frequentemente mesmo, o magnetizador se limita a colocar sua mão sobre a espádua, e o vimos escrever prontamente sob essa influência. O mesmo efeito pode igualmente produzir-se sem nenhum contato e só pelo fato da vontade. Concebe-se, sem esforço, que a confiança do magnetizador em sua própria força para produzir esse resultado, deve desempenhar aqui um grande papel e que um magnetizador incrédulo teria pouca ou nenhuma ação.

O concurso de um guia experimentado, de outra parte, é, algumas vezes, muito útil para fazer observar ao iniciante uma porção de pequenas precauções que, frequentemente, negligencia em detrimento da rapidez do progresso; sobretudo, para esclarecê-lo sobre a natureza das primeiras perguntas e a maneira de colocá-las. Seu papel é o de um professor, o qual se dispensa quando se está bastante hábil.

207. Um outro meio que pode também contribuir poderosamente para o desenvolvimento da faculdade, consiste em reunir um certo número de pessoas, todas animadas do mesmo desejo e pela identidade de intenções; aí, simultaneamente, em um silêncio absoluto e com um religioso recolhimento, ensaiem escrever fazendo, cada uma, evocação de seu anjo guardião ou de um Espírito simpático qualquer. Uma delas pode igualmente fazer, sem designação especial e por todos os membros da reunião, uma evocação geral aos bons Espíritos, dizendo, por exemplo: *Em nome de Deus todo-poderoso, pedimos aos bons Espíritos, dignarem-se comunicar pelas pessoas aqui presentes.* Raramente, entre elas, não há as que dão, prontamente, sinais de mediunidade ou mesmo escrevam correntemente em pouco tempo.

Compreende-se, facilmente, o que se passa nestas circunstâncias. As pessoas, unidas por uma identidade de intenções, formam um todo coletivo, onde a força e a sensibilidade se encontram aumentadas por uma espécie de influência magnética que ajuda o desenvolvimento da faculdade. Entre os Espíritos atraídos por esse concurso de vontades, há os que encontram nos assistentes, o instrumento que lhes convém; se não é um, será outro, e eles os aproveitam.

Este meio deve, sobretudo, ser empregado nos grupos espíritas que tenham falta de médiuns ou que não os tenham em número suficiente.

208. Têm-se procurado procedimentos para a formação de médiuns como se procuraram diagnósticos; mas até o presente, não os conhecemos mais eficazes do que aqueles que indicamos. Na persuasão de que o obstáculo ao desenvolvimento da faculdade é uma resistência toda material, certas pessoas pretendem vencê-las por uma espécie de ginástica quase deslocante do braço e da cabeça. Não descrevemos esse procedimento que nos chega do outro lado do Atlântico, não somente porque não temos nenhuma prova de sua eficácia, mas pela convicção que temos de que pode oferecer perigo para as compleições delicadas em virtude do abalo do sistema nervoso. Se os rudimentos da faculdade não existem, nada poderia dá-los, mesmo a eletrização, que foi empregada sem sucesso com o mesmo objetivo.

209. A fé no médium novato não é uma condição rigorosa; sem contradita, ela secunda os esforços, mas não é indispensável: a pureza de intenção, o desejo e a boa vontade bastam. Viram-se pessoas perfeitamente incrédulas ficarem muito admiradas por escreverem, a seu malgrado, enquanto que crentes sinceros não o podem fazê-lo; o que prova que esta faculdade depende de uma predisposição orgânica.

210. O primeiro indício de uma disposição para se escrever é uma espécie de tremor no braço e na mão; pouco a pouco, a mão é arrastada por uma impulsão que não pode dominar. Frequentemente, ela não traça no início senão riscos insignificantes; depois os caracteres se desenham mais e mais nitidamente, e a escrita acaba por adquirir a rapidez da escrita corrente. Em todos os casos, é preciso abandonar a mão ao seu movimento natural, não lhe transmitindo nem resistência, nem propulsão.

Certos médiuns escrevem correntemente e com facilidade desde o início, algumas vezes, mesmo desde a primeira sessão, o que é bastante raro; de outras vezes fazem, a escrita acaba por adquirir a rapidez da escrita exercícios caligráficos; os Espíritos dizem que é para soltar-lhes a mão. Se estes exercícios se prolongarem demais ou degenerarem em sinais ridículos, não haverá dúvida de que é um Espírito que se diverte, porque os bons Espíritos não fazem jamais nada de inútil; nesse caso, precisaria redobrar o fervor para chamar a assistência destes. Se, malgrado isso, não há mudança, é preciso deter-se desde que se percebe que não se obtém nada de sério. Pode-se recomeçar a tentativa cada dia, mas convém cessar aos primeiros sinais equivocados, para não dar essa satisfação aos Espíritos zombeteiros.

A estas observações um Espírito adicionou: "Há médiuns cuja faculdade não pode ir além desses sinais; quando, ao cabo de alguns meses, não obtêm senão coisas insignificantes, *sim ou não*, ou letras sem continuidade, é inútil persistir em gastar papel em pura perda; são médiuns, mas *médiuns improdutivos*. De resto, as primeiras comunicações obtidas não devem ser consideradas senão como exercícios que se confiam a Espíritos secundários; por isso, não é preciso lhes atribuir senão uma medíocre importância, em razão dos Espíritos que, por assim dizer, são empregados como mestres de escrita para desbastarem o médium iniciante; porque não acrediteis que sejam jamais os Espíritos elevados que levam o médium a fazer esses exercícios preparatórios; somente ocorre que, se o médium não tem um objetivo sério, esses Espíritos permanecem e se ligam a ele. Quase todos os médiuns passaram por esse crisol para se desenvolverem; cabe a eles fazerem o que for preciso para conseguirem a simpatia dos Espíritos verdadeiramente superiores."

211. O escolho da maioria dos médiuns iniciantes é ter relações com Espíritos inferiores e devem se considerar felizes quando não o sejam senão Espíritos levianos. Toda a sua atenção deve tender a não lhes deixar tomar pé, porque uma vez ancorados não é sempre fácil se desembaraçar deles. É um ponto tão capital, sobretudo, no início, que sem as precauções necessárias, pode-se perder o fruto das mais belas faculdades.

O primeiro ponto consiste em se colocar com uma fé sincera, sob a proteção de Deus, e reclamar a assistência de seu anjo guardião; este é sempre bom, ao passo que os Espíritos familiares, simpatizantes com as boas ou as más qualidades do médium, podem ser levianos ou mesmo maus.

O segundo ponto é o dedicar-se, com um cuidado escrupuloso a reconhecer, por todos os indícios fornecidos pela experiência, a natureza dos primeiros Espíritos que se comunicam e dos quais é sempre prudente defender-se. Se esses indícios são suspeitos, é preciso fazer um apelo fervoroso ao seu anjo guardião e repelir, com todas as suas forças, os maus Espíritos, provando-lhes que não se engana, a fim de desencorajá-los. Por isso, o estudo preliminar da teoria é indispensável, se se querem evitar os inconvenientes inseparáveis da inexperiência; encontrar-se-ão, sobre este assunto, instruções muito desenvolvidas nos capítulos, *Da Obsessão e Da Identidade dos Espíritos*. Limitar-nos-emos a dizer aqui que, além da linguagem, podem-se considerar como provas *infalíveis* da inferioridade dos Espíritos: todos os sinais, figuras, emblemas inúteis ou pueris; toda escrita bizarra, truncada, torcida, de dimensões exageradas ou afetando formas ridículas e inusitadas; a escrita pode ser muito má, pouco legível mesmo, o que se deve mais ao médium do que ao Espírito, sem ter nada de insólita. Vimos médiuns de tal modo enganados, que mediam a superioridade dos Espíritos pela dimensão dos caracteres, dando uma grande importância às letras moldadas, como os caracteres de imprensa, puerilidade evidentemente incompatível com uma superioridade real.

212. Se é importante não cair o médium, sem o querer, na dependência dos maus Espíritos, o é ainda mais não fazê-lo voluntariamente, e não é preciso senão um desejo imoderado de escrever, crendo que é indiferente se dirigir ao primeiro que chegue, salvo se dele se possa desembaraçar mais tarde se não convém mais, porque não se pede impunemente assistência, para o que seja, a um mau Espírito, que pode fazer pagar caro seus serviços.

Algumas pessoas, impacientes em verem se desenvolver nelas a faculdade mediúnica, muito lenta, na sua opinião, tiveram a ideia de evocar, em sua ajuda, um Espírito qualquer, *mesmo que fosse mau*, contando despedi-lo em seguida.

Vários foram servidos como queriam e escreveram imediatamente; mas o Espírito, não se importando de ter sido tomado na pior hipótese, foi menos dócil para ir-se do que para vir. Conhecemos os que foram punidos pela sua presunção em se crerem bastante fortes para os afastarem à sua vontade, por anos de obsessões de toda espécie, pelas mistificações as mais ridículas, por uma fascinação tenaz e mesmo por infelicidades *materiais* e as mais cruéis decepções. O Espírito se mostra primeiro abertamente mau, depois hipócrita, a fim de fazer acreditar na sua conversão ou na pretendida força de seu subjugado para persegui-lo à vontade.

213. A escrita é, às vezes, muito legível, as palavras e as letras perfeitamente destacadas; mas, com certos médiuns, é difícil de decifrar por outro que não seja o que escreve: é preciso, para isso, adquirir o hábito. Com bastante frequência, é formada a traços largos; os Espíritos são pouco econômicos de papel. Quando uma palavra ou uma frase é muito pouco legível, pede-se ao Espírito o favor de recomeçar, o que ele faz geralmente de boa vontade. Quando a escrita é habitualmente ilegível, mesmo para o médium, este chega, quase sempre, a obtê-la mais limpa por exercícios frequentes e firmes, *empregando uma forte vontade* e pedindo com ardor ao Espírito para ser mais exato. Certos Espíritos, frequentemente, adotam sinais convencionais que passam a usar nas reuniões habituais. Para indicar que uma pergunta lhe desagrada e que não quer respondê-la, farão, por exemplo, uma longa barra ou qualquer coisa equivalente.

Quando o Espírito terminou o que tinha a dizer ou não quer mais responder, a mão fica imóvel, e o médium, qualquer que seja sua força e sua vontade, não pode obter uma palavra a mais. Ao contrário, enquanto o Espírito não tiver concluído, o lápis caminha sem que seja possível à mão deter-se. Se quer dizer espontaneamente alguma coisa, a mão toma convulsivamente o lápis e se põe a escrever sem poder a ela se opor. O médium, aliás, sente quase sempre, em si, alguma coisa que lhe indica, se não há senão uma parada ou se o Espírito terminou. É raro que não sinta quando este partiu.

Tais são as explicações, as mais essenciais, que tínhamos a dar em relação ao desenvolvimento da psicografia; a experiência fará conhecer, na prática, certos detalhes que seria inútil referir aqui e para os quais os princípios gerais servirão de guia. Que muitos experimentem, e se encontrarão mais médiuns do que se pensa.

214. Tudo o que acabamos de dizer se aplica à escrita mecânica; é a que todos os médiuns procuram obter com razão; mas o mecanismo puro é muito raro e, frequentemente, mistura-se com a intuição. Tendo, o médium, a consciência daquilo que escreve, é naturalmente levado a duvidar da sua faculdade; não sabe se aquilo vem dele ou de um Espírito estranho. Não tem nada com que se inquietar e deve continuar mesmo assim; que observe com atenção e reconhecerá facilmente, naquilo que escreve, uma porção de coisas que não estavam no seu pensamento e mesmo que lhe são contrárias; prova evidente que não vêm dele. Que continue, pois, e a dúvida se dissipará com a experiência.

215. Se não é dado ao médium ser exclusivamente mecânico, todas as tentativas para obter esse resultado serão infrutíferas e estaria errado em crer-se deserdado por isso; se não está dotado senão da mediunidade intuitiva, é preciso que, com ela, se contente, e não deixará de propiciar-lhe grandes serviços, se sabe aproveitá-la e se não a repele.

Se depois de tentativas inúteis, continuadas durante algum tempo, nenhum indício de movimento involuntário se produz ou se esses movimentos são muito fracos para dar resultados, não se deve hesitar em escrever o primeiro pensamento que lhe é sugerido, sem se inquietar se vem dele ou de outra fonte estranha: a experiência lhe ensinará a fazer essa distinção. Ocorre, amiúde, aliás, que o movimento mecânico se desenvolve ulteriormente.

Dissemos, mais acima, que há casos nos quais é indiferente saber se o pensamento vem do médium ou de um Espírito estranho; é sobretudo quando um médium, puramente intuitivo ou inspirado, faz um trabalho de imaginação por si mesmo; pouco importa que ele se atribua um pensamento que lhe foi sugerido; se lhe vêm boas ideias, que agradeça ao seu bom gênio e lhe serão sugeridas outras. Tal é a inspiração dos poetas, dos filósofos e dos sábios.

216. Suponhamos agora a faculdade medianímica completamente desenvolvida; que o médium escreve com facilidade; que seja, em uma palavra, o que se chama um médium feito, seria um grande erro, de sua parte, crer-se dispensado de qualquer outra instrução; não venceu senão uma resistência material, e é agora que começam, para ele, as verdadeiras dificuldades, e tem, mais do que antes, necessidade de conselhos da prudência e da experiência, se não quiser cair nas mil armadilhas que lhe vão ser armadas. Se quiser, muito cedo, voar com suas próprias asas, não tardará em ser joguete dos Espíritos mentirosos que procurarão explorar sua presunção.

217. Uma vez a faculdade desenvolvida no médium, é essencial que dela não abuse. A satisfação que ela proporciona a certos principiantes excita neles um entusiasmo que é importante moderar; deve pensar que lhe é dada para o bem e não para satisfazer uma vã curiosidade; por isso, é útil não se servir dela senão nos momentos oportunos, e não a cada instante; não estando os Espíritos constantemente às suas ordens, correm o risco de serem joguetes dos mistificadores. É bom adotar, nesse caso, dias e horas determinados, porque isso proporciona disposições de mais recolhimento, e os Espíritos, que quiserem vir, acham-se prevenidos e, em consequência, estão mais dispostos.

218. Se, malgrado todas as tentativas, a mediunidade não se revelar de nenhum modo, será preciso renunciar a ela, como se renuncia a cantar quando não se tem voz. Aquele que não sabe uma língua, serve-se de um tradutor; é preciso fazer o mesmo, quer dizer, recorrer a outro médium. Na falta de médium, não é preciso, se crer privado da assistência dos Espíritos. A mediunidade é, para eles, um meio de se expressarem, mas não um meio exclusivo de atração; os que se nos afeiçoam estão ao nosso lado, sejamos ou não médiuns; um pai não abandona um filho por ser este surdo e cego, e não poder vê-lo nem ouvi-lo; cerca-o com sua solicitude como o fazem os bons Espíritos conosco; se não podem nos transmitir materialmente seu pensamento, vêm em nossa ajuda pela inspiração.

MUDANÇA DE CALIGRAFIA

219. Um fenômeno muito comum nos médiuns escreventes é a mudança de caligrafia segundo os Espíritos que se comunicam, e o que há de mais notável é que a mesma caligrafia se reproduz constantemente com o mesmo Espírito e, algumas vezes, é idêntica com a que tinha em vida; veremos, mais tarde, as consequências que disso se podem tirar quanto à identidade. A mudança de caligrafia não ocorre senão com os médiuns mecânicos e semimecânicos, porque neles o movimento da mão é involuntário e dirigido pelo Espírito; não ocorre o mesmo com os médiuns puramente intuitivos, tendo em vista que, nesse caso, o Espírito atua unicamente sobre o pensamento, e a mão é dirigida pela vontade, como nas circunstâncias comuns; mas a uniformidade da caligrafia, mesmo nos médiuns mecânicos, não prova absolutamente nada contra a faculdade, não sendo a mudança uma condição absoluta na manifestação dos Espíritos; ela se prende a uma aptidão especial da qual os médiuns, os mais mecânicos, não estão sempre dotados. Nós designamos os que têm essa aptidão, sob o nome de *médiuns polígrafos.*

PERDA E SUSPENSÃO DA MEDIUNIDADE

220. A faculdade medianímica está sujeita a intermitências e a suspensões momentâneas, seja para as manifestações físicas, seja para a escrita. Eis a resposta dos Espíritos a algumas perguntas, feitas a esse respeito.

1. Os médiuns podem perder sua faculdade?

Isso ocorre frequentemente, qualquer que seja o gênero dessa faculdade; mas, frequentemente também, isso não é senão uma interrupção momentânea, que cessa com a causa que a produziu.

2. A causa da perda da mediunidade está no esgotamento do fluido?

De qualquer faculdade que o médium esteja dotado, ele nada pode sem o concurso simpático dos Espíritos; quando não obtém mais nada, não é sempre a faculdade que lhe falta; frequentemente, são os Espíritos que não querem mais ou não podem mais se servirem dele.

3. Qual a causa do abandono do médium pelos Espíritos?

O uso que ele faz da sua faculdade é o que mais influi sobre os bons Espíritos. Podemos abandoná-lo quando dela se serve para coisas frívolas ou com objetivos ambiciosos; quando se recusa a transmitir nossa palavra ou nossos fatos aos encarnados que os pedem ou que têm necessidade de ver para se convencerem. Esse dom de Deus não é dado ao médium para que se divirta e ainda menos para servir à sua ambição, mas para seu próprio melhoramento e para fazer conhecer a verdade aos homens. Se o Espírito vê que o médium não responde mais aos seus objetivos, e não aproveita as instruções e as advertências que lhe dá, retira-se para procurar um protegido mais digno.

4. O Espírito que se retira não pode ser substituído e, neste caso, não se compreenderia a suspensão da faculdade?

Não faltam Espíritos ansiosos por se comunicarem e que estão prontos para substituírem os que se retiram; mas quando é um bom Espírito que deixa o médium, pode muito bem não abandoná-lo senão momentaneamente e privá-lo, por um certo tempo, de qualquer comunicação, a fim de servir-lhe de lição e provar-lhe que sua faculdade não depende dele e que dela não deve se envaidecer. Essa impotência momentânea é também para dar ao médium a prova de que escreve sob uma influência estranha, pois, de outro modo, não teria intermitência.

De resto, a interrupção da faculdade não é sempre uma punição; testemunha, algumas vezes, a solicitude do Espírito para com o médium com o qual se afeiçoa; quer lhe proporcionar um repouso material que julga necessário e, nesse caso, não permite aos Espíritos que o substituam.

5. Veem-se, entretanto, médiuns muito dignos, moralmente falando, que não têm nenhuma necessidade de repouso e estão muito contrariados com interrupções das quais não compreendem o objetivo.

É a fim de pôr sua paciência à prova e julgar sua perseverança; por isso, os Espíritos não assinalam, em geral, nenhum termo a essa suspensão; querem ver se o médium se aborrecerá. Frequentemente, é também para dar-lhe o tempo de meditar as instruções que lhe deram, e é nessa meditação dos nossos ensinamentos que reconhecemos os espíritas verdadeiramente sérios; não podemos dar esse nome aos que não são, na realidade, senão amadores em comunicações.

6. É necessário, nesse caso, que o médium continue suas tentativas para escrever?

Se o Espírito lhe aconselha, sim; se lhe manda abster-se, deve fazê-lo.

7. Haveria um meio de abreviar essa prova?

A resignação e a prece. De resto, basta fazer, cada dia, uma tentativa de alguns minutos, porque seria inútil perder seu tempo em ensaios infrutíferos; a tentativa não tem outro objetivo que assegurar se a faculdade está recuperada.

8. A suspensão não implica no afastamento dos Espíritos que se comunicam habitualmente?

De nenhum modo; o médium está, então, na posição de uma pessoa que perdeu momentaneamente a visão e, por isso, não estaria menos cercada de seus amigos, embora não possa vê-los. O médium pode, pois, e mesmo o deve, continuar a entreter-se pelo pensamento com seus Espíritos familiares e estar persuadido de que é por eles ouvido. Se a falta da mediunidade pode privá-lo de comunicações materiais com certos Espíritos, não pode privar das comunicações morais.

9. Assim, a interrupção da faculdade medianímica não implica sempre numa censura da parte dos Espíritos?

Não, sem dúvida, uma vez que pode ser uma prova de benevolência.

10. Por que meio se pode reconhecer uma censura nessa interrupção?

Que o médium interrogue sua consciência e que se pergunte sobre o uso que faz da sua faculdade, o bem que dela resulta para os outros, o proveito que retirou dos conselhos que lhe foram dados e terá a resposta.

11. O médium que não pode escrever, não pode recorrer a outro médium?

Isso depende da causa da interrupção; esta tem, frequentemente, por motivo de deixar-vos algum tempo sem comunicações, depois de haver vos dado conselhos, a fim de que não vos habitueis a nada fazer por senão nós; nesse caso, não teria melhor resultado servindo-se de outro médium; e tem ainda um objetivo, que é o de vos provar que os Espíritos são livres e que não depende de vós fazê-los caminhar ao seu bel-prazer. É também, por esta razão, que aqueles que não são médiuns não têm todas as comunicações que desejam.

Nota. Há, com efeito, a observar que aquele que recorre a um terceiro para as comunicações, não obstante a qualidade do médium, não obtém, frequentemente, nada de satisfatório, enquanto que, em outras oportunidades, as respostas são muito explícitas. Isso depende de tal modo da vontade do Espírito, que de nada adianta mudar de médium; os próprios Espíritos parecem, a esse respeito, posicionar-se de acordo, porque o que não se obtém de um, de outro não se obterá melhor. É preciso se guardar, então, de insistir e de se impacientar, se não se quer ser joguete dos Espíritos mentirosos, que responderão a quem o deseja a toda força, e os bons Espíritos os deixarão fazê-lo para punirem nossa insistência.

12. Com qual finalidade a Providência dotou certos indivíduos da mediunidade de uma maneira especial?

É uma missão da qual estão encarregados e que os torna felizes; são os intérpretes entre os Espíritos e os homens.

13. Entretanto, há médiuns que não empregam sua faculdade senão com repugnância?

São médiuns imperfeitos, que não conhecem o valor do favor que lhes é concedido.

14. Se é uma missão, como ocorre que não seja o privilégio de homens de bem, e que essa faculdade seja dada a pessoas que não merecem nenhuma estima e que podem dela abusar?

Ela lhes é dada porque têm dela necessidade para sua própria melhoria e para que estejam em condições de receber bons esclarecimentos; se disso não se aproveitam, sofrerão as consequências. Jesus não dava, de preferência, sua palavra aos pecadores, dizendo que é preciso dar àqueles que não têm?

15. As pessoas que têm um grande desejo de escrever, como médiuns, e que não podem triunfar, podem disso concluir alguma coisa contra elas mesmas no que toca à benevolência dos Espíritos a seu respeito?

Não, porque Deus pode lhes haver recusado essa faculdade, como pode lhes ter recusado o dom da poesia ou da música; mas, se não gozam desse favor, podem gozar de outros.

16. Como um homem pode se aperfeiçoar pelos ensinamentos dos Espíritos quando não tem, nem por si mesmo nem por outros médiuns, os meios para receber esse ensinamento direto?

Não tem os livros, como o cristão tem o Evangelho? Para praticar a moral de Jesus, o cristão não tem necessidade de ter ouvido as palavras saírem de sua boca.

CAPÍTULO XVIII

INCONVENIENTES E PERIGOS DA MEDIUNIDADE

*Influência do exercício da mediunidade sobre a saúde.
– Idem sobre o cérebro. – Idem sobre as crianças.*

221. 1. A faculdade mediúnica é indício de um estado patológico qualquer ou simplesmente anormal?

Algumas vezes anormal, mas não patológico; há médiuns de uma saúde vigorosa; os que são doentes, o são por outras causas.

2. O exercício da faculdade mediúnica pode ocasionar a fadiga?

O exercício muito prolongado de toda e qualquer faculdade pode conduzir à fadiga; a mediunidade está no mesmo caso, principalmente a que se aplica aos efeitos físicos; ocasiona, necessariamente, um dispêndio de fluido que conduz à fadiga, e se repara pelo repouso.

3. O exercício da mediunidade, por si mesmo, pode ter algum inconveniente do ponto de vista de higiene, abstração feita do abuso?

Há casos em que é prudente, necessário mesmo, abster-se, ou pelo menos moderar o uso; isso depende do estado físico e moral do médium. Aliás, o médium, geralmente, o sente e, quando experimenta a fadiga, deve abster-se.

4. Há pessoas para as quais esse exercício seja mais inconveniente do que para outras?

Já disse que isso depende do estado físico e moral do médium. Há pessoas nas quais é necessário evitar toda causa de sobre-excitação, e esta é uma delas. (nºs 188 e 194.)

5. A mediunidade poderia produzir a loucura?

Não mais do que todas as outras coisas quando não há predisposição pela fraqueza do cérebro. A mediunidade não produzirá a loucura quando o princípio não exista; mas, se o princípio existe, o que é fácil de se reconhecer pelo estado moral, o bom senso diz que é preciso usar de cautela sob todos os aspectos, porque toda causa de agitação pode ser nociva.

6. Há inconvenientes em desenvolver a mediunidade na criança?

Certamente, e sustento que é muito perigoso; porque esses organismos fracos e delicados seriam muito abalados e sua jovem imaginação muito excitada; além disso, os parentes sábios as afastarão dessas ideias ou, pelo menos, delas não lhes falarão senão sob o ponto de vista das consequências morais.

7. Entretanto, há crianças que são médiuns naturalmente, seja para os efeitos físicos, seja para a escrita e as visões; isto também é inconveniente?

Não; quando a faculdade é espontânea numa criança, é porque está na sua natureza e sua constituição a ela se presta; não ocorre o mesmo quando é provocada e superexcitada. Notai que a criança que tem visões, geralmente, pouco se impressiona com isso, que lhe parece uma coisa muito natural, à qual presta bastante fraca atenção e que, amiúde, esquece; mais tarde, o fato lhe vem à memória e, se conhece o Espiritismo, explica-se facilmente.

8. Qual é a idade na qual se pode, sem inconveniente, ocupar-se da mediunidade?

Não há idade precisa e isso depende inteiramente do desenvolvimento físico e ainda mais do desenvolvimento moral; há crianças de doze anos que serão menos afetadas do que certas pessoas adultas. Falo da mediunidade em geral, mas a que se aplica aos efeitos físicos é mais fatigante corporalmente; a escrita tem um outro inconveniente que se relaciona com a inexperiência da criança, no caso em que quisesse dela se ocupar sozinho e com ela divertir-se.

222. A prática do Espiritismo, como veremos mais tarde, pede muito tato para afastar a astúcia dos Espíritos enganadores; se os homens adultos são seus joguetes, a infância e a juventude lhe estão ainda mais expostos pela sua inexperiência. Sabe-se, por outro lado, que o recolhimento é uma condição sem a qual não se podem ter relações com Espíritos sérios; as evocações feitas com leviandade e por gracejo são uma verdadeira profanação que abre um fácil acesso aos Espíritos zombadores e malfazejos; como não se pode esperar de uma criança a gravidade necessária a semelhante ato, seria de se temer que fizesse dela um jogo se ficasse entregue a si mesma. Mesmo nas mais favoráveis condições, deve-se desejar que uma criança dotada da faculdade medianímica não a exercesse senão sob os olhos de pessoas experimentadas que lhe ensinarão, pelo exemplo, o respeito que se deve às almas daqueles que viveram. Vê-se, depois disso, que a questão da idade está subordinada às circunstâncias tanto do temperamento quanto do caráter. Todavia, o que ressalta claramente, das respostas acima, é que não é necessário pressionar o desenvolvimento dessa faculdade nas crianças quando não é espontânea e que, em todos os casos, é preciso nisso usar uma grande circunspecção; que não é necessário nem excitá-lo, nem encorajá-lo nas pessoas débeis. É preciso disso afastar, por todos os meios possíveis, aqueles que tenham dado os menores sintomas de excentricidade nas ideias ou no enfraquecimento das faculdades mentais, porque há nelas predisposição evidente à loucura, que qualquer causa superexcitante pode desenvolver. As ideias espíritas não têm, a esse respeito, uma influência maior, mas a loucura, vindo a declarar-se, tomaria o caráter da preocupação dominante, como tomaria um caráter religioso se a pessoa se entregasse, com excesso, às práticas da devoção, e disso far-se-ia o Espiritismo responsável. O melhor a fazer com todo indivíduo que mostre uma tendência à ideia fixa, é dirigir suas preocupações para outro lado, a fim de proporcionar repouso aos órgãos fracos.

Chamamos, a esse respeito, a atenção dos nossos leitores para o parágrafo XII da Introdução de *O Livro dos Espíritos*.

CAPÍTULO XIX

PAPEL DO MÉDIUM NAS COMUNICAÇÕES ESPÍRITAS

Influência do Espírito pessoal do médium. – Sistema dos médiuns inertes. – Aptidão de certos médiuns para as coisas que não conhecem: as línguas, a música, o desenho. – Dissertação de um Espírito sobre o papel dos médiuns.

223. 1. O médium, no momento em que exerce sua faculdade, está em um estado perfeitamente normal?

Algumas vezes, está num estado de crise mais ou menos pronunciado, é isso que o fatiga e é, por isso, que necessita de repouso; porém, frequentemente, seu estado não difere sensivelmente do estado normal, sobretudo, nos médiuns escreventes.

2. As comunicações, escritas ou verbais, podem também provir do próprio Espírito encarnado no médium?

A alma do médium pode se comunicar como a de qualquer outro; se ela goza de um certo grau de liberdade, descobre suas qualidades de Espírito. Disso tendes a prova nas almas das pessoas vivas que vêm vos visitar e se comunicar convosco pela escrita, frequentemente, sem que as chameis. Porque, ficai sabendo, entre os Espíritos que evocais, há os que estão encarnados na Terra; então, eles vos falam como Espíritos, e não como homens. Por que pretenderíeis que não ocorresse o mesmo com o médium?

– Esta explicação não parece confirmar a opinião daqueles que creem que todas as comunicações emanam do Espírito do médium, e não do Espírito estranho?

Não estão errados senão porque são absolutos; porque é certo que o Espírito do médium pode agir por si mesmo; mas isso não é uma razão para que outros não atuassem igualmente por seu intermédio.

3. Como distinguir se o Espírito que responde é o do médium ou do Espírito estranho?

Pela natureza das comunicações. Estudai as circunstâncias e a linguagem, e distinguireis. É, sobretudo, no estado de sonambulismo ou de êxtase que o Espírito do médium se manifesta, porque então está mais livre; mas no estado normal é mais difícil. Aliás, há respostas que é impossível atribuir-lhe; por isso, disse para estudar e observar.

Nota. Quando uma pessoa nos fala, nós distinguimos facilmente o que vem dela ou o que não é senão o eco; ocorre o mesmo com os médiuns.

4. Uma vez que o Espírito do médium pôde adquirir, em existências anteriores, os conhecimentos que esquece sob seu envoltório corporal, mas dos quais se lembra como Espírito, não pode tirar, do seu próprio fundo, as ideias que parecem ultrapassar a capacidade de sua instrução?

Isso ocorre com frequência no estado de crise sonambúlica ou estática; mas, ainda uma vez, há circunstâncias que não permitem a dúvida: estudai longamente e meditai.

5. As comunicações provenientes do Espírito do médium são sempre inferiores às que poderiam ser dadas pelos Espíritos estranhos?

Sempre, não; porque o próprio Espírito estranho pode ser de uma ordem inferior à do médium e, por isso, falar menos sensatamente. Vê-se isso no sonambulismo; porque aí é, o mais frequentemente, o Espírito do sonâmbulo que se manifesta e que diz, portanto, algumas vezes, coisas muito boas.

6. O Espírito que se comunica por um médium transmite diretamente seu pensamento, ou esse pensamento tem por intermediário o Espírito encarnado no médium?

É o Espírito do médium que o interpreta, porque está ligado ao corpo que serve para falar e é preciso um laço entre vós e os Espíritos estranhos que se comunicam como é necessário um fio elétrico para transmitir uma notícia ao longe e, no fim do fio, uma pessoa inteligente a recebe e a transmite.

7. O Espírito encarnado no médium exerce uma influência sobre as comunicações que deve transmitir e que provêm de Espíritos estranhos?

Sim, porque se não lhe é simpático, pode alterar suas respostas e assimilá-las às suas próprias ideias e às suas tendências, mas não influencia os Espíritos, eles mesmos: não é senão um mau intérprete.

8. É esta a causa da preferência dos Espíritos por certos médiuns?

Não há outra; procuram o intérprete que melhor simpatize com eles e que exprima, o mais exatamente, o seu pensamento. Se não há simpatia entre eles, o Espírito do médium é um antagonista que faz uma certa resistência e se torna um intérprete de má vontade e, frequentemente, infiel. Ocorre o mesmo entre vós quando o conselho de um sábio é transmitido pela voz de um estouvado ou de um homem de má fé.

9. Concebe-se que isso possa ser assim com os médiuns intuitivos, mas não com os que são mecânicos.

Não tendes vós bem consciência do papel que desempenha o médium; há aí uma lei que não haveis ainda compreendido. Lembrai-vos de que, para operar o movimento de um corpo inerte, o Espírito tem necessidade de uma porção de fluido animalizado que tira do médium para animar momentaneamente a mesa, a fim de que esta obedeça à sua vontade; pois bem, compreendei também que, para uma comunicação inteligente, há necessidade de um intermediário inteligente, e que esse intermediário é o Espírito do médium.

– Isto não parece aplicável ao que se chama de mesas falantes; porque, quando os objetos *inertes*, como as mesas, pranchetas e cestas dão respostas inteligentes, parece que o Espírito do médium aí não está para nada.

É um erro; o Espírito pode dar, ao corpo inerte, uma vida factícia momentânea, mas não inteligência; jamais um corpo inerte foi inteligente. É, pois, o Espírito do médium que recebe o pensamento, com o seu desconhecimento, e o transmite, pouco a pouco, com a ajuda de diversos intermediários.

10. Resultaria, dessas explicações, que o Espírito do médium não está jamais completamente passivo?

Ele é passivo quando não mistura suas próprias ideias com as do Espírito estranho, mas não é jamais absolutamente nulo; seu concurso é sempre necessário como intermediário, mesmo naqueles que chamais médiuns mecânicos.

11. Não há mais garantia de independência no médium mecânico do que no médium intuitivo?

Sem nenhuma dúvida, e, para certas comunicações, um médium mecânico é preferível; mas, quando se conhecem as faculdades de um médium intuitivo, isso se torna diferente, segundo as circunstâncias; quero dizer que há comunicações que reclamam menos precisão.

12. Entre os diferentes sistemas que foram emitidos para explicar

os fenômenos espíritas, há um que consiste em crer que a verdadeira mediunidade está num corpo completamente inerte, na cesta ou no papelão, por exemplo, que serve de instrumento; que o Espírito estranho se identifica com esse objeto e o torna não somente vivo, mas inteligente; daí o nome de *médiuns inertes* dado a esses objetos; que pensais disso?

Não há senão uma palavra a dizer quanto a isso, e é que se o Espírito tivesse transmitido a inteligência ao papelão, ao mesmo tempo que a vida, o papelão escreveria tudo sozinho, sem o concurso do médium; seria singular que o homem inteligente se tornasse máquina e que um objeto inerte se tornasse inteligente. É um dos numerosos sistemas nascidos de uma ideia preconcebida e que tombam, como tantos outros, diante da experiência e da observação.

13. Um fenômeno bem conhecido poderia abonar a opinião de que há, nos corpos inertes animados, mais do que a vida, mas também a inteligência, como é o das mesas, cestas, etc., que exprimem, por seus movimentos, a cólera ou a afeição?

Quando um homem agita um bastão com cólera, não é o bastão que está colérico, nem mesmo a mão que segura o bastão, mas sim o pensamento que dirige a mão; as mesas e as cestas não são mais inteligentes do que o bastão; não têm nenhum sentimento inteligente, mas obedecem a uma inteligência; em uma palavra, não é o Espírito que se transforma em cesta, nem mesmo que nela elege domicílio.

14. Se não é racional atribuir inteligência a esses objetos, pode-se considerá-los como uma variedade de médiuns em os designando sob o nome de *médiuns inertes*?

É uma questão de palavras que pouco nos importa, contanto que vos entendais. Sois livres para chamarem uma marionete de homem.

15. Os Espíritos não têm senão a linguagem do pensamento; não têm a linguagem articulada; por isso, não há, para eles, senão uma só língua; assim sendo, um Espírito poderia se exprimir por via mediúnica em uma língua que jamais falou quando vivia e, nesse caso, onde toma as palavras das quais se serve?

Vós mesmos vindes de responder à vossa pergunta, dizendo que os Espíritos têm uma única língua que é a do pensamento; essa língua é compreendida por todos, tanto pelos homens quanto pelos Espíritos. O Espírito errante, em se dirigindo ao Espírito encarnado do médium, não lhe fala nem francês, nem inglês, mas a língua universal que é a do pensamento; para traduzir as suas ideias em uma linguagem articulada, transmissível, toma suas palavras no vocabulário do médium.

16. Se assim é, o Espírito não deveria poder se exprimir senão na língua do médium, ao passo que pode ser visto escrever em línguas desconhecidas deste último; não há aí uma contradição?

Anotai primeiro que todos os médiuns não são igualmente próprios para esse gênero do exercício e, em seguida, que os Espíritos a isso não se prestam senão acidentalmente, quando julgam que possa ser útil; mas, para as comunicações usuais e de uma certa extensão, preferem se servir de uma língua familiar ao médium, porque ela lhe apresenta menos dificuldades materiais a vencer.

17. A aptidão de certos médiuns para escreverem em uma língua que lhes é estranha, não resultaria de que essa língua lhe fora familiar em uma outra existência, e que dela conservou a intuição?

Isto pode certamente ocorrer, mas não é uma regra; o Espírito pode, com alguns esforços, superar, momentaneamente, a resistência material que encontra; é o que ocorre quando o médium escreve, em sua própria língua, palavras que não conhecia.

18. Uma pessoa que não soubesse escrever, poderia escrever como médium?

Sim; mas se concebe que há aí ainda uma grande dificuldade mecânica a vencer – a mão não tendo o hábito do movimento necessário para formar as letras. Ocorre o mesmo com os médiuns desenhistas que não sabem desenhar.

19. Um médium muito pouco inteligente, poderia transmitir comunicações de uma ordem elevada?

Sim, pela mesma razão que um médium pode escrever em uma língua que não conhece. A mediunidade propriamente dita é independente da inteligência, assim como das qualidades morais, e, na falta de um melhor instrumento, o Espírito pode se servir daquele que tem sob a mão; mas é natural que, para as comunicações de uma certa ordem, ele prefira o médium que lhe ofereça menos obstáculos materiais. De resto, uma outra consideração: O idiota, frequentemente, não é idiota senão pela imperfeição dos seus órgãos, mas seu Espírito pode ser mais avançado do que credes; disso tendes a prova por certas evocações de idiotas, vivos ou mortos.

Nota. Isso é um fato constatado pela experiência; várias vezes, evocamos idiotas vivos que nos deram provas patentes de sua identidade, e respondiam de maneira muito sensata e mesmo superior. Isso é uma punição para o Espírito, que sofre o constrangimento em que se encontra. Um médium idiota pode, pois, algumas vezes, oferecer ao Espírito que quer se manifestar, mais recursos do que se crê. (Ver *Revista Espírita*, julho 1860, artigo sobre a *Frenologia e a fisiognomia*.)

20. De onde provém a aptidão de certos médiuns para escreverem em versos, malgrado sua ignorância quanto à poesia?

A poesia é uma linguagem; podem escrever em versos como podem escrever em uma língua que não conhecem; de resto, podem ter sido poetas em uma outra existência e, como vos disse, os conhecimentos adquiridos não são jamais perdidos pelo Espírito que deve alcançar a perfeição em todas as coisas. Então, o que conheceram, dá-lhes, sem que o saibam, uma facilidade que não têm no estado normal.

21. Ocorre o mesmo com aqueles médiuns, malgrado sua ignorância quanto à música e à pintura, que têm uma aptidão especial para o desenho e a música?

Sim; o desenho e a música são também maneiras de expressar o pensamento; os Espíritos se servem dos instrumentos que lhes ofereçam maior facilidade.

22. A expressão do pensamento pela poesia, pelo desenho ou pela música depende unicamente da aptidão especial do médium ou da do Espírito que se comunica?

Algumas vezes, do médium; algumas vezes, do Espírito. Os Espíritos superiores têm todas as aptidões; os Espíritos inferiores têm conhecimentos limitados.

23. Por que o homem, que tem um talento transcendente em uma existência, não o tem em uma outra seguinte?

Não ocorre sempre assim, porque, frequentemente, ele aperfeiçoa em uma existência o que começou em uma precedente; mas pode ocorrer que uma faculdade transcendente adormeça durante um certo tempo, para, com isso, deixar uma outra mais livre, para desenvolver-se; é um germe latente que se reencontrará mais tarde e do qual sempre ficam alguns traços ou, pelo menos, uma vaga intuição.

224. O Espírito estranho compreende, sem dúvida, todas as línguas, uma vez que as línguas são a expressão do pensamento, e que o Espírito compreende pelo pensamento; mas, para manifestar esse pensamento, é preciso um instrumento: esse instrumento é o médium. A alma do médium, que recebe a comunicação estranha, não pode transmiti-la senão pelos órgãos do seu corpo; ora, esses órgãos não podem ter, para uma língua desconhecida, a flexibilidade que têm para aquela que lhe é familiar. Um médium que não sabe senão o francês poderá, acidentalmente, dar uma resposta em inglês, por exemplo, se o Espírito deseja fazê-lo; mas os Espíritos que já acham a linguagem humana muito lenta, em relação à rapidez do pensamento, uma vez que a abreviam quanto podem, impacientam-se com a resistência mecânica que experimentam; eis por que não o fazem sempre. É também a razão pela qual um médium novato, que escreve penosamente e com lentidão, mesmo em sua própria língua, em geral, não obtém senão respostas breves e sem desenvolvimento; também os Espíritos recomendam não fazer, por seu intermédio, senão perguntas simples. Para as de uma alta categoria, é preciso um médium formado que não ofereça nenhuma resistência mecânica ao Espírito. Não tomaríamos para nosso leitor um escolar que soletre. Um bom obreiro não gosta de se servir de más ferramentas. Acrescentemos uma outra consideração, de grande gravidade, no que concerne às línguas estrangeiras. As tentativas desse gênero são sempre feitas com um objetivo de curiosidade e de experimentação; ora, nada é mais antipático aos Espíritos do que as provas às quais se tenta submetê-los. Os Espíritos superiores jamais se prestam para isso e se afastam desde que se vê entrar nesse caminho. Tanto como se comprazem com as coisas úteis e sérias, tanto repugnam ocupar-se com coisas fúteis e sem objetivo. É, dirão os incrédulos, para convencer-nos, e esse objetivo é útil, uma vez que pode ganhar adeptos para a causa dos Espíritos. A isso os Espíritos respondem: "Nossa causa não necessita daqueles que têm bastante orgulho para se crerem indispensáveis; chamamos a nós *aqueles que queremos* e, frequentemente, esses são os menores e os mais humildes. Jesus fez os milagres que lhe pediram os escribas? E de quais homens se serviu para revolucionar o mundo? Se quereis vos convencer, tendes outros meios além da força; primeiro, começais por submeter-vos: não é normal que o escolar imponha sua vontade ao mestre."

Disso resulta que, salvo algumas exceções, o médium exprime o pensamento dos Espíritos pelos meios mecânicos que estão à sua disposição, e que a expressão desse pensamento pode, e deve mesmo, o mais frequentemente, ressentir-se da imperfeição desses meios; assim, o homem inculto, o camponês, poderá dizer as mais belas coisas, exprimir os pensamentos os mais elevados, os mais filosóficos, falando como um camponês; porque, como se sabe, para os Espíritos, o pensamento domina tudo. Isso responde à objeção de certos críticos a respeito das incorreções de estilo e de ortografia que se podem vir a censurar nos Espíritos e que podem provir do médium tão bem quanto do Espírito. Há futilidade em prender-se em semelhantes coisas. Não é menos pueril interessar-se em reproduzir essas incorreções com uma minuciosa exatidão, como o vimos fazê-lo algumas vezes. Pode-se, pois, corrigi-las sem nenhum escrúpulo, a menos que não sejam um tipo característico do Espírito que se comunica, em cujo caso é útil conservá-las como prova de identidade. Assim é, por exemplo, que vimos um Espírito escrever constantemente *Jule* (sem s) falando a seu neto, porque, quando vivo, escrevia dessa maneira, e embora o neto, que servia de médium, soubesse escrever perfeitamente seu nome.

225. A dissertação seguinte, dada espontaneamente por um Espírito superior, que se revelou por comunicações de ordem a mais elevada, resume, da maneira mais clara e mais completa, a questão do papel dos médiuns:

"Qualquer que seja a natureza dos médiuns escreventes, sejam mecânicos, semimecânicos ou simplesmente intuitivos, nosso procedimento de comunicação, com eles, não varia essencialmente. Com efeito, comunicamo-nos com os próprios Espíritos encarnados, como com os Espíritos, propriamente ditos, unicamente pela irradiação do nosso pensamento.

"Nossos pensamentos não têm necessidade das vestes da palavra para serem compreendidos pelos Espíritos, e todos os Espíritos percebem o pensamento que desejamos lhes comunicar, só pelo fato de que dirigimos nosso pensamento até eles, e isso em razão das suas faculdades intelectuais; quer dizer que tal pensamento pode ser compreendido por tais e tais, segundo seu adiantamento, ao passo que, entre tais outros, esse pensamento não revela nenhuma lembrança, nenhum conhecimento no fundo do seu coração ou do seu cérebro, não lhes é perceptível. Nesse caso, o Espírito encarnado, que nos serve de médium, está mais apropriado para transmitir o nosso pensamento para os outros encarnados, se bem que não compreenda que um Espírito desencarnado e pouco avançado não poderia fazê-lo, se estivéssemos forçados a recorrer à sua intermediação; porque o ser terrestre coloca seu corpo, como instrumento, à nossa disposição, o que o Espírito errante não pode fazer.

"Assim, quando encontramos, num médium, o cérebro enriquecido de conhecimentos adquiridos em sua vida atual, e seu Espírito rico de conhecimentos anteriores latentes, próprios para facilitar nossas comunicações, dele nos servimos de preferência, porque, com ele, o fenômeno da comunicação nos é muito mais fácil do que com um médium cuja inteligência fosse limitada e cujos conhecimentos anteriores fossem insuficientes. Vamos nos fazer compreender por algumas explicações claras e precisas.

"Com um médium cuja inteligência atual ou anterior se encontra desenvolvida, nosso pensamento se comunica instantaneamente de Espírito para Espírito, por uma faculdade própria da essência do próprio Espírito. Neste caso, encontramos, no cérebro do médium, os elementos próprios para darem ao nosso pensamento a vestimenta da palavra correspondente a esse pensamento, e isso embora seja o médium intuitivo, semimecânico ou mecânico puro. Por isso, qualquer que seja a diversidade dos Espíritos que se comunicam por um médium, os ditados obtidos por ele, inteiramente procedentes de Espíritos diversos, levam um selo de forma e de cor pessoal desse médium. Sim, se bem que o pensamento lhe seja inteiramente estranho, se bem que o assunto escape do quadro no qual se move habitualmente ele mesmo, se bem que aquilo que queremos dizer não provenha de nenhum modo de si, ele não influencia menos a forma, pelas qualidades e as propriedades que são adequadas à sua individualidade. É absolutamente como quando olhais diferentes pontos de vista com óculos coloridos, verdes, brancos ou azuis; se bem que os pontos de vista ou objetos olhados, sejam inteiramente opostos e inteiramente independentes uns dos outros, não deixam de afetar uma tinta que provém da cor dos óculos. Ou melhor, comparemos os médiuns a esses frascos de líquidos coloridos e transparentes que se veem na vitrine de laboratórios farmacêuticos; pois bem, nós somos como as luzes que clareiam certos pontos de vista morais, filosóficos e internos, através de médiuns azuis, verdes ou vermelhos, de tal sorte que nossos raios luminosos, obrigados a passar através de vidros mais ou menos bem talhados, mais ou menos transparentes, quer dizer, por médiuns mais ou menos inteligentes, não chegam sobre os objetos que desejamos iluminar, senão tomando a tinta, ou melhor, a forma própria e particular desses médiuns. Enfim, para terminar, por uma última comparação, nós, Espíritos, somos como compositores de música que compusemos ou queremos improvisar uma música, e não temos à mão senão um piano, ou um violino, ou uma flauta, ou um baixo, ou uma gaita barata. É incontestável que com o piano, a flauta ou o violino nós executaremos nosso trecho de maneira bem compreensível para os nossos ouvintes; se bem que os sons provenientes do piano, do baixo ou da clarineta sejam essencialmente diferentes uns dos outros, nossa composição não deixará de ser identicamente a mesma, salvo os matizes dos sons. Mas se não temos à nossa disposição senão uma gaita barata ou um funil de água, aí está, para nós, a dificuldade.

"Com efeito, quando somos obrigados a servir-nos de médiuns pouco avançados, nosso trabalho se torna bem mais longo, bem mais penoso, porque somos obrigados a recorrer a formas incompletas, o que nos é uma complicação; porque, então, somos forçados a decompor nossos pensamentos e de proceder palavra por palavra, letra por letra, o que é um aborrecimento e uma fadiga para nós, e um entrave real à prontidão e ao desenvolvimento de nossas manifestações.

"Por isso, ficamos felizes ao encontrarmos médiuns bem apropriados, bem aparelhados, munidos de materiais prontos para funcionar, bons instrumentos em uma palavra, porque, então, nosso perispírito, agindo sobre o perispírito daquele que *medianimizamos*, não tem mais que impulsionar a mão que nos serve de porta-caneta ou porta-lápis; enquanto que, com médiuns insuficientes somos obrigados a fazer um trabalho análogo ao que fazemos quando nos comunicamos por pancadas, quer dizer, designando letra por letra, palavra por palavra, cada uma das frases que formam a tradução dos pensamentos que queremos comunicar.

"Por essas razões, dirigimo-nos de preferência às classes esclarecidas e instruídas para a divulgação do Espiritismo e o desenvolvimento das faculdades medianímicas escreventes, se bem que seja, entre essas classes, que se encontram os indivíduos, os mais incrédulos, os mais rebeldes e os mais imorais. É que, da mesma forma que deixamos hoje, aos Espíritos zombeteiros e pouco avançados, o exercício das comunicações tangíveis, de pancadas e de transportes, igualmente os homens pouco sérios entre vós, preferem a visão dos fenômenos que atingem seus olhos e seus ouvidos, aos fenômenos puramente espirituais, puramente psicológicos.

"Quando queremos proceder por ditados espontâneos, agimos sobre o cérebro, sobre os arquivos do médium e juntamos nossos materiais com os elementos que ele nos fornece, e isso com seu inteiro desconhecimento; é como se tomássemos, de seu bolso, as somas que pode aí ter e dispuséssemos as diferentes moedas segundo a ordem que nos parecesse a mais útil.

"Mas quando o próprio médium quer nos interrogar de tal ou tal modo, é bom que reflita seriamente a fim de perguntar-nos de um modo metódico, facilitando, assim, nosso trabalho de resposta. Porque, como vos foi dito em uma precedente instrução, vosso cérebro está, frequentemente, em uma desordem inextricável e nos é bastante penoso e difícil nos movermos no labirinto de vossos pensamentos. Quando as perguntas devem ser feitas por terceiros, é bom e é útil que a série de perguntas seja comunicada, antecipadamente, ao médium, para que este se identifique com o Espírito do evocador, e dele se impregne, por assim dizer; porque, então, nós mesmos temos bem mais facilidade para responder, pela afinidade que existe entre nosso perispírito e o do médium que nos serve de intérprete.

"Certamente, podemos falar de matemáticas por meio de um médium a quem estas lhe parecem inteiramente estranhas; mas, frequentemente, o Espírito desse médium possui esse conhecimento em estado latente, quer dizer, peculiar ao ser fluídico e não ao ser encarnado, porque seu corpo atual é um instrumento rebelde ao contrário a esse conhecimento. Ocorre o mesmo com a astronomia, a poesia, a medicina e as línguas diversas, assim, como com todos os outros conhecimentos próprios à espécie humana. Enfim, temos ainda o meio de elaboração penoso em uso com os médiuns completamente estranhos ao assunto tratado, reunindo as letras e as palavras como em tipografia.

"Como dissemos, os Espíritos não têm necessidade de revestir seu pensamento; percebem e comunicam os pensamentos só pelo fato de que existem neles. Os seres corporais, ao contrário, não podem perceber o pensamento senão revestido. Enquanto que a letra, a palavra, o substantivo, o verbo, a frase numa palavra, vos são necessárias para perceber mesmo mentalmente, nenhuma forma visível ou tangível nos é necessária.

ERASTO E TIMÓTEO."

Nota. Esta análise do papel dos médiuns e dos procedimentos com a ajuda dos quais os Espíritos se comunicam, é tão clara como lógica. Dela decorre, como princípio, que o Espírito toma, *não suas ideias*, mas os materiais necessários para exprimi-las, no cérebro do médium, e que quanto mais esse cérebro é rico em materiais, mais a comunicação é fácil. Quando o Espírito se exprime na língua familiar ao médium, encontra nele as palavras prontas para revestir a ideia; se numa língua que lhe é estranha, não encontra as palavras, mas simplesmente as letras; por isso, o Espírito é obrigado a ditar, por assim dizer, letra por letra, exatamente como se quiséssemos fazer escrever em alemão aquele que não sabe nenhuma palavra. Se o médium não sabe, nem ler, nem escrever, ele não possui nem mesmo as letras; é preciso, pois, conduzir-lhe a mão igual a um escolar; e aí está uma dificuldade material ainda maior a vencer. Esses fenômenos são, pois, possíveis, e se têm deles numerosos exemplos; mas se compreende que esta maneira de proceder se ajusta pouco com a extensão e a rapidez das comunicações, e que os Espíritos devem preferir os instrumentos os mais fáceis ou, como eles dizem, os médiuns bem aparelhados em seu ponto de vista.

Se aqueles que pedem esses fenômenos como meios de convicção tivessem antes estudado a teoria, saberiam em que condições excepcionais eles se produzem.

CAPÍTULO XX

INFLUÊNCIA MORAL DO MÉDIUM

Questões diversas. –
Dissertação de um Espírito sobre a influência moral.

226. 1. O desenvolvimento da mediunidade está em razão do desenvolvimento moral do médium?

Não; a faculdade, propriamente dita, relaciona-se com o organismo; é independente do moral; não ocorre o mesmo com seu uso, que pode ser mais ou menos bom, segundo as qualidades do médium.

2. Sempre foi dito que a mediunidade é um dom de Deus, uma graça, um favor; por que, pois, não é o privilégio dos homens de bem, e por que se veem pessoas indignas que dela são dotadas no mais alto grau e que dela fazem mau uso?

Todas as faculdades são favores dos quais se devem render graças a Deus, pois há homens que delas são privados. Poderíeis também perguntar por que Deus concede uma boa visão aos malfeitores, destreza aos gatunos, eloquência àqueles que dela se servem para dizerem más coisas. Ocorre o mesmo com a mediunidade; pessoas indignas dela são dotadas porque têm mais necessidade do que os outros para se melhorarem; pensais que Deus recusa os meios de salvação aos culpados? Multiplica-os sob seus passos, coloca-lhes nas mãos, e a eles cabe disso se aproveitarem. Judas, o traidor, não fez milagres e curou os enfermos como apóstolo? Deus permitiu que tivesse esse dom para tornar sua traição mais odiosa.

3. Os médiuns que fazem um mau uso de sua faculdade, que não se servem dela com o objetivo do bem ou que não a aproveitam para sua instrução, disso sofrerão as consequências?

Se a usam mal, serão duplamente punidos, porque têm um meio a mais para se esclarecerem, e que não aproveitam. Aquele que vê claro e que tropeça, é mais censurável do que o cego que cai no fosso.

4. Há médiuns aos quais são feitas, espontaneamente e quase

constantemente, comunicações sobre um mesmo assunto, sobre certas questões morais, por exemplo, sobre certas faltas determinadas; isso tem uma finalidade?

Sim, e essa finalidade é a de esclarecê-los sobre um assunto frequentemente repetido ou corrigi-los de certos defeitos; por isso, a uns, falarão sem cessar do orgulho, a um outro da caridade; não é senão a saciedade que pode lhes abrir os olhos. Não há médium abusando da sua faculdade, por ambição ou por interesse, ou a comprometendo por um defeito capital, como o orgulho, o egoísmo, a leviandade, etc, que não receba, de tempos em tempos, algumas advertências da parte dos Espíritos; o mal é que, na maior parte do tempo, não tomam isso para si.

Nota. Os Espíritos empregam, frequentemente, cautela em suas lições, dando-as, de um modo indireto, para deixar mais mérito àquele que sabe aplicá-las e delas se aproveitar; mas a cegueira e o orgulho são tais em certas pessoas, que não se reconhecem no quadro que se lhe coloca sob os olhos; bem mais, se o Espírito lhes dá a entender que é delas que se trata, elas se irritam e tratam o Espírito de mentiroso ou gracejador. Isso só prova que o Espírito tem razão.

5. Nas lições que são ditadas ao médium, de um modo geral e sem aplicação pessoal, este não atua como um instrumento passivo para servir à instrução de outro?

Frequentemente, esses avisos e esses conselhos não são ditados para ele pessoalmente, mas para outros, aos quais não podemos nos dirigir senão por intermédio desse médium, mas que deve deles tomar a sua parte, se não está cego pelo amor-próprio.

Não creiais que a faculdade medianímica seja dada para corrigir somente uma ou duas pessoas; não; o objetivo é maior: trata-se da Humanidade. Um médium é um instrumento muito pouco importante como indivíduo; por isso, quando damos instruções que devem aproveitar à generalidade, servimo-nos daqueles que possuem as facilidades necessárias; mas admitais, por certo, que virá um tempo no qual os bons médiuns serão bastante comuns, para que os bons Espíritos não tenham necessidade de se servirem de maus instrumentos.

6. Uma vez que as qualidades morais do médium afastam os Espíritos imperfeitos, como ocorre que um médium dotado de boas qualidades transmita respostas falsas ou grosseiras?

Conheceis todos os recessos de sua alma? Aliás, sem ser vicioso, pode ser leviano e frívolo; ademais, algumas vezes, tem necessidade de uma lição para que se mantenha em guarda.

7. Por que os Espíritos superiores permitem que pessoas dotadas de uma grande força como médiuns e que poderiam fazer muito de bem, sejam os instrumentos do erro?

Tratam de influenciá-las; mas quando se deixam conduzir para um mau caminho, deixam-nas ir. Por isso, delas se servem com repugnância, porque a verdade não pode ser interpretada pela mentira.

8. É absolutamente impossível ter boas comunicações através de um médium imperfeito?

Um médium imperfeito, algumas vezes, pode obter boas coisas, porque, se tem uma bela faculdade, os bons Espíritos podem dele servir-se, na falta de outro, numa circunstância particular; mas isso não é sempre senão momentaneamente, porque desde que encontrem um que melhor lhes convenha, dão-lhe a preferência.

Nota. Há a se observar que, quando os bons Espíritos julgam que um médium cessa de ser bem assistido, e se torna, pelas suas imperfeições, a presa dos Espíritos enganadores, provocam, quase sempre, circunstâncias que revelam suas manias, e afastam as pessoas sérias e bem intencionadas, de cuja boa-fé poderia ser abusada. Neste caso, quaisquer que sejam as suas faculdades, nada tem a lamentar.

9. Qual seria o médium que se poderia chamar de perfeito?

Perfeito, ah! bem sabeis que a perfeição não está sobre a Terra, de outro modo não estaríeis nela; dizei, pois, bom médium, e isso já é muito, porque são muito raros. O médium perfeito seria aquele ao qual os maus Espíritos não tivessem jamais ousado fazer uma tentativa num enganá-lo; o melhor é aquele que, não simpatizando senão com os bons Espíritos, foi enganado o menos frequentemente.

10. Se não simpatiza senão com os bons Espíritos, como podem permitir que seja enganado?

Os bons Espíritos o permitem, algumas vezes, com os melhores médiuns, para exercerem seu julgamento e lhes ensinarem a discernir o verdadeiro do falso; ademais, por bom que seja um médium, não é jamais tão perfeito que não possa dar ensejo sobre ele por algum lado fraco; isso deve lhe servir de lição. As falsas comunicações que recebe, de tempos em tempos, são advertências para que não se creia infalível e não se torne orgulhoso; porque o médium que obtém as coisas, as mais notáveis, não tem mais a se glorificar disso do que o tocador de órgão, que produz belas músicas, girando a manivela do seu instrumento.

11. Quais são as condições necessárias para que a palavra dos Espíritos superiores nos chegue pura de toda alteração?

Querer o bem; enxotar o egoísmo e o orgulho; as duas coisas são necessárias.

12. Se a palavra dos Espíritos superiores não nos chega pura senão em condições difíceis de se encontrar, isso não é um obstáculo para a propagação da verdade?

Não, porque a luz sempre chega para aquele que quer recebê-la. Quem quer se iluminar deve evitar as trevas, e as trevas estão na impureza do coração.

Os Espíritos, que considerais como sendo a personificação do bem, não se entregam de boa vontade ao apelo daqueles que têm o coração manchado pelo orgulho, pela cupidez e pela falta de caridade.

Que aqueles, pois, que querem se iluminar, despojem-se de toda vaidade humana e humilhem sua razão diante do poder infinito do Criador, essa será a melhor prova de sua sinceridade; e esta condição, cada um pode alcançá-la.

227. Se o médium, do ponto de vista da execução, não é senão um instrumento, exerce sob o aspecto moral uma influência muito grande. Uma vez que, para se comunicar, o Espírito estranho se identifica com o Espírito do médium, essa identificação não pode ocorrer senão quando há simpatia entre eles, e se, assim, pode-se dizer, afinidade. A alma exerce, sobre o Espírito estranho, uma espécie de atração ou de repulsão, segundo o grau de sua semelhança ou dissemelhança; ora, os bons têm afinidade com os bons, e os maus com os maus; de onde se segue que as qualidades morais do médium têm uma influência capital sobre a natureza dos Espíritos que se comunicam por seu intermédio. Se ele é vicioso, os Espíritos inferiores vêm se agrupar ao seu redor e estão sempre prontos para tomarem o lugar dos bons Espíritos que se evocaram. As qualidades que atraem, de preferência, os bons Espíritos são: a bondade, a benevolência, a simplicidade do coração, o amor ao próximo, o desprendimento das coisas materiais. Os defeitos que os afastam são: o orgulho, o egoísmo, a inveja, o ciúme, o ódio, a cupidez, a sensualidade e todas as paixões pelas quais o homem se prende à matéria.

228. Todas as imperfeições morais são outro tanto de portas abertas que dão acesso aos maus Espíritos; mas a que exploram com maior habilidade é o orgulho, porque é a que cada um menos reconhece em si mesmo; o orgulho perdeu a numerosos médiuns dotados das mais belas faculdades e que, sem isso, teriam podido ser sujeitos notáveis e muito úteis; ao passo que, transformados em presa de Espíritos mentirosos, suas faculdades foram primeiro pervertidas, depois aniquiladas, e mais de um se viu humilhado pelas mais amargas decepções.

O orgulho se traduz, nos médiuns, por sinais inequívocos sobre os quais é tanto mais necessário chamar a atenção, porque é um dos caprichos que mais devem inspirar desconfiança sobre a veracidade de suas comunicações. Primeiro, é uma confiança cega na superioridade dessas mesmas comunicações e na infalibilidade dos Espíritos que lhas dão; daí um certo desdém por tudo o que não vem deles, porque se creem o privilégio da verdade. O prestígio dos grandes nomes com os quais os Espíritos se adornam, que são tidos como protetores, ofusca-lhes, e como seu amor-próprio sofreria em confessar que são vítimas, recusam toda espécie de conselhos; evitam mesmo e se afastam dos amigos que poderiam lhes abrir os olhos; se têm a condescendência de escutá-los, não levam em nenhuma conta seus avisos, porque duvidar da superioridade de seu Espírito é quase uma profanação. Melindram-se com a menor contradição, com uma simples observação crítica e, algumas vezes, chegam até a odiar as próprias pessoas que lhes fizeram favores. Graças a esse isolamento provocado pelos Espíritos que não querem ter contraditores, estes estão em condições favoráveis para entretê-los em suas ilusões e desse modo os fazem, facilmente, tomar os maiores absurdos por coisas sublimes. Assim, confiança absoluta na superioridade do que obtêm, desprezo daquilo que não vem deles, importância irrefletida atribuída aos grandes nomes, recusa de conselhos, tomar a mal toda crítica, distanciamento daqueles que podem dar avisos desinteressados, crença na sua habilidade, malgrado sua falta de experiência: tais são os caracteres dos médiuns orgulhosos.

É preciso convir também que o orgulho, frequentemente, é estimulado no médium por aqueles que o cercam. Se tem faculdades um pouco transcendentais, é procurado e louvado; crê-se indispensável e logo toma ares de suficiência e de desdém quando presta seu concurso. Mais de uma vez, lamentamo-nos pelos elogios que demos a certos médiuns, com o objetivo de encorajá-los.

229. Ao lado disso, mostremos o quadro do médium verdadeiramente bom, aquele em quem se pode ter confiança. Suponhamos, primeiro, uma facilidade de execução bastante grande para permitir aos Espíritos se comunicarem livremente e sem entraves por alguma dificuldade material. Isto posto, o que mais importa considerar é a natureza dos Espíritos que o assistem habitualmente e, para isso, não é ao nome que devemos nos referir, mas à linguagem. Não se deve jamais perder de vista que as simpatias que ele granjear entre os bons Espíritos estarão em razão do que fará para afastar os maus. Persuadido de que sua faculdade é um dom que lhe é concedido para o bem, nunca procura dela se prevalecer, nem dela se faz qualquer mérito. Aceita as boas comunicações que lhe são feitas, como uma graça, da qual deve se esforçar para tornar-se digno por sua bondade, por sua benevolência e sua modéstia. O primeiro se orgulha de suas relações com os Espíritos superiores; este se humilha, porque se crê sempre abaixo deste favor.

230. A instrução seguinte nos foi dada, a esse respeito, por um Espírito do qual já reportamos várias comunicações.

"Já dissemos: os médiuns, enquanto médiuns, não têm senão uma influência secundária nas comunicações dos Espíritos; sua tarefa é a de uma máquina elétrica, que transmite os despachos telegráficos de um ponto distante a um outro ponto distante da Terra. Assim, quando queremos ditar uma comunicação, agimos sobre o médium como o empregado do telégrafo sobre seu aparelho; quer dizer, do mesmo modo que o *tac--tac* do telégrafo desenha, a milhares de léguas, sobre uma tira de papel, os sinais reprodutores do despacho, do mesmo modo nos comunicamos através das distâncias incomensuráveis que separam o mundo visível do mundo invisível, o mundo imaterial do mundo encarnado, o que queremos ensinar por intermédio do aparelho medianímico. Mas também, do mesmo modo que as influências atmosféricas atuam e perturbam, frequentemente, as transmissões do telégrafo elétrico, a influência moral do médium atua e perturba, algumas vezes, a transmissão dos nossos despachos de além-túmulo, porque somos obrigados a fazê-los passar por um meio que lhes é contrário. Entretanto, o mais frequentemente, essa influência é anulada por nossa energia e nossa vontade, e nenhum ato perturbador se manifesta. Com efeito, os ditados de uma alta importância filosófica, as comunicações de uma perfeita moralidade são transmitidas, algumas vezes, por médiuns pouco próprios a esses ensinamentos superiores; ao passo que, por outro lado, as comunicações pouco edificantes chegam também, algumas vezes, por médiuns envergonhados de lhes terem servido de intérpretes.

"Em tese geral, pode-se afirmar que os Espíritos semelhantes chamam os Espíritos semelhantes, e que raramente os Espíritos das plêiades elevadas se comunicam por aparelhos maus condutores quando têm à mão bons aparelhos medianímicos, bons médiuns, numa palavra".

"Os médiuns levianos e pouco sérios chamam, pois, os Espíritos da mesma natureza; por isso, suas comunicações são marcadas por banalidades, frivolidades, ideias sem sequência e, frequentemente, muito heterodoxas, espiritualmente falando. Certamente, eles podem dizer e dizem, algumas vezes, boas coisas; mas é nesse caso, sobretudo, que é preciso fazer um exame sério e escrupuloso, porque, no meio dessas boas coisas, certos Espíritos hipócritas insinuam com habilidade e com uma perfídia calculada, fatos controvertidos, asserções mentirosas, a fim de enganar a boa fé dos seus ouvintes. Deve-se, pois, podar sem piedade, toda palavra, toda frase equivocada, e conservar, do ditado, o que a lógica possa aceitar, ou o que a doutrina já ensinou. As comunicações dessa natureza não são temidas senão pelos espíritos isolados e pelos grupos recentes ou pouco esclarecidos; porque nas reuniões onde os adeptos são mais avançados e adquiriram experiência, a gralha que se adorna com plumas de pavão é sempre implacavelmente despedida.

"Não falarei dos médiuns que se comprazem em solicitar e escutar comunicações indecentes; deixemos que se comprazam na sociedade dos Espíritos cínicos. Aliás, as comunicações desta ordem procuram, elas mesmas, a solidão e o isolamento; não poderiam, em todo caso, senão provocar o desdém e o desgosto entre os membros dos grupos filosóficos e sérios. Mas onde a influência moral do médium se faz realmente sentir, é quando este substitui suas ideias pessoais às que os Espíritos se esforçam por sugerir-lhe; é, então, quando haure na sua imaginação as teorias fantásticas que ele próprio crê, de boa-fé, resulta de uma comunicação intuitiva. Há, frequentemente, então, mil a apostar contra um, que isso não é senão o reflexo do Espírito pessoal do médium; ocorre mesmo o fato curioso de que a mão do médium se move, algumas vezes, quase mecanicamente, impelida que é por um Espírito secundário e zombeteiro. É contra essa pedra de toque que vêm se quebrar as imaginações ardentes; porque arrastados pelo entusiasmo de suas próprias ideias, pelo falso brilho dos seus conhecimentos literários, os médiuns desconhecem o modesto ditado de um sábio Espírito e, abandonando a presa pela sombra, substituem-no por uma paráfrase pomposa. É contra esse temível escolho que vêm igualmente malograr as personalidades ambiciosas que, à falta de boas comunicações que os bons Espíritos lhes recusam, apresentam suas próprias obras como obras desses mesmos Espíritos. Eis por que é preciso que os dirigentes dos grupos espíritas estejam dotados de um tato excelente e de uma rara sagacidade, para discernirem as comunicações autênticas daquelas que não o são e para não melindrar os que se iludem a si mesmos.

"Na dúvida, abstém-te, diz um dos vossos antigos provérbios; não admitais, pois, o que não for, para vós, de uma evidência certa. Desde que uma opinião nova se apresenta, por pouco que vos pareça duvidosa, passai-a pelo crivo da razão e da lógica; o que a razão e o bom senso reprovam, rejeitai ousadamente; vale mais repelir dez verdades do que admitir uma só mentira, uma só falsa teoria. Com efeito, sobre essa teoria poderíeis edificar todo um sistema que desabaria ao primeiro sopro da verdade, como um monumento construído sobre areia movediça, ao passo que, se rejeitais hoje certas verdades, porque não vos são demonstradas lógica e claramente, logo um fato brutal ou uma demonstração irrefutável virá delas afirmar-vos a autenticidade.

"Lembrai-vos, contudo, ó espíritas! Que não há nada de impossível para Deus e para os bons Espíritos senão a injustiça e a iniquidade.

"O Espiritismo está bastante difundido agora entre os homens e tem moralizado suficientemente os adeptos sinceros de sua santa doutrina, para que os Espíritos não sejam mais obrigados a usar más ferramentas, médiuns imperfeitos. Se, pois, agora, um médium, qualquer que seja, por sua conduta ou seus hábitos, por seu orgulho ou por sua falta de amor e de caridade, dá um legítimo motivo de suspeita, repeli, repeli suas comunicações, porque há uma serpente escondida na erva. Eis minha conclusão sobre a influência moral dos médiuns. (ERASTO)."

CAPÍTULO XXI

INFLUÊNCIA DO MEIO

231. 1. O meio no qual se encontra o médium, exerce alguma influência sobre as manifestações?

Todos os Espíritos que rodeiam o médium o ajudam no bem como no mal.

2. Os Espíritos superiores não podem triunfar da má vontade do Espírito encarnado que lhes serve de intérprete e daqueles que o cercam?

Sim, quando julgam útil, e segundo a intenção da pessoa que se dirige a eles. Já o dissemos: os Espíritos, os mais elevados, podem, algumas vezes, comunicar-se por um favor especial, malgrado a imperfeição do médium e do meio, mas, então, estes permanecem completamente estranhos a isso.

3. Os Espíritos superiores procuram conduzir as reuniões fúteis a ideias mais sérias?

Os Espíritos superiores não vão a reuniões onde sabem que a sua presença é inútil. Nos meios pouco instruídos, mas onde há sinceridade, vamos voluntariamente, mesmo quando aí não encontrássemos senão instrumentos medíocres; mas nos meios instruídos onde a ironia domina, não vamos. Ali é preciso falar aos olhos e aos ouvidos: é o papel dos Espíritos batedores e zombeteiros. É bom que as pessoas que se gabam de sua ciência sejam humilhadas pelos Espíritos menos sábios e menos avançados.

4. O acesso às reuniões sérias está interditado aos Espíritos inferiores?

Não, algumas vezes aí ficam a fim de aproveitarem os ensinamentos que vos são dados; mas se calam como estouvados em assembleia de sábios.

232. Seria um erro crer que é preciso ser médium para atrair a si os seres do mundo invisível. O espaço deles está povoado; têmo-los sem cessar ao nosso redor, ao nosso lado, veem-nos, observam-nos, misturam-se às nossas reuniões, seguem-nos ou nos evitam segundo os atraíamos ou os repilamos. A faculdade medianímica nada é para isso; não é senão um meio de comunicação. Depois do que vimos sobre causas de simpatia e de antipatia dos Espíritos, compreender-se-á facilmente que devemos estar cercados daqueles que têm afinidade pelo nosso próprio Espírito, segundo seja elevado ou degradado. Consideremos agora o estado moral do nosso globo, e se compreenderá qual é o gênero de Espíritos que deve dominar entre os Espíritos errantes. Se tomarmos cada povo em particular, poderemos julgar, pelo caráter dominante dos habitantes, por suas preocupações, seus sentimentos mais ou menos morais e *humanitários*, as ordens de Espíritos que aí de preferência com eles se unem.

Partindo desse princípio, suponhamos uma reunião de homens levianos, inconsequentes, ocupados com seus prazeres; quais seriam os Espíritos que aí se encontrariam de preferência? Não serão, seguramente, os Espíritos superiores, do mesmo modo que os nossos sábios e os nossos filósofos não iriam aí passar seu tempo. Assim, todas as vezes que os homens se reúnem, têm consigo uma assembleia oculta que simpatiza com as suas qualidades ou com os seus caprichos, e isso *abstração feita de todo pensamento de evocação*. Admitamos agora que tenham a possibilidade de se comunicar com os seres do mundo invisível por um intérprete, quer dizer, por um médium; quais serão os que irão responder ao seu apelo? Evidentemente, aqueles que aí estão, prontos, e que não procuram senão uma ocasião para se comunicarem. Se, em uma assembleia fútil, chama-se um Espírito superior, ele poderá vir e mesmo fazer ouvir algumas palavras razoáveis como um bom pastor vem ao meio de suas ovelhas desgarradas; mas, do momento em que não se vê nem compreendido e nem escutado, retira-se, como faríeis vós mesmos em seu lugar, e os outros têm sua liberdade de ação.

233. Não basta sempre que uma assembleia seja séria para ter comunicações de uma ordem elevada; há pessoas que não riem jamais, e cujo coração, por isso, não é mais puro; ora, é o coração, sobretudo, que atrai os bons Espíritos. Nenhuma condição moral exclui as comunicações espíritas; os que, porém, estão em más condições, esses conversam com os que lhe são semelhantes, que não hesitam em nos enganar e, frequentemente, lisonjeiam nossos preconceitos.

Vê-se, por aí, a enorme influência do meio sobre a natureza das manifestações inteligentes; mas essa influência não se exerce como pretenderam algumas pessoas, então, quando não se conhecia ainda o mundo dos Espíritos como se conhece hoje, e antes que experiências mais concludentes viessem esclarecer as dúvidas. Quando as comunicações concordam com a opinião dos assistentes, não é porque essa opinião se reflete no Espírito do médium como num espelho; é porque tendes convosco Espíritos que vos são simpáticos para o bem como para o mal e que são muitos em vosso ponto de vista; e o que o prova é que, se tendes a força para atrair a vós outros Espíritos além daqueles que vos cercam, esse mesmo médium vai ter, para vós, uma linguagem toda diferente e dizer-vos as coisas mais distantes dos vossos pensamentos e das vossas convicções. Em resumo, as condições do meio serão tanto melhores quanto haja mais homogeneidade para o bem, mais sentimentos puros e elevados, mais desejo sincero de instruir-se sem ideias preconcebidas.

CAPÍTULO XXII

DA MEDIUNIDADE ENTRE OS ANIMAIS

234. Os animais podem ser médiuns? Muitas vezes, colocou-se esta pergunta, e certos fatos pareciam respondê-la afirmativamente. O que pôde, sobretudo, abonar esta opinião foram os sinais notáveis de inteligência de certos pássaros adestrados que parecem adivinhar o pensamento e tiram de um maço de cartas as que podem dar a resposta exata a uma questão proposta. Observamos essas experiências com um cuidado todo particular e o que mais admiramos foi a arte que foi necessária para desdobrar para a instrução desses pássaros. Não se lhes pode, sem dúvida, recusar uma certa dose de inteligência relativa, mas seria preciso convir que, em certas circunstâncias, sua perspicácia ultrapassaria de muito a do homem, porque não há pessoa que possa se gabar de fazer o que eles fazem; seria preciso mesmo, para certas experiências, supor-lhes um dom de segunda vista superior aos dos sonâmbulos mais clarividentes. Com efeito, sabe-se que a lucidez é essencialmente variável e que está sujeita a frequentes intermitências, ao passo que entre esses pássaros, ela seria permanente e funcionaria no momento próprio com uma regularidade e uma precisão que não se vê em nenhum sonâmbulo; numa palavra, ela nunca lhe faltaria. A maioria das experiências que vimos foram da natureza daquelas que fazem os prestidigitadores, e não puderam nos deixar dúvidas sobre o emprego de alguns de seus meios, principalmente o das cartas forçadas. A arte da prestidigitação consiste em dissimular esses meios, sem o que o efeito não teria encanto. O fenômeno, mesmo reduzido a essa proporção não é menos interessante, e lhe resta sempre para admirar o talento do instrutor como também a inteligência do aluno, porque a dificuldade a vencer é bem maior da que se o pássaro não agisse senão em virtude de suas próprias faculdades; ora, levar este a fazer coisas que superam o limite do possível para a inteligência humana, está provado, só por isso, o emprego de um procedimento secreto. E há, aliás, um fato constante, e é que esses pássaros não chegam a esse grau de habilidade senão ao fim de um certo tempo, e com a ajuda de sons particulares e perseverantes, o que não seria necessário se sua inteligência fizesse sozinha os encargos. Não é mais extraordinário dirigi-los para tirar as cartas do que habituá-los a repetirem música ou palavras.

Ocorreu o mesmo quando a prestidigitação quis imitar a segunda vista; levava-se o sujeito ao extremo para que a ilusão fosse de longa duração. Desde a primeira vez que assistimos a uma sessão desse gênero, nela não vimos senão uma imitação muito imperfeita do sonambulismo, revelando a ignorância das condições mais essenciais dessa faculdade.

235. Seja como for, em relação às experiências acima, a questão principal não ficou menos intacta em relação a um outro ponto de vista; porque do mesmo modo que a imitação do sonambulismo não impede a faculdade de existir, a imitação da mediunidade por meio de pássaros não provou nada contra a possibilidade de uma faculdade análoga entre eles ou entre outros animais. Trata-se de saber, pois, se os animais são aptos, como os homens, para servirem de intermediários aos Espíritos para suas comunicações inteligentes. Parece mesmo bastante lógico supor que um ser vivo, dotado de uma certa dose de inteligência, seja mais apropriado para esse efeito do que um corpo inerte, sem vitalidade, como uma mesa, por exemplo; não obstante, é o que não ocorre.

236. A questão da mediunidade dos animais se acha completamente resolvida na dissertação seguinte, dada por um Espírito, da qual se podem apreciar a profundidade e a sagacidade pelas citações que já tivemos ocasião de fazer. Para bem compreender o valor de sua demonstração, é essencial reportar-se à explicação que deu do papel do médium nas comunicações, e que reproduzimos acima. (n° 225).

Esta comunicação foi dada em seguida a uma discussão que teve lugar, a esse respeito, na Sociedade Parisiense de Estudos Espíritas.

"Abordo hoje a questão da mediunidade dos animais, levantada e sustentada por um dos vossos mais fervorosos adeptos. Pretende ele, em virtude deste axioma: *quem pode o mais pode o menos,* que nós podemos medianimizar os pássaros e os outros animais, e deles nos servirmos em nossas comunicações com a espécie humana. É o que chamais em filosofia, ou antes, em lógica pura e simplesmente um sofisma. "Vós animais, disse ele, a matéria inerte, quer dizer, uma mesa, uma cadeira, um piano; *a fortiori,* deveis animar a matéria já animada e, notadamente, os pássaros. Pois bem, no estado normal do Espiritismo, isso não se passa, isso não pode ser.

"Primeiro, convenhamos bem acerca de nossos fatos. O que é um médium? É o ser, é o indivíduo que serve de traço de união aos Espíritos, para que estes possam se comunicar com facilidade com os homens: Espíritos encarnados. Por conseguinte, sem médium, nada de comunicações tangíveis, mentais, escritas, físicas, nem de qualquer espécie que seja.

"Há um princípio que, estou seguro, é admitido por todos os espíritas: é que os semelhantes agem com seus semelhantes e como seus semelhantes. Ora, quais são os semelhantes dos Espíritos senão os Espíritos encarnados ou não? É preciso vos repetir sem cessar? Pois bem, eu vos repetirei ainda: vosso perispírito e o nosso são hauridos no mesmo meio, são de uma natureza idêntica, são semelhantes, numa palavra; possuem uma propriedade de assimilação mais ou menos desenvolvida de imantação mais ou menos vigorosa, que nos permite, Espíritos e encarnados, colocarmo-nos muito pronta e muito facilmente em relação. Enfim, o que é peculiar aos médiuns, o que é da essência mesma de sua individualidade, é uma afinidade especial e, ao mesmo tempo, uma força de expansão particular que anula neles toda refratariedade e estabelece, entre ele e nós, uma espécie de corrente, uma espécie de fusão que facilita nossas comunicações. De resto, é essa refratariedade da matéria que se opõe ao desenvolvimento da mediunidade na maioria daqueles que não são médiuns.

"Os homens são sempre levados a tudo exagerar; uns, e não falo aqui dos materialistas, recusam uma alma aos animais, e outros lhes querem dar uma, por assim dizer, semelhante à nossa. Por que querer, assim, confundir o perfectível com o imperfectível? Não, não, estejais convencidos, o fogo que anima as bestas, o sopro que as faz agir, mover e falar em sua linguagem, não tem, quanto ao presente, nenhuma aptidão para se misturar, unir-se, fundir com o sopro divino, a alma etérea, o Espírito, em uma palavra, que anima o ser essencialmente perfectível: o homem, esse rei da criação. Ora, o que faz a superioridade da espécie humana sobre as outras espécies terrestres não é essa condição essencial de perfectibilidade? Pois bem! reconhecei, pois, que não se pode assimilar ao homem, único perfectível em si mesmo e em sua obras, nenhum indivíduo de outras raças vivas sobre a Terra. (*)

"O cão, que pela sua inteligência superior entre os animais, tornou-se o amigo e o comensal do homem, é perfectível por si mesmo e por sua iniciativa pessoal? Ninguém ousaria sustentá-lo; porque o cão não faz progredir o cão; e aquele dentre eles que é o melhor adestrado, é sempre adestrado por seu mestre. Desde que o mundo é mundo, a lontra constrói sempre seu abrigo sobre as águas, segundo as mesmas proporções e seguindo uma regra invariável; os rouxinóis e as andorinhas não construíram jamais seus ninhos de modo diferente do que seus pais

_____

(*) Vide Nota Explicativa da Editora no final do livro.

o fizeram. Um ninho de pardais antes do dilúvio como um ninho de pardais da época moderna, é sempre um ninho de pardais, edificado nas mesmas condições e com o mesmo sistema de entrelaçamento de fibras de ervas e resíduos, recolhidos na primavera, na época dos amores. As abelhas e as formigas, essas pequenas repúblicas caseiras, jamais variaram seus hábitos de abastecimento, seu comportamento, seus costumes, suas produções. Enfim, a aranha tece sempre a teia do mesmo modo.

"De outro lado, se procurardes as cabanas de folhagem e as tendas das primeiras idades da Terra, encontrareis, em seu lugar, os palácios e os castelos da civilização moderna; às vestes de peles brutas se sucederam os tecidos de ouro e de seda; enfim, a cada passo encontrareis a prova dessa marcha incessante da Humanidade em direção ao progresso.

"Desse progresso constante, invencível, irrecusável da espécie humana, e desse estacionamento indefinido das outras espécies animadas, concluí comigo que se existem princípios comuns ao que vive e ao que se move sobre a Terra: o sopro e a matéria, não é menos verdade que só vós, Espíritos encarnados, estais submetidos a essa inevitável lei do progresso que vos impele fatalmente para diante e sempre para diante. Deus colocou os animais ao vosso lado como auxiliares para vos alimentar, vestir-vos, secundar-vos. Deu-lhes uma certa dose de inteligência porque, para vos ajudar, precisariam compreender, e proporcionou sua inteligência aos serviços que são chamados a fazer; mas, em sua sabedoria, não quis que estivessem submetidos à mesma lei do progresso; tais como foram criados, tais ficaram e ficarão até a extinção de suas raças.

"Costuma-se dizer: os Espíritos medianimizam e fazem mover a matéria inerte, as cadeiras, as mesas, os pianos; fazem mover, sim, mas medianimizam, não! Porque, ainda uma vez, sem médium, nenhum desses fenômenos podem produzir-se. O que há de extraordinário em que, com a ajuda de um ou vários médiuns, façamos mover a matéria inerte, passiva, que justamente em razão da sua passividade, da sua inércia, é apropriada para sofrer os movimentos e os impulsos que desejamos lhe imprimir? Para isso, temos necessidade de médiuns, é positivo; mas não é necessário que o médium esteja presente ou *consciente*, porque podemos agir com os elementos que nos fornece, com seu desconhecimento e fora de sua presença, sobretudo, nos fatos de tangibilidade e de transportes. Nosso envoltório fluídico, mais imponderável e mais sutil do que os mais sutis e os mais imponderáveis dos vossos gases, unem-se, casam-se, combinam-se com o envoltório fluídico mais *animalizado* do médium, e do qual a propriedade de expansão de penetrabilidade é inacessível para os vossos sentidos grosseiros e quase inexplicável para vós, permite-nos mover os móveis e mesmo quebrá-los em quartos desabitados.

"Certamente, os Espíritos podem se tornar visíveis e tangíveis para os animais, e, frequentemente, tal medo súbito que os toma, e que não vos parece motivado, é causado pela visão de um ou de vários desses Espíritos mal intencionados para com os indivíduos presentes ou para com aqueles a quem pertencem esses animais. Muito frequentemente, observais cavalos que não querem nem avançar, nem retroceder ou que empinam diante de um obstáculo imaginário; pois bem! Tende por certo que o obstáculo imaginário, frequentemente, é um Espírito ou grupo de Espíritos que se comprazem em impedir-lhes de avançar. Lembrai-vos da mula de Balaão que, vendo um anjo diante de si e temendo sua espada flamejante, obstinava-se em não se mover; é que, antes de manifestar-se visivelmente a Balaão, o anjo quis se tornar visível só para o animal; mas, repito-o, não medianimizamos diretamente nem os animais nem a matéria inerte; precisamos sempre do concurso *consciente ou inconsciente* de um médium humano, porque precisamos da união de fluidos similares, o que não encontramos nem nos animais, nem na matéria bruta.

"O Sr. T. . . , disse ele, magnetizou seu cão; a que chegou? Ele o matou; porque esse infeliz animal morreu depois de cair numa espécie de atonia, de languidez, consequente de sua magnetização. Com efeito, inundando-o de um fluido haurido em uma essência superior à essência especial à sua natureza, esmagou-a e agiu sobre ele, embora mais lentamente, à maneira do raio. Portanto, como não há nenhuma assimilação possível entre o nosso perispírito e o envoltório fluídico dos animais propriamente ditos, nós os esmagaríamos instantaneamente se os medianimizássemos.

"Isto estabelecido, reconheço perfeitamente que entre os animais existem aptidões diversas; que certos sentimentos, certas paixões, idênticas às paixões e aos sentimentos humanos se desenvolvem neles; que são sensíveis e reconhecidos, vingativos e odientos, conforme se aja bem ou mal para com eles. É que Deus, que não faz nada incompleto, deu aos animais, companheiros ou servidores do homem, qualidades de sociabilidade que faltam inteiramente aos animais selvagens que habitam as solidões. Mas daí a poder servir de intermediário para a transmissão do pensamento dos Espíritos, há um abismo: a diferença das naturezas.

"Sabeis que tomamos ao cérebro do médium os elementos necessários para dar, ao nosso pensamento, uma forma sensível e compreensível para vós; é com a ajuda dos materiais que possui que o médium traduz nosso pensamento na linguagem vulgar; pois bem! Que elementos encontraríamos no cérebro de um animal? Há palavras, nomes, letras, sinais quaisquer similares àqueles que existem entre os homens, mesmo os menos inteligentes? Entretanto, direis, os animais compreendem o pensamento do homem; adivinham-no mesmo; sim, os animais adestrados compreendem certos pensamentos, mas já os vistes reproduzi-los? Não; concluí, pois, que os animais não podem nos servir de intérpretes.

"Para me resumir: os fatos medianímicos não podem se manifestar sem o concurso consciente ou inconsciente de médiuns; e isso apenas entre os encarnados, Espíritos como nós, que podemos encontrar aqueles que nos sirvam de médiuns. Quanto ao adestramento dos cães, dos pássaros ou outros animais, para fazer tais ou tais exercícios, é assunto vosso e não nosso".

ERASTO".

Nota. – Encontrar-se-á na *Revista Espírita* de setembro de 1861 o detalhe de um procedimento empregado pelos adestradores de pássaros sábios, para fazê-los tirar de um maço as cartas desejadas.

CAPÍTULO XXIII

DA OBSESSÃO

*Obsessão simples. – Fascinação. – Subjugação.
– Causas da obsessão. – Meios de combatê-la.*

237. No número dos escolhos que apresenta a prática do Espiritismo, é preciso colocar, em primeira linha, a *obsessão*, quer dizer, o império que alguns Espíritos sabem tomar sobre certas pessoas. Ela não ocorre senão pelos Espíritos inferiores que procuram dominar; os bons Espíritos não impõem nenhum constrangimento; eles aconselham, combatem a influência dos maus e, se não os escutam, retiram-se. Os maus, ao contrário, agarram-se àqueles sobre os quais fazem suas presas; se chegam a imperar sobre alguém, identificam-se com seu próprio Espírito e o conduzem como uma verdadeira criança.

A obsessão apresenta caracteres diversos, que é necessário distinguir e que resultam do grau de constrangimento e da natureza dos efeitos que produz. A palavra *obsessão* é de alguma sorte um termo genérico pelo qual se designa esse gênero de fenômeno, cujas principais variedades são: a *obsessão simples*, a *fascinação* e a *subjugação*.

238. A *obsessão simples* tem lugar quando um Espírito malfazejo se impõe a um médium, imiscui-se, a seu malgrado, nas comunicações que recebe, impede-lhe de comunicar-se com outros Espíritos e se substitui àqueles que são evocados.

Não se é obsidiado unicamente porque se é enganado por um Espírito mentiroso; o melhor médium a isso está exposto, sobretudo no início, quando lhe falta ainda a experiência necessária, do mesmo modo que, entre nós, as pessoas mais honestas podem ser vítimas de espertalhões. Pode-se, pois, estar enganado sem estar obsidiado; a obsessão está na tenacidade do Espírito do qual não se pode se desembaraçar.

Na obsessão simples, o médium sabe muito bem que tem de se

haver com um Espírito enganador, e este não esconde isso; não dissimula de modo algum suas más intenções e seu desejo de contrariar. O médium reconhece, sem esforço, a fraude e, como se mantém alerta, raramente se engana. Esse gênero de obsessão é, pois, simplesmente desagradável, e não tem outro inconveniente além do de opor um obstáculo às comunicações que se gostaria de ter com Espíritos sérios ou com os que se tem afeição.

Podem incluir-se nessa categoria os casos de *obsessão física*, quer dizer, a que consiste nas manifestações ruidosas e obstinadas de certos Espíritos que fazem ouvir espontaneamente pancadas ou outros ruídos. Quanto a este fenômeno, remetemos o leitor ao capítulo *Manifestações físicas espontâneas*. (Nº 82).

239. A *fascinação* tem consequências muito mais graves. É uma ilusão produzida pela ação direta do Espírito sobre o pensamento do médium e que paralisa, de alguma forma, seu julgamento com respeito às comunicações. O médium fascinado não crê ser enganado; o Espírito tem a arte de inspirar-lhe uma confiança cega que lhe impede de ver a fraude e de compreender a absurdidade do que escreve, mesmo quando salta aos olhos de todo mundo; a ilusão pode mesmo ir até ao ponto de fazê-lo ver o sublime na linguagem mais ridícula. Estar-se-ia em erro se se cresse que esse gênero de obsessão não pode alcançar senão as pessoas simples, ignorantes e desprovidas de julgamento; os homens mais espirituais, os mais instruídos e os mais inteligentes sob outros aspectos, não estão dela isentos, o que prova que essa aberração é o efeito de uma causa estranha, da qual sofrem a influência.

Dissemos que as consequências da fascinação são muito mais graves; com efeito, graças a essa ilusão que lhe é decorrência, o Espírito conduz aquele que veio a dominar como o faria a um cego e pode lhe fazer aceitar as mais bizarras doutrinas, as mais falsas teorias como sendo a única expressão da verdade; bem mais, pode excitá-lo a diligências ridículas, comprometedoras e mesmo perigosas.

Compreende-se muito facilmente a diferença que existe entre a obsessão simples e a fascinação; compreende-se também que os Espíritos que produzem esses dois efeitos devem diferir de caráter. Na primeira, o Espírito que se liga a vós não é senão um ser importuno pela sua tenacidade, e do qual se está impaciente, para desembaraçar-se. Na segunda, é toda outra coisa; para chegar a tais fins é preciso um Espírito hábil, astuto e profundamente hipócrita, porque não pode enganar e se fazer aceitar senão com a ajuda de máscara que sabe tomar e de uma falsa aparência de virtude; as grandes palavras de caridade, humildade e amor a Deus são, para ele, como credenciais, mas, através de tudo isso, deixa transparecer sinais de inferioridade que é preciso estar *fascinado* para não perceber; também receia, acima de tudo, as pessoas que veem claro; é, por isso, que sua tática, quase sempre, é a de inspirar ao seu intérprete distanciar-se de quem quer que lhe pudesse abrir os olhos; por esse meio, evitando toda contradição, está certo de ter sempre razão.

240. A *subjugação* é uma opressão que paralisa a vontade daquele que a sofre e o faz agir a seu malgrado. Numa palavra, a pessoa está sob um verdadeiro *jugo*.

A subjugação pode ser *moral* ou *corporal*. No primeiro caso, o subjugado é solicitado a tomar decisões frequentemente absurdas e comprometedoras que, por uma espécie de ilusão, crê sensatas: é uma espécie de fascinação. No segundo caso, o Espírito age sobre os órgãos materiais e provoca movimentos involuntários. Ela se traduz no médium escrevente por uma necessidade incessante de escrever, mesmo nos momentos mais inoportunos. Vimos os que, na falta de caneta ou lápis, simulam escrever com o dedo, por toda parte onde se encontram, mesmo nas ruas, sobre as portas e os muros.

A subjugação corporal vai às vezes mais longe; pode impelir aos atos mais ridículos. Conhecemos um homem que, não sendo nem jovem nem belo, sob o império de uma obsessão dessa natureza, achava-se constrangido, por uma força irresistível, a ajoelhar-se diante de uma jovem, com a qual não tinha nenhuma intenção, e a pedi-la em casamento. Outras vezes, sentia nas costas e nas pernas uma pressão enérgica que o forçava, malgrado a vontade que a isso opunha, a ajoelhar-se e a beijar a terra nos lugares públicos e na presença da multidão. Esse homem passava por louco entre seus conhecidos; mas estamos convencidos de que não o estava de todo, porque tinha plena consciência do ridículo do que fazia contra a sua vontade e sofria horrivelmente.

241. Dava-se antigamente o nome de *possessão* ao império exercido por maus Espíritos, quando sua influência ia até à aberração das faculdades. A possessão seria, para nós, sinônimo da subjugação. Se não adotamos esse termo foi por dois motivos: o primeiro, que implica na crença de seres criados para o mal e perpetuamente votados ao mal, ao passo que não há senão seres mais ou menos imperfeitos e que podem todos se melhorar. O segundo, que implica igualmente na ideia de tomada de posse do corpo por um Espírito estranho, uma espécie de coabitação, ao passo que não há senão constrangimento. A palavra *subjugação* exprime perfeitamente o pensamento. Assim, para nós, não há *possuídos*, no sentido vulgar da palavra; não há senão *obsidiados*, *subjugados e fascinados*.

242. A obsessão, como dissemos, é um dos maiores escolhos da mediunidade; é também um dos mais frequentes; além disso, não haveria demasiados cuidados em combatê-la, porque, além dos inconvenientes pessoais que dela podem resultar, é um obstáculo absoluto à bondade e à veracidade das comunicações. A obsessão, em qualquer grau que esteja, sendo sempre o efeito de um constrangimento, e esse constrangimento não podendo jamais ser exercido por um bom Espírito, disso resulta que toda comunicação dada por um médium obsidiado é de origem suspeita e não merece nenhuma confiança. Se, algumas vezes, nela se acha algo de bom, é preciso tomá-lo e rejeitar tudo o que é simplesmente duvidoso.

243. Reconhece-se a obsessão pelos caracteres seguintes:

1º Persistência de um Espírito em comunicar-se, *bom grado ou malgrado*, pela escrita, audição, tiptologia, etc., opondo-se a que outros Espíritos possam fazê-lo.

2º Ilusão que, não obstante a inteligência do médium, impede-o de reconhecer a falsidade e o ridículo das comunicações que recebe.

3º Crença na infalibilidade e na identidade absoluta dos Espíritos que se comunicam e que, sob nomes respeitáveis e venerados, dizem coisas falsas ou absurdas.

4º Confiança do médium nos elogios que lhe dão os Espíritos que se comunicam por ele.

5º Disposição para afastar-se das pessoas que podem dar úteis avisos.

6º Levar a mal a crítica a respeito das comunicações que recebe.

7º Necessidade incessante e inoportuna de escrever.

8º Qualquer constrangimento físico dominando a vontade e forçando a agir ou falar a seu malgrado.

9º Ruídos e desordens persistentes, ao redor de si, e dos quais é a causa ou o objeto.

244. Em presença do perigo da obsessão, ocorre perguntar se não é uma coisa deplorável ser médium; não é essa faculdade que a provoca; numa palavra, não está aí uma prova do inconveniente das comunicações espíritas? Nossa resposta é fácil e rogamos meditá-la com atenção.

Não foram nem os médiuns, nem os espíritas que criaram os

Espíritos, mas antes os Espíritos que fizeram com que houvessem espíritos e médiuns; os Espíritos não sendo senão as almas dos homens, há, pois, Espíritos desde que há homens e, por conseguinte, de todo o tempo, exerceram sua influência salutar ou perniciosa sobre a Humanidade. A faculdade medianímica não é para eles senão um meio de se manifestarem; na falta dessa faculdade o fazem de mil outras maneiras mais ou menos ocultas. Seria, pois, um erro crer que os Espíritos só exercem sua influência pelas comunicações escritas ou verbais; essa influência é de todos os instantes, e aqueles que não se ocupam dos Espíritos ou mesmo não creem neles estão expostos como os outros e mesmo mais do que os outros, porque não têm contrapeso. A mediunidade é, para o Espírito, um meio de fazer-se conhecer; se é mau, trai-se sempre, por mais hipócrita que seja; pode-se, pois, dizer que a mediunidade permite ver o inimigo face a face, se se pode exprimir-se assim, e combatê-lo com suas próprias armas; sem essa faculdade, ele age na sombra e, graças à sua invisibilidade, pode fazer e faz, na realidade, muito mal. A quantos atos se está impelido para a infelicidade e que se teriam evitado, se houvesse um meio de esclarecer-se! Os incrédulos não creem dizer tanta verdade quando dizem de um homem que se desencaminha com obstinação: "É seu mau gênio que o impele a perder-se". Assim, o conhecimento do Espiritismo, longe de dar império aos maus Espíritos, deverá ter por resultado, em um tempo mais ou menos próximo e quando for propagado, *de destruir esse império* dando a cada um os meios de se colocarem em guarda contra suas sugestões, e aquele que sucumbir não poderá acusar senão a si mesmo.

Regra geral: quem quer que tenha más comunicações espíritas, escritas ou verbais está sob má influência; essa influência se exerce sobre ele, escreva ou não escreva, quer dizer, seja ou não médium, creia ou não creia. A escrita dá um meio de assegurar-se quanto à natureza dos Espíritos que agem sobre ele e de combatê-los se são maus, o que se faz ainda com mais sucesso quando se vem a conhecer o motivo que os faz atuarem. Se é bastante cego para não compreendê-lo, outros podem lhe abrir os olhos.

Em resumo, o perigo não está no Espiritismo em si mesmo, uma vez que pode, ao contrário, servir de controle e preservar do perigo que corremos, sem cessar, com o nosso desconhecimento; está na orgulhosa propensão de certos médiuns em se crerem, levianamente, os instrumentos exclusivos dos Espíritos superiores, e na espécie de fascinação que não lhes permite compreenderem as tolices das quais são intérpretes. Mesmo os que não são médiuns podem aí se deixar apanhar. Citemos uma comparação. Um homem tem um inimigo secreto que não conhece e que difunde contra ele, ocultamente, a calúnia e tudo o que a mais negra maldade pode inventar; ele vê sua fortuna perder-se, seus amigos se afastarem, sua felicidade interior perturbar-se; não pode se defender e sucumbe; mas, um dia, esse inimigo secreto lhe escreve e, malgrado sua astúcia, trai-se. Eis, pois, seu inimigo descoberto, e pode confundi-lo e revelar-se. Tal é o papel dos maus Espíritos, que o Espiritismo nos dá a possibilidade de conhecer e frustrar.

245. Os motivos da obsessão variam segundo o caráter dos Espíritos: algumas vezes, é uma vingança que exerce sobre um indivíduo do qual tem algo a queixar-se durante esta vida ou em uma outra existência; frequentemente também não há outra razão do que o desejo de fazer o mal; como sofre, quer fazer sofrer aos outros; encontra uma espécie de gozo em atormentá-los, em vexá-los: além disso, a impaciência que se demonstra o excita, porque tal é o seu objetivo, ao passo que desiste pela paciência; em se irritando, mostrando despeito, faz-se precisamente o que ele quer. Esses Espíritos, por vezes, atuam com ódio e por inveja do bem; é, por isso, que lançam suas vistas malfazejas sobre as mais honestas pessoas. Um deles se agarrou como uma sarna a uma honorável família do nosso conhecimento, que não tem, de resto, a satisfação de tomar por vítima; interrogado sobre o motivo pelo qual tinha atacado as pessoas honradas, antes que a homens maus com ele, respondeu: *Estes não me fazem inveja.* Outros, são guiados por um sentimento de covardia que os levam a aproveitar-se da fraqueza moral de certos indivíduos que sabem incapazes de resistir-lhes. Um destes últimos que subjugava um moço de inteligência muito limitada, interrogado sobre os motivos da sua escolha, respondeu-nos: *Tenho necessidade muito grande de atormentar alguém; uma pessoa razoável me repeliria, eu me ligo a um idiota que não me opõe nenhuma virtude.*

246. Há Espíritos obsessores sem maldade, que têm mesmo algo de bom, mas que têm o orgulho do falso saber; eles têm suas ideias, seus sistemas sobre as ciências, a economia social, a moral, a religião, a filosofia; querem fazer prevalecer sua opinião e procuram, para esse efeito, médiuns bastante crédulos para aceitá-los de olhos fechados e que fascinam para impedi-los de discernir o verdadeiro do falso. São os mais perigosos, porque os sofismas não lhes custam nada e eles podem dar crédito às utopias mais ridículas; como conhecem o prestígio dos grandes nomes, não têm nenhum escrúpulo em se ornar daqueles diante dos quais nos inclinamos, e não recuam mesmo diante do sacrilégio de se dizerem Jesus, a Virgem Maria ou um santo venerado. Procuram deslumbrar por uma linguagem pomposa, mais pretensiosa do que profunda, guarnecida de termos técnicos e ornada com grandes palavras de caridade e de moral: guardar-se-ão de dar um mau conselho, porque sabem que seriam despedidos; também, aqueles dos quais abusam, defendem-nos a todo custo, dizendo: Vede bem que não dizem nada de mau. Mas a moral não é, para eles, senão um passaporte, é o menor dos seus cuidados; o que querem, antes de tudo, é dominar e impor suas ideias, por mais insensatas que sejam.

247. Os Espíritos sistemáticos são comumentes escrevinhadores; por isso, procuram os médiuns que escrevem com facilidade e cuidam de que se façam instrumentos dóceis e, sobretudo, entusiastas, fascinando-os. São quase sempre palavrosos, muito prolixos, procurando compensar a qualidade pela quantidade. Comprazem-se em ditar, aos seus intérpretes, volumosos escritos, indigestos e, frequentemente, pouco inteligíveis, que, felizmente, têm por antídoto a impossibilidade material de serem lidos pelas massas. Os Espíritos verdadeiramente superiores são comedidos em palavras; dizem muitas coisas com poucas palavras; assim, essa fecundidade prodigiosa deve sempre ser suspeita.

Não se pode estar demasiado circunspecto quando se trata de publicar esses escritos; as utopias e as excentricidades, que são neles frequentemente abundantes e que chocam o bom senso, produziriam uma desagradável impressão nas pessoas noviças, dando-lhes uma ideia falsa do Espiritismo, sem contar que são armas das quais seus inimigos se servem para ridicularizá-lo. Entre essas publicações, há as que, sem serem más e sem provirem de uma obsessão, podem ser consideradas como imprudentes, *intempestivas* ou desastradas.

248. Ocorre, muito frequentemente, que um médium não pode se comunicar senão com um único Espírito, que se liga a ele e responde por aqueles que são chamados por seu intermédio. Isso não é sempre uma obsessão, porque pode prender-se a uma falta de flexibilidade do médium e a uma afinidade especial de sua parte por tal ou tal Espírito. Não há obsessão propriamente dita senão quando o Espírito impõe e afasta os outros por sua vontade, o que jamais é o gesto de um bom Espírito. Geralmente, o Espírito que se apodera do médium com o objetivo de dominá-lo, não sofre o exame crítico das suas comunicações; quando vê que não são aceitas e que são discutidas, não se retira, mas inspira ao médium o pensamento de isolar-se e, frequentemente, ele mesmo o comanda. Todo médium que se ofende com a crítica das comunicações que obtém, é o eco do Espírito que o domina, e esse Espírito não pode ser bom desde o momento em que lhe inspira um pensamento ilógico, o de recusar-se ao exame. O isolamento do médium é sempre uma coisa desagradável para ele, porque não tem nenhum controle para as suas comunicações. Não somente deve se esclarecer pelos avisos de terceiros, mas lhe é necessário estudar todos os gêneros de comunicações para compará-las; limitando-se às que obtém, por boas que lhe pareçam, expõe-se a iludir-se sobre o seu valor, sem contar que não pode tudo conhecer e que giram quase sempre no mesmo círculo. (nº 192; *Médiuns exclusivos*.)

249. Os meios de combater a obsessão variam segundo o caráter que ela reveste. O perigo não existe realmente para todo médium bem convencido de ter relações com um Espírito mentiroso, como ocorre na obsessão simples; não é, para ele, senão uma coisa desagradável. Mas, precisamente porque isso lhe é desagradável, é uma razão a mais para o Espírito obstinar-se atrás dele para vexá-lo. Duas coisas essenciais se tem a fazer nesse caso: provar ao Espírito que não se é seu iludido, e que lhe é *impossível* nos enganar; em segundo lugar, cansar-lhe a paciência em se mostrando mais paciente do que ele; se bem convencido de que perde seu tempo, acabará por retirar-se, como o fazem os importunos, aos quais não se dá ouvidos.

Mas isso não basta sempre e pode ser demorado, porque há os que são tenazes e, para eles, meses e anos não são nada. Por outro lado, o médium deve fazer um apelo fervoroso ao seu bom anjo como também aos bons Espíritos que lhe são simpáticos e pedir-lhes que o assistam. Com respeito ao Espírito obsessor, por mau que seja, é preciso tratá-lo com severidade, mas com benevolência e vencê-lo pelo bom proceder, orando por ele. Se é realmente perverso, disso zombará no início; mas moralizando-o com perseverança, acabará por emendar-se: é uma conversão a empreender, tarefa frequentemente penosa, ingrata, desagradável mesmo, mas cujo mérito está na dificuldade e que, se for bem cumprida, dá sempre a satisfação de realizar um dever de caridade e, frequentemente, a de ter conduzido ao bom caminho uma alma perdida.

Convém, igualmente, interromper toda comunicação escrita desde que se reconheça que vem de um mau Espírito, que não quer ser razoável a fim de não lhe dar o prazer de ser escutado. Em certos casos mesmo, pode ser útil em parar de escrever por um tempo; regula-se segundo as circunstâncias. Mas se o médium escrevente pode evitar esses contatos abstendo-se de escrever, não ocorre o mesmo com o médium audiente que o Espírito obsessor persegue, algumas vezes, ou a todo instante, com seus propósitos grosseiros e obscenos e que não tem nem mesmo o recurso de tapar os ouvidos. De resto, é preciso reconhecer que certas pessoas se divertem com a linguagem trivial dessa espécie de Espíritos, que encorajam e provocam, rindo de suas tolices, em lugar de impor-lhes silêncio e de moralizá-los. Nossos conselhos não podem se aplicar àqueles que querem se arruinar.

250. Não há, pois, senão dissabor, e não perigo para todo médium que não se deixa iludir, porque ele não pode ser enganado; ocorre de modo diferente com a *fascinação*, porque, então, o império que o Espírito toma sobre aquele do qual se apodera não tem limites. A única coisa a fazer com ele é tentar convencê-lo de que está enganado, e de conduzir sua obsessão para o caso de obsessão simples; mas isso nem sempre é fácil, se não é mesmo, algumas vezes, impossível. A ascendência do Espírito pode ser tal, que torna o fascinado surdo a toda espécie de raciocínio, e pode chegar até, quando o Espírito comete alguma grossa heresia científica, a duvidar se não é a ciência que se engana. Como o dissemos, ele acolhe geralmente muito mal os conselhos; a crítica o magoa, irrita-o e o faz embirrar com aqueles que não partilham sua admiração. Suspeitar do seu Espírito é quase uma profanação aos seus olhos; e isso é tudo o que pede o Espírito; porque o que quer é que se coloque de joelhos diante de sua palavra. Um deles exerce sobre uma pessoa do nosso conhecimento uma fascinação extraordinária; nós o evocamos e, depois de algumas fanfarrices, vendo que não podia trocar sua identidade, acabou por confessar que não era aquele do qual tomava o nome. Tendo-lhe perguntado por que enganava assim a essa pessoa, respondeu com estas palavras que pintam claramente o caráter dessa espécie de Espíritos: *Eu procurava um homem que pudesse conduzir; encontrei-o e aqui fico.* – Mas se o fizer ver claro, expulsar-vos-á. – *É o que veremos!* – Como não há pior cego do que aquele que não quer ver, quando se reconhece a inutilidade de toda tentativa para descerrar os olhos do fascinado, o que há de melhor a fazer é deixá-lo com suas ilusões. Não se pode curar um enfermo que se obstina em conservar seu mal e nele se compraz.

251. A subjugação corporal, frequentemente, rouba do obsidiado a energia necessária para dominar os maus Espíritos e, por isso, é necessária a intervenção de uma terceira pessoa, agindo seja pelo magnetismo, seja pela imposição da sua vontade. Na falta do concurso do obsidiado, essa pessoa deve tomar ascendência sobre o Espírito; mas como essa ascendência não pode ser senão moral, não é dado senão a um ser *moralmente superior* ao Espírito a exercê-la, e seu poder será tanto maior quanto seja maior a sua superioridade moral, porque se impõe ao Espírito que fica forçado a se inclinar diante dele; foi, por isso, que Jesus tinha um tão grande poder para afastar o que chamava, então, os demônios, quer dizer, os maus Espíritos obsessores.

Não podemos dar aqui senão conselhos gerais, porque não há nenhum procedimento material, sobretudo nenhuma fórmula, nenhuma palavra sacramental que tenha o poder de afastar os Espíritos obsessores. O que, algumas vezes, falta ao obsidiado é uma força fluídica suficiente;

nesse caso, a ação magnética de um bom magnetizador pode lhe vir, utilmente, em ajuda. De resto, é sempre bom tomar, por um médium seguro, os conselhos de um Espírito superior ou de seu anjo guardião.

252. As imperfeições morais do obsidiado, frequentemente, são um obstáculo à sua liberação. Eis um exemplo notável que pode servir à instrução de todos.

Várias irmãs, desde um certo número de anos, foram vítimas de depredações muito desagradáveis. Seus vestidos eram, sem cessar, dispersados em todos os cantos da casa e até sobre os telhados, cortados, rasgados e cheios de buracos, por mais cuidado que tomassem em guardá-los sob chave. Essas senhoras, relegadas a uma pequena localidade da província, jamais tinham ouvido falar do Espiritismo. Seu primeiro pensamento, naturalmente, foi o de crer que eram alvo de maus gracejadores, mas essa persistência e as precauções que tomavam lhes afastou essa ideia. Não foi senão depois de longo tempo, por alguma indicação, que creram dever se dirigir a nós para conhecer a causa desses estragos e os meios de remediá-los, se fora possível. A causa não era duvidosa; o remédio era mais difícil. O Espírito que se manifestava por tais atos, evidentemente, era malévolo. Mostrava-se na evocação de uma grande perversidade e inacessível a todo bom sentimento. A prece, todavia, parecia exercer uma influência salutar; mas, depois de algum tempo de descanso, as depredações recomeçaram. Eis, a esse respeito, o conselho que deu um Espírito superior.

"O que essas damas têm de melhor a fazer, é pedir aos seus Espíritos protetores para não abandoná-las; e não tenho melhor conselho a lhes dar que descerem em sua consciência para aí se confessarem a si mesmas e examinarem se têm praticado o amor ao próximo e a caridade; não digo a caridade que dá e distribui, mas a caridade da língua; porque, infelizmente, elas não sabem conter as suas, e não justificam, por seus atos piedosos, o desejo que têm de se verem livres daqueles que as atormenta. Amam muitíssimo censurar seu próximo, e o Espírito que as obsidia, toma sua revanche, porque foi seu burro de carga quando vivo. Não têm senão que procurarem em sua memória e verão logo com quem estão ocupadas.

"Entretanto, se chegam a se melhorar, seus anjos guardiães se reaproximarão delas e apenas sua presença bastará para afastar o Espírito mau que não se agarrou, a uma delas sobretudo, senão porque seu anjo guardião precisou se afastar diante de atos repreensíveis ou de pensamentos maus. O que necessitam, são fervorosas preces por aqueles que sofrem e, sobretudo, a prática das virtudes impostas por Deus a cada um segundo a sua condição."

Ante a observação de que essas palavras nos pareciam um pouco severas e que, talvez, seria preciso adoçá-las para transmiti-las, o Espírito ajuntou:

"Devo dizer o que disse, e como o disse, porque as pessoas em questão têm o hábito de crer que não fazem mal com a língua, ao passo que o fazem e muito. Eis por que é necessário ferir seu Espírito de maneira que seja, para elas, uma advertência séria."

Ressalta daí um ensinamento de grande importância, o de que as imperfeições morais dão ensejo aos Espíritos obsessores e que o meio mais seguro de se livrar deles é atrair os bons pela prática do bem. Os bons Espíritos, sem dúvida, têm mais poder do que os maus e sua vontade basta para distanciar estes últimos: mas não assistem senão aqueles que os secundam pelos esforços que fazem para se melhorarem; de outra forma, afastam-se e deixam o campo livre para os maus Espíritos, que se tornam, assim, em certos casos, instrumentos de punição, porque os bons os deixam agir com esse objetivo.

253. É preciso, de resto, guardar-se de atribuir, à ação direta dos Espíritos, todos os dissabores que podem chegar; esses dissabores, frequentemente, são a consequência da incúria ou da imprevidência. Um agricultor nos escreveu um dia que, há doze anos, atingia-lhe toda espécie de infelicidade com respeito ao seu gado; ora, eram suas vacas que morriam ou não davam mais leite; ora, eram seus cavalos, seus carneiros ou seus porcos. Fez muitas novenas, que não remediaram o mal, não mais do que as missas que fez rezar, nem os exorcismos que fez praticar. Então, segundo a crença dos camponeses, persuade-se de que lançaram um feitiço sobre os animais. Crendo-nos, sem dúvida, dotados de um poder conjurador maior do que o do vigário de sua cidade, pediu nosso parecer. Eis a resposta que obtivemos:

"A mortalidade ou as doenças do gado desse homem provém de que suas estrebarias estão infectadas e que ele nada faz para reparar, porque *isso custa*."

254. Terminaremos este capítulo pelas respostas dadas pelos Espíritos a algumas perguntas, e vindas em apoio ao que dissemos.

1. Por que certos médiuns não podem se desembaraçar de Espíritos maus que se ligam a eles e como os bons Espíritos que os chama não são bastante poderosos para afastar os outros e se comunicar diretamente?

Não é a força que falta ao bom Espírito, frequentemente, é o médium que não é bastante forte para secundá-lo; sua natureza se presta melhor para certas relações; seu fluido se identifica antes com um Espírito do que com um outro; é o que dá um grande império àqueles que dele querem abusar.

2. Parece-nos, entretanto, que há pessoas muito merecedoras, de uma moralidade irrepreensível, e que, todavia, estão impedidas de se comunicarem com os bons Espíritos.

Isso é uma prova; e quem vos diz, aliás, que o coração não está maculado por um pouco de mal? Que o orgulho não domina um pouco a aparência de bondade? Essas provas, mostrando ao obsidiado a sua fraqueza, devem fazê-lo inclinar-se para a humildade.

Há alguém na Terra que possa se dizer perfeito? E tal que tem todas as aparências da virtude pode ter ainda muitos defeitos ocultos, um velho fermento de imperfeição. Assim, por exemplo, dizeis daquele que não faz o mal, que é leal em suas relações sociais: É um bravo e digno homem; mas, sabeis se suas boas qualidades não estão manchadas pelo orgulho; se não há nele um fundo de egoísmo; se não é avaro, ciumento, rancoroso, maldizente e cem outras coisas de que não vos apercebeis, porque suas relações com ele não vos colocaram nesse caso? O meio mais poderoso de combater os maus Espíritos é o de aproximar-se o mais possível da natureza dos bons.

3. A obsessão que se opõe a que um médium obtenha as comunicações que deseja, é sempre um sinal de indignidade de sua parte?

Eu não disse que fosse um sinal de indignidade, mas que um obstáculo pode se opor a certas comunicações; é para retirar o obstáculo que tem nele, que deve se empenhar; sem isso, suas preces, suas súplicas nada farão. Não basta a um doente dizer ao seu médico: Dai-me a saúde, vou-me portar bem; o médico nada pode se o doente não faz o que é necessário.

4. A privação de comunicar-se com certos Espíritos seria, assim, uma punição?

Em certos casos, pode ser uma verdadeira punição, como a oportunidade de se comunicar com eles é uma recompensa que deveis vos esforçar por merecer. (Ver: Perda e suspensão da mediunidade, nº 220.)

5. Não se pode combater a influência dos maus Espíritos moralizando-os?

Sim, é o que não se faz e o que não é preciso negligenciar em fazê-lo; porque, frequentemente, é uma tarefa que vos é dada e que deveis cumprir caridosa e religiosamente. Pelos sábios conselhos se pode induzi-los ao arrependimento e apressar-lhes o adiantamento.

Como um homem pode ter, quanto a esse assunto, mais influência do que têm os próprios Espíritos?

Os Espíritos perversos se aproximam antes dos homens que procuram atormentar do que dos Espíritos, dos quais se afastam o mais possível. Nessa aproximação com os humanos, quando encontram os que os moralizam, no início não os escutam e se riem; depois, se aquele sabe prendê-los, acabam por deixar-se tocar. Os Espíritos elevados não podem lhes falar senão em nome de Deus e isso os assusta. O homem, certamente, não tem mais poder do que os Espíritos superiores, mas sua linguagem se identifica melhor com a sua natureza e, vendo o ascendente que pode exercer sobre os Espíritos inferiores, compreende melhor a solidariedade que existe entre o céu e a terra.

De resto, o ascendente que o homem pode exercer sobre os Espíritos está em razão da sua superioridade moral. Não domina os Espíritos superiores, nem mesmo aqueles que, sem serem superiores, são bons e benevolentes, mas pode dominar os Espíritos que lhe são inferiores em moralidade. (Ver nº 279.)

6. A subjugação corporal, levada a certo grau, poderia ter por consequência a loucura?

Sim, uma espécie de loucura cuja causa é desconhecida do mundo, mas que não tem relação com a loucura comum. Entre aqueles que são tratados por loucos há muitos que não são senão subjugados; ser-lhes-ia necessário um tratamento moral, ao passo que são tratados como loucos verdadeiros com os tratamentos corporais. Quando os médicos conhecerem bem o Espiritismo, saberão fazer essa distinção e curarão mais doentes do que com as duchas. (nº 221.)

7. Que se deve pensar daqueles que, vendo um perigo qualquer no Espiritismo, creem que o meio de o prevenir seria interditar as comunicações espíritas?

Se podem interditar, a certas pessoas, de se comunicarem com os Espíritos, não podem impedir as manifestações espontâneas feitas a essas mesmas pessoas, porque não podem suprimir os Espíritos, nem impedir a sua influência oculta. Isso se parece a essas crianças que se tapam os olhos e creem que não são vistas. Seria loucura querer suprimir uma coisa que oferece grandes vantagens, porque os imprudentes podem dela abusar; o meio de prevenir esses inconvenientes, ao contrário. é fazer conhecer a fundo essa coisa.

CAPÍTULO XXIV

IDENTIDADE DOS ESPÍRITOS

*Provas possíveis de identidade. – Distinção dos bons
e dos maus Espíritos. – Perguntas sobre a
natureza e a identidade dos Espíritos.*

PROVAS POSSÍVEIS DE IDENTIDADE

255. A questão da identidade dos Espíritos é uma das mais controvertidas, mesmo entre os adeptos do Espiritismo; é que, com efeito, os Espíritos não nos trazem um ato de notoriedade, e sabe-se com que facilidade certos deles tomam nomes emprestados; assim, depois da obsessão, é uma das maiores dificuldades do Espiritismo prático; de resto, em muitos casos, a identidade absoluta é uma questão secundária e sem importância real.

A identidade do Espírito de personagens antigas é a mais difícil de constatar-se, com frequência mesmo impossível, e se reduz a uma apreciação puramente moral. Julgam-se os Espíritos, como os homens, pela sua linguagem; se um Espírito se apresenta sob o nome de Fénelon, por exemplo, e diga trivialidades e puerilidades, é bem certo que esse não pode ser ele; mas se não diz senão coisas dignas do caráter de Fénelon, e que este não desaprovaria, há, senão uma prova material, pelo menos toda a probabilidade moral de que deva ser ele. É neste caso, sobretudo, que a identidade real é uma questão acessória; do momento em que o Espírito não diz senão boas coisas, pouco importa o nome sob o qual elas são dadas.

Objetar-se-á, sem dúvida, que o Espírito que toma um nome suposto, mesmo para não falar senão do bem, não cometeria, com isso, menos fraude e daí não pode ser um bom Espírito. É aqui que há nuanças delicadas, bastante difíceis de aprender, e que vamos tentar desenvolver.

256. À medida que os Espíritos se purificam e se elevam na hierarquia, os caracteres distintivos da sua personalidade se apagam, de alguma sorte, na uniformidade da perfeição e, apesar disso, não conservam menos sua individualidade; é o que ocorre com os Espíritos superiores e os Espíritos puros. Nesta posição, o nome que tinham na Terra, em uma das milhares de existências corporais *efêmeras* pelas quais passaram, é uma coisa de todo insignificante. Anotamos, ainda, que os Espíritos são atraídos, uns para os outros, pela semelhança de suas qualidades e formam, assim, grupos ou famílias simpáticas. Por outro lado, se se considera o número imenso de Espíritos que, desde a origem dos tempos, devem ter chegado às primeiras classes e se são comparados com o número restrito de homens que deixaram um grande nome na Terra, compreender-se-á que, entre os Espíritos superiores que podem se comunicar, a maioria não deve ter nome para nós; porém, como necessitamos de nome para fixarmos nossas ideias, podem tomar o nome de um personagem conhecido cuja natureza se identifica melhor com a sua; assim, é que nossos anjos guardiães se fazem conhecer, o mais frequentemente, sob o nome de um santo que veneramos e, geralmente, sob o nome daquele pelo qual temos mais simpatia. Daí se segue que, o anjo guardião de uma pessoa se dá por São Pedro, por exemplo, não há nenhuma prova material que seja precisamente o apóstolo desse nome; pode ser ele como ser um Espírito totalmente desconhecido, pertencente à família de Espíritos da qual São Pedro faz parte; segue-se ainda que, qualquer que seja o nome pelo qual se invoca o anjo guardião, ele virá ao apelo que lhe é feito, porque é atraído pelo pensamento e o nome lhe é indiferente. Ocorre o mesmo todas as vezes que um Espírito superior se comunica espontaneamente sob o nome de um personagem conhecido; nada prova que seja precisamente o Espírito desse personagem; mas se não diz nada que desminta a elevação do caráter deste último, há a *presunção* de que seja ele e, em todos os casos, pode-se dizer que, se não for ele, deve ser um Espírito do mesmo grau ou, talvez mesmo, enviado por ele. Em resumo, a questão do nome é secundária, podendo o nome ser considerado como um simples indício da classe que o Espírito ocupa na escala espírita.

A posição é diferente quando um Espírito, de ordem inferior, adorna-se de um nome respeitável para dar crédito às suas palavras, e esse caso é tão frequente que não seria demasiado se ter em guarda contra essas espécies de substituições; porque é graças a esses nomes emprestados e com a ajuda, sobretudo, da fascinação, que certos Espíritos sistemáticos, mais orgulhosos do que sábios, procuram dar crédito às ideias mais ridículas.

A questão da identidade é, pois, como o dissemos, quase indiferente quando se trata de instruções gerais, uma vez que os melhores Espíritos podem se substituir uns aos outros sem que isso tenha consequência. Os Espíritos superiores formam, por assim dizer, um todo coletivo, do qual as individualidades nos são, com poucas exceções, completamente desconhecidas. O que nos interessa não é a sua pessoa, mas o seu ensinamento; ora, do momento em que esse ensinamento é bom, pouco importa que quem o dá se chame Pedro ou Paulo; é julgado pela sua qualidade e não pela sua insígnia. Se um vinho é mau, não será o rótulo que o tornará melhor. De outro modo ocorre nas comunicações íntimas, porque é o indivíduo, sua pessoa mesma, que nos interessa, e é com razão que, nessa circunstância, deve se assegurar se o Espírito que vem, ao nosso chamado, é realmente aquele que se deseja.

257. A identidade é muito mais fácil de constatar-se quando se trata de Espíritos contemporâneos, dos quais se conhecem o caráter e os hábitos, porque são precisamente por esses hábitos, dos quais ainda não tiveram tempo de se despojar, pelos quais se fazem reconhecer, e dizemos, em consequência, que aí está um dos sinais mais certos de identidade. O Espírito pode, sem dúvida, dar provas sobre o pedido que se lhe faz, mas não faz sempre senão o que lhe convém e, geralmente, esse pedido o ofende; por isso, deve-se evitar fazê-lo. Deixando seu corpo, o Espírito não está despojado de sua suscetibilidade; melindra-se com toda questão que tenha por objetivo pô-lo à prova. *Perguntas há que ninguém ousaria fazer-lhe se ele se apresentasse vivo,* pelo receio de faltar às convenções; por que pois, ter-se-ia menos consideração por ele depois da sua morte? Que um homem se apresente em um salão declinando seu nome, irá alguém pedir-lhe à queima-roupa, para provar que é ele mesmo exibindo seus títulos, sob o pretexto de que há impostores? Esse homem, seguramente, teria o direito de lembrar ao interrogante as regras de civilidade. É o que fazem os Espíritos, não respondendo ou retirando-se. Tomemos um exemplo por comparação. Suponhamos que o astrônomo Arago, quando vivo, se fizesse presente em uma casa onde sua pessoa não fosse conhecida, e se o apostrofasse assim: dizeis que sois Arago, mas como não vos conhecemos, dignai-vos de provar-nos respondendo às nossas perguntas; resolvei tal problema de astronomia; dizei-nos vosso nome, prenome, o de vossos filhos, o que fazíeis tal dia, a tal hora, etc.; o que teria respondido? Pois bem! Como Espírito, fará o que teria feito quando vivo, e os outros Espíritos fazem o mesmo.

258. Enquanto os Espíritos se recusam a responder às perguntas pueris e impertinentes, que se teria escrúpulo em dirigi-las quando vivos, frequentemente, eles mesmos, e espontaneamente, dão provas irrecusáveis de sua identidade, pelo seu caráter que se revela pela sua linguagem, pelo emprego de palavras que lhe eram familiares, pela citação de certos fatos, de particularidades da sua vida, algumas vezes desconhecida dos assistentes, e cuja exatidão se pôde verificar. As provas de identidade ressaltam, por outro lado, de uma multidão de circunstâncias imprevistas, que não se apresentam sempre de um primeiro golpe, mas na continuidade das conversações. Convém, pois, esperá-las sem provocá-las, observando com atenção todas as que podem decorrer da natureza das comunicações. (Ver o fato relatado no número 70.)

259. Um meio que se emprega, algumas vezes, com sucesso para se assegurar da identidade, quando o Espírito que se comunica é suspeito, consiste em fazê-lo afirmar *em nome de Deus todo-poderoso* que é aquele que diz ser. Ocorre, frequentemente, que aquele que toma um nome usurpado recua de um sacrilégio e que depois de ter começado a escrever: *Afirmo, em nome de...*, detém-se e traça, com cólera, riscos insignificantes ou quebra o lápis; se é mais hipócrita, ilude a pergunta por uma restrição mental, escrevendo, por exemplo: *Certifico-vos que digo a verdade;* ou ainda: *Atesto, em nome de Deus, que sou eu mesmo quem vos falou,* etc. Mas há os que não são tão escrupulosos e juram tudo que se queria. Um deles se comunicou por um médium dizendo-se ser *Deus*, e o médium, muito honrado com tão alto favor, não hesitou em crer. Evocado por nós, não ousa sustentar sua impostura e diz: Não sou Deus, mas sou seu filho. – Sois, pois, Jesus? isso não é provável porque Jesus está tão altamente colocado para empregar um subterfúgio. Ousais, pois, afirmar, em nome de Deus, que sois o Cristo? – Eu não disse que sou Jesus; disse que sou filho de Deus, porque sou uma das suas criaturas.

Deve-se concluir daí que a recusa, da parte de um Espírito, de afirmar sua identidade em nome de Deus, é sempre uma prova manifesta de que o nome que tomou é uma impostura, mas que a afirmação é apenas uma presunção e não uma prova certa.

260. Pode-se também colocar, entre as provas de identidade, a semelhança da escrita e da assinatura, mas, além de que não é dado a todos os médiuns obterem esse resultado, ele não é sempre uma garantia suficiente; há falsários no mundo dos Espíritos como nestes; isso é, pois, apenas uma presunção de identidade que não adquire valor senão pelas circunstâncias que a acompanham. Ocorre o mesmo com todos os sinais materiais que alguns dão como talismãs inimitáveis para os Espíritos mentirosos. Para aqueles que ousam perjurar em nome de Deus ou falsificar uma assinatura, um sinal material qualquer não pode lhes oferecer um obstáculo maior. A melhor de todas as provas de identidade está na linguagem e nas circunstâncias fortuitas.

261. Dir-se-á, sem dúvida, que se um Espírito pode imitar uma assinatura, pode, do mesmo modo, imitar a linguagem. Isso é verdade; vimos os que tomam, descaradamente, o nome do Cristo e, para enganar, simularam o estilo evangélico e prodigalizaram, a torto e a direito, esses nomes bem conhecidos: *Em verdade, em verdade, eu vos digo;* mas quando se estudou o conjunto, *sem prevenção;* quando se esquadrinhou o fundo do pensamento, a importância das expressões; quando ao lado de belas máximas de caridade se viram recomendações pueris e ridículas, fora preciso estar *fascinado* para iludir-se. Sim, certas partes da forma material da linguagem podem ser imitadas, mas não o pensamento; jamais a ignorância imitará o verdadeiro saber, e jamais o vício imitará a verdadeira virtude; sempre, em alguma parte, aparecerá o seu verdadeiro caráter; é, então, que o médium, assim como o evocador, tem necessidade de toda a sua perspicácia e de toda a sua apreciação para distinguir a verdade da mentira. Devem se persuadir de que os Espíritos perversos são capazes de todas as astúcias e que, quanto mais seja elevado, o nome sob o qual o Espírito se anuncia, tanto mais deve inspirar desconfiança. Quantos médiuns tiveram comunicações apócrifas assinadas Jesus, Maria ou um santo venerado!

DISTINÇÃO DOS BONS E DOS MAUS ESPÍRITOS

262. Se a identidade absoluta dos Espíritos, em muitos casos, é uma questão acessória e sem importância, não ocorre o mesmo com a distinção dos bons e dos maus Espíritos; sua individualidade pode nos ser indiferente, sua qualidade não o será jamais. Em todas as comunicações instrutivas será, pois, sobre esse ponto que se deverá concentrar toda a atenção, porque só ele poderá nos dar a medida da confiança que poderemos conceder ao Espírito que se manifesta, qualquer que seja o nome sob o qual o faça.

O Espírito que se manifesta é bom ou mau? A que grau da escala espírita pertence? Aí está a questão capital. (Ver *Escala Espírita, O Livro dos Espíritos, n° 100*).

263. Julgam-se os Espíritos, nós o dissemos, como se julgam os homens, pela sua linguagem. Suponhamos que um homem receba vinte cartas de pessoas que lhe são desconhecidas; pelo estilo, pelos pensamentos, enfim, por uma porção de sinais, julgará as que são instruídas ou ignorantes, polidas ou mal-educadas, superficiais, profundas, frívolas, orgulhosas, sérias, levianas, sentimentais, etc. Ocorre o mesmo com os Espíritos; deve-se considerá-los como correspondentes que jamais foram vistos e se perguntar o que pensaria do saber, do caráter de um homem que dissesse ou escrevesse semelhantes coisas. Pode-se colocar como regra invariável, e sem exceção, que a linguagem dos Espíritos está sempre em razão do seu grau de elevação. Os Espíritos realmente superiores não apenas dizem boas coisas, mas o dizem em termos que excluem, da maneira mais absoluta, toda trivialidade; por boas que sejam essas coisas, se estão manchadas por uma só expressão que cheire à baixeza, é um sinal indubitável de inferioridade, com mais forte razão se o conjunto da comunicação fere as conveniências pela sua grosseria. A linguagem revela sempre sua origem, seja pelo pensamento que traduz, seja por sua forma e, então, mesmo que um Espírito quisesse nos enganar sobre sua pretensa superioridade, bastaria conversar algum tempo com ele para apreciá-lo.

264. A bondade e a benevolência são ainda atributos essenciais dos Espíritos depurados; não têm ódio nem pelos homens, nem pelos outros Espíritos; lamentam as fraquezas, criticam os erros, mas sempre com moderação, sem rancor e sem animosidade. Se se admite que os Espíritos verdadeiramente bons não podem querer senão o bem, e não dizer senão boas coisas, concluir-se-á que tudo o que, na linguagem dos Espíritos, revele uma falta de bondade e de benevolência, não pode emanar de um bom Espírito.

265. A inteligência está longe de ser um sinal certo de superioridade, porque a inteligência e a moral não caminham sempre conjuntamente. Um Espírito pode ser bom, benevolente, e ter conhecimentos limitados, ao passo que um Espírito inteligente e instruído pode ser muito inferior em moralidade.

Geralmente, crê-se que, interrogando o Espírito de um homem que foi sábio em uma especialidade na Terra, obter-se-á mais seguramente a verdade; isso é lógico; todavia, não é sempre verdadeiro. A experiência demonstra que os sábios, tanto como os outros homens, sobretudo aqueles que deixaram a Terra há pouco, estão ainda sob o império dos preconceitos da vida corporal; não se desfazem imediatamente do espírito de sistema. Pode ocorrer, pois, que sob a influência de ideias que alimentaram em sua vida e das quais se fizeram um título de glória, vejam menos claro do que pensamos. Não damos esse princípio como uma regra, longe disso; dissemos apenas que isso se vê e que, por conseguinte, sua ciência humana não é sempre uma prova de sua infalibilidade como Espírito.

266. Submetendo todas as comunicações a um exame escrupuloso, perscrutando e analisando o pensamento e as expressões como se faz quando se trata de julgar uma obra literária, rejeitando *sem hesitar* tudo o que peca pela lógica e pelo bom senso, tudo o que desminta o caráter do Espírito admitido a manifestar-se, desencoraja-se os Espíritos enganadores que acabam por se retirar, uma vez bem convencidos de que não podem nos iludir. Repetimos: esse meio é o único, mas é infalível, porque não há má comunicação que possa resistir a uma crítica rigorosa. Os bons Espíritos, com isso, não se ofendem jamais, uma vez que eles mesmos a aconselham e porque nada têm a temer do exame; somente os maus se melindram e a desaconselham, porque têm tudo a perder e, por isso mesmo, provam o que são.

Eis, a esse respeito, o conselho dado por São Luís:

Qualquer que seja a confiança legítima que vos inspirem os Espíritos que presidem aos vossos trabalhos, há uma recomendação que nunca é demais repetir, e que deveríeis ter sempre presente no pensamento quando vos entregais aos vossos estudos: é a de pesar e amadurecer, é a de submeter ao controle da razão mais severa todas as comunicações que recebais; não negligenciar, desde que um ponto vos pareça suspeito, duvidoso ou obscuro, de pedir as explicações necessárias para vos fixar com precisão.

267. Podem-se resumir os meios de reconhecer a qualidade dos Espíritos nos princípios seguintes:

1º Não há outro critério para discernir o valor dos Espíritos senão o bom senso. Toda fórmula dada, para esse efeito, pelos próprios Espíritos é absurda, e não pode emanar de Espíritos superiores.

2º Julgam-se os Espíritos pela sua linguagem e suas ações. As ações dos Espíritos são os sentimentos que inspiram e os conselhos que dão.

3º Estando admitido que os bons Espíritos não podem dizer e fazer senão o bem, tudo o que for mau não pode provir de um bom Espírito.

4º Os Espíritos superiores têm uma linguagem sempre digna, nobre, elevada, sem mistura de nenhuma trivialidade; dizem tudo com simplicidade e modéstia, não se gabam jamais, não exibem seu saber nem a sua posição entre os outros. A dos Espíritos inferiores ou vulgares tem sempre algum reflexo das paixões humanas; toda expressão que indique baixeza, presunção, arrogância, fanfarrice, acrimônia, é indício característico de inferioridade ou de fraude se o Espírito se apresenta sob um nome respeitável e venerado.

5º Não é preciso julgar os Espíritos pela forma material e nem pela correção do seu estilo, mas sondar-lhe o sentido íntimo, esquadrinhar suas palavras, pesá-las friamente, maduramente e sem prevenção. Todo desvio de lógica, de razão e de sabedoria, não pode deixar dúvida quanto à sua origem, qualquer que seja o nome com o qual se vista o Espírito. (224.)

6º A linguagem dos Espíritos elevados é sempre idêntica, senão quanto à forma, pelo menos quanto ao fundo. Os pensamentos são os mesmos, quaisquer que sejam o tempo e o lugar; podem ser mais ou menos desenvolvidos segundo as necessidades, as circunstâncias e as facilidades de comunicar-se, mas não serão contraditórios. Se duas comunicações, levando o mesmo nome, estão em oposição uma com a outra, uma das duas é evidentemente apócrifa, e a verdadeira será a que em *nada* desminta o caráter conhecido do personagem. Entre duas comunicações assinadas, por exemplo, por São Vicente de Paulo, uma pregando a união e a caridade, e a outra tendendo a semear a discórdia, não há pessoa sensata que possa se enganar.

7º Os bons Espíritos não dizem senão o que sabem; calam-se ou confessam sua ignorância sobre o que não sabem. Os maus falam de tudo com segurança, sem se preocuparem com a verdade. Toda heresia científica notória, todo princípio que choque o bom senso, mostra a fraude se o Espírito se diz um Espírito esclarecido.

8º Reconhecem-se ainda os Espíritos levianos pela facilidade com a qual predizem o futuro e precisam fatos materiais que não nos é dado conhecer. Os bons Espíritos podem fazer pressentir as coisas futuras quando esse conhecimento for útil, mas não precisam jamais as datas; todo anúncio de acontecimento com época fixada é indício de uma mistificação.

9º Os Espíritos superiores se exprimem de maneira simples, sem prolixidade; seu estilo é conciso, sem excluir a poesia de ideias e de expressões, claro, inteligível para todos, e não exige esforço para ser compreendido; têm a arte de dizerem muitas coisas com poucas palavras, porque cada palavra tem sua importância. Os Espíritos inferiores ou falsos sábios escondem, sob a presunção e a ênfase, o vazio dos pensamentos. Sua linguagem, frequentemente, é pretensiosa, ridícula ou obscura à força de querer parecer profunda.

10º Os bons Espíritos jamais ordenam: não se impõem, aconselham e, se não são escutados, retiram-se. Os maus são imperiosos; dão ordens, querem ser obedecidos e permanecem mesmo assim. Todo Espírito que se impõe, trai sua origem. São exclusivos e absolutos em suas opiniões e pretendem ter, só eles, o privilégio da verdade. Exigem uma crença cega e não apelam à razão, porque sabem que a razão os desmascararia.

11º Os bons Espíritos não lisonjeiam; aprovam quando se faz o bem, mas sempre com reservas; os maus dão elogios exagerados, estimulam o orgulho e a vaidade, pregando a humildade, e procuram exaltar *a importância pessoal* daqueles a quem desejam captar.

12º Os Espíritos superiores estão acima das puerilidades da forma *em todas as coisas*. Só os Espíritos vulgares podem dar importância a detalhes mesquinhos, incompatíveis com as ideias verdadeiramente elevadas. *Toda prescrição meticulosa* é um sinal certo de inferioridade e de fraude da parte de um Espírito que toma um nome imponente.

13º É preciso desconfiar dos nomes bizarros e ridículos que tomam certos Espíritos que querem se impor à credulidade; seria soberanamente absurdo tomar esses nomes a sério.

14º É preciso também desconfiar dos Espíritos que se apresentam muito facilmente sob nomes extremamente venerados, e não aceitar suas palavras senão com a maior reserva; é aí, sobretudo, que um controle severo é indispensável, porque, frequentemente, é uma máscara que tomam para fazer crer em pretendidas relações íntimas com os Espíritos excepcionais. Por esse meio, afagam a vaidade do médium e dela se aproveitam para induzi-lo, frequentemente, a diligências lamentáveis ou ridículas.

15º Os bons Espíritos são muito escrupulosos sobre as atitudes que podem aconselhar; não têm jamais, em todos os casos, senão um objetivo *sério eminentemente útil*. Deve-se, pois, considerar, como suspeitas, todas as que não tiverem esse caráter ou foram condenadas pela razão e, maduramente, refletir antes de tomá-las, porque se exporia a mistificações desagradáveis.

16º Reconhecem-se também os bons Espíritos pela sua prudente reserva sobre todas as coisas que podem comprometer; repugna-lhes revelar o mal; os Espíritos levianos ou malévolos se comprazem em fazê-lo realçar. Enquanto que os bons procuram suavizar os erros e pregam a indulgência, os maus os exageram e sopram a cizânia por meio de insinuações pérfidas.

17º Os bons Espíritos não prescrevem senão o bem. Toda máxima, todo conselho que não esteja *estritamente conforme a pura caridade evangélica*, não pode ser obra dos bons Espíritos.

18º Os bons Espíritos não aconselham jamais senão coisas perfeitamente racionais; toda recomendação que se afaste da *reta linha do bom senso ou das leis imutáveis da Natureza* acusa um Espírito limitado e, por consequência, pouco digno de confiança.

19º Os Espíritos maus ou simplesmente imperfeitos se traem ainda por sinais materiais, ante os quais a ninguém poderiam enganar. Sua ação sobre o médium é, algumas vezes, violenta e provoca, neste, movimentos bruscos e sacudidos, uma agitação febril e convulsiva, que se choca com a calma e a doçura dos bons Espíritos.

20º Os Espíritos imperfeitos, frequentemente, aproveitam os meios de comunicação de que dispõem para dar pérfidos conselhos; excitam a desconfiança e a animosidade contra aqueles que lhes são antipáticos; os que podem desmascarar suas imposturas são, sobretudo, o objeto de sua repressão.

Os homens fracos são seu alvo para induzi-los ao mal. Empregando, sucessivamente, os sofismas, os sarcasmos, as injúrias e até sinais materiais de seu poder oculto, para melhor convencer, procuram desviá-los da senda da verdade.

21º O Espírito de homens que tiveram, na Terra, uma preocupação única, material ou moral, se não estão libertos da influência da matéria, estão ainda sob o império das ideias terrestres e carregam consigo uma parte de preconceitos, de predileções *e mesmo de manias* que tinham neste mundo. O que é fácil de se reconhecer pela sua linguagem.

22º Os conhecimentos com os quais, frequentemente, certos Espíritos se adornam, com uma espécie de ostentação, não são um sinal de sua superioridade. A inalterável pureza dos sentimentos morais é, a esse respeito, a verdadeira pedra de toque.

23º Não basta interrogar um Espírito para conhecer a verdade. É preciso, antes de tudo, saber a quem se dirige; porque os Espíritos inferiores, ignorantes eles mesmos, tratam com frivolidade as questões mais sérias.

Também não basta que um Espírito tenha tido um grande nome na Terra para ter, no mundo espírita, a soberana ciência. Só a virtude pode-o, purificando-o, aproximá-lo de Deus e desenvolver seus conhecimentos.

24º Da parte dos Espíritos superiores, o gracejo, frequentemente, é fino e inteligente, mas jamais é trivial. Entre os Espíritos gracejadores que não são grosseiros, a sátira mordaz, frequentemente, é muito oportuna.

25º Estudando-se com cuidado o caráter dos Espíritos que se apresentam, sobretudo do ponto de vista moral, reconhece-se sua natureza e o grau de confiança que se lhe pode conceder. O bom senso não poderia enganar.

26º Para julgar os Espíritos como para julgar os homens, é preciso saber primeiro julgar a si mesmo. Infelizmente, há muitas pessoas que tomam sua opinião pessoal por medida exclusiva do bom e do mau, do verdadeiro e do falso; tudo o que contradiga sua maneira de ver, suas ideias, o sistema que conceberam ou adotaram, é mau aos seus olhos. A tais pessoas, evidentemente, falta a primeira qualidade para uma justa apreciação: a retidão do julgamento; mas disso não suspeitam; é o defeito sobre o qual mais nos iludimos.

Todas as instruções decorrem da experiência e do ensino dado pelos Espíritos; nós os completamos com as próprias respostas dadas por eles mesmos, sobre os pontos mais importantes.

268. QUESTÕES SOBRE A NATUREZA E A IDENTIDADE DOS ESPÍRITOS

1º Por quais sinais se pode reconhecer a superioridade ou a inferioridade dos Espíritos?

Pela sua linguagem, como distinguis um estouvado de um homem sensato. Já o dissemos, os Espíritos superiores não se contradizem nunca, e não dizem senão boas coisas; não querem senão o bem; é a sua preocupação.

Os Espíritos inferiores estão ainda sob o império das ideias materiais, seus discursos se ressentem da sua ignorância e da sua imperfeição. Não é dado senão aos Espíritos superiores conhecer todas as coisas e julgá-las sem paixão.

2º A ciência, num Espírito, é sempre um sinal certo de sua elevação?

Não, porque está ainda sob a influência da matéria e pode ter vossos vícios e vossos preconceitos. Há pessoas que são, nesse mundo, excessivamente invejosas e orgulhosas; credes que, desde que o deixem, perdem esses defeitos? Resta-lhes, depois da sua partida, sobretudo àqueles que tiveram paixões bem acentuadas, uma espécie de atmosfera que os envolve e lhes deixa essas más coisas.

Esses Espíritos semi-imperfeitos são mais de temer do que os maus Espíritos, porque a maioria reúne a astúcia e o orgulho à inteligência. Pelo seu pretenso saber, impõem-se às pessoas simples e aos ignorantes, que aceitam sem controle suas teorias absurdas e mentirosas; embora essas teorias não possam prevalecer contra a verdade, não deixam de fazer um mal momentâneo, porque entravam a marcha do Espiritismo, e os médiuns se fazem cegos sobre o mérito do que lhes é comunicado. Eis aí o que reclama um grande estudo da parte dos espíritas esclarecidos e dos médiuns; é para distinguir o verdadeiro do falso que é preciso empregar toda a sua atenção.

3º Muitos Espíritos protetores se designam sob o nome de santos ou de personagens conhecidos; o que se deve crer a esse respeito?

Todos os nomes de santos e de personagens conhecidos não bastariam para fornecer um protetor a cada homem; entre os Espíritos, há poucos que têm um nome conhecido na Terra: por isso, muito frequentemente, não o dão; mas, quase sempre, quereis um nome; então, para satisfazer-vos, tomam o de um homem que conheceis e respeitais.

4º Esse nome emprestado não pode ser considerado como uma fraude?

Seria uma fraude da parte de um mau Espírito que quisesse enganar; mas, quando é para o bem, Deus permite que ocorra assim entre Espíritos de uma mesma ordem, porque há, entre eles, solidariedade e semelhança de pensamento.

5º Assim, quando um Espírito protetor se diz ser São Paulo, por exemplo, não é certo que seja o próprio Espírito ou a alma do apóstolo desse nome?

De modo algum, porque encontrais milhares de pessoas que disse-
ram que seu anjo guardião é São Paulo ou qualquer outro; mas, que vos
importa se o Espírito que vos protege é tão elevado quanto São Paulo? Eu
vos disse, precisais de um nome, e eles tomam um para se fazerem chamar
e reconhecer, como tomais nome de batismo para distinguir-vos dos outros
membros da vossa família. Podem, pois, tomar os dos arcanjos Rafael, São
Miguel, etc, sem que isso tenha consequência.

De resto, quanto mais um Espírito é elevado, tanto mais sua
irradiação é múltipla; crede, pois, que um Espírito protetor, de uma ordem
superior, pode ter, sob sua tutela, centenas de encarnados. Entre vós, na
Terra, tendes notários que se encarregam dos negócios de cem e duzentas
famílias; por que quereríeis que fôssemos, espiritualmente falando, menos
aptos à direção moral dos homens do que aqueles à direção material de
seus interesses?

6º Por que os Espíritos que se comunicam tomam, tão frequentemente, o nome de santos?

Identificam-se com os hábitos daqueles a quem falam e tomam os
nomes que são de natureza a causar sobre o homem maior impressão em
razão de suas crenças.

7º Certos Espíritos superiores que se evocam vêm sempre em
pessoa ou, como creem alguns, vêm por mandatários encarregados de
transmitir seus pensamentos?

Por que não viriam em pessoa se o podem? Mas, se o Espírito não
pode vir, esse será forçosamente um mandatário.

8º O mandatário é sempre suficientemente esclarecido para
responder como faria o Espírito que o envia?

Os Espíritos superiores sabem a quem confiam o encargo de os
substituir. Aliás, quanto mais os Espíritos são elevados, tanto mais se
confundem num pensamento comum, de tal sorte que, para eles, a perso-
nalidade é uma coisa indiferente e deve ocorrer o mesmo para vós. Credes
que não haveria, no mundo, Espíritos superiores a não ser aqueles que
haveis conhecido na Terra capazes de vos instruir? Sois de tal modo leva-
dos a tomar-vos por tipos do Universo, que credes sempre que fora do vosso
mundo não há mais nada. Pareceis verdadeiramente com esses selvagens
que nunca saíram de sua ilha e creem que o mundo não vai mais longe.

9º Compreendemos que seja assim quando se trata de um ensinamento sério; mas, como os Espíritos elevados permitem aos Espíritos
de baixo estágio adornar-se com nomes respeitáveis para induzir ao erro
por meio de máximas, frequentemente, perversas?

Não é com sua permissão que o fazem; isso não ocorre também entre nós? Os que enganam assim serão punidos, crede-o bem, e sua punição será proporcional à gravidade da impostura. Aliás, se não fôsseis imperfeitos, não teríeis ao redor de vós senão bons Espíritos ou se sois enganados, não deveis atribuir senão a vós mesmos. Deus permite que seja assim para provar vossa perseverança e vosso julgamento e ensinar-vos a distinguir a verdade do erro; se não o fazeis é que não estais bastante elevados e tendes necessidade de lições da experiência.

10º Os Espíritos pouco avançados, mas animados de boas intenções e do desejo de progredir, não são algumas vezes encarregados de substituir um Espírito superior, a fim de fornecer-lhes ocasião de se exercitarem ensinando?

Jamais nos grandes centros; quero dizer, os centros sérios e para um ensinamento geral; os que aí se apresentam o fazem por sua vontade e, como dizeis, para se exercitarem; por isso, suas comunicações, embora boas, levam sempre traços da sua inferioridade. Quando são encarregados não o são senão para as comunicações pouco importantes e as que se podem chamar de pessoais.

11º As comunicações espíritas ridículas são, algumas vezes, entremeadas de máximas muito boas; como conciliar essa anomalia que pareceria indicar a presença simultânea de bons e de maus Espíritos?

Os Espíritos maus ou levianos se metem também a fazer sentenças sem ver-lhes a importância ou a significação. Todos aqueles que fazem isso entre vós são homens superiores? Não; os bons e os maus Espíritos não convivem juntos; é na uniformidade constante das boas comunicações que reconhecereis a presença dos bons Espíritos.

12º Os Espíritos que induzem ao erro, fazem-no sempre com conhecimento de causa?

Não; há Espíritos bons, mas ignorantes e que podem se enganar de boa-fé; quando têm consciência de sua insuficiência, com ela se conformam e não dizem senão o que sabem.

13º Quando um Espírito dá uma comunicação falsa, o faz sempre com uma intenção malévola?

Não; se é um Espírito leviano, ele se diverte mistificando, e não tem outro objetivo.

14º Uma vez que certos Espíritos podem enganar pela sua linguagem, podem também, aos olhos de um médium vidente, tomar uma falsa aparência?

Isso se dá, porém, mais dificilmente. Em todos os casos, isso jamais tem lugar senão com um objetivo que os próprios maus Espíritos não conhecem e servem de instrumento para darem uma lição. O médium vidente pode ver os Espíritos leviano e mentirosos como outros os ouvem ou escrevem sob sua influência. Os Espíritos levianos podem aproveitar essa disposição para iludirem com aparências enganadoras; isso depende das qualidades do seu Espírito.

15º Para não ser iludido, basta estar animado de boas intenções, e os homens perfeitamente sérios, que não misturam nos seus estudos nenhum sentimento de vã curiosidade, estão também expostos a serem enganados?

Menos do que os outros, evidentemente; mas o homem tem sempre algumas manias que atraem os Espíritos zombeteiros; ele se crê forte e, frequentemente, não o é; deve, pois, desconfiar da fraqueza que nasce do orgulho e dos preconceitos. Não se tem bastante em conta essas duas causas das quais os Espíritos se aproveitam; lisonjeando as manias, estão seguros de triunfar.

16º Por que Deus permite que os maus Espíritos se comuniquem e digam coisas más?

Mesmo naquilo que é pior, há um ensinamento; compete a vós saber retirá-lo. É preciso que haja comunicações de todas as espécies para vos ensinar a distinguir os bons Espíritos dos maus, e, a vós mesmos servir -vos de espelho.

17º Os Espíritos podem, por meio de comunicações escritas, inspirar injustas desconfianças contra certas pessoas e indispor os amigos?

Os Espíritos perversos e invejosos podem fazer, no mal, tudo o que fazem os homens; por isso, é preciso pôr-se em guarda. Os Espíritos superiores são sempre prudentes e reservados quando têm a censurar; não dizem nada de mal: advertem com respeito. Se querem que, no seu interesse, duas pessoas cessem de se ver, farão nascer incidentes que as separem de um modo natural. Uma linguagem própria para semear a perturbação e a desconfiança é sempre o ato de um mau Espírito, qualquer que seja o nome com o qual se adorne. Assim, não acolhais, senão com circunspecção, o mal que um Espírito pode dizer de um de vós, sobretudo, quando um bom Espírito vos haja dito bem, e desconfiai, também de vós mesmos e das vossas próprias prevenções. Nas comunicações dos Espíritos não tomai senão o que há de bom, de grande, de racional, e o que vossa consciência aprova.

18º Pela facilidade com a qual os maus Espíritos se misturam nas comunicações, parece que não se está jamais certo de se ter a verdade?

Sim, uma vez que tendes um juízo para apreciá-las. Pela leitura de uma carta, sabeis bem reconhecer se é um patife ou um homem bem eleva- do, um tolo ou um sábio quem vos escreveu; por que não poderíeis fazê-lo quando são os Espíritos que vos escrevem? Se recebeis uma carta de um amigo distante, o que vos prova que é dele? Sua escrita, direis; mas não há falsários que imitam todas as escritas? Velhacos que podem conhecer vossos negócios? Entretanto, há sinais com os quais não vos enganais; ocorre o mesmo com os Espíritos. Imaginai, pois, que é um amigo quem vos escreve ou que ledes a obra de um escritor, e julgai pelos mesmos meios.

19º Os Espíritos superiores poderiam impedir os maus Espíritos de tomarem falsos nomes?

Certamente o podem; porém, quanto mais os Espíritos são maus, tanto mais são obstinados e, frequentemente, resistem às injunções. É preciso também que saibais que há pessoas pelas quais os Espíritos superiores se interessam mais do que a outras e, quando julgam necessário, sabem preservá-las do prejuízo da mentira; contra essas pessoas, os Espíritos enganadores são impotentes.

20º Qual é o motivo dessa parcialidade?

Isso não é parcialidade, é justiça; os bons Espíritos se interessam por aqueles que aproveitam seus conselhos e trabalham seriamente pela sua própria melhoria; estes são seus preferidos e os secundam; mas se inquietam pouco com aqueles com os quais perdem seu tempo com belas palavras.

21º Por que Deus permite aos Espíritos cometerem o sacrilégio de tomarem falsamente nomes veneráveis?

Poderíeis perguntar também por que Deus permite aos homens mentirem e blasfemarem. Os Espíritos, assim como os homens, têm seu livre-arbítrio no bem como no mal; mas nem a uns nem a outros a justiça de Deus faltará.

22º Há fórmulas eficazes para afastar os Espíritos enganadores?

Fórmula é matéria; bom pensamento dirigido a Deus vale mais.

23º Certos Espíritos disseram ter sinais gráficos inimitáveis, espécie de emblema que pode fazê-los reconhecer e constatar a sua identidade; isso é verdade?

Os Espíritos superiores não têm outros sinais para se fazerem reconhecer senão a superioridade de suas ideias e da sua linguagem. Todos os Espíritos podem imitar um sinal material. Quanto aos Espíritos inferiores, traem-se de tantas maneiras, que seria preciso ser cego, para se deixar iludir.

24º Os Espíritos enganadores não podem também imitar o pensamento?

Imitam o pensamento como os cenógrafos imitam a Natureza.

25º Parece que, assim, é sempre fácil descobrir a fraude por um estudo atento?

Não duvideis disso; os Espíritos não enganam senão aqueles que se deixam enganar. Mas é preciso ter olhos de mercador de diamantes para distinguir a pedra verda*deira da falsa; ora, aquele que não sabe distinguir a pedra fina da falsa, dirija-se ao lapidário.*

26º Há pessoas que se deixam seduzir por uma linguagem enfática; que se contentam com palavras mais do que com ideias; que tomam mesmo as ideias falsas e vulgares por ideias sublimes; como estas pessoas, que não estão mesmo aptas a julgar as obras dos homens, podem julgar as dos Espíritos?

Quando essas pessoas têm bastante modéstia para reconhecer sua insuficiência, não confiam em si mesmas; quando, por orgulho, creem-se mais capazes do que o são, carregam a pena de sua tola vaidade. Os Espíritos enganadores sabem bem a quem se dirigirem; há pessoas simples e pouco instruídas mais difíceis de enganar do que outras que têm talento e saber. Bajulando as paixões, fazem do homem tudo o que querem.

27º Na escrita, os maus Espíritos se traem, algumas vezes, por sinais materiais involuntários?

Os hábeis não o fazem; os desajeitados se perdem. Todo sinal inútil e pueril é um indício certo de inferioridade; os Espíritos elevados não fazem nada de inútil.

28º Muitos médiuns reconhecem os bons e os maus Espíritos pela impressão agradável ou penosa que sentem à sua aproximação. Perguntamos se a impressão desagradável, a agitação convulsiva, o mal-estar, em uma palavra, são sempre indícios da natureza má dos Espíritos que se manifestam?

O médium experimenta as sensações do estado no qual se encontra o Espírito que vem a ele. Quando o Espírito é feliz, é tranquilo, leve, sério; quando é infeliz, é agitado, febril, e essa agitação se transmite, naturalmente, ao sistema nervoso do médium. De resto, assim é o homem sobre a Terra: o que é bom, é calmo e tranquilo; o que é mau é, sem cessar, agitado.

Nota. – Há médiuns de maior ou menor impressionabilidade nervosa e, por isso, a agitação não poderia ser olhada como uma a regra absoluta; é preciso aqui, como em todas as coisas, levar em conta as circunstâncias. O caráter penoso e desagradável da impressão é um efeito de contraste, porque se o Espírito do médium simpatiza com o mau Espírito que se manifesta, por ele será pouco ou nada afetado. De resto, não é preciso confundir a rapidez da escrita, que se prende à extrema flexibilidade de certos médiuns, com a agitação convulsiva que os médiuns mais lentos experimentam ao contato dos Espíritos imperfeitos.

CAPÍTULO XXV

DAS EVOCAÇÕES

Considerações gerais. – Espíritos que se podem evocar. – Linguagem a manter com os Espíritos. – Utilidade das evocações particulares. – Perguntas sobre a evocações. – Evocações de animais. – Evocação de pessoas vivas. – Telegrafia humana.

CONSIDERAÇÕES GERAIS

269. Os Espíritos podem se comunicar espontaneamente ou virem ao nosso chamado, quer dizer, pela evocação. Algumas pessoas pensam que todos devem abster-se de evocar tal ou tal Espírito e que é preferível esperar aquele que queira se comunicar. Fundam-se no princípio de que, em se evocando um Espírito determinado, não se está certo de que seja ele quem se apresente, ao passo que o que vem espontaneamente e por seu próprio esforço, prova melhor sua identidade, uma vez que anuncia, assim, o desejo que tem de se comunicar conosco. Em nossa opinião, há aí um erro: primeiramente, porque há sempre, ao nosso redor, Espíritos, frequentemente, de baixo estágio, que não querem coisa melhor do que se comunicarem; em segundo lugar, e mesmo por esta última razão, não se evocando nenhum em particular, é abrir a porta a todos que querem entrar. Numa assembleia, não dar a palavra a ninguém é deixá-la para todo o mundo, e sabe-se o que disso resulta. A chamada direta feita a um Espírito determinado é um laço entre ele e nós: chamamo-lo por nosso desejo e opomos, assim, uma espécie de barreira aos intrusos. Sem uma evocação direta, com frequência, um Espírito não teria nenhum motivo para vir até nós, se não for nosso Espírito familiar.

Essas duas maneiras de operar têm cada uma suas vantagens, e o inconveniente não estaria senão na exclusão absoluta de uma das duas. As comunicações espontâneas não têm nenhum inconveniente quando se está senhor dos Espíritos e se está certo de os maus não tomarem nenhum império; então, frequentemente, é útil esperar a boa vontade daqueles que querem se manifestar, porque seu pensamento não sofre nenhum constrangimento e se podem obter, dessa maneira, coisas admiráveis; ao passo que não se pode dizer que o Espírito que chamais esteja disposto a falar ou capaz de fazê-lo no sentido que se deseja. O exame escrupuloso que aconselhamos é, aliás, uma garantia contra as más comunicações. Nas reuniões regulares, sobretudo, naquelas em que se ocupa de um trabalho continuado, há sempre Espíritos habituais que se encontram na reunião sem que sejam chamados e que, em razão da regularidade das sessões, estão prevenidos: frequentemente, tomam espontaneamente a palavra para tratarem de um assunto qualquer, desenvolver uma proposição ou prescrever o que se deve fazer e, então, são reconhecidos facilmente, seja pela forma da sua linguagem que é sempre idêntica, seja pela sua escrita, seja por certos hábitos que lhe são familiares.

270. Quando se deseja comunicar com um Espírito *determinado*, necessariamente, é preciso evocá-lo. (N° 203) Se pode vir, obtém-se, geralmente, por respostas: *Sim*; ou *Estou aqui*; ou ainda: *Que quereis de mim*? Algumas vezes, entra diretamente no assunto respondendo por antecipação às perguntas que se propõem lhe dirigir.

Quando um Espírito é evocado pela primeira vez, convém designá-lo com alguma precisão. Nas perguntas que lhe são dirigidas, é preciso evitar as formas secas e imperativas, que lhe seriam um motivo de afastamento. Essas formas devem ser afetuosas ou respeitosas segundo o Espírito e, em todos os casos, testemunhar a benevolência do evocador.

271. Frequentemente, surpreende a prontidão com a qual um Espírito evocado se apresenta, mesmo pela primeira vez: dir-se-á que estava prevenido; é, com efeito, o que ocorre, se se preocupa de antemão com a sua evocação. Essa preocupação é uma espécie de evocação antecipada, e como temos sempre nossos Espíritos familiares que se identificam com o nosso pensamento, preparam os caminhos, de tal sorte que, se a isso ninguém se opõe, o Espírito que se quer chamar já está presente. Caso contrário, é o Espírito familiar do médium, ou do interrogador, ou um dos habituais, que vai procurá-lo e, para isso, não lhe é preciso muito tempo. Se o Espírito evocado não pode vir instantaneamente, o mensageiro (os Pagãos teriam dito *Mercúrio*) assina um prazo, algumas vezes de cinco minutos, um quarto de hora, uma hora e mesmo vários dias; quando chega, diz: *estou aqui*; e, então, pode-se começar as perguntas que se quer dirigir-lhe.

O Mensageiro não é sempre um intermediário necessário, porque a chamada do evocador pode ser ouvida diretamente pelo Espírito, como está dito adiante, nº 282, questão 5, sobre o modo de transmissão do pensamento.

Quando dizemos para fazer a evocação em nome de Deus, entendemos que a nossa recomendação deve ser tomada a sério, e não levianamente; os que nela não veem senão uma fórmula sem consequência, fariam melhor abstendo-se.

272. As evocações oferecem maiores dificuldades aos médiuns do que os ditados espontâneos, sobretudo, quando se trata de obter respostas precisas a perguntas circunstanciais. São necessários, para isso, médiuns especiais, ao mesmo tempo *flexíveis* e *positivos*, e já se viu (nº 193) que estes últimos são bastante raros, porque, como já dissemos, as relações fluídicas não se estabelecem sempre instantaneamente com o primeiro Espírito que chega. Por isso, é útil que os médiuns não se entreguem às evocações detalhadas senão depois de estarem seguros do desenvolvimento de sua faculdade e da natureza dos Espíritos que os assistem, porque entre aqueles que estão mal rodeados, as evocações não podem ter nenhum caráter de autenticidade.

273. Os médiuns, geralmente, são mais procurados para as evocações de um interesse privado, do que para as comunicações de um interesse geral; isso se explica pelo desejo bem natural que se tem de conversar com os seres que nos são caros. Cremos dever fazer, a esse respeito, várias recomendações importantes aos médiuns. Primeiro, não aceder a esse desejo senão com reserva em presença de pessoas de cuja sinceridade não estão completamente edificados e pôr-se em guarda contra as armadilhas que poderiam estender-lhe as pessoas malévolas. Em segundo lugar, não se prestarem, sob nenhum pretexto, se entreveem um objetivo de curiosidade e de interesse, e não uma intenção séria da parte do evocador; recusarem-se a toda pergunta ociosa ou que sairia do círculo de ideias que se podem racionalmente dirigir-se aos Espíritos. As perguntas devem ser colocadas com clareza, precisão e sem ideias preconcebidas, em se querendo respostas categóricas. Seria preciso repelir, pois, todas as que tivessem um caráter insidioso, porque sabe que os Espíritos não gostam das que têm por objetivo colocá-los à prova; insistir sobre questões dessa natureza, é querer ser enganado. O evocador deve ir franca e abertamente ao objetivo, sem subterfúgio e sem meios indiretos. Se teme explicar-se, faria melhor abstendo-se.

Convém ainda não fazer, senão com muita prudência, as evocações, na ausência das pessoas que as pediram e, frequentemente, é mesmo preferível abster-se delas completamente, estando só essas pessoas aptas a controlarem as respostas, a julgarem a identidade, a provocarem esclarecimento se estes tiverem lugar e a fazerem perguntas incidentes conduzidas pelas circunstâncias. De outra parte, sua presença é um laço que atrai o Espírito frequentemente pouco disposto a comunicar-se com estranhos pelos quais não tem nenhuma simpatia. O médium, numa palavra, deve evitar tudo o que poderia transformá-lo em um agente de consulta, o que, aos olhos de muita gente, é sinônimo de ledor de sorte.

ESPÍRITOS QUE SE PODEM EVOCAR

274. Podem ser evocados todos os Espíritos, qualquer que seja o degrau da escala a que pertençam: os bons como os maus, os que deixaram a vida há pouco, como os que viveram em tempos mais recuados, os homens ilustres como os mais obscuros, nossos parentes, nossos amigos, como os que nos são indiferentes; mas não quer dizer que querem ou possam sempre atender ao nosso chamado; independentemente da sua própria vontade ou da permissão que lhes pode ser recusada por um poder superior, podem, para isso, estarem impedidos por motivos que não nos são sempre permitido penetrar. Queremos dizer que não há empecilhos absolutos que se oponham às comunicações, salvo os que mencionaremos em seguida; os obstáculos que podem impedir um Espírito de manifestar-se são, quase sempre, individuais e, frequentemente, prendem-se às circunstâncias.

275. Entre as causas que podem se opor à manifestação de um Espírito, algumas lhe são pessoais e outras lhe são estranhas. É preciso colocar, entre as primeiras, suas ocupações ou as missões que cumprem, e, das quais, não pode se desviar para ceder aos nossos desejos; nesse caso, sua visita não é senão adiada.

Há ainda a sua própria situação. Se bem que o estado de encarnação não seja um obstáculo absoluto, pode ser um impedimento em certos momentos, sobretudo, quando aquela tem lugar em mundos inferiores e quando o próprio Espírito é pouco desmaterializado. Nos mundos superiores, onde os laços do Espírito e da matéria são muito fracos, a manifestação é quase tão fácil como no estado errante e, em todos os casos, mais fácil do que naqueles onde a matéria corporal é mais compacta.

As causas estranhas, se prendem, principalmente, à natureza do médium, à pessoa que evoca, ao meio no qual se faz a evocação e, enfim, ao objetivo proposto. Certos médiuns recebem mais particularmente comunicações de seus Espíritos familiares, que podem ser mais ou menos elevados; outros, estão aptos a servirem de intermediários a todos os Espíritos; isso depende da simpatia ou da antipatia, da atração ou da repulsão que o Espírito pessoal do médium exerce sobre o Espírito estranho, que pode tomá-lo por intérprete com prazer ou com repugnância. Isso depende ainda, abstração feita das qualidades íntimas do médium, do desenvolvimento da faculdade medianímica. Os Espíritos vêm mais voluntariamente e, sobretudo, são mais explícitos com um médium que não lhes ofereça nenhum obstáculo material. Em igualdade de condições morais, aliás, quanto mais um médium tenha facilidade para escrever ou para exprimir-se, tanto mais suas relações com o mundo espírita se generalizam.

276. É preciso ainda ter em conta a facilidade que deve dar o hábito de se comunicar com tal ou tal Espírito; com o tempo, o Espírito estranho se identifica com o do médium e também com aquele que o chama. A questão da simpatia à parte, estabelecem-se, entre eles, relações fluídicas que tornam as comunicações mais rápidas; por isso, uma primeira conversa não é sempre tão satisfatória como se poderia desejar e é, por isso, também que os próprios Espíritos, frequentemente, pedem para serem chamados de novo. O Espírito que vem habitualmente está como em sua casa; está familiarizado com os ouvintes e seus intérpretes, fala e age mais livremente.

277. Em resumo do que acabamos de dizer, resulta: que a faculdade de evocar qualquer Espírito não implica para o Espírito a obrigação de estar às nossas ordens; que pode vir num momento, e não num outro, com tal médium ou tal evocador que lhe agrade, e não com tal outro; dizer o que quer, sem poder ser constrangido a dizer o que não quer; ir-se quando lhe convém; enfim, que, por causas dependentes ou não da sua vontade, depois de ter se mostrado assíduo durante certo tempo, pode, de repente, cessar de vir.

Por todos esses motivos, quando se deseja chamar um Espírito novo, é necessário perguntar ao seu guia protetor se a evocação é possível; no caso em que ela não o seja, geralmente, dá os motivos e, então, será inútil insistir.

278. Uma importante questão se apresenta aqui e é a de saber se há, ou não, inconveniente em evocar maus Espíritos. Isso depende do objetivo proposto e do ascendente que se pode ter sobre eles. O inconveniente é nulo, quando são chamados com um fim sério, instrutivo e com vista a melhorá-los; é muito grande, ao contrário, se for pura curiosidade ou diversão, ou se se coloca sob sua dependência, pedindo-lhes um serviço qualquer. Os bons Espíritos, nesse caso, podem muito bem dar-lhes o poder de fazer o que se lhes pede, com vista a punirem severamente, mais tarde, o temerário que teria ousado invocar sua ajuda e julgá-los mais poderosos do que Deus. Em vão se prometeria disso fazer um bom uso em continuação e de despedir o servidor uma vez feito o serviço; o próprio serviço que se lhe solicitou, por mínimo que seja, é um verdadeiro pacto firmado com o mau Espírito, e este não deixa a presa facilmente. (Ver nº 212.)

279. A ascendência não se exerce sobre os Espíritos inferiores senão pela *superioridade moral*. Os Espíritos perversos sentem seus senhores nos homens de bem; ante os que não lhes opõem senão a energia da vontade, espécie de força bruta, eles lutam e, frequentemente, são os mais fortes. Qualquer um que procurasse, assim, dominar um Espírito rebelde, por sua vontade, o Espírito lhe responderia: *Deixa-me, pois, tranquilo com teus ares de fanfarrão, tu que não vales mais do que eu; que se diria de um ladrão que prega moral a um ladrão?*

Admira-se que o nome de Deus, que se invoca contra ele, seja, frequentemente, impotente; São Luís deu a razão disso na resposta seguinte:

"O nome de Deus não tem influência sobre os Espíritos imperfeitos senão na boca daquele que pode dele se servir com autoridade pelas suas virtudes; na boca do homem que não tenha sobre o Espírito nenhuma superioridade moral, é um nome como um outro. Ocorre o mesmo com as coisas santas que se lhes opõem. A mais terrível arma é inofensiva em mãos inábeis para dela se servirem ou incapazes de usá-las.

LINGUAGEM A MANTER COM OS ESPÍRITOS

280. O grau de superioridade ou de inferioridade dos Espíritos indica, naturalmente, o tom que convém tomar com eles. É evidente que, quanto mais são elevados, mais têm direito ao nosso respeito, à nossa atenção e à nossa submissão. Não devemos lhes testemunhar menor deferência do que o faríamos em sua vida, porém, por outros motivos: na Terra, teríamos considerado sua classe e sua posição social; no mundo dos Espíritos, nosso respeito não se dirige senão à superioridade moral. Sua própria elevação os coloca acima das puerilidades das formas adulatórias. Não é pelas palavras que podemos captar sua benevolência, mas pela sinceridade dos sentimentos. Seria, pois, ridículo dar-lhes títulos que nossos usos consagram para a distinção de posições e que, durante sua vida, tivessem podido lisonjear a sua vaidade; se são realmente superiores, não somente não se prenderiam a isso, como os desagradaria. Um bom pensamento lhes é mais agradável do que os mais elogiosos epítetos; se fosse de outro modo, não estariam acima da Humanidade. O Espírito de um venerável eclesiástico, que foi na Terra um príncipe da Igreja, homem de bem, praticante da lei de Jesus, respondeu, um dia, a alguém que o evocava dando-lhe o título de Monsenhor: "Deverias dizer ao menos ex-Monsenhor, porque aqui não há Senhor senão Deus; ficai sabendo que aqui vejo os que, na Terra, ajoelhavam-se para mim e, diante dos quais, eu mesmo me inclino."

Quanto aos Espíritos inferiores, seu caráter nos traça a linguagem que convém se ter com eles. Entre eles, há os que, embora inofensivos e mesmo benevolentes, são levianos, ignorantes, estouvados; tratá-los do mesmo modo que aos Espíritos sérios, assim como o fazem certas pessoas, valeria tanto como inclinar-se diante de um colegial ou diante de um asno vestido com um barrete de doutor. O tom da familiaridade não estaria descabido com eles que, com isso, não se formalizam; ao contrário, a isso se prestam com muito gosto.

Entre os Espíritos inferiores, há os que são infelizes. Quaisquer que possam ser as faltas que expiam, seus sofrimentos são títulos tanto maiores à nossa comiseração, quanto ninguém pode se lisonjear de escapar a estas palavras do Cristo: "Que aquele que estiver sem pecado lhe atire a primeira pedra". A benevolência que lhes testemunhamos é um alívio para eles; à falta de simpatia, devem encontrar a indulgência que gostaríamos tivessem para conosco.

Os Espíritos que revelam sua inferioridade pelo cinismo de sua linguagem, suas mentiras, a baixeza de seus sentimentos, a perfídia de seus conselhos, seguramente são menos dignos de nosso interesse do que aqueles cujas palavras atestam o arrependimento; devemo-lhes, pelo menos, a piedade que concedemos aos maiores criminosos, e o meio de reduzi-los ao silêncio é mostrando-se superior a eles: não entram em intimidade senão com as pessoas com as quais creem nada terem a temer; porque os Espíritos perversos sentem seus senhores nos homens de bem, assim como nos Espíritos superiores.

Em resumo, tanto seria irreverência tratar de igual para igual com os Espíritos superiores, como seria ridículo ter uma mesma deferência para com todos sem exceção. Tenhamos veneração por aqueles que a merecem, reconhecimento para com aqueles que nos protegem e nos assistem, para todos os outros uma benevolência da qual talvez, um dia, nós mesmos necessitaremos. Penetrando no mundo incorpóreo, aprendemos a conhecê-lo, e esse conhecimento deve regular as nossas relações com aqueles que o habitam. Os Antigos, na sua ignorância, elevaram-nos aos altares; para nós, não são senão criaturas mais ou menos perfeitas, e não elevamos altares senão a Deus.

UTILIDADE DAS EVOCAÇÕES PARTICULARES

281. As comunicações que se obtêm dos Espíritos muito superiores ou dos que animaram os grandes personagens da antiguidade são preciosas pelo alto ensinamento que encerram. Esses Espíritos adquiriram um grau de perfeição que lhes permite abraçar uma esfera de ideias mais amplas, de penetrar nos mistérios que ultrapassam a capacidade vulgar da Humanidade e, por consequência, podem nos iniciar, melhor do que outros, em certas coisas. Não se segue daí que as comunicações de Espíritos de uma ordem menos elevada sejam sem utilidade; o observador delas extrai mais do que uma instrução. Para conhecer os costumes de um povo, é preciso estudar todos os graus da escala. Quem não o tenha visto senão por uma face, o conhece mal. A história de um povo não é a dos seus reis e das sumidades sociais; para julgá-lo, é preciso vê-lo em sua vida íntima, em seus hábitos privados. Ora, os Espíritos superiores são as sumidades do mundo espírita; sua própria elevação os coloca de tal modo acima de nós que nos espantamos com a distância que nos separa deles. Os Espíritos mais burgueses (que se nos permita esta expressão) tornam-nos mais palpáveis as circunstâncias de sua nova existência. Entre eles, a ligação entre a vida corporal e a vida espírita é mais íntima, compreendemo-la melhor, porque nos toca mais de perto. Aprendendo, por eles mesmos, em que se tornaram, o que pensam, o que experimentam, os homens de todas as condições e de todos os caracteres, os homens de bem como os viciosos, os grandes e os pequenos, os felizes e os infelizes do século, em uma palavra, os homens que viveram entre nós, que vimos e conhecemos, cuja vida real pudemos conhecer com suas virtudes e manias, compreendemos suas alegrias e seus sofrimentos, a eles nos associamos e deles haurimos um ensinamento moral tanto mais proveitoso quanto as relações, entre eles e nós, sejam mais íntimas. Colocamo-nos mais facilmente no lugar daquele que nos é igual do que daquele que não vemos senão através da miragem de uma glória celeste. Os Espíritos vulgares nos mostram a aplicação prática das grandes e sublimes verdades das quais os Espíritos superiores nos ensinam a teoria. Aliás, no estudo de uma ciência nada é inútil: Newton encontrou a lei das forças do Universo no mais simples fenômeno.

A evocação dos Espíritos vulgares tem outra vantagem que é a de nos colocar em relação com Espíritos sofredores, que se podem aliviar e aos quais se pode facilitar o adiantamento por conselhos úteis. Pode-se, pois, tornar-se útil instruindo-se a si mesmo; há egoísmo em não procurar senão sua própria satisfação na conversa com os Espíritos, e aquele que desdenha estender mão segura aos que são infelizes dá, ao mesmo tempo, prova de orgulho. De que lhe serve obter belas recomendações dos

Espíritos de elite, se isso não o torna melhor para si mesmo, mais caridoso e mais benevolente para com seus irmãos deste mundo e do outro? Em que se tornariam os pobres doentes se os médicos recusassem tocar suas chagas?

282. QUESTÕES SOBRE AS EVOCAÇÕES

1. Pode alguém evocar os Espíritos sem ser médium?

Todo o mundo pode evocar os Espíritos, e se os que chamais não podem se manifestar materialmente, não estão menos ao redor de vós e vos escutam.

2. O Espírito evocado atende sempre ao chamado que lhe é feito?

Isso depende das condições em que se encontra, porque há circunstâncias nas quais não o podem.

3. Quais são as causas que podem impedir um Espírito de vir ao nosso chamado?

Sua vontade, primeiro; depois, seu estado corporal; são os que, pela sua natureza, pertencem ainda a mundos inferiores à Terra. Aqueles que estão nas esferas de punição também não o podem, salvo uma permissão superior que não é concedida senão com um objetivo de utilidade geral. Para que um Espírito possa se comunicar, é preciso que tenha atingido o grau de adiantamento do mundo no qual é chamado, de outro modo, é estranho às ideias desse mundo e não tem nenhum ponto de comparação. Não ocorre o mesmo com aqueles que são enviados em missão ou em expiação aos mundos inferiores: têm ideias necessárias para responderem.

4. Por quais motivos a permissão de comunicar-se pode ser recusada a um Espírito?

Pode ser uma prova ou uma punição para ele ou para aquele que o chama.

5. Como os Espíritos dispersos no espaço ou nos diferentes mundos podem ouvir, de todos os pontos do Universo, as evocações que lhes são feitas?

Frequentemente, são prevenidos pelos Espíritos familiares que vos cercam e que vão procurá-los; mas se passa aqui um fenômeno que é difícil de vos explicar, porque não podeis ainda compreender o modo de transmissão do pensamento entre os Espíritos. O que vos posso dizer é que o Espírito que evocais, por distante que esteja, recebe, por assim dizer, o impacto do pensamento como uma espécie de comoção elétrica que chama sua atenção para o lado de onde vem o pensamento que se dirige a ele. Pode-se dizer que ouve o pensamento, como na Terra ouvis a voz.

O fluido universal é o veículo do pensamento como o ar é do som?

Sim, com a diferença de que o som não pode se fazer ouvir senão em um raio muito limitado, ao passo que o pensamento atinge o infinito. O Espírito, no espaço, é como um viandante em meio de uma vasta planície e que, de repente, ouvindo pronunciar seu nome, dirige-se para o lado de onde vem o chamado.

6. Sabemos que as distâncias são pouca coisa para os Espíritos, entretanto, admira-se de vê-los, algumas vezes, responder tão prontamente ao chamado, como se estivessem estado muito perto.

Com efeito, algumas vezes o estão. Se a evocação é premeditada, o Espírito é advertido antecipadamente e, frequentemente, encontra-se aí no momento em que é chamado.

7. O pensamento do evocador é mais ou menos percebido segundo certas circunstâncias?

Sem nenhuma dúvida; o Espírito chamado por um sentimento simpático e benevolente é mais vivamente tocado; é como uma voz amiga que reconhece; sem isso, frequentemente, ocorre que a evocação não produz efeito. O pensamento que brota da evocação bate no Espírito; se é mal dirigido, bate no vazio. Ocorre com os Espíritos igual aos homens: se aquele que os chamam lhes é indiferente ou antipático, podem ouvir, mas, com frequência, não o atendem.

8. O Espírito evocado vem voluntariamente ou é constrangido a isso?

Obedece à vontade de Deus, quer dizer, à lei geral que rege o Universo; porém, constrangido não é a palavra certa, porque julga se é útil vir: e aí está ainda, para ele, o livre-arbítrio. O Espírito superior vem sempre quando é chamado com um fim útil; não se recusa a responder senão no meio de pessoas pouco sérias e tratando a coisa como diversão.

9. O Espírito evocado pode se recusar a vir ao chamado que lhe é feito?

Perfeitamente; onde estaria seu livre-arbítrio sem isso? Credes que todos os seres do Universo estejam à vossa ordem? E vós mesmos, crede-vos obrigados a responder a todos aqueles que pronunciam vosso nome? Quando digo que pode a isso se recusar, entendo sobre o pedido do evocador, porque um Espírito inferior pode ser constrangido a vir por um Espírito superior.

10. Há, para o evocador, um meio de constranger o Espírito a vir contra a sua vontade?

Nenhum, se esse Espírito é vosso igual ou superior em moralidade – digo em moralidade, e não em inteligência –, porque não tendes sobre ele nenhuma autoridade; se é vosso inferior, podeis, se for para seu bem, porque, então, outros Espíritos vos secundarão. (nº 279.)

11. Há inconveniente em evocar Espíritos inferiores, e se pode temer, em os chamando, colocar-se sob seu domínio?

Eles não dominam senão aqueles que se deixam dominar. Quem está assistido por bons Espíritos, nada tem a temer; impõe-se aos Espíritos inferiores, e estes não se impõem a ele. No isolamento, os médiuns, sobretudo aqueles que começam, devem se abster dessas espécies de evocações (nº 278.)

12. É necessário aplicar algumas disposições particulares nas evocações?

A mais essencial de todas as disposições é o recolhimento quando se quer ter relações com Espíritos sérios. Com a fé e o desejo do bem, se está em mais condições para evocar os Espíritos superiores. Elevando sua alma por alguns instantes de recolhimento, no momento da evocação, identifica-se com os bons Espíritos e os dispõe a virem.

13. A fé é necessária para as evocações?

A fé em Deus, sim; para o mais, a fé virá, se quiserdes o bem e tiverdes o desejo de instruir-vos.

14. Os homens, reunidos em uma comunidade de pensamentos e de intenções, têm mais força para evocar os Espíritos?

Quando todos estão reunidos para a caridade e para o bem, obtêm grandes coisas. Nada é mais nocivo ao resultado das evocações do que a divergência de pensamentos.

15. A precaução de fazer a cadeia, em se dando as mãos durante alguns minutos, no início das reuniões, é útil?

A cadeia é um meio material que não estabelece a união entre vós, se ela não existe no pensamento; o que é mais útil do que tudo isso, é o unir-se em um pensamento comum apelando, cada um de seu lado, aos bons Espíritos. Não sabeis tudo o que se poderia obter em uma reunião séria, na qual fosse banido todo sentimento de orgulho e de personalidade, e onde reinasse um sentimento de mútua cordialidade.

16. As evocações, com dias e horas fixados, são preferíveis?

Sim, e se possível, no mesmo lugar: os Espíritos aí vão naturalmente; é o desejo constante, que tendes, o que ajuda os Espíritos a virem se colocar em comunicação convosco. Os Espíritos têm suas ocupações que não podem deixar de improviso para vossa satisfação pessoal. Digo no mesmo lugar, mas não creiais que seja uma obrigação absoluta, porque os Espíritos vão por toda parte; quero dizer que um lugar consagrado a isso é preferível, porque o recolhimento nele é mais perfeito.

17. Certos objetos, tais como medalhas e talismãs, têm a propriedade de atraírem ou repelirem os Espíritos, como alguns o pretendem?

Essa pergunta é inútil, porque sabeis bem que a matéria não tem nenhuma ação sobre os Espíritos. Estejais bem certos de que jamais um bom Espírito aconselha semelhantes absurdos; a virtude dos talismãs, de qualquer natureza que sejam, não existiu senão na imaginação das pessoas crédulas.

18. Que pensar dos Espíritos que marcam encontro em lugares lúgubres e a horas impróprias?

Esses Espíritos se divertem às custas dos que os escutam. É sempre inútil e, com frequência, perigoso, ceder a tais sugestões: inútil, porque não se ganha absolutamente nada, senão ser mistificado; perigoso, não pelo mal que os Espíritos podem fazer, mas pela influência que isso pode exercer sobre os cérebros fracos.

19. Há dias e horas mais propícios para as evocações?

Para os Espíritos, isso é completamente indiferente, como tudo o que é material, e seria uma superstição crer na influência de dias e de horas. Os mais propícios momentos são aqueles nos quais o evocador pode estar o menos distraído por suas ocupações habituais; quando seu corpo e seu espírito estão mais calmos.

20. A evocação é, para os Espíritos, uma coisa agradável ou penosa? Vêm de boa vontade quando são chamados?

Isso depende de seu caráter e do motivo que os fez chamar. Quando do objetivo é louvável e quando o meio lhe é simpático, é, para eles, uma coisa agradável e mesmo atraente; os Espíritos ficam sempre felizes com a afeição que se lhes testemunha. Há aqueles para quem é uma grande alegria comunicar-se com os homens e que sofrem com o abandono em que são deixados. Mas, como disse, isso depende igualmente do seu caráter; entre os Espíritos há também os misantropos que não gostam de ser perturbados e cujas respostas se ressentem do seu mau humor, sobretudo quando são chamados por pessoas indiferentes pelas quais não se interessam. Um Espírito, frequentemente, não tem nenhum motivo para vir ao chamado de um desconhecido que lhe é indiferente, e que está, quase sempre, movido pela curiosidade; se vem, não o faz em geral, senão, em curtas aparições, a menos que haja um objetivo sério e instrutivo na evocação.

Nota. Veem-se pessoas que não evocam seus parentes senão para lhes pedir as coisas mais vulgares da vida material, por exemplo, um para saber se aluga ou vende sua casa, um outro para conhecer o proveito que tirará de sua mercadoria, o lugar onde o dinheiro foi depositado, se tal assunto será ou não vantajoso. Nossos parentes de além-túmulo não se interessam por nós senão em razão da afeição que tenhamos por eles. Se todo o nosso pensamento se limita a crê-los adivinhões, se não pensamos neles senão para pedir-lhes notícias, não podem ter por nós uma grande simpatia, e ninguém deve admirar-se pelo pouco de benevolência que testemunham.

21. Há uma diferença entre os bons e os maus Espíritos sob o aspecto de sua solicitude em atender ao nosso chamado?

Há uma grande diferença; os maus Espíritos não vêm de boa vontade senão quando esperam dominar e enganar; mas experimentam uma viva contrariedade quando são forçados a vir para reconhecerem suas faltas, e não pedem outra coisa do que se irem, qual um escolar que se chama para corrigi-lo. Podem, a isso, serem constrangidos pelos Espíritos superiores, como castigo e para instrução dos encarnados. A evocação é penosa para os bons Espíritos quando são chamados inutilmente por futilidades; então, não vêm ou se retiram.

Podeis dizer que, por princípio, os Espíritos, quaisquer que sejam, não gostam, igual a vós, de servir de distração para os curiosos. Frequentemente, não tendes outro objetivo, em evocando um Espírito, que o de ouvir o que vos dirá ou interrogá-lo sobre particularidades de sua vida, que não está obrigado a vos fazer conhecer, porque não há nenhum motivo para vos fazer seus confidentes, e credes que vai se colocar no banco dos réus para vosso bom prazer? Desiludi-vos; o que não teria feito quando vivo, não o fará tampouco como Espírito.

Nota. A experiência prova, com efeito, que a evocação é sempre agradável aos Espíritos quando feita com um fim sério e útil; os bons vêm com prazer para instruir-nos: os que sofrem encontram alívio na simpatia que se lhes testemunha;

os que conhecemos ficam satisfeitos com a nossa lembrança. Os Espíritos levianos gostam de ser evocados pelas pessoas frívolas, porque isso lhes propicia ocasião de se divertirem às suas custas; não se sentem bem com as pessoas sérias.

22. Os Espíritos, para se manifestarem, têm necessidade de serem evocados?

Não; apresentam-se, amiúde, sem serem chamados e isso prova que vêm de boa vontade.

23. Quando um Espírito se apresenta por si mesmo, pode-se estar mais certo de sua identidade?

De nenhum modo, porque os Espíritos enganadores, frequentemente, empregam esse meio para melhor enganar.

24. Quando se evoca, pelo pensamento, o Espírito de uma pessoa, esse Espírito vem a nós, ainda mesmo quando não haja manifestação pela escrita ou de outro modo?

A escrita é um meio material para o Espírito atestar a sua presença, mas é o pensamento que o atrai, e não o fato da escrita.

25. Quando um Espírito inferior se manifesta, pode-se obrigá-lo a retirar-se?

Sim, não o escutando mais. Mas, como quereis que se retire quando vos divertis com suas torpezas? Os Espíritos inferiores se prendem àqueles que os ouvem com complacência, como os tolos entre vós.

26. A evocação feita em nome de Deus é uma garantia contra a intromissão dos maus Espíritos?

O nome de Deus não é um freio para todos os Espíritos perversos, mas os retém muito; por esse meio, afastareis sempre a alguns, e os afastareis bem mais se feita do fundo do coração e não como uma fórmula banal.

27. Poder-se-ia evocar nominalmente a vários Espíritos ao mesmo tempo?

Não há, para isso, nenhuma dificuldade, e se tivésseis três ou quatro mãos para escreverem, três ou quatro Espíritos vos responderiam ao mesmo tempo; é o que ocorre quando se têm vários médiuns.

28. Quando vários Espíritos são evocados simultaneamente, e não há senão um médium, qual é aquele que responde?

Um deles responde por todos e exprime o pensamento coletivo.

29. O mesmo Espírito poderia se comunicar, ao mesmo tempo, na sessão que está a decorrer, por dois médiuns diferentes?

Tão facilmente como tendes homens que ditam várias cartas ao mesmo tempo.

Nota. Vimos um Espírito responder, ao mesmo tempo, por dois médiuns às perguntas que se lhe dirigiam, a um em inglês e ao outro em francês, e as respostas eram idênticas pelo sentido; algumas, eram mesmo a tradução literal uma da outra.

Dois Espíritos evocados simultaneamente por dois médiuns, podem estabelecer, entre eles, uma conversação; esse modo de comunicação não sendo necessário para eles, uma vez que leem, reciprocamente, seus pensamentos, a isso se prestam, algumas vezes, para nossa instrução. Se esses são Espíritos inferiores, como estão ainda imbuídos de paixões terrestres e de ideias corporais, pode ocorrer de se disputarem e de se apostrofarem por palavras grosseiras, de censurarem mutuamente seus erros, e mesmo lançar lápis, cestas, pranchetas, etc, um contra o outro.

30. O Espírito evocado, ao mesmo tempo, em vários pontos pode responder simultaneamente às perguntas que lhe são dirigidas?

Sim, se é um Espírito elevado.

Nesse caso, o Espírito se divide, ou tem o dom da ubiquidade?

O sol é um e, todavia, irradia em todo seu redor, lançando ao longe seus raios sem se subdividir; ocorre o mesmo com os Espíritos. O pensamento do Espírito é como uma centelha que projeta ao longe sua claridade e pode ser percebida em todos os pontos do horizonte. Quanto mais o Espírito é puro, tanto mais seu pensamento irradia e se estende como a luz. Os Espíritos inferiores são muito materiais, não podem responder senão a uma única pessoa por vez, e não podem vir se são chamados em outro lugar.

Um Espírito superior, chamado, ao mesmo tempo, em dois pontos diferentes, responderá às duas evocações se forem tão sérias e tão fervorosas, tanto uma como a outra; em caso contrário, dá preferência à mais séria.

Nota. Ocorre o mesmo com um homem que, sem mudar de lugar, pode transmitir seu pensamento por sinais vistos de diferentes pontos.

Em uma sessão da Sociedade Parisiense de Estudos Espíritas, onde a questão da ubiquidade havia sido discutida, um Espírito dita espontaneamente a comunicação seguinte:

"Perguntáveis esta tarde qual era a hierarquia dos Espíritos para a ubiquidade. Comparai-vos a um balão que se eleva pouco a pouco no ar. Quando próximo à terra, um pequeno círculo pode percebê-lo; à medida que se eleva, o círculo se alarga para ele e, quando chega a uma certa altura, aparece a um número infinito de pessoas. Assim é conosco; um mau Espírito, que ainda está preso à Terra, fica num círculo restrito ao meio de pessoas que o veem. Cresça em graça, melhore-se e poderá conversar com várias pessoas; e quando tornar-se Espírito superior, poderá irradiar como a luz do sol, mostrar-se a várias pessoas e em vários lugares ao mesmo tempo." CHANNING

31. Podem ser evocados os Espíritos puros, os que terminaram a série de encarnações?

Sim, mas muito raramente; não se comunicam senão com os corações puros e sinceros, e não aos orgulhosos e aos egoístas; por isso, é preciso desconfiar dos Espíritos inferiores que tomam essa qualidade para se darem mais importância aos vossos olhos.

32. Como ocorre que o Espírito dos homens mais ilustres venham tão facilmente e tão familiarmente ao chamado dos homens mais obscuros?

Os homens julgam os Espíritos segundo eles, e é um erro; depois da morte do corpo, as posições terrestres não existem mais; não há distinção entre eles senão na bondade, e os que são bons vão por toda parte onde há bem a fazer-se.

33. Quanto tempo depois da morte se pode evocar um Espírito?

Pode-se evocá-lo no instante mesmo da morte; mas, como nesse momento ainda está em perturbação, não responde senão imperfeitamente.

Nota. A duração da perturbação, sendo muito variável, não pode ter prazo fixo para a evocação; é raro, entretanto, que, ao cabo de oito dias, o Espírito não se reconheça o bastante para poder responder; pode fazê-lo algumas vezes, muito bem, dois ou três dias depois da morte; pode-se, em todos os casos, tentar com cautela.

34. A evocação, no instante da morte, é mais penosa para o Espírito do que seria mais tarde?

Algumas vezes; é como se vos arrancassem do sono antes que estivésseis completamente despertos. Há, entretanto, os que, com isso, não ficam nada contrariados, até porque isso ajuda a sair da perturbação.

35. Como o Espírito de uma criança, morta em tenra idade, pode responder com conhecimento de causa, quando, em sua vida, não tinha ainda a consciência de si mesma?

A alma da criança é um Espírito ainda envolvido nas faixas da matéria; *mas, liberto da matéria, goza das suas faculdades de Espírito, porque os Espíritos não têm idade; o que prova que o Espírito da criança já viveu. Entretanto, até que esteja completamente liberto, pode conservar, na sua linguagem, alguns traços característicos da infância.*

Nota. A influência corporal que se faz sentir por tempo mais ou menos longo sobre o Espírito da criança, faz-se igualmente, algumas vezes, notar sobre o Espírito daqueles que morreram em estado de loucura. O Espírito, em si mesmo, não é louco, mas se sabe que certos Espíritos creem, durante algum tempo, serem ainda deste mundo; não é, pois, de se admirar que, no louco, o Espírito se ressinta ainda dos entraves que, durante a vida, opunham-se à sua livre manifestação, até que esteja completamente desprendido. Esse efeito varia segundo as causas da loucura, porque há loucos que recobram toda a lucidez de suas ideias imediatamente depois da sua morte.

283. EVOCAÇÕES DOS ANIMAIS

36. Pode-se evocar o Espírito de um animal?

Depois da morte do animal, o princípio inteligente, que estava nele, fica em estado latente; logo, é utilizado por certos Espíritos, encarregados desse cuidado, para animar novos seres nos quais continua a obra da sua elaboração. Assim, no mundo dos Espíritos, não há Espíritos de animais errantes, mas somente Espíritos humanos. Isso responde à vossa pergunta.

Como se dá, então, que certas pessoas tenham evocado animais e obtiveram respostas?

Evocai um rochedo, e ele vos responderá. Há sempre uma multidão de Espíritos prontos para tomarem a palavra para tudo.

Nota. É pela mesma razão que, se se evoca um mito ou um personagem alegórico, ele responderá; quer dizer, responderão por ele, e o Espírito que se apresentar tomará seu caráter e suas maneiras. Alguém teve, um dia, a ideia de evocar *Tartufo*, e Tartufo veio imediatamente; o que é mais ainda, fala de Orgon, de Elmira, de Dâmide e de Valéria, de quem deu notícias; quanto a ele, imitou o hipócrita com tanta arte, como se Tartufo fosse um personagem real. Disse, mais tarde, ser o Espírito de um ator que tinha desempenhado esse papel. Os Espíritos levianos se aproveitam sempre da inexperiência dos interrogadores; mas evitam de se dirigirem àqueles que sabem ser bastante esclarecidos para descobrirem suas imposturas e que não aumentariam a fé a seus contos. Ocorre o mesmo entre os homens.

Um senhor tinha, em seu jardim, um ninho de pintassilgos pelos quais se interessava muito; um dia, o ninho desapareceu; estando seguro de que ninguém da casa era culpado do delito, como ele próprio era médium, teve a ideia de evocar a mãe dos filhotes; ela veio, e lhe disse em bom francês: "Não acuse ninguém e sossega quanto à sorte de meus filhotes; foi o gato que, saltando, derrubou o ninho; tu o encontrarás sob a relva, assim como os filhotes que não foram comidos. "Verificação feita, a coisa foi constatada exata. É preciso disso concluir que foi o pássaro que respondeu? Não, seguramente; mas simplesmente um Espírito conhecedor da história. Isso prova o quanto é preciso desconfiar das aparências e como é justa a resposta acima: Evocai um rochedo, e ele vos responderá. (Ver, mais acima, o capítulo da *Mediunidade entre os animais*: nº 234.)

284. EVOCAÇÃO DE PESSOAS VIVAS

37. A encarnação do Espírito é um obstáculo absoluto à sua evocação?

Não, mas é preciso que o estado do corpo permita ao Espírito desprender-se nesse momento. O Espírito encarnado vem tanto mais facilmente quanto o mundo onde se encontra seja de uma ordem mais elevada, porque os corpos aí são menos materiais.

38. Pode-se evocar o Espírito de uma pessoa viva?

Sim, uma vez que se pode evocar um Espírito encarnado. O Espírito de um vivo pode também, nesses momentos de liberdade, apresentar-se sem ser evocado; *isso depende de sua simpatia pelas pessoas com as quais se comunica. (Ver nº 116, a História do homem da tabaqueira.)*

39. Em qual estado está o corpo da pessoa cujo Espírito se evoca?

Dorme ou dormita; é, então, que o Espírito está livre.

O corpo poderia despertar enquanto o Espírito está ausente?

Não, o Espírito é forçado a reentrar nele; se, nesse momento, conversa convosco, deixa-vos e, frequentemente, disso vos diz o motivo.

40. Como o Espírito, ausente do corpo, é advertido da necessidade de sua presença?

O Espírito de um corpo vivo, dele não está jamais completamente separado; a qualquer distância que se transporte, a ele se prende por um laço fluídico que serve para chamá-lo quando isso é necessário; esse laço não se rompe senão com a morte.

Nota. Esse laço fluídico, com frequência, tem sido percebido por médiuns videntes. É uma espécie de rastro fosforescente que se perde no espaço e na direção do corpo. Certos Espíritos disseram que é, por isso, que reconhecem os que pertencem ainda ao mundo corporal.

41. Que ocorreria se, durante o sono e na ausência do Espírito, o corpo fosse ferido mortalmente?

O Espírito seria advertido, e reentraria antes que a morte fosse consumada.

Assim, não poderia acontecer que o corpo morresse na ausência do Espírito, e que este, retornando, não pudesse reentrar?

Não; isso seria contrário à lei que rege a união da alma e do corpo.

Mas se o golpe é dado subitamente e de improviso?

O Espírito seria prevenido antes que o golpe mortal fosse dado.

Nota. O Espírito de um vivo, interrogado sobre esse fato, respondeu: "Se o corpo pudesse morrer na ausência do Espírito, isso seria um meio muito cômodo de se cometerem suicídios hipócritas."

42. O Espírito de uma pessoa evocada durante o sono é tão livre para se comunicar como o de uma pessoa morta?

Não, a matéria o influencia sempre mais ou menos.

Nota. Uma pessoa nesse estado, à qual se dirigiu essa pergunta, respondeu: *Estou sempre ligada à grilheta que arrasto atrás de mim.*

Nesse estado, o Espírito poderia ser impedido de vir porque está alhures?

Sim, pode ocorrer que o Espírito esteja em um lugar que lhe interessa.

43. É absolutamente impossível evocar o Espírito de uma pessoa desperta?

Embora difícil, isso não é absolutamente impossível, porque se a evocação bate no alvo, pode-se dar que a pessoa adormeça; mas o Espírito não pode se comunicar, como Espírito, senão nos momentos nos quais sua presença não é necessária à atividade inteligente do corpo.

Nota. A experiência prova que a evocação feita durante o estado de vigília pode provocar o sono ou, pelo menos, uma absorção vizinha do sono, mas esse efeito não pode ter lugar senão por uma vontade muito enérgica e se existem laços de simpatia entre as duas pessoas; de outro modo, a evocação *não dá resultado*. No caso mesmo em que a evocação poderia provocar o sono se o momento é inoportuno, a pessoa não querendo dormir, oporá resistência, e, se sucumbe, seu Espírito, por isso, estará perturbado e dificilmente responderá. Disso resulta que o momento mais favorável para a evocação de uma pessoa viva é o do seu sono natural, porque seu Espírito, estando livre, pode vir até aquele que o chama, tão bem quanto poderia ir para outra parte.

Quando a evocação é feita com o consentimento da pessoa, e esta procura dormir para esse efeito, pode ocorrer que essa preocupação retarde o sono e perturbe o Espírito; por isso, o sono não forçado é ainda preferível.

44. Uma pessoa viva evocada, disso tem consciência no seu despertar?

Não; vós o sois, vós mesmos, mais frequentemente do que pensais. Somente o Espírito o sabe e pode, algumas vezes, deixar do fato uma vaga impressão, como num sonho.

Quem pode nos evocar se somos seres obscuros?

Em outras existências podeis haver sido pessoas conhecidas nesse mundo ou em outros; de resto, vossos parentes e vossos amigos igualmente nesse mundo ou em outros. Suponhamos que o teu Espírito animou o corpo do pai de uma outra pessoa; pois bem, quando essa pessoa evocar seu pai, teu Espírito é que será evocado e que responderá.

45. O Espírito evocado, de uma pessoa viva, responde como Espírito ou com as ideias do estado de vigília?

Isso depende de sua elevação, mas julga mais sadiamente e tem menos preconceitos, absolutamente como os sonâmbulos; é um estado quase semelhante.

46. Se o Espírito de um sonâmbulo, em estado de sono magnético, fosse evocado, seria mais lúcido do que o de qualquer outra pessoa?

Responderia, sem dúvida, mais facilmente, porque está mais liberto; tudo depende do grau de independência do Espírito e do corpo.

O Espírito de um sonâmbulo poderia responder a uma pessoa que o evocasse à distância, ao mesmo tempo que respondesse verbalmente a uma outra pessoa?

A faculdade de se comunicar simultaneamente em dois pontos diferentes não pertence senão aos Espíritos completamente libertos da matéria.

Poder-se-iam modificar as ideias de uma pessoa no estado de vigília, agindo sobre o seu Espírito durante o sono?

Sim, algumas vezes; o Espírito não mais preso à matéria por laços tão íntimos, por isso, está mais acessível às impressões morais, e essas impressões podem influir sobre a sua maneira de ver no estado ordinário. Infelizmente, ocorre que, com frequência, ao despertar, a natureza corporal o domina e lhe faz esquecer as boas resoluções que pôde tomar.

48. O Espírito de uma pessoa viva está livre para dizer ou não dizer o que quer?

Tem as suas faculdades de Espírito e, por conseguinte, seu livre-arbítrio e, como tem maior perspicácia, é mesmo mais circunspecto do que no estado de vigília.

49. Poder-se-ia constranger uma pessoa, evocando-a, a dizer o que gostaria calar?

Disse que o Espírito tem seu livre-arbítrio; mas, pode-se dar que, como Espírito, liga menos importância a certas coisas do que no estado ordinário; sua consciência pode falar mais livremente. Aliás, se ela não quer falar pode sempre escapar às importunações indo-se, porque não se pode reter seu Espírito, como se retém seu corpo.

50. O Espírito de uma pessoa viva não poderia ser constrangido, por um outro Espírito, a vir e a falar, assim como ocorre para os Espíritos errantes?

Entre os Espíritos, estejam mortos ou vivos, não há supremacia senão pela superioridade moral, e deveis crer bem que um Espírito superior não prestaria jamais seu apoio a uma vil indiscrição.

Nota. Esse abuso de confiança seria, com efeito, uma ação má, mas que não poderia ter resultado, uma vez que se pode arrancar um segredo que o Espírito quisesse calar, a menos que, dominado por um sentimento de justiça, confessasse o que caliaria em outras circunstâncias.

Uma pessoa quis saber, por esse meio, de um de seus parentes, se o testamento deste último estava a seu favor. O Espírito respondeu: "Sim, minha cara sobrinha, e disso cedo tereis a prova." A coisa era real com efeito; mas, poucos dias após, o parente destruiu seu testamento e teve a malícia de fazê-lo saber à pessoa sem entretanto, que soubesse ter sido evocado. Um sentimento instintivo o leva, sem dúvida, a executar a resolução que seu Espírito havia tomado depois da pergunta que lhe havia sido feita. Há covardia em pedir ao Espírito de um morto ou de um vivo, o que não se ousaria pedir à sua pessoa, e essa covardia não tem, mesmo por compensação, o resultado que se pretende.

51. Pode-se evocar um Espírito cujo corpo está ainda no seio materno?

Não; sabeis bem que, nesse momento, o Espírito está em completa perturbação.

Nota. A encarnação não tem definitivamente lugar senão no momento em que a criança respira; mas, desde a concepção, o Espírito designado para animá-la está tomado de uma perturbação que aumenta à aproximação do nascimento e lhe tira a consciência dele mesmo e, por consequência, a faculdade de responder. (Vede *O Livro dos Espíritos:* Retorno à vida corporal; União da alma e do corpo, nº 344.)

52. Um Espírito poderia tomar o lugar de uma pessoa viva que se evocasse?

Isso não é de se duvidar e ocorre muito frequentemente, sobretudo, quando a intenção do evocador não é pura. De resto, a evocação de pessoas vivas não tem interesse senão como estudo psicológico; convém abster-se dela toda vez que não possa ter um resultado instrutivo.

Nota. Se a evocação de Espíritos errantes não dá resultado sempre, para nos servirmos de sua expressão, isso é bem mais frequente para aqueles que estão encarnados; é então, sobretudo, que os Espíritos enganadores tomam o seu lugar.

53. A evocação de uma pessoa viva tem inconvenientes?

Não está sempre sem perigo; isso depende da posição da pessoa, porque se ela estiver doente poderá aumentar-lhe os sofrimentos.

54. Em que caso a evocação de uma pessoa viva pode ter mais inconvenientes?

Devem abster-se de evocar as crianças de muito baixa idade, as pessoas gravemente enfermas e os velhos enfraquecidos; numa palavra, pode ter inconvenientes todas as vezes em que o corpo esteja muito fraco.

Nota. A brusca suspensão das faculdades intelectuais, durante o estado de vigília, poderia também oferecer perigo se a pessoa se encontrasse, nesse momento, tendo necessidade de toda a sua presença de espírito.

55. Durante a evocação de uma pessoa viva, seu corpo experimenta fadiga em consequência do trabalho ao qual se entrega o Espírito, embora ausente?

Uma pessoa nesse estado, e que pretendia que seu corpo se fatigasse, respondeu a essa pergunta:

Meu Espírito é como um balão cativo preso a um poste; meu corpo é o poste que se abala pelas sacudidelas do balão.

56. Uma vez que a evocação de pessoas vivas pode ter inconvenientes, quando é feita sem precaução, o perigo não existe quando se evoca um Espírito que não se sabe se está encarnado e que poderia não se encontrar em condições favoráveis?

Não, as circunstâncias não são as mesmas; ele não virá se não estiver em posição de fazê-lo; e, aliás, já não vos disse para perguntardes, antes de fazer uma evocação, se ela é possível?

57. Quando experimentamos, nos momentos mais inoportunos, uma irresistível vontade de dormir, isso proviria do fato de sermos evocados em alguma parte?

Isso pode sem dúvida ocorrer, mas, com mais frequência, é um feito puramente físico, seja porque o corpo tenha necessidade de repouso, seja porque o Espírito tenha necessidade de sua liberdade.

Nota. Uma dama de nosso conhecimento, médium, teve um dia a ideia de evocar o Espírito de seu neto que dormia no mesmo quarto. A identidade foi constatada pela linguagem, as expressões familiares da criança e pelo relato muito exato de várias coisas que lhe aconteceram no colégio; mas uma circunstância veio confirmá-la. De repente, a mão do médium se detém no meio de uma frase, sem que lhe seja possível nada mais obter; nesse momento, a criança semi-desperta fez vários movimentos em seu leito; alguns instantes depois, estando dormindo, a mão marcha de novo, continuando a conversa interrompida. A evocação de pessoas vivas, feita em boas condições, prova da maneira menos contestável, a ação distinta do Espírito e do corpo e, por consequência, a existência de um princípio inteligente independente da matéria. (Ver na *Revista Espírita* de 1860, páginas 11 e 81, vários exemplos notáveis de evocação de pessoas vivas.)

285. TELEGRAFIA HUMANA

58. Duas pessoas, evocando-se mutuamente, poderiam transmitir-se seus pensamentos e se corresponderem?

Sim, e essa telegrafia humana será, um dia, um meio universal de correspondência.

Por que não seria praticada desde o presente?

Ela é praticável para certas pessoas, mas não para todo o mundo; é preciso que os homens se depurem para que seu Espírito se liberte da matéria, e é ainda uma razão para se fazer a evocação em nome de Deus. Até lá, estará circunscrita às almas de escol e desmaterializadas, o que se encontra raramente no estado atual dos habitantes da Terra.

CAPÍTULO XXVI

PERGUNTAS QUE SE PODEM DIRIGIR AOS ESPÍRITOS

Observações preliminares. – Perguntas simpáticas ou antipáticas aos Espíritos. – Perguntas sobre o futuro. – Sobre as existências passadas e futuras. – Sobre os interesses morais e materiais. – Sobre a sorte dos Espíritos. – Sobre a saúde. – Sobre as invenções e descobertas. – Sobre os tesouros ocultos. – Sobre os outros mundos.

OBSERVAÇÕES PRELIMINARES

286. Deve-se ligar a maior importância ao modo de colocar-se as perguntas e, mais ainda, à natureza das questões. Duas coisas devem ser consideradas às que se dirigem aos Espíritos: a forma e o fundo. Sob o aspecto da forma, devem ser redigidas com clareza e precisão, evitando-se as perguntas complexas. Mas há um outro ponto não menos importante que é a ordem que deve presidir à sua disposição. Quando um assunto requer uma série de perguntas, é essencial que elas se encadeiem com método, de modo a decorrerem naturalmente umas das outras; os Espíritos as respondem muito mais fácil e claramente do que quando são postas ao acaso, passando sem transição, de um assunto a outro. Por essa razão, é sempre muito útil prepará-las antes, salvo para intercalar, no decorrer da sessão, as que são provocadas pelas circunstâncias. Além da redação, que deverá ser a melhor, feita com toda reflexão, esse trabalho preparatório é, como já o dissemos, uma espécie de evocação antecipada à qual o Espírito pode ter assistido e se dispôs a responder. Notar-se-á que, com muita frequência, o Espírito responde por antecipação a certas perguntas, o que prova que as conhecia previamente.

O fundo da pergunta requer uma atenção ainda mais séria, porque, frequentemente, é a natureza da pergunta que provoca uma resposta justa ou falsa; há aquelas sobre as quais os Espíritos não podem ou não devem responder, por motivos que nos são desconhecidos; é, pois, inútil insistir; mas o que se deve evitar, acima de tudo, são as perguntas feitas com o objetivo de pôr sua perspicácia à prova. Quando uma coisa existe, diz-se, eles devem conhecê-la; ora, é precisamente porque a coisa vos é conhecida ou porque tendes os meios de verificá-la vós mesmos, que não se dão ao trabalho de responder; essa suspeita os magoa e nada se obtém de satisfatório. Disso não temos exemplos todos os dias entre nós? Os homens superiores, que têm consciência do seu valor, alegrariam-se em responder a todas as tolas perguntas que tendessem a submetê-los a um exame como se fossem escolares? O desejo de fazer um adepto a tal ou tal pessoa, não é, para os Espíritos, motivo para satisfazer uma vã curiosidade; sabem que a convicção chegará cedo ou tarde, e os meios que empregam para provocá-la são sempre os que pensamos.

Imaginai um homem grave, ocupado com coisas úteis e sérias, incessantemente importunado por perguntas pueris de uma criança e tereis uma ideia do que devem pensar os Espíritos superiores de todas as bagatelas que se lhes debita. Não se segue que não se possam obter, da parte dos Espíritos, esclarecimentos úteis e, sobretudo, conselhos muitos bons, mas respondem mais ou menos bem, segundo os conhecimentos que eles próprios possuem, o interesse que mereçamos de sua parte e a afeição que nos dedicam e, enfim, segundo o objetivo proposto e a utilidade que veem na coisa; mas, se todo o vosso pensamento se limita a julgá-los mais aptos que outros para nos esclarecer utilmente sobre as coisas desse mundo, não podem ter, por nós, uma profunda simpatia; desde então, não fazem senão aparições muito curtas e, frequentemente, segundo o grau de sua imperfeição, testemunham seu mau humor por terem sido incomodados inutilmente.

287. Algumas pessoas pensam que é preferível se abster de colocar perguntas e que convém esperar o ensinamento dos Espíritos sem provocá-los; há aí um erro. Os Espíritos dão, sem contradita, instruções espontâneas de alta importância, e que seria errado negligenciar; mas há explicações que se esperaria, frequentemente, tempo muito longo se não fossem solicitadas. Sem as perguntas que propusemos, *O Livro dos Espíritos* e *O Livro dos Médiuns* estariam ainda por fazer ou, pelo menos, seriam bem menos completos, e uma multidão de problemas, de grande importância, estaria ainda por resolver. As perguntas, longe de terem o menor inconveniente, são de uma grande utilidade do ponto de vista da instrução, quando se sabe contê-las nos limites desejados. Elas têm uma outra vantagem, que é a de ajudarem a desmascarar os Espíritos enganadores que, sendo mais fúteis do que sábios, suportam raramente, em seu proveito, a prova de perguntas de uma lógica cerrada pela qual são empurrados aos seus últimos redutos. Como os Espíritos superiores não têm nada a temer de um semelhante controle, são os primeiros a provocarem explicações sobre os pontos obscuros; os outros, ao contrário, temem ter pela frente um forte adversário e têm grande cuidado em evitá-los; por isso, recomendam, em geral, aos médiuns que querem dominar e aos quais querem impor suas utopias de se absterem de toda controvérsia a respeito de seus ensinos.

Quem haja compreendido bem o que dissemos até o presente momento nesta obra, já se pode fazer uma ideia do círculo no qual convém conter as perguntas que se podem dirigir aos Espíritos; todavia, para maior certeza, mais adiante, seguem as respostas que nos deram sobre os principais assuntos sobre os quais as pessoas pouco experimentadas estão geralmente dispostas a interrogá-los.

288. PERGUNTAS SIMPÁTICAS OU ANTIPÁTICAS AOS ESPÍRITOS

1. Os Espíritos respondem de boa vontade às perguntas que lhes são endereçadas.

De acordo com as perguntas. Os Espíritos sérios respondem sempre com prazer às que têm por objetivo o bem e os meios de fazer-vos avançar. Não atendem às questões fúteis.

2. Basta que uma pergunta seja séria para se obter uma resposta séria?

Não, isso depende do Espírito que responde.

Mas uma pergunta séria não afasta os Espíritos levianos?

Não é questão de afastar os Espíritos levianos, mas o caráter daquele que a faz.

3. Quais são as perguntas particulares antipáticas aos Espíritos?

Todas as que são inúteis ou que são feitas com objetivo de curiosidade e de prova; então, não as respondem e se afastam.

Há perguntas que sejam antipáticas aos Espíritos imperfeitos?

Não há senão as que podem revelar sua ignorância e sua fraude, quando procuram enganar; de outro modo, respondem a tudo, sem se importarem com a verdade.

4. Que pensar das pessoas que não veem nas comunicações espíritas senão uma distração e um passatempo ou um meio de obter revelações sobre o que lhes interessa?

Essas pessoas agradam muito aos Espíritos inferiores que, como elas, querem se divertir e ficam contentes quando são mistificadas.

5. Quando os Espíritos não respondem a certas perguntas, é por efeito da sua vontade ou porque uma força superior se opõe a certas revelações?

Por um e pelo outro motivo; há coisas que não podem ser reveladas, e outras que o próprio Espírito não conhece.

Insistindo fortemente, o Espírito não acabaria por responder?

Não; o Espírito que não quer responder, tem sempre a facilidade de retirar-se. Por isso, é necessário esperar quando vos diz para fazê-lo e, sobretudo, não vos obstineis em querer nos fazer responder. Insistir para ter uma resposta, que não se quer vos dar, é um meio certo de ser enganado.

6. Todos os Espíritos estão aptos a compreender as perguntas que lhes são colocadas?

Longe disso; os Espíritos inferiores são incapazes de compreender certas perguntas, o que não lhes impede de vos responder bem ou mal, como ocorre entre vós.

Nota. – Em certos casos, e quando a coisa é útil, ocorre frequentemente, que um Espírito mais esclarecido vem em ajuda ao Espírito ignorante e lhe sopra o que deve dizer. Isso se reconhece facilmente pelo contraste de certas respostas e, de outra parte, porque, frequentemente, o próprio Espírito está de acordo com isso. Isto não ocorre senão para os Espíritos de boa-fé, ignorantes, mas jamais para os que exibem um falso saber.

289. QUESTÕES SOBRE O FUTURO

7. Os Espíritos podem nos fazer conhecer o futuro?

Se o homem conhecesse o futuro, negligenciaria o presente.

Aí está ainda um ponto sobre o qual insistis sempre em obter uma resposta precisa; é um grande erro, porque a manifestação dos Espíritos não é um meio de adivinhação. Se quereis absolutamente uma resposta, ela vos será dada por um Espírito travesso: dizemos-lhes isso a cada instante. (Ver O Livro dos Espíritos, conhecimento do futuro, n° 868.)

8. Não há, todavia, algumas vezes, acontecimentos futuros que são anunciados espontaneamente, e com verdade pelos Espíritos?

Pode ocorrer que o Espírito preveja coisas que julga útil fazer conhecer ou que tenha a missão de vos fazer conhecer; porém, há ainda mais a desconfiar-se dos Espíritos enganadores que se divertem fazendo previsões. Não é senão o conjunto das circunstâncias que pode fazer apreciar o grau de confiança que elas merecem.

9. Qual o gênero de previsões do qual mais se deve desconfiar?

Todas as que não têm um objetivo útil geral. As previsões pessoais, quase sempre, podem ser consideradas como apócrifas.

10. Qual é o objetivo dos Espíritos que anunciam espontaneamente acontecimentos que não ocorrem?

O mais frequentemente, é para se divertirem com a credulidade, o medo ou a alegria que causam, depois se riem do desapontamento. Essas previsões mentirosas têm, entretanto, algumas vezes, um objetivo mais sério que é o de colocar à prova aquele a quem são feitas, a fim de ver a maneira pela qual toma a coisa, a natureza dos sentimentos, bons ou maus, que fazem nascer nele.

Nota. – Tal seria, por exemplo, o anúncio do que pode agradar a cupidez ou a ambição, como a morte de uma pessoa, a perspectiva de uma herança, etc.

11. Por que os Espíritos sérios, quando fazem pressentir um acontecimento, ordinariamente não lhe fixam a data; é por impossibilidade ou vontade de sua parte?

Por um e outro motivo; eles podem, em certos casos, fazer pressentir um acontecimento: é, então , uma advertência que vos dão. Quanto a precisar-lhe a época, frequentemente, não o devem; frequentemente também não o podem, porque eles mesmos não o sabem. O Espírito pode prever que uma coisa ocorrerá, mas o momento preciso pode depender de acontecimentos que ainda não se cumpriram e que só Deus conhece. Os Espíritos levianos, que não têm nenhum escrúpulo em vos enganar, indicam os dias e as horas sem se inquietarem com o resultado. Por isso, toda previsão circunstanciada deve vos ser suspeita.

Ainda uma vez, nossa missão é a de fazer-vos progredir; nós vos ajudamos o quanto podemos. Aquele que pede aos Espíritos superiores a sabedoria, não será jamais enganado; mas não creiais que perderemos nosso tempo escutando todas as vossas bagatelas e dizendo-vos a sorte; deixamos isso aos Espíritos levianos que se divertem, como crianças travessas.

A Providência pôs limites às revelações que podem ser feitas aos homens. Os Espíritos sérios guardam silêncio sobre tudo o que lhes está interditado fazer conhecer. Insistindo-se por uma resposta, expõe-se às falsidades dos Espíritos inferiores, sempre prontos a aproveitar a ocasião de estenderem armadilhas à vossa credulidade.

Nota. – Os Espíritos veem ou pressentem, por indução, os acontecimentos futuros; veem se cumprirem em um tempo que não medem como nós; para precisar-lhes a época, seria-lhes preciso se identificar com a nossa maneira de calcular a duração, o que não julgam sempre necessário; daí, com frequência, uma causa de erros aparentes.

12. Não há homens dotados de uma faculdade especial que os faz entreverem o futuro?

Sim, aqueles cuja alma se desprende da matéria; então, é o Espírito quem vê; e, quando isso é útil, Deus lhes permite revelar certas coisas para o bem; mas há ainda mais impostores e charlatães. Essa faculdade será mais comum no futuro.

13. Que pensar dos Espíritos que se comprazem em predizerem a alguns sua morte em dia ou hora fixada?

São Espíritos gracejadores de mau gosto, e de muito mau gosto, que não têm por objetivo senão gozarem pelo medo que causam. Nunca se deve se preocupar com isso.

14. Como ocorre que certas pessoas sejam advertidas por pressentimentos da época da sua morte?

O mais frequentemente, é o seu próprio Espírito que o sabe em seus momentos de liberdade e que disso conserva uma intuição ao despertar. Por isso, essas pessoas, para isso estando preparadas, não se amedrontam nem se emocionam. Elas não veem, nessa separação do corpo e da alma, senão uma mudança de situação ou se gostardes mais e para ser mais vulgar, a troca de uma veste de pano grosseiro por uma veste de seda. O medo da morte diminuirá à medida que se espalharem as crenças espíritas.

290. PERGUNTAS SOBRE AS EXISTÊNCIAS PASSADAS E FUTURAS

15. Os Espíritos podem nos fazer conhecer nossas existências passadas?

Deus permite, algumas vezes, que sejam reveladas, segundo o objetivo; se é para vossa edificação e vossa instrução, serão verdadeiras, e, nesse caso, a revelação é quase sempre feita espontaneamente, de modo inteiramente imprevisto; mas jamais o permite para satisfazer a uma vã curiosidade.

Por que certos Espíritos jamais se recusam a essas espécies de revelações?

São Espíritos zombeteiros, que se divertem às vossas custas. Em geral, deveis considerar como falsas ou, pelo menos, suspeitas, todas as revelações dessa natureza, que não têm um fim eminentemente sério e útil. Os Espíritos gracejadores se comprazem em adular o amor-próprio por pretendidas origens. Há médiuns e crentes que aceitam, por dinheiro contado, o que lhes é dito sobre esse ponto e que não veem que o estado atual do seu Espírito não justifica em nada a classe que pretendem ter ocupado; pequena vaidade com a qual se divertem os Espíritos zombeteiros, assim como os homens. Seria mais lógico e mais conforme à marcha progressiva dos seres que tivessem subido do que terem descido, o que seria mais honroso para eles. Para que se pudesse dar fé a essas espécies de revelações, seria preciso que fossem feitas espontaneamente por diversos médiuns, estranhos uns aos outros, e que tivesse sido revelada anteriormente; então, aí, haveria razão evidente para crer.

Se não se pode conhecer a individualidade anterior, ocorre o mesmo com o gênero de existência que se teve, com a posição social que se ocupou, com as qualidades e defeitos que predominaram em nós?

Não, isso pode ser revelado, porque podereis tirar proveito para vossa melhoria; mas, por outro lado, estudando vosso presente, vós mesmos podeis deduzir vosso passado. (Ver O Livro dos Espíritos: Esquecimento do passado, nº 392.)

16. Pode nos ser revelada alguma coisa sobre nossas existências futuras?

Não; tudo o que vos disserem os Espíritos a esse respeito não será senão uma pilhéria; e isso se compreende: vossa existência futura não pode ser decidida antecipadamente, uma vez que será o que vós mesmos tiverdes feito por vossa conduta sobre a Terra e pelas resoluções que tomardes quando fordes Espíritos. Quanto menos tiverdes a expiar, mais será feliz; mas saber onde e como será essa existência, ainda uma vez, é impossível, salvo o caso especial e raro de Espíritos que não estão na Terra senão para cumprirem uma missão importante, porque, então, seu roteiro, de alguma forma, está traçado de antemão.

291. PERGUNTAS SOBRE OS INTERESSES MORAIS E MATERIAIS

17. Podem pedir-se conselhos aos Espíritos?

Sim, certamente; os bons Espíritos jamais recusam ajudar àqueles que os invocam com confiança, principalmente, naquilo que toca à alma; mas repelem os hipócritas, os que têm o ar de pedirem a luz, mas que se comprazem nas trevas.

18. Os Espíritos podem dar conselhos sobre as coisas de interesse privado?

Algumas vezes, segundo o motivo. Isso depende também daquele a quem se dirige. Os conselhos concernentes à vida privada são dados com mais exatidão pelos Espíritos familiares, porque se ligam mais a uma pessoa e se interessam ao que lhe concerne: é o amigo, o confidente dos vossos mais secretos pensamentos; mas com frequência os fatigais com perguntas impertinentes e vos deixam. Seria tão absurdo perguntar coisas íntimas a Espíritos que vos são estranhos, como dirigir-vos para isso ao primeiro indivíduo que encontrásseis em vosso caminho. Não devíeis jamais esquecer que a puerilidade das perguntas é incompatível com a superioridade dos Espíritos. É preciso também ter em conta as qualidades do Espírito familiar, que pode ser bom ou mau, segundo suas simpatias pela pessoa à qual se liga. O Espírito familiar de um mau homem é um mau Espírito, cujos conselhos podem ser perniciosos, mas que se afasta e cede o lugar a um Espírito melhor, se o próprio homem se melhora. Aos semelhantes, os semelhantes.

19. Os Espíritos familiares podem favorecer os interesses materiais pelas revelações?

Podem e o fazem, algumas vezes, segundo as circunstâncias, mas estejais seguros de que jamais os bons Espíritos se prestam para servirem à cupidez. Os maus fazem cintilar, aos vossos olhos, mil atrativos para estimular-vos e mistificar-vos, em seguida, pela decepção. Sabei também que se vossa prova é a de suportar tal ou tal vicissitude, vossos Espíritos protetores podem vos ajudar a suportá-la com mais resignação, suavizá-la algumas vezes; mas, no próprio interesse do vosso futuro, não lhes é permitido dela vos isentar. Assim, é que um bom pai não concede ao seu filho tudo o que ele deseja.

Nota. – Nossos Espíritos protetores podem, em muitas circunstâncias, indicar-nos o melhor caminho, sem, entretanto, conduzirem-nos pela mão, de outro modo, perderíamos toda a iniciativa, e não ousaríamos dar um passo sem ter recorrido a eles, e isso em prejuízo do nosso aperfeiçoamento. Para progredir, o homem tem frequente necessidade de adquirir a experiência às suas custas; por isso, os Espíritos sábios, em nos aconselhando, entregam-nos frequentemente às nossas próprias forças, como o faz um instrutor hábil com seus alunos. Nas circunstâncias normais da vida, aconselham-nos pela inspiração e nos deixam, assim, todo o mérito do bem, como nos deixam toda a responsabilidade pelas más escolhas.

Seria abusar da condescendência dos Espíritos familiares e iludir-se sobre a sua missão, interrogá-los a cada instante sobre as coisas mais vulgares, como o fazem certos médiuns. Ocorre que, por um sim ou por um não, tomam o lápis e pedem conselhos para a mais simples ação. Essa mania denota a pequenez das ideias; ao mesmo tempo há a presunção de crer que se tem sempre um Espírito servindo às ordens, não tendo outra coisa a fazer do que se ocupar de nós e de nossos pequenos interesses. De outra parte, é aniquilar o próprio julgamento e reduzir-se-ia a um papel passivo, sem proveito para a vida presente e seguramente prejudicial ao adiantamento futuro. Se há puerilidade em interrogar os Espíritos para coisas fúteis, não há menos da parte dos Espíritos que se ocupam espontaneamente do que se podem chamar os detalhes domésticos; podem ser bons, mas, seguramente, são ainda bem terrestres.

20. Se uma pessoa deixa, ao morrer, negócios embaraçados, pode-se pedir ao seu Espírito para que ajude a resolvê-los e pode-se também interrogá-lo sobre o patrimônio real que deixou, no caso desse patrimônio não ser conhecido, se for no interesse da justiça?

Olvidais de que a morte é uma libertação das preocupações terrenas; credes, pois, que o Espírito, que está feliz com a sua liberdade, venha, de boa vontade, retomar sua prisão, para ocupar-se com coisas que não mais lhe interessam, para satisfazer a cupidez dos seus herdeiros que, talvez, rejubilem-se com sua morte na esperança de que lhe seja proveitosa? Falais de justiça; mas a justiça está na decepção da sua cobiça; é o princípio das punições que Deus reserva à sua avidez de bens terrenos. Aliás, as dificuldades que, algumas vezes, deixa a morte de uma pessoa, fazem parte das provas da vida, e não está no poder de nenhum Espírito dela vos livrar, porque estão nos decretos de Deus.

Nota. A resposta acima desapontará, sem dúvida, os que imaginam que os Espíritos não têm mais nada a fazer do que nos servirem de auxiliares clarividentes para nos guiarem, não para o Céu, mas sobre a Terra. Uma outra consideração vem em apoio dessa resposta. Se um homem deixar, durante a sua vida, os seus negócios em desordem por incúria, não é verossímil que, depois da sua morte, tenha mais cuidado com eles, porque deve estar feliz em livrar-se dos incômodos que lhe causaram e, por pouco que seja elevado, dar-lhes-á menos importância como Espírito do que como homem. Quanto aos bens desconhecidos que pôde deixar, não tem nenhuma razão para se interessar pelos ávidos herdeiros que, provavelmente, nem pensariam nele se não esperassem lhe tirar alguma coisa e, se estiver ainda imbuído de paixões humanas, poderá se aborrecer com seu desapontamento.

Se, no interesse da justiça e das pessoas que estima, um Espírito julga útil fazer revelações desse gênero, fá-las espontaneamente, e não se tem, para isso, necessidade de ser médium, nem de recorrer a um médium: ele conduz ao conhecimento das coisas por circunstâncias fortuitas, mas, jamais será pelo pedido que se lhe faz, uma vez que esse pedido não pode mudar a natureza das provas que se devem suportar; seria antes um propósito para agravá-las porque, quase sempre, é um indício de cupidez, e prova ao Espírito que se ocupam dele por interesse. (Ver n° 295.)

292. PERGUNTAS SOBRE A SORTE DOS ESPÍRITOS

21. Podem pedir-se aos Espíritos notícias sobre a sua situação no mundo dos Espíritos?

Sim, e as dão de boa vontade, quando o pedido é ditado pela simpatia ou o desejo de ser útil, e não pela curiosidade.

22. Os Espíritos podem descrever a natureza dos seus sofrimentos ou da sua felicidade?

Perfeitamente, e essas espécies de revelações são um grande ensinamento para vós, porque vos iniciam na verdadeira natureza das penas e das recompensas futuras; destruindo as ideias falsas que tendes a esse respeito, tendem a reavivar a fé, e vossa confiança na bondade de Deus. Os bons Espíritos ficam felizes em vos descreverem a felicidade dos eleitos; os maus podem ser constrangidos a descrever seus sofrimentos, a fim de provocar o arrependimento neles; nisso encontram mesmo, algumas vezes, uma espécie de alívio: é a infelicidade que exala seu lamento na esperança da compaixão.

Não olvideis que o objetivo essencial, exclusivo, do Espiritismo é vosso adiantamento e é para alcançá-lo que é permitido aos Espíritos vos iniciar quanto à vida futura, oferecendo-vos exemplos que podeis aproveitar. Quanto mais vos identificardes com o mundo que vos espera, menos lastimareis aquele em que estais agora. Esse é, em suma, o objetivo atual da revelação.

23. Evocando-se uma pessoa cuja sorte é desconhecida, pode-se saber, por ela mesma, se ainda existe?

Sim, se a incerteza de sua morte não for uma necessidade ou uma prova para aqueles que têm interesse em sabê-lo.

Se está morta, pode dar a conhecer as circunstâncias da sua morte, de maneira a se poder verificá-la?

Se ela, a isso, liga alguma importância, o fará; de outro modo, pouco lhe importará.

Nota. A experiência prova que, nesse caso, o Espírito não está em nada excitado pelos motivos do interesse que se pode ter em conhecer as circunstâncias de sua morte; se deseja revelá-los, o faz por si mesmo, seja por via medianímica, seja pelas visões ou aparições, e pode, então, dar as indicações mais precisas; em caso contrário, um Espírito enganador pode perfeitamente substituí-lo e se divertir provocando procuras inúteis.

Ocorre, frequentemente, que o desaparecimento de uma pessoa cuja morte não pode ser oficialmente constatada, ocasiona entraves aos interesses de família. Não foi senão nesse caso muito raro e muito excepcional que vimos os Espíritos colocarem no caminho da verdade, depois do pedido que lhes foi feito; se quisessem fazê-lo, o poderiam sem dúvida, mas, frequentemente, isso não lhes é permitido se esses embaraços são provas para aqueles que estariam interessados em delas se isentarem.

É, pois, engodar-se com uma esperança quimérica, perseguindo, por esse meio, descobrimentos de heranças nas quais o mais positivo é o dinheiro que se despende para esse efeito.

Não faltam Espíritos dispostos a alimentarem semelhantes esperanças, e que não têm nenhum escrúpulo em induzirem a diligências das quais, frequentemente, se está muito feliz de sair com um pouco de ridículo.

293. PERGUNTAS SOBRE A SAÚDE

24. Os Espíritos podem dar conselhos para a saúde?

A saúde é uma condição necessária para o trabalho que se deve realizar na Terra, por isso, dela se ocupam com boa vontade; mas como há, entre eles, ignorantes e sábios, não convém, mais por isso do que por outra coisa, dirigir-se ao primeiro que chega.

25. Em se dirigindo ao Espírito de uma celebridade médica, é mais certo obter um bom conselho?

As celebridades terrestres não são infalíveis e têm, frequentemente, ideias sistemáticas que não são sempre justas, e das quais a morte não as livra imediatamente. A ciência terrestre tem bem pouco de coisas em comparação com a ciência celeste, e só os Espíritos superiores têm esta última ciência; sem terem nomes conhecidos para vós, podem saber muito mais do que os vossos sábios sobre todas as coisas. Só a ciência não faz os Espíritos superiores, e ficaríeis muito admirados da posição que certos sábios ocupam entre nós. O Espírito de um sábio pode, pois, não saber mais do que quando estava na Terra se não progrediu como Espírito.

26. O sábio, tornado Espírito, reconhece seus erros científicos?

Se alcançou um grau bastante elevado para estar desembaraçado de sua vaidade e compreende que seu desenvolvimento não está completo, reconhece e os confessa sem pejo; mas, se não está bastante desmaterializado, pode conservar alguns dos preconceitos dos quais estava imbuído na Terra.

27. Um médico poderia, evocando aqueles dos seus doentes que estão mortos, deles obter esclarecimentos sobre a causa da sua morte, as faltas que pudera cometer no tratamento e adquirir, assim, um aumento de experiência?

Pode, e isso seria muito útil, sobretudo, se se fizesse assistir por Espíritos esclarecidos que supririam a falta de conhecimentos de certos doentes. Mas, para isso, seria preciso que fizesse esse estudo de um modo sério, assíduo, com um objetivo humanitário, e não como meio de adquirir, sem esforço, saber e fortuna.

294. PERGUNTAS SOBRE AS INVENÇÕES E
AS DESCOBERTAS

28. Os espíritos podem guiar nas pesquisas científicas e nas descobertas?

A ciência é a obra do gênio; não deve adquiri-la senão pelo trabalho, porque é só pelo trabalho que o homem avança no seu caminho. Que mérito teria se não houvesse senão que interrogar os Espíritos para tudo saber? Todo imbecil poderia tornar-se sábio a esse preço. Ocorre o mesmo com as invenções e as descobertas da indústria. Depois, há uma outra consideração, a de que cada coisa deve vir a seu tempo e quando as ideias estejam maduras para recebê-las; se o homem tivesse esse poder, transtornaria a ordem das coisas, fazendo crescer os frutos antes da época.

Deus disse ao homem: Tirarás teu sustento da terra com o suor do teu rosto; admirável figura que pinta a condição na qual está neste mundo; ele deve progredir em tudo pelo esforço do trabalho; se as coisas lhe fossem dadas todas prontas, de que lhe serviria sua inteligência? Seria como o escolar do qual um outro faria o dever.

29. O sábio e o inventor jamais são assistidos pelos Espíritos em suas pesquisas?

Oh! isso é bem diferente. Quando há chegado o tempo de uma descoberta, os Espíritos encarregados de dirigir-lhe a marcha procuram o homem capaz de conduzi-la a bom termo e lhe inspiram as ideias necessárias, de maneira a deixar-lhe todo o mérito, porque, essas ideias, é preciso que as elabore e as execute. Ocorre o mesmo com todos os grandes trabalhos da inteligência humana. Os Espíritos deixam cada homem em sua esfera; daquele que não está apropriado senão para cavar a terra não farão o depositário dos segredos de Deus; mas saberão tirar da obscuridade o homem capaz de secundar seus desígnios. Não vos deixeis, pois, arrastar pela curiosidade ou ambição em um caminho que não é o do Espiritismo e que resultaria, para vós, nas mais ridículas mistificações.

Nota. O conhecimento mais esclarecido do Espiritismo acalmou a febre das descobertas que, no princípio, muitos pretendiam fazer por esse meio. Chegaram até a pedir, aos Espíritos, receitas para tingir e fazer crescer os cabelos, curar os calos dos pés, etc. Vimos as pessoas que acreditaram fazer fortuna, e não recolheram senão procedimentos mais ou menos ridículos. Ocorre o mesmo quando se quer, com a ajuda dos Espíritos, penetrar os mistérios da origem das coisas; certos Espíritos têm, sobre essas matérias, seus sistemas que, frequentemente, não valem mais do que os dos homens e que é prudente não acolher senão com a maior reserva.

295. PERGUNTAS SOBRE OS TESOUROS OCULTOS

30. Os Espíritos podem fazer descobrir os tesouros ocultos?

Os Espíritos superiores não se ocupam dessas coisas; mas os Espíritos zombeteiros, frequentemente, indicam tesouros que não existem ou podem indicar um num lugar, ao passo que está num oposto; e isso tem a sua utilidade para mostrar que a verdadeira fortuna está no trabalho. Se a Providência destina riquezas ocultas para alguém, encontrá-las-á naturalmente; de outro modo, não.

31. Que pensar da crença nos Espíritos guardiães de tesouros escondidos?

Os Espíritos, que não estão desmaterializados, apegam-se às coisas. Os avaros, que ocultaram seus tesouros, podem ainda vigiá-los e guardá-los depois da sua morte, e a perplexidade em que estão de vê--los ser arrebatados é um de seus castigos até que lhe compreendam a inutilidade para eles. Há também os Espíritos da Terra, encarregados de dirigir-lhes as transformações interiores, e dos quais, por alegoria, fizeram-se os guardiães das riquezas naturais.

Nota. A questão dos tesouros ocultos está na mesma categoria das heranças desconhecidas; bem louco seria aquele que levasse em conta as pretendidas revelações que podem lhe ser feitas pelos brincalhões do mundo invisível. Dissemos que, quando os Espíritos querem ou não, podem fazer semelhantes revelações, o fazem espontaneamente, e não têm necessidade de médiuns para isso. Eis um exemplo:

Uma dama vinha de perder seu marido depois de trinta anos de convivência e se encontrava a ponto de ser expulsa de seu domicílio, sem nenhum recurso, por seus enteados, para os quais havia tido lugar de mãe. Seu desespero estava no auge, quando uma tarde seu marido lhe aparece e lhe pede para segui-lo até seu escritório; ali lhe mostra sua escrivaninha, que estava ainda selada e, por um efeito de segunda vista, fez-lhe ver seu interior; indicou-lhe uma gaveta com segredo que ela não conhecia e da qual lhe explicou o mecanismo; e acrescentou: Eu previ o que aconteceu e quis assegurar a tua sorte; nessa gaveta estão minhas últimas disposições, e vos cedo o gozo desta casa e uma renda de ...; depois desapareceu. No dia do levantamento dos selos, ninguém pôde abrir a gaveta; a dama, então, conta o que lhe sucedeu. Abre-a segundo as indicações do seu marido, e nela se encontra o testamento conforme o que lhe havia sido anunciado.

296. PERGUNTAS SOBRE OS OUTROS MUNDOS

32. Qual o grau de confiança que se pode ter nas descrições que os Espíritos fazem dos diferentes mundos?

Isso depende do grau de adiantamento real dos Espíritos que dão essas descrições; porque compreendeis que os Espíritos vulgares são tão incapazes de vos informar a esse respeito, como um ignorante entre vós em descrever-vos todos os países da Terra. Endereçais, frequentemente, sobre esses mundos, questões científicas que esses Espíritos não podem resolver; se são de boa-fé, falam deles segundo suas ideias pessoais; se são Espíritos levianos, divertem-se dando-vos descrições bizarras e fantásticas; tanto mais que esses Espíritos, que não são mais desprovidos de imaginação na erraticidade do que na Terra, colhem, nessa faculdade, a narrativa de muitas coisas que não têm nada de real. Entretanto, não creiais na impossibilidade absoluta de terdes, sobre esses mundos, alguns esclarecimentos; os bons Espíritos se comprazem mesmo em descrever-vos onde habitam a fim de servir-vos de ensino para a vossa melhoria, estimulando-vos a seguirdes o caminho que a ele pode vos conduzir; é um meio de fixar vossas ideias sobre o futuro e de não vos deixar no vago.

Qual o controle que se pode ter da exatidão dessas descrições?

O melhor controle é a concordância que possa haver entre eles; mas, lembrai-vos de que têm por fim a vossa melhoria moral e que, por conseguinte, é sobre o estado moral dos habitantes que podeis ter as melhores notícias, e não sobre o estado físico ou geológico desses globos. Com os vossos conhecimentos atuais, não poderíeis mesmo compreendê-lo; esse estudo não serviria ao vosso progresso na Terra, e tereis toda a possibilidade de fazê-lo quando neles estiverdes.

Nota. As perguntas sobre a constituição física e os elementos astronômicos dos mundos entram na ordem das pesquisas científicas das quais os Espíritos não devem nos poupar o esforço; sem isso, um astrônomo acharia muito cômodo pedir-lhes seus cálculos, dos quais, sem dúvida, guardar-se-ia bem de confessar. Se os Espíritos pudessem, pela revelação, poupar o trabalho de uma descoberta, é provável que o fizessem em favor de um sábio bastante modesto para reconhecer-lhe abertamente a fonte, antes que em proveito dos orgulhosos que os renegam, e aos quais, frequentemente, poupam, ao contrário, decepções do amor-próprio.

CAPÍTULO XXVII

DAS CONTRADIÇÕES E DAS MISTIFICAÇÕES

DAS CONTRADIÇÕES

297. Os adversários do Espiritismo não deixam de objetar que os adeptos não estão de acordo entre si; que todos não partilham as mesmas crenças; em uma palavra, que se contradizem. Se, dizem eles, o ensinamento vos é dado pelos Espíritos, como ocorre que não seja idêntico? Só um estudo sério e aprofundado da ciência pode reduzir esse argumento ao seu justo valor.

Apressemo-nos em dizer, antes de tudo, que essas contradições, das quais certas pessoas fazem uma grande ostentação, são, em geral, mais aparentes do que reais; que se prendem mais à superfície do que ao fundo da coisa e que, por conseguinte, são sem importância. As contradições provêm de duas fontes: dos homens e dos Espíritos.

298. As contradições de origem humana foram suficientemente explicadas no capítulo *Dos sistemas*, nº 36, ao qual nos reportamos. Cada um compreenderá que, no início, quando as observações eram ainda incompletas, surgiram opiniões divergentes sobre as causas e as consequências dos fenômenos espíritas, opiniões das quais três quartas partes já caíram diante de um estudo mais sério e mais aprofundado. Com poucas exceções, e à parte, algumas pessoas que não desistem facilmente das ideias que acariciam ou conceberam, pode-se dizer que, hoje, há unidade na imensa maioria dos espíritas, pelo menos, quanto aos princípios gerais, se não pode sê-lo em alguns princípios insignificantes.

299. Para compreender a causa e o valor das contradições de origem espírita, é preciso estar identificado com a natureza do mundo invisível e tê-lo estudado sob todas as suas faces. À primeira vista, pode parecer espantoso que os Espíritos não pensem da mesma forma, mas isso não pode surpreender a quem se inteirou do número infinito de graus que devem percorrer antes de atingirem o alto da escala. Supondo-lhes uma igual apreciação das coisas, seria supô-los todos no mesmo nível; pensar que devem todos ver o que é justo, seria admitir que todos chegaram à perfeição, o que não ocorre e o que não pode ser, se se considera que não são outra coisa senão a Humanidade despojada do envoltório corporal. Os Espíritos de todas as classes podem se manifestar e disso resulta que suas comunicações levam a marca da sua ignorância ou do seu saber, de sua inferioridade ou de sua superioridade moral. A distinguir o verdadeiro do falso, o bom do mau, devem conduzir as instruções que demos.

É preciso não esquecer que, entre os Espíritos como entre os homens, há falsos sábios e semissábios, orgulhosos, presunçosos e sistemáticos. Como não é dado, senão aos Espíritos perfeitos, tudo conhecer, há, para os outros como para nós, mistérios que explicam à sua maneira, segundo suas ideias e sobre as quais podem dar opiniões mais ou menos justas que, por amor-próprio, fazem prevalecer e que gostam de reproduzir em suas comunicações. O erro é de alguns de seus intérpretes terem esposado, muito levianamente, opiniões contrárias ao bom senso e delas se terem feito os editores responsáveis. Assim, as contradições de origem espírita não têm outra causa senão a diversidade na inteligência, os conhecimentos, o julgamento e a moralidade de certos Espíritos que ainda não estão aptos para tudo conhecerem e tudo compreenderem. (Ver *O Livro dos Espíritos*, Introdução, § XIII; Conclusão, § IX.)

300. Para que serve o ensinamento dos Espíritos, dirão algumas pessoas, se não oferece mais certeza do que o ensinamento humano? A resposta para isso é fácil. Aceitamos, com igual confiança, o ensinamento de todos os homens, e entre duas doutrinas, damos preferência àquela cujo autor nos pareça o mais esclarecido, o mais capaz, o mais judicioso, o menos acessível às paixões; é preciso agir de igual modo com os Espíritos. Se, entre eles, há os que não estão acima da Humanidade, há muitos que a ultrapassaram, e estes podem nos dar instruções que procuraríamos em vão entre os homens mais instruídos. A distinguir a turba dos Espíritos inferiores, é que se faz mister se dedicar para esclarecer-se e é a esta distinção que conduz o conhecimento aprofundado do Espiritismo. Mas essas próprias instruções têm um limite e, se não é dado aos Espíritos tudo saberem, com mais forte razão isso deve ocorrer com os homens. Há, pois, respostas sobre as quais os interrogaríamos em vão, seja porque lhes é proibido revelar, seja por serem eles mesmos ignorantes, e sobre as quais não podem nos dar senão sua opinião pessoal; ora, são essas opiniões pessoais que os Espíritos orgulhosos dão como verdades absolutas. Sobretudo, com relação ao que deve ficar oculto, como o futuro e o princípio das coisas, é que insistem mais, a fim de se darem o ar de estarem na posse dos segredos de Deus; é também, sobre esses pontos, que há mais contradições. (Ver o capítulo precedente.)

301. Eis as respostas dadas pelos Espíritos às perguntas seguintes, relativas às contradições:

1. O mesmo Espírito, comunicando-se em dois centros diferentes, pode transmitir-lhes, sobre o mesmo assunto, duas respostas contraditórias?

Se os dois centros diferem entre si em opiniões e pensamentos, a resposta poderá lhes chegar deturpada, porque estão sob a influência de diferentes colunas de Espíritos; não é contraditória, mas a maneira pela qual é dada.

2. Concebe-se que uma resposta possa ser alterada; mas quando as qualidades do médium excluem toda ideia de má influência, como ocorre que os Espíritos superiores tenham uma linguagem diferente e contraditória sobre o mesmo assunto com pessoas perfeitamente sérias?

Os Espíritos realmente superiores não se contradizem jamais e sua linguagem é sempre a mesma com as pessoas. Pode ser diferente segundo as pessoas e os lugares; mas é preciso prestar-lhe atenção, pois a contradição não é senão aparente; está mais nas palavras do que no pensamento; porque, refletindo, descobre-se que a ideia fundamental é a mesma. Assim, pois, o mesmo Espírito pode responder diferentemente sobre a mesma questão, de acordo com o grau de perfeição daquele que o evoca, porque não é sempre bom que todos tenham a mesma resposta, uma vez que não são bastante avançados. É exatamente como se uma criança e um sábio lhe fizessem a mesma pergunta; certamente, responderias a um e a outro de modo a ser compreendido e de os satisfazer; a resposta, embora diferente, teria, aliás, o mesmo fundo.

3. Com qual objetivo os Espíritos sérios parecem abonar junto a certas pessoas, ideias e mesmo preconceitos que combatem junto de outras?

É preciso que nos tornemos compreensíveis. Se alguém tem uma convicção bem arraigada sobre uma doutrina, mesmo falsa, é necessário que o desviemos dessa convicção, mas pouco a pouco; por isso servimo-nos, frequentemente, de suas palavras e nos damos o ar de aprofundar em suas ideias, a fim de que não se ofusque de repente, e não cesse de se instruir junto de nós.

Aliás, não é bom contrariar muito bruscamente os preconceitos; esse seria um meio de não ser mais ouvido; eis por que os Espíritos falam, com frequência, no sentido da opinião daqueles que os escutam, a fim de conduzi-los, pouco a pouco, para a verdade. Apropriam sua linguagem às pessoas, como tu mesmo o farias, se és um orador um pouco hábil; por isso, não falarão a um chinês ou a um maometano, como falarão a um francês ou a um cristão, porque estariam bem seguros de serem repelidos.

É preciso não tomar por contradição o que, frequentemente, não é senão uma parte da elaboração da verdade. Todos os Espíritos têm sua tarefa marcada por Deus; cumprem-na nas condições que julgam convenientes para o bem daqueles que recebem suas comunicações.

4. As contradições, mesmo aparentes, podem lançar dúvidas no Espírito de certas pessoas; que controle se pode ter para conhecer a verdade?

Para discernir o erro da verdade, é preciso aprofundar essas respostas e meditá-las longa e seriamente; é todo um estudo a fazer. É necessário tempo para isso como para estudar todas as coisas.

Estudai, comparai, aprofundai; dizemo-vos sem cessar que o conhecimento da verdade tem seu preço. E como quereis chegar à verdade, quando interpretais tudo por vossas ideias estreitas, que tomais por grandes ideias? Mas não está longe o dia em que o ensinamento dos Espíritos será, por toda parte, uniforme, tanto nos detalhes quanto nas coisas principais. Sua missão é a de destruir o erro, mas isso não pode vir senão sucessivamente.

5. Há pessoas que não têm nem o tempo nem a aptidão necessários para um estudo sério e aprofundado e que aceitam o que se lhes ensina sem exame. Não há, para elas, o inconveniente de abonar os erros?

Que pratiquem o bem e não façam o mal, é o essencial; para isso, não há duas doutrinas. O bem é sempre o bem, quer vós o façais em nome de Allah ou de Jeová, porque não há senão um Deus para o Universo.

6. Por que os Espíritos, que parecem desenvolvidos em inteligência, podem ter ideias evidentemente falsas sobre certas coisas?

Eles têm sua doutrina. Os que não são bastante avançados, e que creem sê-lo, tomam as suas ideias pela verdade. Ocorre como entre vós.

7. Que pensar das doutrinas segundo as quais um só Espírito poderia se comunicar, e que esse Espírito seria Deus ou Jesus?

O Espírito que ensina isso é um Espírito que quer dominar e, por isso, quer fazer crer que é o único; mas o infeliz que ousa tomar o nome de Deus expiará duramente seu orgulho. Quanto a essas doutrinas, elas se refutam a si mesmas, porque estão em contradição com os fatos mais averiguados; não merecem um exame sério, porque não têm bases.

A razão vos diz que o bem procede de uma boa fonte e o mal de uma fonte má; por que quereríeis que uma boa árvore desse maus frutos? Jamais haveis colhido uva de macieira. A diversidade das comunicações é a prova, a mais patente, da diversidade das suas origens. Aliás, os Espíritos que pretendem ser os únicos em se comunicarem, esquecem de dizer por que os outros não poderiam fazê-lo. Sua pretensão é a negação daquilo que o Espiritismo tem de mais belo e mais consolador: as relações do mundo visível e do mundo invisível, dos homens com os seres que lhes são caros e que, assim, estariam perdidos para eles, sem retorno. São essas relações que identificam o homem com o seu futuro, que o desprendem do mundo material; suprimir essas relações é remergulhá-lo na dúvida que o atormenta; é dar um alimento ao seu egoísmo. Examinando com cuidado a doutrina desses Espíritos, nela se reconhecem, a cada passo, contradições injustificáveis, as marcas da sua ignorância sobre as coisas mais evidentes e, por conseguência, os sinais certos de sua inferioridade. O ESPÍRITO DE VERDADE.

8. De todas as contradições que se notam nas comunicações dos Espíritos, uma das mais surpreendentes é a relativa à reencarnação. Se a reencarnação é uma necessidade da vida espírita, como ocorre que todos os Espíritos não a ensinem?

Não sabeis que há Espíritos cujas ideias se limitam ao presente como acontece com muitos homens da Terra? Creem que o que está para eles deve durar sempre; não veem além do círculo de suas percepções, e não se preocupam com o saberem nem de onde vieram e nem para onde vão, e, assim, devem suportar a lei da necessidade. A reencarnação, para eles, é uma necessidade que nem sonham que poderá chegar; sabem que o Espírito progride, mas de que maneira, isso é, para eles, um problema. Então, se vós lhes perguntardes, falarão dos sete céus superpostos como andares; há mesmo os que vos falarão da esfera do fogo, da esfera das estrelas, em seguida, da cidade das flores, da dos eleitos.

9. Concebemos que os Espíritos pouco avançados possam não compreender essa questão; mas, então, como ocorre que Espíritos de uma inferioridade moral e intelectual notória falem espontaneamente de suas diferentes existências e de seu desejo de reencarnar para resgatar seu passado?

Passam-se, no mundo dos Espíritos, coisas que vos são bem difíceis de compreender. Não tendes, entre vós, pessoas muito ignorantes sobre certas coisas e que são esclarecidas sobre outras? Pessoas que têm mais juízo do que instrução, e outras que têm mais espírito que juízo? Não sabeis também que certos Espíritos se comprazem em manter os homens na ignorância, aparentando instruí-los, e que se aproveitam da facilidade com a qual acreditam em suas palavras? Podem seduzir os que não vão ao fundo das coisas, mas quando são levados a perder a paciência pelo raciocínio, não sustentam por muito tempo seu papel.

Por outro lado, é preciso ter em conta a prudência que, em geral, os Espíritos observam na promulgação da verdade: uma luz muito viva e muito súbita deslumbra e não esclarece. Podem, pois, julgar útil não a difundir senão gradualmente, de acordo com os tempos, os lugares e as pessoas. Moisés não ensinou tudo o que o Cristo ensinou, e o próprio

Cristo disse muitas coisas cuja compreensão estava reservada às gerações futuras. Falais da reencarnação e vos admirais de que esse princípio não foi ensinado em certos países; mas considerai que em um país onde o preconceito de cor reine soberanamente, onde a escravidão está arraigada nos costumes, ter-se-ia repelido o Espiritismo tão-só porque tivesse proclamado a reencarnação, porque a ideia de que aquele que é senhor possa tornar-se escravo, e reciprocamente, teria parecido monstruosa. Não valeria mais fazer aceitar primeiro o princípio geral, com a condição de tirar dele, mais tarde, as consequências? Ó homens! vossa visão é curta para julgar os desígnios de Deus! Sabei, pois, que nada se faz sem a sua permissão e sem um objetivo que, frequentemente, não podeis penetrar. Falei-vos que a unidade se faria na crença espírita; tendes por certo de que ela se fará, e que as dissidências, já menos profundas, se apagarão, pouco a pouco, à medida que os homens se esclarecerem e que desaparecerão completamente, porque tal é a vontade de Deus, contra o qual o erro não pode prevalecer. O ESPÍRITO DE VERDADE.

10. As doutrinas errôneas, que podem ser ensinadas por certos Espíritos, não têm por efeito retardar o progresso da verdadeira ciência?

Quereríeis tudo ter sem esforço; sabei, pois, que não há campo onde não cresça má erva, que o lavrador deve extirpar. Essas doutrinas errôneas são uma consequência da inferioridade do vosso mundo; se os homens fossem perfeitos, não aceitariam senão a verdade; os erros são como pedras falsas, que só um olho experimentado pode distinguir; necessitais, pois, de uma aprendizagem para distinguir o verdadeiro do falso; Pois bem! As falsas doutrinas têm por utilidade vos exercitarem para distinguir a verdade do erro.

Os que adotam o erro não são retardados em seu adiantamento?

Se adotam o erro, é porque não estão bastante avançados para compreenderem a verdade.

302. Esperando que a unidade se faça, cada um crê ter a verdade para si e sustenta ser verdadeiro só o que ele sabe, ilusão que não deixam de entreter os Espíritos enganadores. Sobre o que o homem imparcial e desinteressado pode se basear para fazer um julgamento?

A luz, a mais pura, a mais pura, não é obscurecida por nenhuma nuvem; o diamante sem mancha é o que tem mais valor; julgai, pois, os Espíritos pela pureza dos seus ensinamentos. A unidade se fará do lado onde o bem jamais tiver sido misturado ao mal; será desse lado que os homens se reunirão pela força das coisas, porque julgarão que aí está a verdade. Anotai, aliás, que os princípios fundamentais são os mesmos em toda parte, e devem vos unir num pensamento comum: o amor de Deus e a prática do bem. Qualquer que seja, pois, o modo de progressão que se

suponha para as almas, o objetivo final é o mesmo, e o meio de atingi-lo
é também o mesmo: fazer o bem; ora, não há duas maneiras de fazê-
lo. Se se levantam dissidências capitais, quanto ao próprio princípio da
Doutrina, tendes uma regra certa para apreciá-las, e essa regra é esta: a
melhor doutrina é a que melhor satisfaz ao coração e à razão e a que tem
mais elementos para conduzir os homens ao bem; eu vos certifico, é a que
prevalecerá. O ESPÍRITO DE VERDADE.

Nota. As contradições que se apresentam nas comunicações espíritas
podem prender-se às seguintes causas: a ignorância de certos Espíritos; a fraude
de Espíritos inferiores que, por malícia ou maldade, dizem o contrário do que
disse noutra parte o Espírito do qual usurpam o nome; pela vontade do próprio
Espírito que fala de acordo com a época, os lugares e as pessoas, e pode julgar útil
não dizer tudo a todo mundo; a insuficiência da linguagem humana para exprimir
as coisas do mundo incorpóreo; a insuficiência dos meios de comunicação que
não permitem sempre ao Espírito exprimir todo o seu pensamento; enfim, a
interpretação que cada um pode dar a uma palavra ou a uma explicação, segundo
suas ideias, seus preconceitos ou o ponto de vista sob o qual considera a coisa. O
estudo, a observação, a experiência e a abnegação de todo sentimento de amor-
próprio, podem ensinar a distinguir essas diversas nuanças.

DAS MISTIFICAÇÕES

303. Se é desagradável ser enganado, mais ainda é ser mistificado;
de resto, é um dos inconvenientes dos mais fáceis de preservar-se. Os
meios, para afastar os ardis dos Espíritos enganadores, ressaltam de todas
as instruções precedentes; por isso, deles não diremos senão pouca coisa.
Eis as respostas dos Espíritos a esse respeito:

1. As mistificações são um dos escolhos mais desagradáveis do
Espiritismo prático; haveria um meio de preservar-se delas?

Parece-me que podeis encontrar a resposta em tudo o que ensinamos.
Sim, certamente, há, para isso, um meio simples, que é o de não pedir ao
Espiritismo senão aquilo que pode vos dar; seu objetivo é o melhoramento
moral da Humanidade; enquanto não vos afastardes disso, jamais sereis
enganados, porque não há duas maneiras de se compreender a verdadeira
moral, a que todo homem de bom senso pode admitir.

Os Espíritos vêm vos instruir e vos guiar no caminho do bem, e não
no das honrarias e da fortuna ou para servir às vossas paixões mesqui-
nhas. Se não lhes pedisse nada de fútil ou que esteja fora das suas atri-
buições, não se daria nenhuma presa aos Espíritos enganadores; de onde
deveis concluir que aquele que é mistificado, não tem senão o que merece.

O papel dos Espíritos não é o de vos esclarecer sobre as coisas
desse mundo, mas o de guiar-vos com segurança no que vos pode ser útil
para o outro. Quando vos falam das coisas desse mundo, é porque julgam

necessário, mas não a vosso pedido. Se vedes, nos Espíritos, os substitutos dos adivinhadores e dos feiticeiros, então, é certo que sereis enganados.

Se os homens não tivessem senão que se dirigir aos Espíritos para tudo saber, não teriam mais seu livre-arbítrio e sairiam do caminho traçado por Deus para a Humanidade. O homem deve agir por si mesmo; Deus não lhe envia os Espíritos para lhe aplainar a rota material da vida, mas para preparar a do futuro.

Mas, há pessoas que nada pedem e que são indignamente enganadas pelos Espíritos que vêm espontaneamente, sem que sejam chamados?

Se não pedem nada, deixam dizer, o que vem a ser a mesma coisa. Se acolhessem com reserva e desconfiança tudo o que se afasta do objetivo essencial do Espiritismo, os Espíritos levianos não as tomariam tão facilmente por vítimas.

2. Por que Deus permite que pessoas sinceras e que aceitam o Espiritismo de boa-fé, sejam mistificadas? Isso não poderia ter o inconveniente de abalar sua crença?

Se isso abalasse sua crença, seria porque sua fé não era muito forte; as que renunciassem ao Espiritismo por um simples desapontamento, provariam que não o compreendem e que não se apegam à parte séria. Deus permite as mistificações para provar a perseverança dos verdadeiros adeptos e punir os que dele fazem um objeto de diversão. O ESPÍRITO DE VERDADE

Nota. A astúcia dos Espíritos mistificadores excede, algumas vezes, a tudo o que se pode imaginar; a arte com a qual dirigem suas baterias e combinam os meios de persuadirem, seria uma coisa curiosa se não se tratasse sempre senão de inocentes brincadeiras; mas essas mistificações podem ter consequências desagradáveis para aqueles que não se mantêm em guarda; somos bastante felizes por termos podido abrir, *a tempo*, os olhos a várias pessoas que decidiram pedir nosso conselho e havê-los afastado de ações ridículas e comprometedoras. Entre os meios que esses Espíritos empregam, é preciso colocar em primeira linha, como sendo os mais frequentes, os que têm por objetivo tentar a cupidez, como a revelação de pretensos tesouros ocultos, o anúncio de heranças ou outras fontes de fortuna. Por outro lado, deve-se considerar como suspeitas, em primeiro lugar, as predições com data fixa, assim, como todas as indicações precisas relativas aos interesses materiais; guardar-se de toda diligência prescrita ou aconselhada pelos Espíritos, quando o objetivo não seja eminentemente racional; não se deixar jamais deslumbrar pelos nomes que os Espíritos tomam para darem uma aparência de verdade às suas palavras; desconfiar das teorias e sistemas científicos arrojados; enfim, de tudo aquilo que se afasta do objetivo moral das manifestações. Encheríamos um volume, dos mais curiosos, com a história de todas as mistificações que vieram ao nosso conhecimento.

CAPÍTULO XXVIII

CHARLATANISMO E PRESTIDIGITAÇÃO

Médiuns interesseiros. – Fraudes espíritas

MÉDIUNS INTERESSEIROS

304. Como tudo pode tornar-se um objeto de exploração, não haveria nada de espantoso em se querer também explorar os Espíritos; resta saber como eles receberiam a coisa, se jamais uma tal especulação tentou se introduzir. Diremos de início que nada se prestaria mais ao charlatanismo e à prestidigitação, que um semelhante ofício. Se se veem falsos sonâmbulos, ver-se-iam bem mais ainda a falsos médiuns, e só essa razão seria um motivo fundado de desconfiança. O desinteresse, ao contrário, é a mais peremptória resposta que se possa opor àqueles que não veem nos fatos senão uma hábil manobra. Não há charlatanismo desinteressado; qual seria, pois, o objetivo de pessoas que usam fraude sem proveito, e com mais forte razão quando sua honorabilidade notória as coloca acima da suspeita?

Se o ganho que um médium retirasse de sua faculdade pudesse ser um motivo de suspeita, isso não seria uma prova de que essa suspeição seja fundada; poderia, pois, ter uma aptidão real e agir de muito boa-fé, tudo em se fazendo retribuir; vejamos se, nesse caso, pode-se razoavelmente dele esperar um resultado satisfatório.

305. Se se compreendeu bem o que dissemos quanto às condições necessárias para servir de intérprete aos bons Espíritos, as causas numerosas que podem distanciá-los, as circunstâncias independentes da sua vontade que, frequentemente, são um obstáculo à sua vinda, enfim, todas as condições *morais* que podem exercer influência sobre a natureza das comunicações, como se poderia supor que um Espírito, pouco elevado que fosse, a cada hora do dia, esteja às ordens de um empreiteiro de sessões e submetido às suas exigências para satisfazer a curiosidade do primeiro que chega? Sabe-se da aversão dos Espíritos por tudo o que cheira a cupidez e egoísmo, o pouco caso que fazem das coisas materiais e querer-se-ia que eles ajudassem os que andassem a traficar a sua presença! Isso repugna ao pensamento, e precisar-se-ia conhecer bem pouco a natureza do mundo espírita para crer que possa ser assim. Mas como os Espíritos levianos são menos escrupulosos, e não procuram senão ocasião para se divertirem às nossas custas, disso resulta que, não sendo mistificado por um falso médium, se tem toda a chance de sê-lo por alguns dentre eles. Somente essas reflexões dão a medida do grau de confiança que se deveria conceder às comunicações desse gênero. De resto, a quem serviriam hoje os médiuns pagos, uma vez que, se não se tem, em si mesmo, essa faculdade, pode-se encontrá--la na família, entre os amigos ou seus conhecidos?

306. Os médiuns interesseiros não são unicamente aqueles que poderiam exigir uma retribuição fixa; o interesse não se traduz sempre pela esperança de um ganho material, mas também pela intenção ambiciosa de toda natureza sobre as quais se pode apoiar esperanças pessoais; aí está ainda um flanco que sabem muito bem agarrar os Espíritos zombeteiros e o qual aproveitam com uma habilidade, uma astúcia verdadeiramente notável, embalando com enganosas ilusões aqueles que assim se colocam sob sua dependência. Em resumo, a mediunidade é uma faculdade dada para o bem, e os bons Espíritos se afastam de quem quer que pretenda fazer deles estribo para alcançar o que quer que seja, que não responda aos objetivos da Providência. O egoísmo é a praga da sociedade; os bons Espíritos o combatem; não se pode supor que venham servi-lo.

Isso é tão racional que seria inútil insistir mais sobre esse ponto.

307. Os médiuns de efeitos físicos não estão na mesma categoria; seus efeitos, geralmente, são produzidos por Espíritos inferiores, menos escrupulosos. Não dizemos que esses Espíritos sejam, por isso, necessariamente maus: pode-se ser carregador e homem muito honesto; um médium dessa categoria, que quisesse explorar sua faculdade, poderia, pois, ter os que lhe assistissem sem muita repugnância; mas aí, ainda, apresenta-se um outro inconveniente. O médium de efeitos físicos, mais do que o de comunicações inteligentes, não recebeu sua faculdade para seu prazer: foi-lhe dada com a condição de fazer bom uso dela e, se dela abusa, pode lhe ser retirada ou, então, resultar em seu detrimento, porque, definitivamente, os Espíritos inferiores estão sob as ordens dos Espíritos superiores.

Os Espíritos inferiores gostam de mistificarem, mas não gostam de serem mistificados; se se prestam de boa vontade à brincadeira, às coisas de curiosidade, porque gostam de se divertirem, não gostam mais do que os outros de serem explorados, nem servirem de comparsas para melhorar a receita, e provam, a cada instante, que têm sua vontade e que agem quando e como bem lhes pareça, o que faz com que o médium de efeitos físicos esteja ainda menos seguro da regularidade das manifestações do que o médium escrevente. Pretender produzi-las a dias e horas fixadas, seria dar prova da mais profunda ignorância. Que fazer, então, para ganhar seu dinheiro? Simular os fenômenos; é o que pode ocorrer, não apenas com aqueles que deles fazem uma profissão declarada, mas também às pessoas aparentemente simples, que acham esse meio mais fácil e mais cômodo do que trabalhar. Se o Espírito não atende, eles o suprem: a imaginação é tão fecunda, quando se trata de ganhar dinheiro! Sendo o interesse um legítimo motivo de suspeição, dá direito a exame rigoroso do qual não poderia se ofender sem justificar a suspeição. Mas quanto mais a suspeição é legítima neste caso, tanto mais ela é ofensiva em presença de pessoas distintas e desinteressadas.

308. A faculdade medianímica, mesmo restrita nos limites das manifestações físicas, não foi dada para ostentá-la sobre os palcos, e alguém que pretenda ter às suas ordens os Espíritos para exibi-los em público, pode com razão ser suspeito de charlatanismo ou de presti-digitação mais ou menos hábil. Que assim se considere todas as vezes que se vejam anúncios de pretensas sessões de *Espiritismo* ou de *Espiritualismo* a tanto por lugar e que se lembre do direito que se compra ao entrar.

De tudo o que precede, concluímos que o desinteresse é a mais absoluta e a melhor garantia contra o charlatanismo; se não assegura sempre a boa qualidade das comunicações inteligentes, retira aos maus um poderoso meio de ação e fecha a boca de certos detratores.

309. Restaria o que se poderia chamar de charlatanismo ama-dor, quer dizer, fraudes inocentes de algum gracejador de mau gosto. Poder-se-ia, sem dúvida, praticá-la à conta de passatempo nas reuniões levianas e frívolas, mas não em assembleias sérias, onde não se admitem senão pessoas sérias. Pode-se bem, aliás, dar-se ao prazer de uma mis-tificação momentânea; mas seria preciso estar dotado de uma singular paciência para desempenhar esse papel durante meses e anos, e cada vez durante várias horas consecutivas. Somente um interesse qualquer pode dar essa perseverança, e o interesse, repetimos, pode a tudo tornar suspeito.

310. Dir-se-á, talvez, que um médium que dá seu tempo ao público no interesse da coisa, não pode dá-lo por nada, uma vez que precisa viver. Mas, é no interesse da coisa ou *no seu* que o dá? Não é antes porque nisso entrevê um ofício lucrativo? Encontrar-se-ão sempre pessoas dedicadas, a esse preço. Não tem, pois, senão essa indústria à sua disposição? Não nos esqueçamos de que os Espíritos, qualquer que seja a sua superioridade ou a sua inferioridade, são as almas dos mortos, e quando a moral e a religião preceituam, como dever, o respeito aos seus restos mortais, a obrigação de respeitar seu Espírito é ainda maior.

Que se diria daquele que retirasse um corpo do túmulo e o exibisse por dinheiro, porque esse corpo seria de natureza a estimular a curiosidade? É menos desrespeitoso exibir o Espírito do que o corpo sob o pretexto de que é curioso ver atuar um Espírito? E anotai bem que o preço dos lugares será em razão dos rodeios que poderá fazer e da atração do espetáculo. Certamente se, durante sua vida, tivesse sido comediante, não suspeitaria muito que depois de sua morte encontraria um diretor que o fizesse representar a comédia grátis em seu proveito.

É preciso não esquecer que as manifestações físicas, assim como as manifestações inteligentes, não são permitidas por Deus, senão para a nossa instrução.

311. Essas considerações morais à parte, de maneira alguma contestamos que possa haver médiuns interesseiros, dignos e conscienciosos, porque há pessoas honestas em todas as ocupações; não falamos senão do abuso; mas há que se convir, pelos motivos que expusemos, que o abuso tem mais razão de estar entre os médiuns retribuídos do que entre aqueles que, considerando sua faculdade como um favor, não a empregam senão para prestarem serviço.

O grau de confiança ou de desconfiança que se pode conceder a um médium retribuído depende, antes de qualquer coisa, da estima que imponham seu caráter e sua moralidade e, de outra parte, das circunstâncias. O médium que, com um objetivo eminentemente sério e proveitoso, estivesse impedido de usar seu tempo de outra maneira, e por esta razão *exonerado,* não pode ser confundido com o médium *especulador,* aquele que, premeditadamente, fizesse, para si, da mediunidade uma indústria. Segundo *o motivo e o objetivo,* os Espíritos podem, pois, condenar, absolver e mesmo favorecem; eles julgam a intenção antes do fato material.

312. Os sonâmbulos que utilizam sua faculdade de maneira lucrativa, não estão no mesmo caso. Ainda que essa exploração esteja sujeita a abuso, e o desinteresse seja a maior garantia de sinceridade, a posição é diferente, visto que é o seu próprio Espírito que atua; por consequência, está sempre à sua disposição e, em realidade, exploram a si mesmos, porque estão livres para disporem de sua pessoa como entenderem, ao passo que os médiuns especuladores exploram as almas dos mortos. (Ver nº 172, *Médiuns sonâmbulos.*)

313. Não ignoramos que a nossa severidade com respeito aos médiuns interesseiros amotina contra nós todos os que exploram ou estão tentados a explorar essa nova indústria e, com isso, fazemos inimigos encarniçados, assim como seus amigos que, naturalmente, tomam seu partido; consolamo-nos pensando que os mercadores do templo, expulsos por Jesus, também não o viam com bons olhos. Temos também contra nós as pessoas que não encaram a coisa com a mesma gravidade; entretanto, cremo-nos no direito de termos uma opinião e de emiti-la; não forçamos ninguém a adotá-la. Se uma imensa maioria adere, é que aparentemente a acha justa; porque não vemos, com efeito, como se poderia provar que não há mais chances de achar a fraude e o abuso na especulação, do que no desinteresse. Quanto a nós, se nossos escritos contribuíram para lançar, em França e em outros países, o descrédito sobre a mediunidade interesseira, cremos que isso não será um dos menores serviços que terão prestado ao Espiritismo *sério*.

FRAUDES ESPÍRITAS

314. Os que não admitem a realidade das manifestações físicas, geralmente, atribuem à fraude os efeitos produzidos. Fundam-se sobre o que os prestidigitadores hábeis fazem das coisas, que parecem prodigiosas quando não se conhecem seus segredos; de onde concluem que os médiuns não são senão escamoteadores. Já refutamos esse argumento ou antes, essa opinião, notadamente nos artigos sobre o Sr. Home e nos números da *Revista* de janeiro e fevereiro de 1858; não diremos, pois, a respeito, senão algumas palavras, antes de falarmos de uma coisa mais séria.

De resto, é uma consideração que não escapará a quem reflita um pouco. Sem dúvida, há prestidigitadores de uma habilidade prodigiosa, mas são raros. Se todos os médiuns praticassem a escamoteação, seria preciso convir que essa arte teria feito, em pouco tempo, progressos extraordinários e teria se tornado, subitamente, bem comum, uma vez que se encontraria em estado inato nas pessoas que dela nem suspeitavam, mesmo entre as crianças.

Do fato de que existem charlatães que vendem drogas nas praças públicas, e de que há mesmo médicos que, sem irem à praça pública, traem a confiança, segue-se que todos os médicos sejam charlatães, e a classe médica seja, por isso, atingida em sua consideração? Do fato de que há pessoas que vendem tintura por vinho, segue-se que todos os mercadores de vinho sejam falsificadores e que não há vinho puro? Abusa-se de tudo, mesmo das coisas mais respeitáveis, e pode-se dizer que a fraude tem também seu talento. Mas a fraude tem sempre um objetivo, um interesse material qualquer; onde nada há a ganhar, não há nenhum interesse em enganar. Também dissemos, a propósito dos médiuns mercenários, que a melhor de todas as garantias é um desinteresse absoluto.

315. De todos os fenômenos espíritas, os que se prestam mais à fraude são os fenômenos físicos, pelos motivos que é útil tomar em consideração. Primeiro, porque dirigindo-se mais aos olhos do que à inteligência, são os que a prestidigitação pode mais facilmente imitar. Em segundo lugar, aguçando, mais do que os outros, a curiosidade, são mais próprios para atraírem a multidão e, por consequência, mais produtivos. Nesse duplo ponto de vista, os charlatães têm, pois, todo interesse em simularem essas espécies de manifestações; os especuladores, na maioria estranhos à ciência, nela vão procurar, geralmente, uma distração, bem mais do que uma instrução séria, e sabe-se que se paga melhor ao que distrai do que ao que instrui. Mas, além disso, há um outro motivo não menos peremptório. Se a prestidigitação pode imitar os efeitos materiais, para os quais não lhe é preciso senão a destreza, não lhe conhecemos, até o momento, o dom de improvisação que requer uma dose de inteligência pouco comum, nem o de produzir esses belos e sublimes ditados, frequentemente tão cheios de propósito, que os Espíritos dão em suas comunicações. Isso nos lembra o fato seguinte:

Um homem de letras, bastante conhecido, veio, um dia, ver-nos e nos disse que era muito bom médium escrevente *intuitivo* e que se colocava à nossa disposição na Sociedade Espírita. Como temos por hábito não admitir, na Sociedade, senão médiuns cujas faculdades conhecemos, nós lhe rogamos o favor de vir, antes, dar provas em uma reunião particular. A isso se submeteu, com efeito: vários médiuns experimentados deram, sejam dissertações, sejam respostas de uma notável precisão sobre as questões propostas e de assuntos desconhecidos para eles. Quando chegou a vez desse senhor, escreveu algumas palavras insignificantes, disse que estava maldisposto nesse dia, e depois não o vimos mais; achou, sem dúvida, que o papel de médium de efeitos inteligentes era mais difícil de desempenhar do que havia acreditado.

316. Em todas as coisas, as pessoas que se enganam com mais facilidade são as que não são do ofício; ocorre o mesmo com o Espiritismo; os que não o conhecem são facilmente iludidos pelas aparências; ao passo que um estudo prévio e atento os inicia, não somente quanto às causas dos fenômenos, mas quanto às condições normais nas quais podem se produzir, e lhes fornece, assim, os meios para reconhecerem a fraude, se ela existe.

317. Os médiuns enganadores são censurados, como o merecem, na carta seguinte que reproduzimos na *Revista* do mês de agosto de 1861:

Paris, 21 de julho de 1861.

"Senhor.

"Pode-se estar em desacordo em certos pontos e estar em perfeito acordo sobre outros. Acabo de ler, às páginas 213 do último número do vosso jornal, reflexões sobre a fraude em matéria de experiências espirituais (ou espíritas) às quais sou feliz em associar-me com todas as minhas forças. Ali, toda dissidência em matéria de teorias e de doutrinas desaparece como por encanto.

"Talvez, não seja tão severo, como vós, com respeito aos médiuns que, sob uma forma digna e conveniente, aceitam uma remuneração como indenização do tempo que consagram às experiências, frequentemente, longas e fatigantes; mas, eu o sou outro tanto – e não se poderia ser menos –, com relação àqueles que, em semelhante caso, suprem, na ocasião, pela falcatrua e pela fraude, a ausência ou a insuficiência dos resultados prometidos e esperados. (Ver nº 311.)

"Misturar o falso com o verdadeiro, quando se trata de fenômenos obtidos pela intervenção dos Espíritos, é certamente uma infâmia, e haveria obliteração do senso moral no médium que cresse poder fazê-lo sem escrúpulo. Como fizestes perfeitamente observar, *é lançar o descrédito sobre a coisa no espírito dos indecisos, desde que a fraude seja reconhecida*. Acrescentaria que é comprometer, da maneira mais deplorável, os homens dignos que prestam, aos médiuns, o apoio desinteressado de seus conhecimentos e das suas luzes, que se fazem fiadores de sua boa-fé e os patrocinam de alguma sorte; é cometer, para com eles, uma verdadeira deslealdade.

"Todo médium reconhecido culpado de manobras fraudulentas, que fosse apanhado, para me servir de uma expressão um pouco trivial, com a boca na botija (*), mereceria ser banido por todos os espiritualistas ou espíritas do mundo, porque seria um dever rigoroso desmascará-los ou estigmatizá-los.

"Se vos convém, senhor, inserir estas poucas linhas em vosso jornal, estão ao vosso serviço.

"Aceitai, etc.

"Mathieu."

318. Nem todos os fenômenos espíritas são igualmente fáceis de serem imitados, e há os que desafiam, evidentemente, toda a habilidade

---

(*) No original: "pour me servir d'une expression un peu triviale, la main dans de sac, ..." (N. do R.).

da prestidigitação: tais são notadamente o movimento dos objetos sem contato, a suspensão de corpos pesados no espaço, as pancadas de diferentes lados, as aparições, etc., salvo o emprego de truques e de cumplicidade; por isso, dizemos que o que é preciso fazer, em semelhante caso, é observar atentamente as circunstâncias e, sobretudo, levar em consideração o caráter e a posição das pessoas, o objetivo e o interesse que poderiam ter em enganar: é o melhor de todos os controles, porque são tais circunstâncias que levantam todo motivo de suspeição. Pensamos, pois, em princípio, que é preciso desconfiar de quem fizer desses fenômenos um espetáculo ou um objeto de curiosidade ou de distração, e pretender produzi-los à vontade e no momento próprio, como já o explicamos. Não será demasiado repeti-lo, as inteligências ocultas que se manifestam a nós, têm suas suscetibilidades e querem nos provar que têm também seu livre-arbítrio, e não se submetem aos nossos caprichos. (nº 38.)

Bastar-nos-á assinalarmos alguns subterfúgios empregados ou que seja possível empregar em certos casos, para premunir, contra a fraude, os observadores de boa-fé. Quanto às pessoas que se obstinam em julgar sem se aprofundarem, seria tempo perdido procurar desiludi-las.

319. Um dos fenômenos dos mais comuns é o dos golpes íntimos na própria substância da madeira, com ou sem movimento da mesa ou outro objeto do qual se serve. Esse efeito é um dos mais fáceis de se imitar, seja pelo contato dos pés, seja provocando pequenos estalidos no móvel; mas há um pequeno estratagema especial que é útil desvendar. Basta colocar suas duas mãos inteiramente sobre a mesa e bastante próximas, para que as unhas dos polegares se apoiem fortemente uma contra a outra; por um movimento muscular, completamente imperceptível, faz-se com que sofram um atrito, que dá um pequeno ruído seco, tendo uma grande analogia com o da tiptologia íntima. Esse ruído repercute na madeira e produz uma ilusão completa. Nada é mais fácil que fazer ouvir tantas pancadas quantas se peçam, uma batida de tambor, etc, responder a certas perguntas por sim ou por não, por nomes ou mesmo pela indicação de letras do alfabeto.

Uma vez prevenido, o meio de se reconhecer a fraude é bem simples. Ela não é possível se as mãos estão afastadas uma da outra, e se se está seguro de que nenhum outro contato pode produzir o ruído. Os golpes reais oferecem, aliás, a característica de que mudam de timbre e de lugar à vontade, o que não pode ocorrer quando devidos à causa que assinalamos a outra análoga; que saia da mesa para produzir-se sobre um móvel qualquer que ninguém toque, sobre as paredes, o teto, etc; que responda, enfim, a perguntas não previstas. (Ver nº 41.)

320. A escrita direta é ainda mais fácil de imitar: sem falar dos agentes químicos, bem conhecidos, para fazerem aparecer a escrita, em um tempo dado, no papel branco, o que se pode frustrar com as precauções mais vulgares, poderia ocorrer que, por uma hábil escamoteação, se substituísse um papel por outro. Poderia ocorrer também que, aquele que quisesse fraudar, tivesse a arte de desviar a atenção enquanto escrevesse habilmente algumas palavras. Disseram-nos ainda ter visto escrever assim com um pedaço de grafite dissimulado sob a unha.

321. O fenômeno dos transportes não se presta menos à charlatanice, e se pode ser vítima de um escamoteador mais ou menos hábil, sem que haja necessidade de se haver com um prestidigitador de profissão. No artigo especial que publicamos mais atrás (nº 96), os próprios Espíritos determinaram as condições excepcionais nas quais ele pode se produzir, de onde se pode concluir que a obtenção *fácil e facultativa* pode, pelo menos, ser tida por suspeita. A escrita direta está no mesmo caso.

322. No capítulo dos *Médiuns especiais*, mencionamos, segundo os Espíritos, as aptidões mediúnicas comuns e as que são raras. Convém, pois, desconfiar dos médiuns que pretendam ter estas últimas muito facilmente ou que ambicionem a multiplicidade de faculdades, pretensão que não é senão bem raramente justificada.

323. As comunicações inteligentes são, segundo as circunstâncias, as que oferecem maior garantia e, apesar disso, não estão ao abrigo da imitação, pelo menos no que concerne às comunicações banais e vulgares. Acredita-se haver maior segurança com os médiuns mecânicos, não somente para a independência das ideias, mas também contra as fraudes; é, por essa razão, que certas pessoas preferem os intermediários materiais. Pois bem! É um erro. A fraude se insinua por toda parte, e sabemos que, com habilidade, pode-se dirigir à vontade mesmo uma cestinha ou uma prancheta que escreve, e dar-lhe todas as aparências de movimentos espontâneos. O que tira todas as dúvidas são os pensamentos exprimidos, quer venham de um médium mecânico, intuitivo, falante ou vidente. Há comunicações que estão de tal forma fora das ideias, dos conhecimentos e mesmo da capacidade intelectual do médium, que seria preciso iludir-se para atribuí-las a ele. Reconhecemos, no charlatanismo, uma grande habilidade e fecundos recursos, mas não lhe conhecemos ainda o dom de dar o saber a um ignorante, ou do espírito àquele que não o tem.

Em resumo, repetimos, a melhor garantia está na moralidade notória dos médiuns e na ausência de todas as causas de interesse material ou de amor-próprio, que poderiam estimular nele o exercício das faculdades mediúnicas que possui; porque essas mesmas causas podem animá-lo a simular as que não tem.

CAPÍTULO XXIX

REUNIÕES E SOCIEDADES ESPÍRITAS

*Das reuniões em geral. – Das sociedades propriamente ditas. –
Assuntos de estudo. – Rivalidades entre as sociedades.*

DAS REUNIÕES EM GERAL

324. As reuniões espíritas podem ter grandes vantagens, quando permitem se esclarecer pela troca recíproca de pensamentos, pelas perguntas e anotações que cada um pode fazer, e das quais todo o mundo aproveita; mas, para retirar delas todos os frutos desejáveis, requerem condições especiais que vamos examinar, porque se erraria em assimilá-las às sociedades comuns. De resto, sendo as reuniões um todo coletivo, o que lhes concerne é a consequência natural das instruções precedentes; devem ter as mesmas precauções e se preservarem dos mesmos escolhos que os indivíduos; por isso, colocamos este capítulo por último.

As reuniões espíritas têm caracteres muito diferentes segundo o objetivo a que se propõem e sua condição de ser; por isso mesmo, deve diferir também. Segundo a sua natureza, elas podem ser *frívolas, experimentais ou instrutivas*.

325. As *reuniões frívolas* se compõem de pessoas que não veem senão o lado divertido das manifestações, que se divertem com os gracejos dos Espíritos levianos, muito curiosos com essas espécies de assembleias, onde têm toda a liberdade para se exibirem, e nas quais não faltam. É aí que se perguntam todas as espécies de banalidades, que se faz ler a boa sorte pelos Espíritos, que se coloca sua perspicácia à prova para adivinhar a idade, o que se tem no bolso, desvendar os pequenos segredos e mil outras coisas dessa importância.

Essas reuniões são sem consequência; mas como os Espíritos levianos são, por vezes, muito inteligentes e têm, em geral, humor fácil e jovial, aí se produzem, frequentemente, coisas muito curiosas das quais o observador pode tirar o seu proveito; aquele que não tivesse visto senão isso, e julgasse o mundo dos Espíritos segundo essa amostra, se faria uma ideia tão falsa, como aquele que julgasse toda a sociedade de uma grande cidade pela de certos quarteirões. O simples bom senso diz que o Espíritos elevados não podem vir em tais reuniões, onde os espectadores não são mais sérios do que os atores. Se se quer ocupar com coisas fúteis, é preciso, francamente, chamar os Espíritos levianos, como se chamariam os palhaços para divertirem uma sociedade, mas haveria profanação em, para elas, convidar nomes veneráveis, misturar o sagrado com o profano.

326. As *reuniões experimentais* têm mais especialmente por objeto a produção de manifestações físicas. Para muitas pessoas, é um espetáculo mais curioso do que instrutivo; os incrédulos saem mais admirados do que convencidos quando não viram outra coisa, e todo o seu pensamento gira em torno da procura dos artifícios, porque, não se apercebendo de nada, supõem naturalmente subterfúgios. Ocorre de outro modo com aqueles que estudaram; compreendem primeiro a possibilidade, e os fatos positivos determinam em seguida ou completam sua convicção; se houver subterfúgios, eles mesmos descobrirão.

Não obstante isso, essas espécies de experimentações têm uma utilidade que ninguém poderia desconhecer, porque foram elas que fizeram descobrir as leis que regem o mundo invisível e, para muita gente, sem contradita, são um poderoso motivo de convicção; mas sustentamos que apenas elas não podem mais iniciar na ciência espírita, do que a visão de um engenhoso mecanismo não pode fazer conhecer a mecânica, se não se lhe conhece as leis; contudo, se forem dirigidas com método e prudência, obter-se-ão resultados bem melhores. Voltaremos, daqui a pouco, a esse assunto.

327. As *reuniões instrutivas* têm um outro caráter e como são aquelas onde se pode haurir o verdadeiro ensinamento, insistiremos antes sobre as condições que devem preencher.

A primeira de todas é permanecerem sérias, em toda a acepção da palavra. É preciso bem persuadir-se de que os Espíritos aos quais se quer dirigir são de uma natureza toda especial; que o sublime, não podendo se aliar ao trivial, nem ao mau nem ao mal, se se quer obter boas coisas, é preciso se dirigir aos bons Espíritos; mas não basta chamar os bons Espíritos; é necessário, como condição expressa, estar nas condições propícias para que eles queiram vir; ora, os Espíritos superiores não virão mais às assembleias de homens levianos e superficiais, do que teriam vindo quando vivos.

Uma sociedade não é verdadeiramente séria senão com a condição de ocupar-se de coisas úteis, com a exclusão de todas as outras; aspira-se a obter fenômenos extraordinários por curiosidade ou passatempo, os Espíritos que os produzem poderão vir, mas os outros se irão. Em uma palavra, qualquer que seja o cáráter de uma reunião, ela encontrará sempre Espíritos dispostos a secundarem suas tendências. Uma reunião séria se afasta, pois, do seu objetivo, se troca o ensinamento pelo divertimento. As manifestações físicas, como dissemos, têm sua utilidade; que aqueles que querem ver, busquem as reuniões experimentais; que aqueles que querem compreender, busquem as reuniões de estudo; será assim que, uns e outros, poderão completar sua instrução espírita, como no estudo da medicina, uns vão aos cursos; e outros à clínica.

328. A instrução espírita não compreende apenas o ensinamento moral dado pelos Espíritos, mas também o estudo dos fatos; a ela incumbe a teoria de todos os fenômenos, a procura das causas e, como consequência, a constatação do que é possível e do que não o é; em uma palavra, a observação de tudo o que pode fazer avançar a ciência. Ora, seria enganar-se crendo que os fatos estejam limitados aos fenômenos extraordinários; que apenas os que ferem mais os sentidos sejam dignos de atenção; são encontrados a cada passo nas comunicações inteligentes, e que homens reunidos para o estudo não poderiam negligenciar; esses fatos, que seria impossível enumerar, surgem de uma multidão de circunstâncias fortuitas; embora menos salientes, não deixam de ser do mais alto interesse para o observador , que neles encontra, ou a confirmação de um princípio conhecido, ou a revelação de um princípio novo, que o faz penetrar mais adiante nos mistérios do mundo invisível; está também aí a filosofia.

329. As reuniões de estudo, por outro lado, são de uma imensa utilidade para os médiuns de manifestações inteligentes, sobretudo, para aqueles que têm um desejo sério de se aperfeiçoar e que a elas não vêm com uma tola presunção de infalibilidade. Um dos grandes escolhos da mediunidade, como já dissemos, é a obsessão e a fascinação; podem, pois, iludirem-se, de muito boa-fé, sobre o mérito do que obtêm, e se concebe que os Espíritos enganadores tenham sua liberdade de ação quando não se ocupam senão com um cego; é, por isso, que afastam seu médium de todo controle; que, se for preciso, fazem-no tomar aversão por quem poderia esclarecê-lo; com a ajuda do isolamento e da fascinação, podem, facilmente, fazê-lo aceitar tudo o que querem.

Não é demasiado repeti-lo, aí está não só o escolho, mas o perigo; sim, nós o dissemos, um verdadeiro perigo. O único meio de dele escapar, é o controle de pessoas desinteressadas e benevolentes que, julgando as comunicações com sangue frio e imparcialidade, podem lhe abrir os olhos e fazê-lo perceber o que não pode ver por si mesmo. Ora, todo médium que teme esse julgamento já está no caminho da obsessão; o que crê que a luz não é feita senão para ele, está completamente subjugado; se toma a mal as observações, se as repele, se com elas se irrita, não se poderá ter dúvidas sobre a má natureza do Espírito que o assiste.

Nós o dissemos: um médium pode não ter conhecimentos necessários para compreender os erros; pode se deixar enganar por belas palavras e uma linguagem pretensiosa, ser seduzido por sofismas e isso com a melhor boa-fé do mundo; por essa razão, na falta de suas próprias luzes, deve modestamente recorrer às dos outros, segundo estes dois adágios de que quatro olhos veem melhor do que dois e que não se é jamais bom juiz em causa própria. É desse ponto de vista que as reuniões são, para o médium, de uma grande utilidade, se é bastante sensato para escutar os avisos, porque aí se encontrarão pessoas mais clarividentes do que ele, que perceberão as nuanças, frequentemente muito delicadas, pelas quais o Espírito trai sua inferioridade.

Todo médium que deseja sinceramente não ser joguete da mentira, deve, pois, procurar trabalhar em reuniões sérias e para elas levar o que obtém em particular; aceitar com reconhecimento, solicitar mesmo, o exame crítico das comunicações que recebe; se é alvo de Espíritos enganadores, é o meio mais seguro de desembaraçar-se deles, provando-lhes que não podem fraudá-lo. O médium, aliás, que se irrita com a crítica, está tanto mais mal fundado quanto seu amor-próprio não está comprometido, uma vez que o que diz não é dele e que não é nisso mais responsável do que o leitor dos versos de um mau poeta.

Insistimos sobre esse ponto, porque se aí está um escolho para os médiuns, o é também para as reuniões nas quais importa não conceder, levianamente, confiança a todos os intérpretes dos Espíritos. O concurso de todo médium obsidiado ou fascinado lhe seria mais nocivo do que útil; devem, pois, não aceitá-lo. Pensamos ter entrado no desenvolvimento suficiente para que lhe seja impossível iludir-se sobre os caracteres da obsessão, se o médium não pode reconhecê-la por si mesmo; um dos mais salientes é, sem contradita, a pretensão de ter unicamente a razão contra todo o mundo. Os médiuns obsidiados que não querem com isso convir, assemelham-se a esses doentes que se iludem sobre a sua saúde e se perdem por falta de se submeterem a um regime salutar.

330. O que uma reunião séria deve se propor é afastar os Espíritos mentirosos; estaria em erro se se acreditasse ao abrigo, pelo seu objetivo e pela qualidade dos seus médiuns; a isso não chegará senão quando estiver ela mesma nas condições favoráveis.

Para se compreender bem o que se passa nessas circunstâncias, pedimos dignar-se refletir ao que dissemos mais atrás no nº 231, sobre a *Influência do meio*. É preciso imaginar cada indivíduo como cercado de um certo número de companheiros invisíveis que se identificam com seu caráter, seus gostos e suas tendências; pois toda pessoa que entram em uma reunião, conduz consigo Espíritos que lhe são simpáticos. Segundo seu número e sua natureza, esses acólitos podem exercer, sobre a assembleia e sobre as comunicações, uma influência boa ou má. Uma reunião perfeita seria aquela na qual todos os membros, animados por um igual amor ao bem, não conduzissem com eles senão bons Espíritos; na ausência da perfeição, a melhor será aquela onde o bem se impusesse sobre o mal. Isso é muito lógico para que seja necessário insistir.

331. Uma reunião é um ser coletivo, cujas qualidades e propriedades são as resultantes de todas as dos seus membros e formam como um feixe; ora, esse feixe terá tanto mais força quanto for mais homogêneo. Se se compreende bem o que foi dito (nº 282, pergunta 5) sobre a maneira pela qual os Espíritos são advertidos de nosso chamado, compreender-se-á, facilmente, a força da associação do pensamento dos assistentes. Se o Espírito, de alguma sorte, é atingido pelo pensamento como o somos pela voz, vinte pessoas, unindo-se em uma mesma intenção, terão necessariamente mais força do que uma sozinha; mas, para que todos esses pensamentos concorram para o mesmo objetivo, é preciso que vibrem em uníssono; que se confundam, por assim dizer, num só, o que não pode ocorrer sem o recolhimento.

Por outro lado, o Espírito, chegando a um meio completamente simpático, nele fica mais à vontade; não encontrando aí senão amigos, vem com mais boa vontade e mais disposto a responder. Quem tenha seguido, com alguma atenção, as manifestações espíritas inteligentes, pôde ter-se convencido dessa verdade. Se os pensamentos são divergentes, disso resulta um choque de ideias desagradáveis para o Espírito e, por consequência, nocivo à manifestação. Ocorre o mesmo com um homem que deva falar em uma assembleia, se sente que todos os pensamentos lhe são simpáticos e benevolentes, a impressão que recebe reage sobre as suas próprias ideias e lhe dá mais inspiração; a unanimidade desse concurso exerce sobre ele uma espécie de ação magnética que deduplica seus meios, ao passo que a indiferença ou a hostilidade o perturba e o paralisa; é, assim, que os atores são eletrizados pelos aplausos; ora, os Espíritos, bem mais impressionáveis do que os humanos, devem sentir bem mais ainda a influência do pensamento.

Toda reunião espírita deve, pois, tender à maior homogeneidade possível; fique bem entendido que falamos daquelas que querem alcançar resultados sérios e verdadeiramente úteis; se se quer simplesmente obter comunicações mesmo assim, sem se inquietar com a qualidade daqueles que as dão, é evidente que todas essas preocupações não são necessárias, mas, então, não se pode queixar da qualidade do produto.

332. O recolhimento e a comunhão de pensamentos sendo as condições essenciais de toda reunião séria, compreende-se que o maior número de assistentes deve ser uma das causas, as mais contrárias, à homogeneidade. Não há, certamente, nenhum limite absoluto a esse número, e se concebe que cem pessoas, suficientemente recolhidas e atentas, estarão em condições melhores do que dez que estivessem distraídas e barulhentas; mas é evidente também que, quanto maior é o número, mais essas condições são difíceis de serem preenchidas. Aliás, é um fato provado pela experiência que os pequenos círculos íntimos são sempre mais favoráveis às belas comunicações, e isso pelos motivos que desenvolvemos.

333. Há, ainda, um outro ponto que não é menos necessário: a regularidade das reuniões. Em todas, há sempre Espíritos que se poderia chamar de habituais, e não entendemos, por isso, esses Espíritos que se acham por toda a parte e se misturam com tudo; aqueles são, ou Espíritos protetores, ou aqueles que são interrogados mais frequentemente. Não é preciso crer que esses Espíritos não tenham outra coisa a fazer do que nos escutarem; eles têm suas ocupações e podem, aliás, encontrarem-se em condições desfavoráveis para serem evocados. Quando as reuniões ocorrem a dias e horas fixas, preparam-se de acordo e é raro que faltem. Há mesmo os que levam a pontualidade ao excesso; melindram-se com um quarto de hora de atraso, e se eles mesmos marcam o momento de uma entrevista, será inútil chamá-los alguns minutos mais cedo. Acrescentemos, no entanto, que se bem que os Espíritos prefiram a regularidade, os que são verdadeiramente superiores não são meticulosos a esse ponto. A exigência de uma pontualidade rigorosa é um sinal de inferioridade, como tudo o que é pueril. Fora das horas consagradas, eles podem, sem dúvida, virem e vêm, até com boa vontade, se o objetivo é útil; mas nada é mais nocivo às boas comunicações do que chamá-los a torto e a direito, quando a fantasia nos toma e, sobretudo, sem motivo sério; como não estão obrigados a se submeter aos nossos caprichos, poderiam não se incomodar, e é então, sobretudo, que os outros podem tomar seu lugar e seu nome.

DAS SOCIEDADES PROPRIAMENTE DITAS

334. Tudo o que dissemos sobre as reuniões em geral, aplica-se naturalmente às sociedades regularmente constituídas; estas, entretanto, têm que lutar contra algumas dificuldades especiais que nascem do próprio laço que une os membros. Tendo sido várias vezes perguntados sobre a sua organização, as informações nós as resumiremos aqui em algumas palavras.

O Espiritismo, que apenas acaba de nascer, é ainda muito diversamente apreciado, muito pouco compreendido em sua essência por um grande número de adeptos, para oferecer um laço poderoso entre os membros do que se poderia chamar uma associação. Esse laço não pode existir senão entre aqueles que lhe veem o objetivo moral, o compreendem e *o aplicam a si mesmos*. Entre os que nele não veem senão fatos mais ou menos curiosos, não poderia haver um laço sério; colocando os fatos acima dos princípios, uma simples divergência na maneira de apreciá-los, pode dividi-los. Não ocorre o mesmo com os primeiros, porque, sobre a questão moral, não podem existir duas maneiras de ver; também há que se notar que, por toda a parte onde se encontrem, uma confiança recíproca os atraem uns aos outros; a benevolência mútua que reina, entre eles, afasta o embaraço e o constrangimento que nascem da suscetibilidade, do orgulho que se melindra com a menor contradição, do egoísmo que refere tudo a si. Uma sociedade, onde tais sentimentos reinassem sem divisão, onde seus membros se reunissem com o objetivo de virem se instruir com os ensinamentos dos Espíritos, e não na esperança de verem coisas mais ou menos interessantes ou para fazerem prevalecer sua opinião, uma tal sociedade, dizemos, seria não só viável, mas indissolúvel. A dificuldade de reunir ainda numerosos elementos homogêneos, deste ponto de vista, leva a dizer que, no interesse dos estudos e para o bem da própria coisa, as reuniões espíritas devem visar em se multiplicarem em pequenos grupos antes que procurar se constituírem em grandes aglomerações. Esses grupos, correspondendo-se entre si, visitando-se, permutando suas observações, podem, desde o presente, formarem o núcleo da grande família espírita que congregará, um dia, todas as opiniões e unirá os homens num mesmo sentimento de fraternidade, selado pela caridade cristã.

335. Já vimos de qual importância é a uniformidade de sentimentos para a obtenção de bons resultados; essa uniformidade será tanto mais difícil de obter-se, quanto o número for maior. Nas pequenas reuniões, conhece-se melhor, se está mais seguro dos elementos que aí se introduzem; o silêncio e o recolhimento são mais fáceis e tudo se passa como em família. As grandes assembleias excluem a intimidade pela variedade dos elementos dos quais se compõem; exigem locais especiais, recursos pecuniários e um aparelho administrativo inútil nos pequenos grupos; a divergência de caracteres, de ideias, de opiniões, aí se desenha

melhor e oferece aos Espíritos trapalhões mais facilidade para semea-
rem a discórdia. Quanto mais a reunião é numerosa, tanto mais é difícil
contentar todo o mundo; cada um gostaria que os trabalhos fossem di-
rigidos ao seu gosto, que se ocupassem, de preferência, com os assuntos
que mais lhe interessam; alguns creem que o título de sócio lhes dá o
direito de imporem sua maneira de ver; daí as divergências, uma causa
de mal-estar que traz, cedo ou tarde, a desunião, depois a dissolução,
sorte de todas as sociedades da qual sejam o objeto. As pequenas sessões
não estão sujeitas às mesmas flutuações; a queda de uma grande sociedade seria um revés aparente para a causa do Espiritismo, e seus inimigos não deixariam de se prevalecer disso; a dissolução de um pequeno
grupo passa desapercebida e, aliás, se um se dispersa, vinte outros se
formam ao lado; ora, vinte grupos, de quinze a vinte pessoas, obterão
mais e farão mais pela propagação do que uma assembleia de trezentas
a quatrocentas pessoas.

Dir-se-á, sem dúvida, que os membros de uma sociedade que
agissem como acabamos de dizer, não seriam verdadeiros espíritas, uma
vez que o primeiro dever que a Doutrina impõe é a caridade e a benevolência. Isso é perfeitamente justo; também aqueles que pensam assim
são espíritas antes de nome do que de fato; não pertencem, seguramente, à terceira categoria (ver nº 28); mas quem diz que esses sejam
mesmo espíritas quaisquer? Aqui se apresenta uma consideração que
não deixa de ter gravidade.

336. Não nos esqueçamos de que o Espiritismo tem inimigos
interessados em lhe fazer frente, e que veem esses sucessos com despeito;
os mais perigosos não são os que o atacam abertamente, mas os que agem
nas sombras; estes, acariciam-no com uma mão e o difamam com a outra.
Esses seres malfazejos se insinuam por toda parte, onde esperam fazer o
mal; como sabem que a união é uma força, procuram destruí-la, lançando
fogueiras de discórdia. Quem diz, pois, que aqueles que, nas reuniões,
semeiam a perturbação e a cizânia não sejam agentes provocadores
interessados na desordem? Infalivelmente, não são nem verdadeiros e
nem bons espíritas; não podem jamais fazer o bem e podem fazer muito
mal. Compreende-se que eles têm infinitamente mais facilidade para
se insinuarem nas reuniões numerosas do que nas pequenas sessões,
onde todo o mundo se conhece; graças aos surdos enredos que passam
desapercebidos, semeiam a dúvida, a desconfiança e a desafeição; sob a
aparência de um hipócrita interesse pela coisa, criticam tudo, formam
conciliábulos e rodas que cedo rompem a harmonia do conjunto: é o
que querem. Frente a essa gente, apelar aos sentimentos de caridade
e de fraternidade é falar a surdos voluntários, porque seu objetivo é
precisamente destruir esses sentimentos, que são o maior obstáculo às

suas intrigas. Esse estado de coisas, deplorável em todas as sociedades, o é mais ainda nas sociedades espíritas, porque se não leva a uma ruptura, causa uma preocupação incompatível com o recolhimento e a atenção.

337. Se a reunião está em mau caminho, dir-se-á, os homens sensatos e bem intencionados não têm o direito de crítica? Devem deixar o mal passar sem dizer nada, aprová-lo pelo seu silêncio? Sem nenhuma dúvida, é seu direito: é, ademais, um dever; mas se sua intenção é realmente boa, emitem seus conselhos com conveniência e benevolência, abertamente e não ocultamente; se não são seguidos, retiram-se; porque não se conceberia que aquele que não tivesse nenhuma segunda intenção se obstinasse em permanecer numa sociedade, onde se fizessem coisas que não lhe conviessem.

Pode-se, pois, estabelecer em princípio que quem, em uma reunião espírita, provoque a desordem ou a desunião, ostensivamente ou sub-repticiamente, por quaisquer meios, é, ou um agente provocador, ou pelo menos um muito mau espírita, do qual não se poderia se desembaraçar muito cedo; mas os próprios compromissos que ligam todos os membros, frequentemente, colocam-lhe obstáculo; por isso, convém evitar os compromissos indissolúveis; os homens de bem estão sempre bastante empenhados; os mal-intencionados estão sempre mais.

338. Além das pessoas notoriamente malévolas que se insinuam nas reuniões, há aqueles que, pelo caráter, carregam a perturbação consigo por toda a parte onde se encontrem: não se poderia, pois, ser mais circunspecto quanto aos elementos novos que se introduzem na reunião. Os mais importunos, nesse caso, não são os ignorantes sobre a matéria, nem mesmo aqueles que não creem; a convicção não se adquire senão pela experiência, e há pessoas que querem se esclarecer de boa-fé. Aqueles, sobretudo, dos quais é preciso se preservar, são as pessoas de sistemas preconcebidos, os próprios incrédulos que duvidam de tudo, mesmo da evidência, os orgulhosos, que pretendem ter com exclusividade a luz infusa, por toda a parte, querem impor sua opinião e olham com desdém quem não pense como eles. Não vos deixeis prender pelo seu pretenso desejo de se esclarecer; há mais de um que ficaria bem irritado se forçado a convir que se enganou; guardai-vos, sobretudo, desses peroradores insípidos que querem sempre ter a última palavra, e daqueles que não se comprazem senão na contradição; uns e outros fazem perder o tempo sem proveito para eles mesmos; os Espíritos não gostam de palavras inúteis.

339. Visto a necessidade de evitar-se toda causa de perturbação e de distração, uma sociedade espírita, que se organize, deve colocar toda a sua atenção sobre as medidas apropriadas para tirar, dos promotores de desordens, os meios de prejudicarem e dar as maiores facilidades para afastá-los. As pequenas reuniões não têm necessidade senão de um regimento disciplinar muito simples para a ordem das sessões; as sociedades regularmente constituídas exigem uma organização mais completa; a melhor seria aquela cujos mecanismos fossem os menos complicados; umas e outras poderão tirar o que lhe for aplicável ou o que creiam útil, do regulamento da Sociedade Parisiense de Estudos Espíritas, que damos mais adiante.

340. As sociedades pequenas ou grandes e todas as reuniões, qualquer que seja a sua importância, têm que lutar contra um outro escolho. Os promotores de perturbações não estão apenas no seu seio, mas estão igualmente no mundo invisível. Do mesmo modo que há Espíritos protetores para as sociedades, as cidades e os povos, os Espíritos malfazejos se ligam aos grupos como aos indivíduos; atacam primeiro os mais fracos, os mais acessíveis, dos quais procuram fazer instrumentos e, pouco a pouco, tratam de cercar as massas; porque seu júbilo mau está em razão do número daqueles que têm sob seu jugo. Todas as vezes, pois, que num grupo uma pessoa caia na armadilha, é preciso se dizer que há um inimigo no campo, um lobo no redil e que se deve estar em guarda, porque é mais do que provável que multiplicará suas tentativas; se ele não é desencorajado por uma resistência enérgica, a obsessão vem, então, como um mal contagioso, que se manifesta nos médiuns pela perturbação da mediunidade, e, nos outros, pela hostilidade de sentimentos, a perversão do senso moral e a perturbação da harmonia. Como o mais poderoso antídoto desse veneno é a caridade, é a caridade que procuram sufocar. Não é preciso, pois, esperar que o mal se torne incurável para dar-lhe remédio; não é necessário mesmo esperar os primeiros sintomas, sobretudo, é preciso dedicar-se em preveni-lo; para isso, há dois meios eficazes, se forem bem empregados: a prece de coração e o atento exame dos menores sinais que revelem a presença de Espíritos enganadores; o primeiro atrai os bons Espíritos, que não assistem com zelo senão aqueles que os secundam por sua confiança em Deus; o outro prova aos maus, que estão tratando com pessoas bastante clarividentes e bastante sensatas para não se deixarem enganar. Se um dos membros sofre a influência da obsessão, todos os esforços devem tender, desde os primeiros indícios, a abrir-lhe os olhos, temendo que o mal se agrave, a fim de conduzi-lo à convicção de que está enganado e ao desejo de secundar aqueles que querem livrá-lo.

341. A influência do meio é a consequência da natureza dos Espíritos e do seu modo de ação sobre os seres vivos; dessa influência, cada um pode deduzir, por si mesmo, as condições, as mais favoráveis, para uma sociedade que aspire a granjear a simpatia dos bons Espíritos, e a não obter senão boas comunicações, afastando os maus. Essas condições estão todas nas disposições morais dos assistentes; resumem-se nos pontos seguintes:

Perfeita identidade de objetivos e de sentimentos;

Benevolência recíproca entre todos os membros;

Abnegação de todo sentimento contrário à verdadeira caridade cristã;

Desejo único de instruir-se e melhorar-se pelo ensinamento dos Espíritos e aproveitamento de seus conselhos. Quem está persuadido de que os Espíritos superiores se manifestam em vista de fazer-nos progredir, e não para nosso prazer, compreenderá que devem se afastar daqueles que se limitam a admirar seu estilo sem deles retirar nenhum fruto e que não tomam o atrativo das sessões senão pelo menor ou maior interesse que elas ofereçam segundo seus gostos particulares;

Exclusão de tudo o que, nas comunicações solicitadas aos Espíritos, não teria senão um objetivo de curiosidade;

Recolhimento e silêncio respeitosos durante as conversas com os Espíritos;

Associação de todos os assistentes, pelo pensamento, ao chamado feito aos Espíritos que se evocam;

Concurso dos médiuns da assembleia com abnegação de todo sentimento de orgulho, de amor-próprio e de supremacia, e pelo único desejo de se tornarem úteis.

Essas condições são tão difíceis de preencher, que não se possa encontrá-las? Não pensamos assim; ao contrário, esperamos que as reuniões verdadeiramente sérias, como já existem em diversas localidades, multiplicar-se-ão, e não hesitamos em dizer que será a elas que o Espiritismo deverá sua mais poderosa propagação; congregando os homens honestos e conscienciosos, imporão silêncio à crítica e, quanto mais suas intenções sejam puras, mais serão respeitadas, mesmo por seus adversários; *quando a zombaria ataca o bem, cessa de fazer rir: torna-se desprezível*. Será entre as reuniões desse gênero que um verdadeiro laço de simpatia, uma solidariedade mútua, se estabelecerão pela força das coisas e contribuirão para o progresso geral.

342. Seria um erro crer que as reuniões, onde se ocupa mais especialmente das manifestações físicas, estejam fora desse concerto fraternal e que excluem todo pensamento sério; se não requerem condições tão rigorosas, não será impunemente que sejam assistidas com leviandade, e se enganaria quem cresse que o concurso dos assistentes nelas seja absolutamente nulo; tem-se a prova do contrário no fato de que, frequentemente, as manifestações desse gênero não podem se produzir em certos meios. Há, pois, também para isso, influências contrárias, e essas influências não podem estar senão na divergência ou na hostilidade de sentimentos que paralisam os esforços dos Espíritos.

As manifestações físicas, como dissemos, têm uma grande utilidade; abrem um vasto campo ao observador, porque é toda uma ordem de fenômenos insólitos que se desenrola aos seus olhos e cujas consequências são incalculáveis. Uma assembleia pode, pois, ocupar-se com objetivos muitos sérios, mas não poderia atingi-los, seja como estudo, seja como meio de convicção, se não se coloca em condições favoráveis; a primeira de todas é, não a fé dos assistentes, mas seu desejo de se esclarecerem, sem prevenção, sem ideia preconcebida de rejeitar mesmo a evidência; a segunda é a restrição do seu número para evitar a mistura de elementos heterogêneos. Se as manifestações físicas são produzidas, em geral, por Espíritos menos avançados, não deixam de ter um objetivo providencial, e os bons Espíritos as favorecem todas as vezes que podem ter um resultado útil.

ASSUNTOS DE ESTUDO

343. Quando forem evocados parentes e amigos, alguns personagens célebres para comparar suas opiniões de além-túmulo com as que tiveram em sua vida, frequentemente, fica-se embaraçado para alimentar as conversas, sem que se caia nas banalidades e nas futilidades. Muitas pessoas pensam, por outro lado, que *O Livro dos Espíritos* esgotou a série de perguntas de moral e de filosofia; é um erro; por isso, é talvez útil indicar a fonte de onde se pode tirar assuntos de estudo, por assim dizer, ilimitados.

344. Se a evocação de homens ilustres, de Espíritos superiores, é eminentemente útil pelo ensinamento que nos dão, a dos Espíritos vulgares não o é menos, se bem que sejam incapazes de resolver as questões de alta importância; pela sua inferioridade, eles se pintam a si mesmos, e quanto menos a distância que os separa de nós é grande, mais neles encontramos relações com a nossa própria situação, sem contar que nos oferecem, com frequência, traços característicos do mais alto interesse, como explicamos acima, nº 281, falando da utilidade das evocações particulares. São, pois, uma mina inesgotável de observações, não tomando mesmo senão os homens cuja vida apresente alguma particularidade sob o aspecto do gênero de morte, da idade, das boas ou más qualidades, de sua posição feliz ou infeliz sobre a Terra, dos hábitos, do estado mental, etc.

Com os Espíritos elevados, o quadro de estudos se alarga; além das questões psicológicas que têm um limite, pode-se propor-lhes uma multidão de problemas morais que se estendem ao infinito em todas as posições da vida, sobre a melhor conduta a se ter em tal ou tal circunstância dada, sobre nossos deveres recíprocos, etc. O valor da instrução que se recebe sobre um assunto qualquer, moral, histórico, filosófico ou científico, depende inteiramente do estado do Espírito que se interroga; cabe a nós julgar.

345. Além das evocações propriamente ditas, os ditados espontâneos oferecem assuntos de estudo ao infinito. Consistem em esperar o assunto que apraz aos Espíritos tratarem. Vários médiuns podem, nesse caso, trabalhar simultaneamente. Algumas vezes pode-se chamar um Espírito determinado; o mais ordinariamente se esperam aqueles que queiram se apresentar e, frequentemente, eles vêm da maneira mais imprevista. Esses ditados podem, em seguida, dar lugar a uma multidão de perguntas cujo tema se encontra, assim, todo preparado. Devem ser comentados com cuidado para se estudar todos os pensamentos que encerram, e julgar se trazem consigo um cunho de verdade. Esse exame, feito com severidade, é, como o dissemos, a melhor garantia contra a intrusão de Espíritos enganadores. Por esse motivo, assim como para a instrução de todos, poderá ser dado conhecimento das comunicações obtidas fora da reunião. Há aí, como se vê, uma fonte inesgotável de elementos eminentemente sérios e instrutivos.

346. As ocupações de cada sessão podem ser reguladas, assim como segue:

1º Leitura das comunicações espíritas obtidas na última sessão, passadas a limpo;

2º *Relatórios diversos.* – Correspondência. – Leitura das comunicações obtidas fora das sessões. – Relação de fatos interessando ao Espiritismo;

3º *Trabalhos de estudo.* – Ditados espontâneos. – Perguntas diversas e problemas morais propostos aos Espíritos. – Evocações.

4º *Conferência.* – Exame crítico e analítico das diversas comunicações. – Discussão sobre os diferentes pontos da ciência espírita.

347. Os grupos nascentes são, algumas vezes, tolhidos em seus trabalhos por falta de médiuns. Os médiuns, seguramente, são um dos elementos essenciais das reuniões espíritas, mas não são o elemento indispensável, e haveria erro em crer que, com a sua falta, nelas nada haveria a fazer. Sem dúvida, aqueles que não se reunissem senão com um objetivo de experimentação, não poderiam fazer mais sem médiuns do que os músicos em um concerto sem instrumentos; mas os que têm em vista o estudo sério, têm mil motivos de ocupação tão úteis e proveitosos como se pudessem operar por si mesmos. Aliás, as reuniões que têm médiuns podem, acidentalmente, encontrarem-se sem eles e seria deplorável que cressem, nesse caso, nada mais ter a fazer do que se retirar. Os próprios Espíritos podem, de tempos em tempos, colocá-los nessa posição, a fim de ensinar-lhes a passar sem eles. Diremos mais: que é necessário, para aproveitar seus ensinamentos, consagrar um certo tempo para meditá-los. As sociedades científicas não têm sempre os instrumentos de observação sob os olhos e, todavia, não têm dificuldades em encontrarem assuntos de discussão; na ausência de poetas e oradores, as sociedades literárias leem e comentam as obras de autores antigos e modernos; as sociedades religiosas meditam sobre as Escrituras; as sociedades espíritas devem fazer o mesmo e tirarão um grande proveito para seu adiantamento, estabelecendo conferências nas quais se lerá e comentará tudo que se referir ao Espiritismo, pró ou contra. Dessa discussão, onde cada um dá o tributo de suas reflexões, cintilam traços de luz que passam desapercebidos numa leitura individual. Ao lado das obras especiais, os jornais fornecem fatos, relatos, eventos, sinais de virtudes ou de vícios que sobressaem de graves problemas morais, que só o Espiritismo pode resolver, e está ainda aí um meio de se provar que ele se liga a todos os ramos da ordem social. Colocamos em causa que uma sociedade espírita que organizasse seu trabalho nesse sentido, procurando os materiais necessários, não encontraria bastante tempo para dar às comunicações diretas dos Espíritos; por isso, pedimos, sobre esse ponto, a atenção das reuniões verdadeiramente sérias, as que têm mais ânimo para se instruírem do que para procurarem um passatempo. (Ver nº 207, capítulo da *Formação dos médiuns*.)

RIVALIDADE ENTRE AS SOCIEDADES

348. As reuniões que se ocupem exclusivamente das comunicações inteligentes e as que se dedicam ao estudo das manifestações físicas têm, cada uma, sua missão; nem umas nem outras estariam no verdadeiro espírito do Espiritismo, se se olhassem mal, e aquela que atirasse a primeira pedra na outra, provaria só, com isso, a má influência que a domina; todas devem concorrer, embora por caminhos diferentes, ao objetivo comum que é a procura e a propagação da verdade; seu antagonismo, que não seria senão um efeito do orgulho superexcitado, fornecendo armas aos detratores, não poderia senão prejudicar a causa que pretendem defender.

349. Estas últimas reflexões se aplicam igualmente a todos os grupos que possam diferir sobre alguns pontos da Doutrina. Como dissemos no capítulo das *Contradições,* essas divergências não incidem, na maior parte do tempo, senão sobre os acessórios, frequentemente mesmo sobre simples palavras; haveria, pois, puerilidade em permanecer à parte, porque não se pensa exatamente do mesmo modo. Haveria pior do que isso, se os diferentes grupos ou sociedades de uma cidade se olhassem com inveja. Compreende-se a inveja entre pessoas que se fazem concorrência e podem chegar a um prejuízo material; mas quando não há especulação, a inveja não pode ser senão uma mesquinha rivalidade do amor-próprio. Como, em definitivo, não há sociedade que possa reunir, em seu seio, todos os adeptos, as que estão animadas de um verdadeiro desejo de propagar a verdade, cujo objetivo é unicamente moral, devem ver com prazer se multiplicarem as reuniões e, se houver concorrência entre elas, deve ser para que façam mais o bem. As que pretendem estar com a verdade, com exclusão das outras, devem prová-lo tomando por divisa: *Amor e caridade;* porque tal é a de todo verdadeiro espírita. Querem se prevalecer da superioridade dos Espíritos que as assistem? Que o provem pela superioridade dos ensinamentos que recebem e pela aplicação que fazem deles em si mesmas: aí está um critério infalível para distinguir as que estão no melhor caminho.

Certos Espíritos, mais presunçosos do que lógicos, tentam, às vezes, impor seus sistemas estranhos e impraticáveis, graças aos nomes venerados com que se adornam. O bom senso logo faz justiça a essas utopias, mas, até lá, elas podem semear a dúvida e a incerteza entre os adeptos; daí, frequentemente, uma causa de divergência momentânea. Além dos meios que demos para apreciá-los, há um outro critério que dá a medida do seu valor: é o número de partidários que recrutam. A razão diz que o sistema que encontra mais eco nas massas deve estar mais perto da verdade do que aquele que é repelido pela maioria e vê suas fileiras diminuírem; tende também por certo que os Espíritos que recusam a discussão dos seus ensinamentos é porque lhe reconhecem a fraqueza.

350. Se o Espiritismo deve, assim como está anunciado, ocasionar a transformação da Humanidade, isso não pode ocorrer senão pelo melhoramento das massas, a qual não chegará, gradualmente e pouco a pouco, senão pelo melhoramento dos indivíduos. Que importa acreditar na existência dos Espíritos se essa crença não torna melhor, mais benevolente e mais indulgente para com os seus semelhantes, mais humilde, mais paciente na adversidade? Que serve ao avaro ser espírita se é sempre avaro; ao orgulhoso se ele é sempre pleno de si mesmo, ao invejoso se é sempre invejoso? Todos os homens poderiam, pois, acreditar nas manifestações, e a Humanidade ficar estacionária; mas tais não são os desígnios de Deus. É para esse fim providencial que devem tender todas as sociedades espíritas sérias, agrupando ao seu redor todos aqueles que estão nos mesmos sentimentos; então, haverá, entre elas, união, simpatia, fraternidade, e não um vão e pueril antagonismo de amor-próprio, de palavras antes que de coisas; então, serão fortes e poderosas, porque se apoiarão sobre uma base inabalável: o bem para todos; então, elas serão respeitadas e imporão silêncio à tola zombaria, porque elas falarão em nome da moral evangélica respeitada por todos.

Tal é a senda na qual temos nos esforçado para fazer entrar o Espiritismo. A bandeira que levantamos bem alto é a do *Espiritismo cristão e humanitário*, ao redor da qual somos felizes em ver já tantos homens se congregarem sobre todos os pontos do globo, porque compreendem que aí está a âncora de salvação, a salvaguarda da ordem pública, o sinal de uma era nova para a Humanidade. Convidamos todas as sociedades espíritas a concorrerem para essa grande obra; que, de um lado do mundo ao outro, elas se estendam mão fraternal, e lançarão o mal em redes inextricáveis.

CAPÍTULO XXX

REGULAMENTO

DA SOCIEDADE PARISIENSE DE ESTUDOS ESPÍRITAS

Fundada em 1º de abril de 1858

E autorizada por decreto do Sr. Prefeito de Polícia, em data de 13 de abril de 1858, de acordo com o aviso do Exmo. Sr. Ministro do Interior e da Segurança Geral.

Nota. Embora este Regulamento seja o fruto da experiência, não o oferecemos como lei absoluta, mas unicamente para facilitar às sociedades que queiram se formar e que poderão haurir nele as disposições que creiam úteis e aplicáveis às circunstâncias que lhes são próprias. Por simplificada que seja a sua organização, pode ser ainda muito mais quando se tratar, não de sociedades regularmente constituídas, mas de simples reuniões íntimas que não têm necessidade senão de estabelecerem medidas de ordem, de precaução e de regularidade nos trabalhos.

Nós o oferecemos, igualmente, para o conhecimento das pessoas que quiserem se relacionar com a Sociedade Parisiense, seja como correspondentes, seja na qualidade de membros da Sociedade.

CAPÍTULO I – *Objetivo e Formação da Sociedade*

Artigo 1 – A Sociedade tem por objeto o estudo de todos os fenômenos relativos às manifestações espíritas e sua aplicação às ciências morais, físicas, históricas e psicológicas. As questões políticas, de controvérsia religiosa e de economia social, nela são interditas.

Toma por denominação: *Sociedade Parisiense de Estudos Espíritas*.

Artigo 2 – A Sociedade se compõe de membros titulares, de associados livres e de membros correspondentes.

Pode conferir o título de membro honorário às pessoas residentes na França ou no estrangeiro que, pela sua posição ou seus trabalhos, possam lhe prestar assinaláveis serviços.

Os membros honorários são, todos os anos, submetidos a uma reeleição.

Artigo 3 – A Sociedade não admite senão pessoas que simpatizam com seus princípios e com objetivo de seus trabalhos; as que já estão iniciadas nos princípios fundamentais da ciência espírita ou que estejam seriamente animadas do desejo de se instruírem. Em consequência, exclui todos aqueles que poderiam suscitar elementos de perturbação no seio das reuniões, seja por um espírito de hostilidade e de oposição sistemática, seja por qualquer outra causa, fazendo, assim, perder o tempo em discussões inúteis.

Todos os membros se devem, reciprocamente, benevolência e bom proceder; devem, em todas as circunstâncias, colocar o bem geral acima das questões pessoais e de amor-próprio.

Artigo 4 – Para ser admitido como associado livre, é preciso dirigir ao Presidente um pedido escrito, apostilado por dois membros titulares, que se tornam garantidores das intenções do postulante.

A carta-pedido deve relatar sumariamente: 1º se o postulante já possui conhecimentos em matéria de Espiritismo; 2º o estado de suas convicções sobre os pontos fundamentais da ciência; 3º o compromisso de conformar-se em tudo com o regulamento.

O pedido é submetido à comissão que o examina e propõe, se for o caso, a admissão, o adiamento ou a rejeição.

O adiamento é de rigor para todo candidato que não possua nenhum dos elementos da ciência espírita, e não simpatize com os princípios da Sociedade.

Os associados livres têm direito de assistir a todas as sessões, de participarem nos trabalhos e nas discussões que tenham o estudo por objeto; mas, em nenhum caso, têm voto deliberativo para o que concerne aos assuntos da Sociedade.

Os associados livres não são alistados senão para o ano da sua admissão e sua manutenção na Sociedade deve ser ratificada ao fim desse primeiro ano.

Artigo 5 – Para ser membro titular, é preciso ter sido, ao menos durante um ano, associado livre, ter assistido a mais da metade das sessões e ter dado, durante esse tempo, provas notórias dos seus conhecimentos e das suas convicções pelo que respeita ao Espiritismo, da sua adesão aos princípios da Sociedade e da sua vontade de agir, em todas as circunstâncias, com respeito aos seus colegas, segundo os princípios da caridade e da moral espírita.

Os associados livres, que tiverem assistido regularmente, durante seis meses, às sessões da Sociedade, poderão ser admitidos como membros titulares se, de resto, preencherem as outras condições.

A admissão é proposta ex-offício pela comissão com o consentimento do associado, se, por outro lado, ela for apoiada por outros três membros titulares. Em seguida, é votada, se for o caso, pela Sociedade, em escrutínio secreto, depois de um relato verbal da comissão.

Só os membros titulares têm voto deliberativo e só eles gozam da faculdade concedida pelo artigo 25.

Artigo 6 – A Sociedade limitará, se julgar necessário, o número de associados livres e de membros titulares.

Artigo 7 – Os membros correspondentes são os que, não residindo em Paris, estão em relação com a Sociedade e lhe fornecem documentos úteis para seus estudos. Podem ser designados com a apresentação de um único membro titular.

CAPÍTULO II – *Administração*

Artigo 8 – A Sociedade é administrada por um Diretor- Presidente, assistido por membros da Diretoria e de uma comissão.

Artigo 9 – A Diretoria se compõe de:

1 Presidente – 1 Vice-Presidente. – 1 Secretário principal. – 2 Secretários adjuntos. – 1 Tesoureiro.

Por outro lado, poderão ser nomeados, um ou vários Presidentes-honorários.

Na falta do Presidente e do Vice-Presidente, as sessões poderão ser presididas por um dos membros da Comissão.

Artigo 10 – O Diretor-Presidente deve todos os seus cuidados aos interesses da Sociedade e da ciência espírita. Tem a direção geral e a alta fiscalização da administração, bem como a conservação dos arquivos.

O Presidente é eleito por três anos, e os outros membros da Diretoria por um ano, e indefinidamente reelegíveis.

Artigo 11 – A Comissão é composta de membros da Diretoria e de cinco outros membros titulares, escolhidos de preferência entre os que tiverem tomado concurso ativo nos trabalhos da Sociedade, prestado serviços à causa do Espiritismo ou dado provas de seu espírito benevolente e conciliador. Esses cinco membros, como os membros da Diretoria, são eleitos para um ano, e reelegíveis.

A Comissão é presidida, de direito, pelo Diretor-Presidente ou, na sua falta, pelo Vice-Presidente ou aquele de seus membros que for designado para esse efeito.

A Comissão está encarregada do exame preliminar de todas as questões e proposições administrativas e outras a serem submetidas à Sociedade; controla as receitas e as despesas da Sociedade e as contas do Tesoureiro; autoriza as despesas correntes e determina todas as medidas de ordem que forem julgadas necessárias.

Examina, por outro lado, os trabalhos e temas de estudo propostos pelos diferentes membros, prepara-os, ela mesma de sua parte, e fixa a ordem das sessões, de acordo com o Presidente.

O Presidente pode sempre opor-se a que certos temas sejam tratados e postos na ordem do dia, sujeito a recorrer à Sociedade, que decidirá.

A Comissão se reúne regularmente antes da abertura das sessões para o exame das coisas correntes e, além disso, em todo outro momento que julgar conveniente.

Os membros da Diretoria e da Comissão, que se ausentarem durante três meses consecutivos sem haverem dado disso aviso, serão tidos como desistentes de suas funções e será provida a sua substituição.

Artigo 12 – As decisões, seja da Diretoria, seja da Comissão, são tomadas pela maioria absoluta dos membros presentes; em caso de empate, o voto do Presidente é preponderante.

A Comissão pode deliberar, desde que quatro dos seus membros estejam presentes.

O escrutínio secreto é de direito, se reclamado por cinco membros.

Artigo 13 – A cada três meses, seis membros, escolhidos entre os titulares ou os associados livres, são designados para preencherem as funções de *comissários*.

Os comissários são encarregados de velar pela ordem e a boa apresentação das sessões e de verificarem o direito de entrada de toda pessoa estranha que se apresente para assistir a elas.

Para esse efeito, os membros designados se entenderão para que um deles esteja presente na abertura das sessões.

Artigo 14 – O ano social começa no dia 1º de abril.

As nomeações da Diretoria e da Comissão se farão na primeira sessão do mês de maio. Os membros em exercício continuarão suas funções até essa época.

Artigo 15 – Para prover as despesas da Sociedade, é paga uma cotização anual de 24 francos para os titulares, e de 20 francos para os associados livres.

Os membros titulares, na época da sua admissão, por outro lado, pagam um direito de entrada, de uma vez, de 10 francos.

A cotização se paga integralmente para o ano corrente.

Os membros admitidos no transcurso do ano não terão a pagar, por esse primeiro ano, senão os trimestres a vencer, incluído o da sua admissão.

Quando o marido e a mulher são admitidos associados livres ou titulares, não é exigida senão uma cotização e meia para os dois.

Todos os semestres, a 1º de abril e a 1º de outubro, o Tesoureiro presta contas à Comissão do emprego e da situação dos fundos.

As despesas correntes em aluguel e outros encargos obrigatórios, uma vez quitadas, se houver excedente, a Sociedade lhes determinará o emprego.

Artigo 16 – É entregue a todos os membros admitidos, associados livres ou titulares, uma carta de admissão constando sua qualidade. Essa carta é depositada com o Tesoureiro, onde o novo membro pode retirá-la, liquidando sua cotização e o direito de entrada. O novo membro não pode assistir às sessões, senão depois de ter retirado sua carta. Na falta, por ele, de tê-la retirado um mês após sua nomeação, é considerado demissionário.

Será igualmente reputado demissionário todo membro que não tiver liquidado sua cotização anual no primeiro mês da renovação do ano social, depois de um aviso do Tesoureiro ter ficado sem efeito.

CAPÍTULO III – *Das sessões*

Artigo 17 – As sessões da Sociedade têm lugar todas às sextas-feiras, às oito horas da noite, salvo modificação, se ocorrer.

As sessões são particulares ou gerais; jamais são públicas.

Toda pessoa que faça parte da Sociedade, a um título qualquer, deve, a cada sessão, apor seu nome em uma lista de presença.

Artigo 18 – O silêncio e o recolhimento são rigorosamente exigidos durante as sessões e, principalmente, durante os estudos. Ninguém pode tomar a palavra, sem que a tenha obtido do Presidente.

Todas as perguntas dirigidas aos Espíritos devem sê-lo por intermédio do Presidente, que pode se recusar a formulá-las, segundo as circunstâncias.

São notadamente interditadas todas as perguntas fúteis, de interesse pessoal, de pura curiosidade ou feitas com vistas a submeter os Espíritos a provas, assim como todas as que não tenham um objetivo de utilidade geral, do ponto de vista dos estudos.

São igualmente interditadas todas as discussões que se afastam do objeto especial do qual se ocupa.

Artigo 19 – Todo membro tem o direito de pedir a chamada à ordem contra quem se afaste das conveniências na discussão ou perturbe as sessões de um modo qualquer. A advertência é imediatamente colocada em votação; se adotada, é inscrita na ata.

Três chamadas à ordem, no espaço de um ano, levam de direito à eliminação do membro que nelas houver incorrido, qualquer que seja a sua categoria.

Artigo 20 – Nenhuma comunicação espírita obtida fora da Sociedade pode ser lida antes de ser submetida, seja ao Presidente, seja à Comissão, que podem admiti-la ou recusar-lhe a leitura.

Uma cópia de toda comunicação estranha, cuja leitura tiver sido autorizada, deve ficar depositada nos arquivos.

Todas as comunicações obtidas durante as sessões pertencem à Sociedade; os médiuns que as escreveram podem delas tirar cópia.

Artigo 21 – As sessões particulares são reservadas aos membros da Sociedade; ocorrem na primeira, terceira e, se houver, na quinta sexta-feira de cada mês.

A Sociedade reserva, para as sessões particulares, todas as questões concernentes aos seus assuntos administrativos, assim como os temas de estudo que reclamam mais tranquilidade e concentração ou que julga oportuno aprofundar antes de apresentá-las diante de pessoas estranhas.

Têm direito de assistirem às sessões particulares, além dos membros titulares e dos associados livres, os membros correspondentes, temporariamente em Paris, e os médiuns que prestam seu concurso à Sociedade.

Nenhuma pessoa estranha à Sociedade é admitida às sessões particulares, salvo os casos excepcionais e com o assentimento prévio do Presidente.

Artigo 22 – As sessões gerais ocorrem na segunda e na quarta sexta-feira de cada mês.

Nas sessões gerais, a Sociedade autoriza a admissão de ouvintes estranhos, que podem assistir temporariamente a elas, sem delas fazerem parte. Ela pode retirar essa autorização, quando julgar oportuno.

Ninguém pode assistir às sessões como ouvinte, sem ser apresentado ao Presidente por um membro da Sociedade, que se torna garantidor de sua atenção em não causar nem perturbação, nem interrupção.

A Sociedade não admite como ouvintes senão as pessoas aspirantes a se tornarem membros ou que simpatizam com os seus trabalhos e já suficientemente iniciadas na ciência espírita para compreendê-los. A admissão deve ser recusada, de maneira absoluta, a quem a ela não estivesse atraído senão por um motivo de curiosidade ou cujas opiniões seriam hostis.

A palavra é interditada aos ouvintes, salvo os casos excepcionais apreciados pelo Presidente. Aquele que perturbe a ordem de um modo qualquer ou manifeste aversão pelos trabalhos da Sociedade, pode ser convidado a retirar-se e, em todos os casos, disso será feita menção na lista de admissão, e a entrada lhe será interditada no futuro.

O número dos ouvintes deve ser limitado ao dos lugares disponíveis; os que poderão assistir às sessões devem estar inscritos previamente em um registro destinado a esse fim, com menção do seu endereço e da pessoa que o recomenda. Em consequência, todo pedido de entrada deverá ser dirigido, vários dias antes da sessão, ao Presidente, único que libera as cartas de entrada até o encerramento da lista.

As cartas de entrada não podem servir senão para o dia indicado e para as pessoas designadas.

A entrada não pode ser concedida ao mesmo ouvinte por mais de duas sessões, salvo autorização do Presidente e para os casos excepcionais. O mesmo membro não pode apresentar mais de duas pessoas de uma vez. As entradas concedidas pelo Presidente não são limitadas.

Os ouvintes não são mais admitidos depois da abertura da sessão.

CAPÍTULO IV – *Disposições Diversas*

Artigo 23 – Todos os membros da Sociedade lhe devem seu concurso. Em consequência, estão convidados a recolherem, no seu respectivo círculo de observações, os fatos antigos ou recentes que podem se referir ao Espiritismo, e assinalá-los. Desejarão, ao mesmo tempo, inquirir, quanto lhes seja possível, sobre a notoriedade de ditos fatos.

Estão igualmente convidados a assinalar-lhe todas as publicações que podem ter uma relação mais ou menos direta com o objeto dos seus trabalhos.

Artigo 24 – A Sociedade fará um exame crítico das diversas obras publicadas sobre o Espiritismo quando o julgue a propósito. Para esse efeito, encarregará um dos seus membros, associado livre ou titular, que lhe fará uma apreciação, que será impressa, se for o caso, na *Revista Espírita*.

Artigo 25 – A Sociedade criará uma biblioteca especial, composta de obras que lhe forem ofertadas e das que adquirir.

Os membros titulares poderão vir à sede da Sociedade consultar, seja a biblioteca, sejam os arquivos, em dias e horas que serão fixados para esse fim.

Artigo 26 – A Sociedade, considerando que sua responsabilidade pode se encontrar moralmente comprometida pelas publicações particulares dos seus membros, ninguém pode tomar, em um escrito qualquer, o título *de membro da Sociedade* sem, para isso, estar autorizado por ela e sem que, previamente, ela tenha tomado conhecimento do manuscrito. A Comissão será encarregada de fazer-lhe um relatório a esse respeito. Se a Sociedade julga o escrito incompatível com seus princípios, o autor, depois de ser ouvido, será convidado, seja a modificá-lo, seja a renunciar a publicação, seja, enfim, a não se fazer conhecer como membro da Sociedade. Deixando de submeter-se à decisão que for tomada, sua eliminação poderá ser pronunciada.

Todo escrito publicado por um membro da Sociedade, sob o véu do anonimato, e sem nenhuma menção que o faça conhecer como tal, entra na categoria das publicações comuns, das quais a Sociedade se reserva o direito de apreciação. Todavia, sem querer entravar a livre emissão de opiniões pessoais, a Sociedade convida aqueles dos seus membros que tenham a intenção de fazerem publicações desse gênero, a pedirem previamente seu parecer oficioso, no interesse da ciência.

Artigo 27 – A Sociedade, querendo manter no seu seio a unidade de princípios e o espírito de uma benevolência recíproca, poderá pronunciar a eliminação de todo membro que seja causa de perturbação se ponha em hostilidade aberta contra ela com escritos comprometedores para a Doutrina, por opiniões subversivas ou por um modo de agir que não poderia aprovar. A eliminação não será, todavia, pronunciada senão depois de um parecer oficioso preliminar, permanecido sem efeito, e depois de ter ouvido o membro inculpado, se julga oportuno explicar-se. A decisão será tomada em escrutínio secreto e pela maioria de três quartos dos membros presentes.

Artigo 28 – Todo membro que se retira voluntariamente no curso do ano, não pode reclamar a diferença de cotas pagas por ele; essa diferença será reembolsada, em caso de eliminação pela Sociedade.

Artigo 29 – O presente regulamento poderá ser modificado, se for o caso. As proposições de modificações não poderão ser feitas à Sociedade senão pelo órgão de seu Presidente, ao qual deverão ser transmitidas, e no caso de que tenham sido admitidas pela Comissão.

A Sociedade pode, sem modificar seu regulamento nos pontos essenciais, adotar todas as medidas complementares que julgar úteis.

CAPÍTULO XXXI

DISSERTAÇÕES ESPÍRITAS

Reunimos, neste capítulo, alguns ditados espontâneos, podendo completar e confirmar os princípios contidos nesta obra. Poderíamos citá-los em maior número, mas nos limitamos àqueles que têm, mais particularmente, relação com o futuro do Espiritismo, com os médiuns e as reuniões. Damo-los, ao mesmo tempo, como instrução e como tipos do gênero de comunicações verdadeiramente sérias. Terminamos por algumas comunicações apócrifas, seguidas de notas próprias a fazê-las reconhecer.

SOBRE O ESPIRITISMO

I

Tende confiança na bondade de Deus e sede bastante clarividentes para compreender os preparativos da nova vida que ele vos destina. Não vos será dado, é verdade, gozá-la nesta existência; mas, não sereis mais felizes se não reviverdes mais sobre esse globo, de considerar do alto a obra que haveis começado e que se desenvolverá sob vossos olhos? Couraçai-vos de uma fé firme e sem hesitação, contra os obstáculos que parecem dever se levantarem contra o edifício do qual pondes os fundamentos. As bases sobre as quais ele se apoia são sólidas: o Cristo lhe assentou a primeira pedra. Coragem, pois, arquitetos do Divino Mestre! Trabalhai, construí, Deus vos coroará a obra. Mas lembrai-vos bem de que o Cristo renega como seus discípulos, quem não tenha a caridade senão sobre os lábios; não basta crer; é preciso, sobretudo, dar o exemplo da bondade, da benevolência e do desinteresse, sem isso a vossa fé será estéril para vós.

Santo Agostinho.

II

O próprio Cristo preside aos trabalhos de toda natureza, que estão em vias de se cumprirem para vos abrir a era de renovação e de aperfeiçoamento, que vos predizem os vossos guias espirituais. Se, com efeito, lançais os olhos, fora das manifestações espíritas, sobre os acontecimentos contemporâneos, reconhecereis, sem nenhuma hesitação, os sinais precursores que vos provarão, de maneira irrecusável, que os tempos preditos são chegados. As comunicações se estabelecem entre todos os povos; as barreiras materiais derribadas, os obstáculos morais que se opõem à sua união, os preconceitos políticos e religiosos desaparecerão rapidamente, e o reino da fraternidade se estabelecerá, enfim, de maneira sólida e durável. Observai, desde hoje, os próprios soberanos, guiados por mão invisível, tomarem, coisa extraordinária para vós, a iniciativa das reformas; e as reformas, que partem do alto e espontaneamente, são bem mais rápidas e mais duráveis do que as que partem de baixo e são arrancadas pela força. Eu havia, malgrado os preconceitos de infância e de educação, malgrado o culto da lembrança, pressentido a época atual; sou feliz por isso e sou mais feliz ainda por vir vos dizer: Irmãos, coragem! Trabalhai para vós e para o futuro dos vossos; trabalhai, sobretudo, para o vosso melhoramento pessoal, e gozareis na vossa primeira existência de uma felicidade da qual vos é tão difícil fazer uma ideia quanto a mim de vo-la fazer compreender.

Chateaubriand.

III

Penso que o Espiritismo é um estudo todo filosófico das causas secretas, dos movimentos interiores da alma, pouco ou nada definidos até aqui. Explica, mais ainda do que descobre, horizontes novos. A reencarnação e as provas sofridas antes de chegar ao objetivo supremo não são revelações, mas uma confirmação importante. Estou tocado pelas verdades que esse *meio* coloca às claras. Disse *meio* com intenção, porque, ao meu pensar, o Espiritismo é uma alavanca que afasta as barreiras da cegueira. A preocupação pelas questões morais está inteiramente para ser criada; discute-se a política que examina os interesses gerais, discutem-se os interesses privados, apaixona-se pelo ataque ou defesa das personalidades; os sistemas têm seus partidários e seus detratores; mas as verdades morais, as que são o pão da alma, o pão da vida, são deixadas na poeira acumulada pelos séculos. Todos os aperfeiçoamentos são úteis aos olhos da multidão, salvo o da alma; sua educação, sua elevação são quimeras aptas, pelo menos, para ocuparem o ócio dos padres, dos poetas, das mulheres, seja na condição de moda, seja na condição de ensino.

Se o *Espiritismo* ressuscita o *Espiritualismo,* dará, à sociedade, o impulso que dá, a uns, a dignidade interior; a outros, a resignação:

a todos, a necessidade de se elevarem até o Ser supremo esquecido e desconhecido pelas suas ingratas criaturas.

J.J.Rousseau.

IV

Se Deus envia os Espíritos para instruírem os homens é para esclarecê-los sobre seus deveres, mostrar-lhes a rota que pode abreviar suas provas e, com isso, apressar seu adiantamento; ora, do mesmo modo que o fruto chega à maturidade, o homem também alcançará a perfeição. Mas, ao lado dos bons Espíritos que querem o vosso bem, há também os Espíritos imperfeitos que querem o vosso mal; ao passo que uns vos impelem para a frente, outros vos puxam para trás; é para distingui-los que deveis concentrar toda a vossa atenção; o meio é fácil: tentai somente compreender que nada do que vem de um bom Espírito pode prejudicar a quem quer que seja, e que tudo o que é mal não pode vir senão de um mau Espírito. Se não escutais os sábios conselhos dos Espíritos que vos querem o bem, se vos melindrais com as verdades que podem vos dizer, é evidente que são os maus Espíritos que vos aconselham; só o orgulho pode impedir de vos verdes tais como sois; mas se não o vedes por vós mesmos, outros o veem por vós; de sorte que sois censurados pelos homens que riem de vós por detrás, e pelos Espíritos.

Um Espírito familiar.

V

Vossa Doutrina é bela e santa; a primeira estaca está plantada, e solidamente plantada. Agora, não tendes mais do que caminhar; a senda que vos está aberta é grande e majestosa. Feliz é aquele que chegar ao porto, quanto mais prosélitos terá feito, mais lhe será contado. Mas, para isso, não deve abraçar a Doutrina friamente; é preciso fazê-lo com ardor, e esse ardor será dobrado, porque Deus está sempre convosco quando fazeis o bem. Todos aqueles que conduzirdes serão outro tanto de ovelhas que voltaram ao redil; pobres ovelhas meio extraviadas! Crede bem que o mais céptico, o mais ateu, o mais incrédulo, enfim, tem sempre um pequeno canto no coração, que gostaria de poder ocultar de si mesmo. Pois bem! É esse pequeno canto que é preciso procurar, que é preciso encontrar; é esse lado vulnerável que é preciso atacar; é uma pequena brecha deixada aberta de propósito por Deus para facilitar à sua criatura o meio de reentrar em seu seio.

São Benedito.

VI

Não temais certos obstáculos, certas controvérsias.

Não atormenteis a ninguém com qualquer insistência; a persuasão não virá aos incrédulos senão pelo vosso desinteresse, senão pela vossa tolerância e vossa caridade para com todos sem exceção.

Guardai-vos, sobretudo, de violentar a opinião, mesmo por vossas palavras e vossas demonstrações públicas. Quanto mais fordes modestos, mais chegareis a vos fazer apreciar. Que nenhum motivo pessoal vos faça agir, e encontrareis, nas vossas consciências, uma força de atração que só o bem proporciona.

Os Espíritos, por ordem de Deus, trabalham para o progresso de todos, sem exceção; vós, espíritas, fazei o mesmo.

São Luís.

VII

Qual é a instituição humana, mesmo divina, que não tem obstáculos a superar, cismas contra os quais é preciso lutar? Se não tivésseis senão uma existência triste e exangue, não vos atacariam, sabendo que deveríeis sucumbir de um momento para outro; mas como vossa vitalidade é forte e ativa, como a árvore espírita tem raízes fortes, supõe-se que possa viver muito tempo, e tenta-se martelar contra ela. Que farão esses invejosos? Abaterão, quando muito, alguns ramos que desabrocharão com uma nova seiva e serão mais fortes do que nunca.

Channing.

VIII

Vou falar-vos sobre a firmeza que deveis ter em vossos trabalhos espíritas. Uma citação sobre esse assunto vos foi feita; aconselho-vos a estudar de coração e de aplicar-vos o seu espírito; porque, igual a São Paulo, sereis perseguidos, não mais em carne e osso, mas em espírito; os incrédulos, os fariseus da época, vos censurarão, vos ridicularizarão; mas, nada temais, essa será uma prova que vos fortificará, se a souberdes entregar a Deus e, mais tarde, vereis vossos esforços coroados de sucesso; isso, será um grande triunfo para vós no dia da eternidade, sem esquecer que, neste mundo, já há uma consolação para as pessoas que perderam parentes e amigos; saber que são felizes, que se pode comunicar com eles, é uma felicidade. Marchai, pois, para adiante; cumpri a missão que Deus vos dá e vos será contada no dia em que comparecerdes diante do Todo-Poderoso.

Channing.

IX

Venho eu, teu Salvador e teu juiz; venho, como outrora, entre os filhos transviados de Israel; venho trazer a verdade e dissipar as trevas. Escutai-me. O Espiritismo, como outrora a minha palavra, deve lembrar aos materialistas que, acima deles, reina a imutável verdade: o Deus bom, o Deus grande que faz germinar a planta e que levanta as ondas. Revelei a doutrina divina; como um ceifeiro, uni em feixes o bem esparso na Humanidade, e disse: Vinde a mim, todos vós que sofreis!

Mas os homens ingratos se afastaram do caminho reto e amplo que conduz ao reino de meu Pai, dispersos nos ásperos atalhos da impiedade. Meu Pai não quer aniquilar a raça humana; ele quer, não mais por meio dos profetas, não mais por meio dos apóstolos, quer que vos ajudando uns aos outros, mortos e vivos, quer dizer, mortos segundo a carne, porque a morte não existe, socorrei-vos, e que a voz daqueles que já não existem se faça ouvir ainda para vos gritar: Rogai e crede! porque a morte é a ressurreição, e a vida, a prova escolhida, durante a qual vossas virtudes cultivadas devem crescer, desenvolverem-se como o cedro.

Crede nas vozes que vos respondem: são as próprias almas daqueles que evocais. Não me comunico, senão raramente; meus amigos, aqueles que assistiram à minha vida e à minha morte são os intérpretes divinos das vontades de meu Pai.

Homens fracos que credes no erro de vossas obscuras inteligências, não apagueis a tocha que a clemência divina coloca entre vossas mãos, para clarear vosso caminho e conduzir-vos, filhos perdidos, ao regaço do vosso Pai.

Eu vos digo, em verdade, crede na diversidade e na *multiplicidade* dos Espíritos que vos rodeiam. Estou muito tocado de compaixão pelas vossas misérias, pela vossa imensa fraqueza, para não estender mão segura aos infelizes desviados que, vendo o céu, tombam no abismo do erro. Crede, amai, compreendei as verdades que vos são reveladas; não mistureis o joio com o bom grão, os sistemas com as verdades.

Espíritas! amai-vos, eis o primeiro ensinamento; instruí-vos, eis o segundo. Todas as verdades estão no Cristianismo; os erros que nele se enraizaram são de origem humana; e eis que além do túmulo que acreditáveis o nada, vozes vos gritam: Irmãos! nada perece; Jesus Cristo é o vencedor do mal, sede os vencedores da impiedade.

Nota. – Esta comunicação, obtida por um dos melhores médiuns da Sociedade Espírita de Paris, está assinada por um nome que o respeito não nos permite reproduzir senão sob todas as reservas, tão grande seria o insigne favor da sua autenticidade, e porque, muito frequentemente, dele se abusou nas comunicações evidentemente apócrifas: esse nome é o de Jesus de Nazaré. Não duvidamos, de nenhum modo, que não possa se manifestar; mas se os Espíritos verdadeiramente superiores não o fazem senão em circunstâncias excepcionais, a razão nos proíbe crer que o Espírito puro por excelência responda ao apelo de qualquer um; haveria, em todos os casos, profanação em atribuir-lhe uma linguagem indigna dele.

Por essas considerações, é que sempre nos abstivemos de publicar algo que levasse esse nome e cremos que não se poderia ser mais circunspecto nas publicações desse gênero, que não têm autenticidade senão pelo amor-próprio, e cujo menor inconveniente é o de fornecer armas aos adversários do Espiritismo.

Como dissemos, quanto mais os Espíritos são elevados na hierarquia, mais seu nome deve ser acolhido com desconfiança; seria preciso estar dotado de uma bem grande dose de orgulho para se vangloriar de ter o privilégio das suas comunicações, e se crer digno de conversar com ele como com seus iguais. Na comunicação acima, não constatamos senão uma coisa, que é a superioridade incontestável da linguagem e dos pensamentos, deixando a cada um o cuidado de julgar se aquele cujo nome leva não a desmentiria.

SOBRE OS MÉDIUNS

X

Todos os homens são médiuns, todos têm um Espírito que os dirige para o bem, quando sabem escutá-lo. Agora, que uns se comuniquem diretamente com ele por uma mediunidade particular, que outros não o ouçam senão pela voz do coração e da inteligência, pouco importa, não deixa de ser seu Espírito familiar que os aconselha. Chamai-o espírito, razão, inteligência, é sempre uma voz que responde à vossa alma e vos dita boas palavras; apenas não o compreendeis sempre. Nem todos sabem agir segundo os conselhos da razão, não dessa razão que se arrasta e se rebaixa, antes de marchar, essa razão que se perde no meio dos interesses materiais e grosseiros, mas essa razão que eleva o homem acima de si mesmo, que o transporta para regiões desconhecidas; chama sagrada que inspira o artista e o poeta, pensamento divino que eleva o filósofo, impulso que arrebata os indivíduos e os povos, razão que o vulgo não pode compreender, mas que eleva o homem e o aproxima de Deus, mais do que nenhuma outra criatura, inteligência que sabe conduzi-lo do conhecido para o desconhecido e o faz executar as mais sublimes coisas. Escutai, pois, essa voz interior, esse bom gênio que vos fala sem cessar e chegareis progressivamente a ouvir vosso anjo guardião que vos estende as mãos do alto do céu; eu vos repito: a voz íntima que fala ao coração é a dos bons Espíritos, e é deste ponto de vista que todos os homens são médiuns.

Channing.

XI

O dom da mediunidade é tão antigo quanto o mundo; os profetas eram médiuns; os mistérios de Elêusis estavam fundados sobre a mediunidade; os Caldeus, os Assírios, tinham médiuns; Sócrates era dirigido por um Espírito que lhe inspirava os admiráveis princípios da sua filosofia; ele ouvia a sua voz. Todos os povos tiveram médiuns, e as inspirações de Joana D'Arc não eram outras senão a voz de Espíritos benfazejos que a dirigiam. Esse dom que se derrama agora, tornara-se mais raro nos séculos medievais, mas não cessou jamais. Swedenborg e seus adeptos tiveram uma numerosa escola. A França dos últimos séculos, zombadora e ocupada com uma filosofia que, querendo destruir os abusos da intolerância religiosa, aniquilava sob o ridículo tudo o que era ideal, a França deveria afastar o Espiritismo, que não cessava de progredir no Norte. Deus tinha permitido essa luta de ideias positivas contra as ideias espiritualistas, porque o fanatismo tinha se tornado uma arma destas últimas; agora, que os progressos da indústria e das ciências desenvolveram a arte de bem viver, a tal ponto que as tendências materiais se tornaram dominantes, Deus quer que o Espíritos sejam conduzidos aos interesses da alma; quer que o aperfeiçoamento do homem moral, se torne no que deve ser, quer dizer, o fim e o objetivo da vida. O Espírito humano segue uma marcha necessária, imagem da gradação sofrida por todos os que povoam o Universo visível e invisível; todo progresso chega na sua hora: a da elevação moral chegou para a Humanidade; ela não terá ainda o seu cumprimento em vossos dias; mas agradecei ao Senhor por assistirdes à aurora bendita.

Pierre Jouty (pai do médium).

XII

Deus me encarregou de uma missão a cumprir entre os crentes que favoreceu com o mediunato. Quanto mais recebem graças do Mais Alto, mais correm perigo, e esses perigos são tanto maiores porque têm origem nos próprios favores que Deus lhes concede. As faculdades, das quais os médiuns gozam, atraem-lhes elogios dos homens; as felicitações, as adulações: eis seu escolho. Esses mesmos médiuns, que deveriam sempre ter presente na memória sua incapacidade primitiva, o esquecem; fazem mais: o que não devem senão a Deus, atribuem ao seu próprio mérito. Que ocorre então? Os bons Espíritos os abandonam; tornam-se o joguete dos maus, e não têm mais bússola para se guiarem; quanto mais se tornam capazes, mais são impelidos a se atribuírem um mérito que não lhes pertence, até que, enfim, Deus os pune em lhes retirando uma faculdade que não pode mais do que lhes ser fatal.

Não saberia mais vos lembrar de vos recomendarem ao vosso anjo guardião, para que vos ajude a estar sempre em guarda contra esse mais cruel inimigo que é o orgulho. Lembrai-vos bem que tendes a felicidade de serem os intérpretes entre os Espíritos e os homens que, sem o apoio do vosso divino Mestre, sereis punidos mais severamente, porque fostes mais favorecidos.

Espero que esta comunicação produza seus frutos, e desejo que possa ajudar os médiuns a se colocarem em guarda contra esse escolho onde viriam a destruir-se; esse escolho, eu vos disse, é o orgulho.

Joana D'Arc.

XIII

Quando quiserdes receber comunicações dos bons Espíritos, importa vos preparardes para esse favor, pelo recolhimento, por sadias intenções e pelo desejo de fazer o bem, tendo em vista o progresso geral; porque vos lembrai que o egoísmo é uma causa de atraso a todo adiantamento. Lembrai-vos de que se Deus permite a alguns dentre vós receberem a inspiração de certos dos seus filhos que, pela sua conduta, souberam merecer a felicidade de compreenderem a sua bondade infinita, é porque quer, pela vossa solicitação e em vista das vossas boas intenções, dar-vos os meios de avançar em seu caminho; assim, pois, médiuns, aproveitai essa faculdade que Deus quer vos conceder. Tende fé na mansuetude do vosso Mestre; tende a caridade sempre em prática; não deixeis jamais de exercer essa sublime virtude, assim como a tolerância. Que sempre vossas ações estejam em harmonia com a vossa consciência, é um meio certo de centuplicar vossa felicidade nessa vida passageira, e de preparar-vos uma existência mil vezes mais doce ainda.

Que o médium, entre vós, que não sinta força para perseverar no ensinamento espírita, abstenha-se; porque não aproveitando a luz que o ilumina, será menos escusável do que um outro e deverá expiar a sua cegueira.

Pascal.

XIV

Falar-vos-ei hoje do desinteresse que deve ser uma das qualidades essenciais dos médiuns tanto como a modéstia e o devotamento. Deus lhes deu essa faculdade para que ajudem a propagar a verdade, e não para dela fazerem um tráfico; e, por isto, não entendo somente os que pretenderiam explorá-la como o fariam com um talento comum, que se fizessem de médiuns como se faz dançarino ou cantor, mas todos aqueles que pretendessem dela se servir em vista de interesses quaisquer. É racional crer que os bons Espíritos, e ainda menos os Espíritos superiores, que condenam a cupidez, consintam em se darem em espetáculo e, como comparsas, colocarem-se à disposição de um empreiteiro de manifestações espíritas? Não o é, tampouco, supor que os bons Espíritos possam favorecer objetivos de orgulho e de ambição. Deus lhes permite se comunicarem com os homens para tirá-los do lamaçal terrestre, e não para servirem de instrumento às paixões mundanas. Não podem, pois, ver com prazer os que desviam de seu verdadeiro objetivo, o dom que lhes deu, e vos asseguro que serão punidos, mesmo neste mundo, pelas mais amargas decepções.

Delphine de Girardin.

XV

Todos os médiuns são incontestavelmente chamados a servir à causa do Espiritismo, na medida da sua faculdade, mas há bem poucos deles que não se deixam prender na armadilha do amor-próprio; é uma pedra de toque, que raramente não alcança seu efeito; do mesmo modo, com dificuldade encontrareis sobre cem médiuns, um, por ínfimo que seja, que não se tenha acreditado, nos primeiros tempos da sua mediunidade, chamado a obter resultados superiores e predestinado a grandes missões. Os que sucumbem a essa vaidosa esperança, e seu número é grande, tornam-se presa inevitável de Espíritos obsessores, que não tardam em subjugá-los, adulando seu orgulho e prendendo-os pela sua fraqueza; quanto mais quiserem se elevar, mais sua queda será ridícula, quando não desastrosa para eles. As grandes missões não são confiadas senão a homens de escol, e Deus mesmo os coloca, e sem que o procurem, no meio e na posição onde seu concurso possa ser eficaz. Nunca é demais recomendar aos médiuns inexperientes, desconfiarem do que certos Espíritos poderão lhes dizer, quanto ao pretenso papel que são chamados a desempenhar; porque se o tomam a sério, não recolherão senão desapontamentos nesse mundo e um severo castigo no outro. Que se persuadam de que, na esfera modesta e obscura onde estão colocados, podem prestar grandes serviços, ajudando a conversão dos incrédulos ou dando consolações aos aflitos; se devem daí sair, serão conduzidos por mão invisível, que preparará os caminhos, postos em evidência, por assim dizer, malgrado seu. Que se lembrem destas palavras: "Quem se eleva será rebaixado, e quem se rebaixa será elevado."

O Espírito de Verdade.

SOBRE AS SOCIEDADES ESPÍRITAS

Nota. – Entre as comunicações seguintes, algumas foram dadas na *Sociedade Parisiense de Estudos Espíritas* ou em sua intenção; outras, que nos foram transmitidas por diversos médiuns, contêm conselhos gerais sobre as reuniões, sua formação e os escolhos que podem encontrar.

XVI

Por que não começais vossas sessões por uma invocação geral, uma espécie de prece que dispusesse ao recolhimento? Porque, é bom saberdes, sem o recolhimento não tereis senão comunicações levianas; os bons Espíritos só vão aonde são chamados com fervor e sinceridade. Eis o que não se compreende o bastante; cabe-vos, pois, dar o exemplo; a vós que, se quiserdes, podeis vos tornar uma das colunas do novo edifício. Vemos os vossos trabalhos com prazer e vos ajudamos, mas, há a condição de que nos secundeis do vosso lado, e que vos mostreis à altura da missão que fostes chamados a cumprir. Formai, pois, um feixe e sereis fortes, e os maus Espíritos nada poderão contra vós. Deus ama os simples de espírito, o que não quer dizer os simplórios, mas aqueles que fazem abnegação de si mesmos e que vêm a Ele sem orgulho. Podeis vos tornar um foco de luz para a Humanidade; sabei, pois, distinguir o bom grão do joio; não semeeis senão o bom grão e guardai-vos de espalhar o joio, porque o joio impedirá o bom grão de brotar, e sereis responsáveis por todo o mal que ele houver feito; do mesmo modo, sereis responsáveis pelas más doutrinas que puderdes propagar. Lembrai-vos de que, um dia, o mundo pode ter o olhar sobre vós; fazei, pois, que nada ofusque a claridade das boas coisas que sairão do vosso seio; é, por isso, que vos recomendamos orar a Deus para vos assistir.

Santo Agostinho.

Santo Agostinho, rogado para ditar-nos uma fórmula de evocação geral, respondeu:

"Sabeis que não há fórmula absoluta: Deus é muito grande para dar mais importância às palavras do que ao pensamento. Ora, não credes que basta pronunciar algumas palavras para afastar os maus Espíritos; guardai-vos, sobretudo, de vos servirdes de uma dessas fórmulas banais, que se recita para desencargo de consciência; sua eficácia está na sinceridade do sentimento que a dita; está, sobretudo, na unanimidade da intenção, porque nenhum daqueles que não se associarem a ela de coração, dela não poderão se beneficiar, nem fazê-la beneficiar aos outros. Redigi-a, pois, vós mesmos, e submetei-a a mim, se quiserdes; eu vos ajudarei.

Nota. – A fórmula seguinte de evocação geral foi redigida com o concurso dos Espíritos, que a completaram em vários pontos.

"Rogamos a Deus Todo-poderoso enviar-nos os bons Espíritos para nos assistirem e afastar aqueles que poderiam nos induzir ao erro; dai-nos a luz necessária para distinguir a verdade da impostura.

"Afastai também os Espíritos malévolos que poderiam lançar a desunião entre nós, suscitando a inveja, o orgulho e o ciúme. Se alguns tentam se introduzir aqui, em nome de Deus, nós os abjuraremos para que se retirem.

"Bons Espíritos, que presidis aos nossos trabalhos, dignai-vos vir nos instruírem e, nos tornai dóceis aos vossos conselhos. Fazei com que todo sentimento pessoal se apague em nós, diante do pensamento do bem geral.

"Rogamos, notadamente a..., nosso protetor especial, de querer bem prestar-nos seu concurso hoje."

XVII

Meus amigos, deixai-me dar-vos um conselho, porque caminhais sobre um terreno novo, e se seguirdes a rota que vos indicamos, não vos desviareis. Disseram-vos uma coisa bem verdadeira que queremos vos lembrar, e é o que o Espiritismo não é senão uma moral e que não deve sair dos limites da filosofia, nada ou pouco, se não quiser cair no domínio da curiosidade. *Deixai de lado as questões de ciência: a missão dos Espíritos não é a de resolvê-las, poupando-vos ao trabalho de pesquisa,* mas a de procurar tornar-vos melhores, porque será assim que avançareis realmente.

São Luís.

XVIII

Zombaram das mesas girantes, não se zombará jamais da filosofia, da sabedoria e da caridade que brilham nas comunicações sérias. Elas foram o vestíbulo da ciência; aí penetrando, deve-se deixar os preconceitos como se deixa a capa. Mais não posso que vos exortar a fazerdes de vossas reuniões um centro sério. Que, em outra parte, façam-se as demonstrações físicas, *que alhures se veja, que alhures se ouça, que, entre vós, compreenda-se e se ame.* Que pensais ser, aos olhos dos Espíritos superiores, quando fazeis girar ou elevar-se uma mesa? Escolares; os sábios passam seu tempo a repassarem o *a, b, c* da ciência? Ao passo que em vos vendo procurar as comunicações sérias, sereis considerados como homens sérios à procura da verdade.

São Luís.

Tendo perguntado a São Luís se entendia, por isso, censurar as manifestações físicas, respondeu ele:

"Não poderia censurar as manifestações físicas, uma vez que, ocorrem-se, é com a permissão de Deus e para um fim útil; dizendo que foram o vestíbulo da ciência, assinalo-lhes a verdadeira categoria e lhes constato a utilidade. Não censuro senão aqueles que delas fazem objeto de divertimento e de curiosidade, sem tirar-lhes os ensinamentos que delas são a consequência; elas são, para a filosofia do Espiritismo, o que a gramática é para a literatura, e quem chegou a um certo grau de uma ciência, não perde mais seu tempo a repassar seus elementos."

XIX

Meus amigos e fiéis crentes, estou sempre feliz em poder vos dirigir no caminho do bem; é uma doce missão que Deus me deu e da qual me orgulho, porque ser útil é sempre uma recompensa. Que o Espírito da caridade vos reúna, tanto a caridade que dá, como a que ama. Mostrai-vos pacientes contra as injúrias dos vossos detratores; sede firmes no bem e, sobretudo, modestos diante de Deus; não é senão a humildade que eleva: é a única grandeza que Deus reconhece. Então, somente os bons Espíritos virão a vós; do contrário, o do mal se apoderaria da vossa alma. Sede benditos em nome do Criador e vos engrandecereis aos olhos dos homens, ao mesmo tempo que aos de Deus.

São Luís.

XX

A união faz a força; sede unidos para serdes fortes. O Espiritismo germinou, lançou raízes profundas; vai estender sobre a Terra seus ramos benfazejos. É preciso tornar-vos invulneráveis aos lances envenenados da calúnia e da negra falange de Espíritos ignorantes, egoístas e hipócritas. Para aí chegar, que uma indulgência e uma benevolência recíprocas presidam às vossas relações; que vossos defeitos passem desapercebidos, que somente as vossas qualidades sejam sempre notadas; que o facho da santa amizade reúna, ilumine e aqueça os vossos corações, e resistireis aos ataques impotentes do mal, como o rochedo inabalável à vaga furiosa.

São Vicente de Paulo.

XXI

Meus amigos, quereis formar uma reunião espírita, e eu vos aprovo, porque os Espíritos não podem ver com prazer os médiuns que ficam no isolamento. Deus não lhes deu essa sublime faculdade só para eles, mas para o bem geral. Comunicando-se como outros, têm mil ocasiões de se esclarecerem sobre o mérito das comunicações que recebem, ao passo que, sozinhos, estão bem mais sob o império dos Espíritos mentirosos, encantados por não terem nenhum controle. Eis aí para vós, e se não estais dominados pelo orgulho, compreendê-lo-eis e aproveitareis. Eis agora para os outros.

Tendes bem em conta do que deve ser uma reunião espírita? Não; porque, no vosso zelo, credes que o que há de melhor a fazer é reunir o maior número de pessoas, a fim de convencê-las. Desiludi-vos; quanto menos fordes, mais obtereis. É, sobretudo, pelo ascendente moral que exercerdes, que conduzireis, a vós, os incrédulos, bem mais do que pelos fenômenos que obtiverdes; se não atrais senão pelos fenômenos, virão vos ver por curiosidade, e encontrareis curiosos que não vos acreditarão e que rirão de vós; se não se encontram, entre vós, senão pessoas dignas de estima, talvez, não crerão em vós, imediatamente, mas se vos respeitarão, e o respeito inspira sempre a confiança. Estais convencidos de que o Espiritismo deve trazer uma reforma moral; que a vossa reunião seja, pois, a primeira a dar o exemplo das virtudes cristãs, porque nestes tempos de egoísmo, é nas sociedades espíritas que a verdadeira caridade deve encontrar um refúgio (1). Tal deve ser, meus amigos, uma reunião de verdadeiros espíritas. De uma outra vez, dar-vos-ei outros conselhos.

                                                              Fénelon.

XXII

Perguntastes se a multiplicidade de grupos, em uma mesma localidade, não poderia engendrar rivalidades desagradáveis para a Doutrina. A isso responderei que aqueles que estão imbuídos dos verdadeiros princípios desta Doutrina, veem irmãos em todos os espíritas e não rivais; aqueles que vissem outras reuniões com olhos de ciúme, provariam que há, entre eles, ideia preconcebida de ciúme, provariam que há, entre eles, ideia preconcebida de interesse ou de amor-próprio e que não estão guiados pelo amor da verdade. Asseguro-vos que se essas pessoas estivessem entre vós, aí semeariam logo a perturbação e a desunião. O

_____

(1) Conhecemos um senhor que foi aceito para um emprego de confiança, em uma importante casa, porque era espírita sincero e se acreditou encontrar uma garantia de moralidade em suas crenças.

verdadeiro Espiritismo tem por divisa *benevolência e caridade,* exclui toda outra rivalidade que não seja a do bem que se pode fazer; todos os grupos que se inscreveram sob a sua bandeira, poderão se estender a mão como bons vizinhos, que não são menos amigos, embora não habitem a mesma casa. Os que pretendem ter os melhores Espíritos por guia devem prová-lo, mostrando os melhores sentimentos; que haja, pois, entre eles, luta, mas luta de grandeza d'alma, de abnegação, de bondade e de humildade; aquele que lançasse a pedra em outro, provaria só por isso que é solicitado pelos maus Espíritos. A natureza dos sentimentos que dois homens manifestem a respeito um do outro, é a pedra de toque que faz conhecer a natureza dos Espíritos que os assistem.

Fénelon.

XXIII

O silêncio e o recolhimento são as condições essenciais para todas as comunicações sérias. Jamais obteríeis isso daqueles que não fossem atraídos para as vossas reuniões, senão pela curiosidade; convidai, pois, os curiosos para irem se divertir em outro lugar, porque sua distração seria uma causa de perturbação.

Não deveis tolerar nenhuma conversação quando os Espíritos são perguntados. Tendes, às vezes, comunicações que requerem réplicas sérias da vossa parte, e respostas não menos sérias da parte dos Espíritos evocados que experimentam, crede-o bem, desprazer com o cochicho contínuo de certos assistentes; daí nada de completo nem de verdadeiramente sério; o médium que escreve, experimenta, ele também, as distrações muito nocivas ao seu ministério.

São Luís.

XXIV

Falar-vos-ei da necessidade, nas vossas sessões, de observar a maior regularidade, quer dizer, de evitar toda confusão, toda divergência nas ideias. A divergência favorece a substituição dos bons Espíritos pelos maus, e, quase sempre, são estes que se apoderam das perguntas propostas. De outra parte, em uma reunião composta de elementos diversos e desconhecidos uns dos outros, como evitar ideias contraditórias, a distração, e mais ainda: uma vaga e zombeteira indiferença? Esse meio, quisera encontrá-lo eficaz e certo. Talvez, esteja na concentração dos fluidos espargidos ao redor dos médiuns. Só eles, mas, sobretudo, os que são queridos, retêm os bons Espíritos na assembleia; mas a sua influência mal basta para dissipar a turba de Espíritos travessos. O trabalho do exame das comunicações é excelente; não se poderiam mais aprofundar as perguntas e, sobretudo, as respostas; o erro é fácil, mesmo para os Espíritos animados das melhores intenções, a lentidão da escrita, durante a qual o Espírito se afasta do assunto que esgota tão cedo como o concebeu, a mobilidade e a indiferença por certas formas convencionadas, todas essas razões, e muitas outras, dão-vos o dever de não dardes senão uma confiança limitada e sempre subordinada ao exame, mesmo quando se trate das comunicações mais autênticas.

George (*Espírito familiar*).

XXV

Com qual objetivo, a maior parte do tempo, pedis comunicações aos Espíritos? Para ter belo trecho a mostrar aos vossos conhecidos como amostras do nosso talento; preciosamente as conservais em vossos álbuns, mas em vosso coração não há lugar para elas. Credes que estejamos bem lisonjeados em virmos posar em vossas assembleias como em um concurso, rivalizar em eloquência para que possais dizer que a sessão foi bem interessante? Que vos resta quando haveis encontrado uma comunicação admirável? Credes que viemos procurar o vosso aplauso? Desenganai-vos; não gostamos de vos divertir mais de um modo do que de outro; de vossa parte, ainda aí está a curiosidade que dissimulais em vão; nosso objetivo é o de tornar-vos melhores. Ora, quando vemos que nossas palavras não produzem frutos e que tudo se reduz, do vosso lado, a uma estéril aprovação, vamos procurar almas mais dóceis; deixamos então virem em nosso lugar os Espíritos que não pedem do que falarem e, para isso, não faltam. Admirais que os deixemos tomar o nosso nome; que vos importa, uma vez que isso não é nem mais nem menos para vós? Mas, sabei bem, que não o permitiríamos diante daqueles pelos quais nos interessamos realmente, quer dizer, daqueles com quais não perdemos o nosso tempo; estes são nossos preferidos, e nós os preservamos da mentira. Não inculpeis, pois, senão a vós, se estais frequentemente enganados; para nós, o homem sério não é aquele que se abstém de rir, mas aquele cujo coração é tocado por nossas palavras, que as medita e as aproveita. (Ver nº 268, perguntas 19 e 20.)

Massillon.

XXVI

O Espiritismo deveria ser uma salvaguarda contra o Espírito de discórdia e de dissensão; mas esse Espírito tem, em todos os tempos, derramado elemento de discórdia sobre os humanos, porque tem inveja da felicidade que proporcionam a paz e a união. Espíritas! Ele poderá, pois, penetrar em vossa assembleia, e não duvideis disso, procurará aí semear a desafeição, mas será impotente contra aqueles que a verdadeira caridade anima. Tende-vos, pois, em guarda, e velai sem cessar à porta do vosso coração e também à de vossas reuniões, para aí não deixar penetrar o inimigo. Se os vossos esforços são impotentes contra o de fora, dependerá sempre de vós interditar-lhe o acesso à vossa alma. Se as dissensões se erguem entre vós, não podem ser suscitadas senão por maus Espíritos; que aqueles, pois, que tenham no mais alto grau o sentimento dos deveres que lhes impõe a urbanidade, do mesmo modo que o Espiritismo verdadeiro, se mostrem os mais pacientes, os mais dignos e os mais convenientes; os bons Espíritos, algumas vezes, podem permitir essas lutas para fornecer aos bons como aos maus sentimentos, ocasião de se revelarem a fim de separar o bom grão do joio, e estarão sempre do lado onde haja mais humildade e verdadeira caridade.

São Vicente de Paulo.

XXVII

Repeli, impiedosamente, todos esses Espíritos que se apresentam como conselheiros exclusivos, pregando a divisão e o isolamento. São, quase sempre, Espíritos vaidosos e medíocres, que procuram se impor aos homens fracos e crédulos, prodigalizando-lhes louvores exagerados, a fim de fasciná-los e tê-los sob sua dominação. São, geralmente, Espíritos famintos de poder, que, déspotas públicos ou privados quando em vida, querem ter ainda vítimas para tiranizarem depois da morte. Em geral, desconfiai das comunicações que tenham um caráter de misticismo e de estranheza, ou que prescrevem cerimônias e atos bizarros; há sempre, então, um motivo legítimo de suspeição.

Por outro lado, crede que, quando uma verdade deva ser revelada à Humanidade, ela é, por assim dizer, instantaneamente comunicada em todos os grupos sérios, que possuam médiuns sérios, e não a tal ou tal com a exclusão de todos os outros. Ninguém é médium perfeito se está obsidiado, e há obsessão manifesta quando um médium não é apto senão para receber comunicações de um Espírito especial, tão alto que este procura se colocar, ele mesmo. Em consequência, todo médium, todo grupo, que se creem privilegiados por comunicações que só eles podem receber, e que, de outra parte, estão submetidos a práticas que tocam a superstição, estão, indubitavelmente, sob a influência de uma das obsessões mais bem caracterizadas, sobretudo, quando o Espírito dominador se enfeita de um nome que todos, Espíritos e encarnados, devemos honrar e respeitar, e não deixar comprometer a cada passo.

É incontestável que, submetendo ao crivo da razão e da lógica todos os dados e todas as comunicações dos Espíritos, será fácil repelir o absurdo e o erro. Um médium pode estar fascinado, um grupo iludido; mas o controle severo dos outros grupos, a ciência adquirida, a alta autoridade moral dos chefes de grupos, as comunicações dos principais médiuns que recebem um selo de lógica e de autenticidade de nossos melhores Espíritos, farão rapidamente justiça a esses ditados mentirosos e astuciosos, emanados de uma turba de Espíritos enganadores ou maus.

Erasto (discípulo de São Paulo).

Nota. – Um dos caracteres distintivos desses Espíritos que querem se impor e fazerem aceitar ideias bizarras e sistemáticas, é o de pretenderem, mesmo sozinhos na sua opinião, ter razão contra todo o mundo. Sua tática é a de evitar a discussão e, quando se veem combatidos vitoriosamente pelas armas irresistíveis da lógica, recusam-se desdenhosamente a responder e prescrevem, aos seus médiuns, o afastamento dos Centros onde suas ideias não são acolhidas. Esse isolamento é o que há de mais fatal para os médiuns, porque sofrem, sem contraposição, o jugo desses Espíritos obsessores que os conduzem, como cegos, e os guiam, frequentemente, para caminhos perniciosos.

XXVIII

Os falsos profetas não estão somente entre os encarnados; estão também, e em maior número, entre os Espíritos orgulhosos que, sob o falso semblante de amor e de caridade, semeiam a desunião e retardam a obra emancipadora da Humanidade, lançando de permeio seus sistemas absurdos, que fazem seus médiuns aceitarem, e para melhor fascinar aqueles que querem iludir, para darem mais peso às suas teorias, enfeitam-se, sem escrúpulos, com nomes que os homens não pronunciam senão com respeito, os de santos justamente venerados, de Jesus, de Maria, e mesmo de Deus.

São eles que semeiam os fermentos do antagonismo entre os grupos, que os impelem a se isolarem uns dos outros e a se verem com prevenção. Só isso bastaria para desmascará-los, porque, assim agindo, eles mesmos dão o mais formal desmentido ao que pretendem ser. Cegos, pois, são os homens que se deixam prender numa armadilha tão grosseira.

Mas há outros meios para reconhecê-los. Os Espíritos da ordem à qual dizem pertencer, devem ser não somente muito bons, mas, por outro lado, eminentemente lógicos e racionais. Pois bem! Passai seus sistemas pelo crivo da razão e do bom senso e vereis o que deles restará. Convinde, pois, comigo, que todas as vezes que um Espírito indique, como remédio para os males da Humanidade ou como meio para atingir a sua transformação, coisas utópicas e impraticáveis, medidas pueris e ridículas ou quando formule um sistema contraditado pelas mais vulgares noções da ciência, esse não pode ser senão um Espírito ignorante e mentiroso.

Por outro lado, crede bem que, se a verdade não é sempre apreciada pelos indivíduos, o é pelo bom senso das massas, e está aí ainda um critério. Se dois princípios se contradizem, tereis a medida do seu valor intrínseco procurando aquele que encontre mais eco e simpatia; seria ilógico, com efeito, admitir que uma doutrina que visse diminuir o número dos seus partidários fosse mais verdadeira do que aquela que vê os seus aumentarem. Deus, querendo que a verdade chegue a todos, não a confina em um círculo estreito e restrito: fá-la surgir em diferentes pontos, a fim de que, por toda a parte, a luz esteja ao lado das trevas.

Erasto.

Nota. – A melhor garantia de que um princípio seja a expressão da verdade está em quando ele é ensinado e revelado por diferentes Espíritos, por médiuns estranhos uns aos outros e em diferentes lugares, e quando, além disso, é confirmado pela razão e sancionado pela adesão de maior número. Só a verdade pode dar raízes a uma doutrina; um sistema errôneo pode recrutar alguns adeptos, mas como lhe falta a primeira condição de vitalidade, não tem senão uma existência efêmera; por isso, não há com que se inquietar: ele se mata pelos seus próprios erros e tombará, inevitavelmente, diante da arma poderosa da lógica.

COMUNICAÇÕES APÓCRIFAS

Há, amiúde, comunicações tão absurdas, embora assinadas por nomes os mais respeitáveis, que o mais vulgar bom senso lhes demonstra a falsidade; mas há aquelas onde o erro está dissimulado sob boas coisas que iludem e impedem, algumas vezes, de perceber ao primeiro golpe de vista, mas que não poderiam resistir a um exame sério. Delas não citaremos senão algumas como amostra.

XXIX

A criação perpétua dos mundos é, para Deus, como um gozo perpétuo, porque vê, sem cessar, seus raios se tornarem cada dia mais luminosos em felicidade. Não há número para Deus, não mais do que não há tempo. Eis por que as centenas e os milhares não são nem mais nem menos para ele, a um que a outro. É um pai, cuja felicidade é formada pela felicidade coletiva de seus filhos, e a cada segundo da criação vê uma nova felicidade vir se fundir na felicidade geral. Não há parada nem suspensão nesse movimento perpétuo, esta grande felicidade incessante que fecunda a terra e o céu. Do mundo, não se conhece senão uma pequena fração, e tendes irmãos que vivem sob latitudes nas quais o homem ainda não conseguiu penetrar. Que significam esses calores torrificadores e esses frios mortais que detêm os esforços dos mais ousados? Credes simplesmente que aí esteja o limite do vosso mundo, quando não podeis avançar com os vossos pequenos meios? Poderíeis, pois, medir exatamente o vosso planeta? Não creiais nisso. Há sobre o vosso planeta mais lugares ignorados do que lugares conhecidos. Mas, como é inútil propagar mais todas as más instituições, todas as más leis, ações e existências, há um limite que vos detém aqui e ali e que vos deterá até que tenhais de transportar as boas sementes feitas pelo vosso livre-arbítrio. Oh! Não, não conheceis esse mundo que chamais a Terra. Vereis, em vossa existência, um grande começo de provas desta comunicação. Eis que a hora vai soar onde haverá uma outra descoberta, além da última que foi feita; eis que vai se alargar o círculo da vossa Terra conhecida e, quando toda a imprensa cantar esse Hosana em todas as línguas, vós, pobres filhos, que amais a Deus e que procurais seu caminho, o tereis sabido antes mesmo daqueles que darão seu nome à nova Terra.

Vicente de Paulo.

Nota. Do ponto de vista do estilo, esta comunicação não suporta a crítica; as incorreções, os pleonasmos, as aparências viciosas saltam aos olhos de qualquer um por pouco letrado que seja; mas isso não provaria nada contra o nome com o qual está assinada, visto que essas imperfeições poderiam referir-se à insuficiência do médium, assim como o demonstramos. O que é o fato do Espírito é a ideia; ora, quando diz que há sobre o nosso planeta mais lugares ignorados do que conhecidos, que um novo continente vai ser descoberto, é, para um Espírito que se diz superior, fazer prova da mais profunda ignorância. Sem dúvida, pode-se descobrir, além das regiões dos gelos, alguns cantos de terra desconhecidos, mas dizer que essas terras são povoadas e que Deus as oculta dos homens a fim de que não lhes levem suas más instituições, é ter muita fé na confiança cega daqueles que divulgam semelhantes absurdos.

XXX

Meus filhos, nosso mundo material e o mundo espiritual, que tão poucos conhecem ainda, formam como dois pratos da balança perpétua. Até aqui, as nossas religiões, as nossas leis, os nossos costumes e as nossas paixões de tal modo fizeram pender o prato do mal para erguer o do bem, que se viu o mal reinar soberano sobre a Terra. Desde séculos é sempre a mesma queixa que se exala da boca do homem, e a conclusão fatal é a da injustiça de Deus. Há mesmo os que até chegam à negação da existência de Deus. Vedes tudo aqui e nada lá; vedes o supérfluo que se choca com a necessidade, o ouro que brilha junto da lama; todos os contrastes, os mais evidentes, que deveriam vos provar a vossa dupla natureza. De onde vem isso? De quem é a culpa? Eis o que é preciso procurar com tranquilidade e com imparcialidade; quando se deseja sinceramente encontrar um bom remédio, ele será encontrado. Pois bem! Malgrado essa dominação do mal sobre o bem, por vossa própria culpa, por que não vedes o resto ir direito pela linha traçada por Deus? Vedes as estações se descontrolarem? Os calores e os frios se chocarem inconsideradamente? A luz do sol esquecer de iluminar a Terra? A Terra esquecer, no seu seio, as sementes que o homem aí depositou? Vedes a cessação de mil milagres perpétuos que se produzem sob os nossos olhos, desde o rebento de erva até o nascimento da criança, homem futuro? Mas, tudo vai bem do lado de Deus, tudo vai mal do lado do homem. Qual o remédio para isso? É bem simples: aproximar-se de Deus, amar-se, unir-se, entender-se e seguir tranquilamente o caminho, cujos marcos se veem com os olhos da fé e da consciência.

Vicente de Paulo.

Nota. Esta comunicação foi obtida no mesmo círculo; mas, que diferença com a precedente! Não somente pelo pensamento, mas ainda pelo estilo. Tudo nela é justo, profundo, sensato e, certamente, São Vicente de Paulo não a desaprovaria, por isso se lhe pode, sem medo, atribuí-la.

XXXI

Vamos, filhos, cerrar vossas fileiras! Quer dizer que a vossa boa união faça a vossa força. Vós que trabalhais na fundação do grande edifício, velai e trabalhai sempre para consolidar-lhe a base e, então, podereis elevá-lo bem alto, bem alto! O progresso é imenso sobre todo o nosso globo; uma quantidade inumerável de prosélitos se alinham sob a nossa bandeira; muitos céticos e mesmo os mais incrédulos, aproximam-se também.

Ide, filhos; marchai, o coração alto, cheio de fé; a rota, que perseguis, é bela; não vos retardeis; segui sempre a linha direita, servi de guias àqueles que vêm depois de vós, e serão felizes, bem felizes!

Caminhai, filhos; não tendes necessidade da força das baionetas para sustentar a vossa causa, não tendes necessidade senão da fé; a crença, a fraternidade, a união, eis as vossas armas; com estas sois fortes, mais poderosos do que todos os grandes potentados do Universo, reunidos, malgrado suas forças vivas, sua armada, seus canhões e suas metralhadoras.

Vós que combateis pela liberdade dos povos e a regeneração da grande família humana, ide, filhos, coragem e perseverança. Deus nos ajudará. Boa noite; até logo.

Napoleão.

Nota. Napoleão era, durante a sua vida, um homem grave e sério ao extremo; todo o mundo conhece seu estilo breve e conciso; teria singularmente degenerado se, depois da sua morte, viesse a tornar-se verboso e burlesco. Esta comunicação, talvez, seja do Espírito de algum soldado, que se chamava Napoleão.

XXXII

Não, não se pode mudar de religião quando não se tem uma que possa, ao mesmo tempo, satisfazer ao senso comum e à inteligência que se tem e que possa, sobretudo, dar ao homem consolações presentes. Não, não se muda de religião, se cai da inépcia e da dominação, na sabedoria e na liberdade. Ide, ide, nosso pequeno exército! Ide e não temais as balas inimigas; as que devem vos matar, não foram ainda feitas, se estais sempre do fundo do coração no caminho de Deus, quer dizer, se quereis combater pacífica e vitoriosamente pelo bem-estar e pela liberdade.

Vicente de Paulo.

Nota. Quem reconhece São Vicente de Paulo nessa linguagem, nesses pensamentos desconexos e desprovidos de sentido? Que significam estas palavras: Não, não se muda de religião, se cai da inépcia e da dominação na sabedoria e na liberdade? Com essas balas que não foram ainda feitas, suspeitamos muito ser esse Espírito o mesmo que se assinou, mais acima, *Napoleão.*

XXXIII

Filhos da minha fé, cristãos da minha doutrina, esquecida pelo interesse das torrentes e da filosofia materialistas, segui-me pelos caminhos da Judeia, segui a paixão da minha vida, contemplai meus inimigos agora, vede meus sofrimentos, meus tormentos e meu sangue derramado pela minha fé.

Filhos, espiritualistas de minha nova doutrina, estejais preparados para suportar, para desafiar as torrentes da adversidade, os sarcasmos dos vossos inimigos. A fé marchará sem cessar, segundo a vossa estrela, do mesmo modo que a estrela conduziu pela fé os magos do Oriente ao presépio. Quaisquer que sejam vossas adversidades, quaisquer que sejam vossas penas, e as lágrimas que tereis derramado sobre esta esfera de exílio, tomai coragem, persuadi-vos de que a alegria que vos inundará no mundo dos Espíritos estará bem acima dos tormentos da vossa existência passageira. O vale de lágrimas é um vale que deve desaparecer para dar lugar à brilhante morada de alegria, de fraternidade e da união, onde, pela vossa obediência à santa revelação, chegareis. A vida, meus caros irmãos, desta esfera terrestre toda preparatória, não pode durar senão o tempo necessário para viver bem preparado para essa vida, que não poderá jamais acabar. Amai-vos, amai-vos como eu vos amei e como vos amo ainda; irmãos, coragem, irmãos! Eu vos abençoo; no céu vos espero.

Jesus.

Dessas brilhantes e luminosas regiões onde o pensamento humano pode com dificuldade chegar, o eco das vossas palavras e das minhas veio comover meu coração.

Oh! de que alegria me sinto inundado vendo-vos, vós, os continuadores da minha doutrina. Não, nada se aproxima do testemunho dos vossos bons pensamentos! Vós a vedes, filhos, a ideia regeneradora, lançada por mim outrora no mundo, perseguida, detida um momento sob a pressão dos tiranos, vai, de hoje em diante, sem obstáculos, iluminar os caminhos da Humanidade por tanto tempo mergulhada nas trevas.

Todo grande e desinteressado sacrifício, meus filhos, cedo ou tarde dá seus frutos. Meu martírio vo-lo tem provado; meu sangue derramado pela minha doutrina salvará a Humanidade e apagará as faltas dos grandes culpados.

Sede benditos, vós que hoje tomais lugar na família regenerada! Ide, coragem, filhos!

Jesus.

Nota. Não há, sem dúvida, nada de mau nessas duas comunicações; mas o Cristo jamais teve essa linguagem pretensiosa, enfática e empolada. Que sejam comparadas com aquela que citamos mais acima e que leva o mesmo nome e se verá de que lado está a marca da autenticidade.

Todas essas comunicações foram obtidas no mesmo círculo. Nota-se, no estilo, um ar de família, rodeio de frases idênticas, as mesmas expressões, frequentemente reproduzidas, como, por exemplo, *ide, ide, filhos, etc.*, de onde se pode concluir que foi o mesmo Espírito que as ditou todas sob nomes diferentes. Nesse círculo, entretanto, muito conscioso de resto, mas um pouco muito crédulo, não se faziam nem evocações e nem perguntas; esperavam-se todas as comunicações espontâneas e, se vê que isso não é, certamente, uma garantia de identidade. Com perguntas um pouco persistentes e de lógica cerrada, ter-se-ia facilmente restabelecido esse Espírito em seu lugar; mas ele sabia nada ter a temer, uma vez que não se lhe perguntava nada e que se aceitava, sem controle e de olhos fechados, tudo o que dizia. (Ver nº 269.)

XXXIV

Quanto a natureza é bela! Quanto a Providência é prudente em sua previdência! Mas a vossa cegueira e as vossas paixões humanas impedem de tomar paciência na prudência e na bondade de Deus. Vós vos lamentais com a menor nuvem, com o menor atraso nas vossas previsões; sabei, pois, impacientes incrédulos, que nada chega sem um motivo sempre previsto, sempre premeditado para o proveito de todos. A razão do que precede é para aniquilar, homens de temores hipócritas, todas as vossas previsões de mau ano para as vossas colheitas.

Deus inspira, amiúde, a inquietude do futuro aos homens para impeli-los à previdência; e vede como são grandes os meios para acabar com os vossos temores semeados de propósito e que, o mais frequentemente, escondem pensamentos ávidos antes que uma ideia de uma provisão inspirada por um sentimento de humanidade em proveito dos pequenos. Vede as relações de nações a nações que disso resultarão; vede quantas transações deverão se realizar; quantos meios virão concorrer para impedir vossos temores! Porque, vós o sabeis, tudo se encadeia: também, grandes e pequenos virão à obra.

Então, não vedes já, em todo esse movimento, uma fonte de um certo bem-estar para a classe mais laboriosa dos Estados, classe verdadeiramente interessante que vós, os grandes, vós, os onipotentes desta terra, considerais como pessoas exploráveis à vontade, criadas para as vossas satisfações?

Depois, que ocorre após todo esse vai e vem de um polo ao outro? É que uma vez bem providos, frequentemente, esse tempo mudou; o sol, obedecendo ao pensamento do seu criador, amadurece, em alguns dias, vossas searas; Deus pôs a abundância onde vossa cobiça meditava sobre a falta, e, malgrado vosso, os pequenos poderão viver; e sem disso desconfiar-vos, haveis sido, com o vosso desconhecimento, a causa de uma abundância.

Entretanto, ocorre – Deus o permite às vezes – que os maus triunfem em seus projetos de cupidez, mas, então, é um ensinamento que Deus vos dá a todos; é a previdência humana que quer estimular; é a ordem infinita que reina na Natureza, é a coragem contra os acontecimentos, que devem imitar, que devem os homens suportarem com resignação.

Quanto àqueles que, por cálculo, aproveitam-se dos desastres, crede-o, serão punidos. Deus quer que todos os seus seres vivam; o homem não deve jogar com a necessidade, nem traficar sobre o supérfluo. Justo em seus benefícios, grande em sua clemência, muito bom para a nossa ingratidão, Deus, em seus desígnios, é impenetrável.

Bossuet. Alfred de Marignac

Nota. Esta comunicação não contém, seguramente, nada de mau; há mesmo ideias filosóficas profundas e conselhos muito sábios, que poderiam enganar, sobre a identidade do autor, as pessoas pouco versadas na literatura. O médium que a tinha obtido a submeteu ao controle da Sociedade Espírita de Paris, e não houve senão uma voz para declarar que ela não podia ser de Bossuet. São Luís, consultado, respondeu: "Essa comunicação, por ela mesma, é boa, mas não creiais que tenha sido Bossuet quem a ditou. Um Espírito a escreveu, talvez um pouco sob sua inspiração, e pôs o nome do grande bispo embaixo para fazê-la aceitar mais facilmente; mas, pela linguagem, deveis reconhecer a substituição. Ela é do Espírito que colocou seu nome depois do de Bossuet". Esse Espírito, interrogado sobre o motivo que o havia feito agir, disse: "Eu tinha desejo de escrever alguma coisa a fim de trazer-me à memória dos homens; vendo que era fraco, quis nela colocar o prestígio de um grande nome. – Mas, não haveis pensado que se reconheceria que não era de Bossuet? – Quem sabe jamais o certo? Podíeis vos enganar. Outros, menos clarividentes, tê-la-iam aceito."

É, com efeito, a facilidade com a qual certas pessoas aceitam o que vem do mundo invisível sob a coberta de um grande nome, que encoraja os Espíritos enganadores. É para desfazer a astúcia destes que é preciso aplicar toda a sua atenção, e não se pode a isso chegar senão com a ajuda da experiência adquirida por um estudo sério. Também repetimos sem cessar: Estudai antes de praticar, porque é o único meio de não adquirir a experiência às vossas custas.

CAPÍTULO XXXII

VOCABULÁRIO ESPÍRITA

AGÊNERE. (do grego, *a*, privativo, e *géiné*, *geinomai*, engendrar; que não foi engendrado). Variedade de aparição tangível; estado de certos Espíritos que podem se revestir, momentaneamente, na forma de uma pessoa viva, a ponto de fazer completa ilusão.

ERRATICIDADE. Estado dos Espíritos errantes, quer dizer, não encarnados, durante os intervalos de suas existências corporais.

ESPÍRITO. No sentido especial da Doutrina Espírita, *os Espíritos são os seres inteligentes da criação, que povoam o Universo fora do mundo material e que constituem o mundo invisível.* Não são seres de uma criação particular, mas as almas daqueles que viveram sobre a Terra ou em outras esferas e que deixaram o seu envoltório material.

BATEDOR. Qualidade de certos Espíritos. Os Espíritos batedores são os que revelam sua presença por meio de pancadas e de ruídos de diversas naturezas.

MEDIANÍMICO. Qualidade do poder dos médiuns. *Faculdade medianímica.*

MEDIANIMIDADE. Faculdade dos médiuns. Sinônimo de *mediunidade.* Essas duas palavras, a miúdo, são empregadas indiferentemente; querendo fazer uma distinção, poder-se-ia dizer que *mediunidade* tem um sentido mais geral, *medianimidade*, um sentido mais restrito. Há o dom da *mediunidade. A medianimidade mecânica.*

MÉDIUM. (do latim, *médium*, meio, intermediário). Pessoa podendo servir de intermediária entre os Espíritos e os homens.

MEDIUNATO. Missão providencial dos médiuns. Esse nome foi criado pelos Espíritos. (Ver cap. 31; comunicação XII.)

MEDIUNIDADE. (Ver MEDIANIMIDADE).

PERISPÍRITO. (do grego, *péri*, ao redor). Envoltório semimaterial do Espírito. Nos encarnados, serve de laço ou intermediário entre o Espírito e a matéria; nos Espíritos errantes, constitui o corpo fluídico do Espírito.

PNEUMATOFONIA. (do grego, *pneuma*, ar, e de *phoné*, som ou voz). Voz dos Espíritos; comunicação oral dos Espíritos sem o concurso da voz humana.

PSICÓGRAFO. (do grego, *psuké*, borboleta, alma, e *graphó*, escrevo). O que usa a psicografia; médium escrevente.

PSICOGRAFIA. Escrita dos Espíritos pela mão do médium.

PSICOFONIA. Comunicação dos Espíritos pela voz de um médium falante.

REENCARNAÇÃO. Retorno do Espírito à vida corporal, pluralidade das existências.

SEMATOLOGIA. (do grego, *semá*, sinal, e *logos*, discurso). Linguagem dos sinais. Comunicação dos Espíritos pelo movimento dos corpos inertes.

ESPÍRITA. O que tem relação com o Espiritismo; partidário do Espiritismo; aquele que crê nas manifestações dos Espíritos. *Um bom, um mau espírita; a Doutrina Espírita*.

ESPIRITISMO. Doutrina fundada sobre a crença da existência dos Espíritos e de suas manifestações.

ESPIRITUALISMO. Diz-se no sentido oposto ao do materialismo (academia); crença na existência da alma espiritual e imaterial. O *Espiritualismo é a base de todas as religiões*.

ESPIRITUALISTA. O que tem relação com o Espiritualismo; partidário do Espiritualismo. Quem creia que tudo em nós não é matéria, é *espiritualista*, o que não implica, de nenhum modo, na crença nas manifestações dos Espíritos. Todo espírita é necessariamente *espiritualista*; mas se pode ser *espiritualista* sem ser *espírita*; o *materialista* não é nem um, nem outro. Diz-se: a filosofia *espiritualista*. – Uma obra escrita com as ideias espiritualistas – As manifestações *espíritas* são produzidas pela ação dos Espíritos sobre a matéria. – A moral *espírita* decorre do ensinamento dado pelos Espíritos. – Há *espiritualistas* que ridicularizam as crenças *espíritas*.

Nesses exemplos, a substituição da palavra *espiritualista* pela palavra *espírita*, produziria uma confusão evidente.

ESTEREOTITO. (do grego, *stéreos*, sólido). Qualidade das aparições tangíveis.

TIPTÓLOGO. (do grego, *tuptó*, eu bato). Variedade dos médiuns aptos à tiptologia. *Médium tiptólogo*.

TIPTOLOGIA. Linguagem por pancadas; modo de comunicação dos Espíritos. *Tiptologia alfabética*.

NOTA EXPLICATIVA

"Hoje, creem e sua fé é inabalável, porque assentada na evidência e na demonstração, e porque satisfaz à razão. [...]. Tal é a fé dos espíritas, e a prova de sua força é que se esforçam por se tornarem melhores, domarem suas inclinações más e porem em prática as máximas do Cristo, olhando todos os homens como irmãos, sem acepção de raças, de castas, nem de seitas, perdoando aos seus inimigos, retribuindo o mal com o bem, a exemplo do divino modelo." (KARDEC, Allan. Revista Espírita de 1868.1ª.ed. Rio de Janeiro: FEB, 2005. p. 28, janeiro de 1868.)

A investigação rigorosamente racional e científica de fatos que revelavam a comunicação dos homens com os Espíritos, realizada por Allan Kardec, resultou na estruturação da Doutrina Espírita, sistematizada sob os aspectos científico, filosófico e religioso.

A partir de 1854 até seu falecimento, em 1869, seu trabalho foi constituído de cinco obras básicas: "O Livro dos Espíritos" (1857), "O Livro dos Médiuns" (1861), "O Evangelho segundo o Espiritismo" (1864), "O Céu e o Inferno" (1865), "A Gênese" (1868), além da obra "O Que é o Espiritismo" (1859), de uma série de opúsculos e 136 edições da "Revista Espírita" (de janeiro de 1858 a abril de 1869). Após sua morte, foi editado o livro "Obras Póstumas" (1890).

O estudo meticuloso e isento dessas obras permite-nos extrair conclusões básicas: a) todos os seres humanos são Espíritos imortais criados por Deus em igualdade de condições, sujeitos às mesmas leis naturais de progresso que levam todos, gradativamente, à perfeição; b) o progresso ocorre através de sucessivas experiências, em inúmeras reencarnações, vivenciando necessariamente todos os segmentos sociais, única forma de o Espírito acumular o aprendizado necessário ao seu desenvolvimento; c) no período entre as reencarnações o Espírito permanece no Mundo Espiritual, podendo comunicar-se com os homens; d) o progresso obedece às leis morais ensinadas e vivenciadas por Jesus, nosso guia e modelo, referência para todos os homens que desejam se desenvolver de forma consciente e voluntária.

Em diversos pontos de sua obra, o Codificador se refere aos Espíritos encarnados em tribos incultas e selvagens, então existentes em algumas regiões do Planeta, e que, em contato com outros polos de civilização, vinham sofrendo inúmeras transformações, muitas com evidente benefício para os seus membros, decorrentes do progresso geral ao qual estão sujeitas todas as etnias, independentemente da coloração de sua pele.

Na época de Allan Kardec, as ideias frenológicas de Gall, e as da fisiognomonia de Lavater, eram aceitas por eminentes homens de Ciência, assim como provocou enorme agitação nos meios de comunicação e junto à intelectualidade e à população em geral, a publicação, em 1859 – dois anos depois do lançamento de *O Livro dos Espíritos* – do livro sobre a *Evolução das Espécies*, de Charles Darwin, com as naturais incorreções e incompreensões que toda ciência nova apresenta. Ademais, a crença de que os traços da fisionomia revelam o caráter da pessoa é muito antiga, pretendendo-se haver aparentes relações entre o físico e o aspecto moral.

O Codificador não concordava com diversos aspectos apresentados por essas, assim chamadas, ciências. Desse modo, procurou avaliar as conclusões desses eminentes pesquisadores à luz da revelação dos Espíritos, trazendo ao debate o elemento espiritual como fator decisivo no equacionamento das questões da diversidade e desigualdade humanas.

Allan Kardec encontrou, nos princípios da Doutrina Espírita, explicações que apontam para leis sábias e supremas, razão pela qual afirmou que o Espiritismo permite "resolver os milhares de problemas históricos, arqueológicos, antropológicos, teológicos, psicológicos, morais, sociais, etc." (Revista Espírita, 1862, p. 401). De fato, as leis universais do amor, da caridade, da imortalidade da alma, da reencarnação, da evolução, constituem novos parâmetros para a compreensão do desenvolvimento dos grupos humanos nas diversas regiões do Orbe.

Essa compreensão das Leis Divinas permite a Allan Kardec afirmar que:

> *"O corpo deriva do corpo, mas o Espírito não procede do Espírito. Entre os descendentes das raças apenas há consanguinidade."* (O Livro dos Espíritos, item 207, p. 176).

> *"[...] o Espiritismo, restituindo ao Espírito o seu verdadeiro papel na Criação, constatando a superioridade da inteligência sobre a matéria, faz com que desapareçam, naturalmente, todas as distinções estabelecidas entre os homens, conforme as vantagens corporais e mundanas, sobre as quais só o orgulho fundou as castas e os estúpidos preconceitos de cor."(Revista Espírita, 1861, p. 432.)*

> *"Os privilégios de raças têm sua origem na abstração que os homens geralmente fazem do princípio espiritual, para considerar apenas o ser material exterior. Da força ou da fraqueza constitucio-*

nal de uns, de uma diferença de cor em outros, do nascimento na opulência ou na miséria, da filiação consanguínea nobre ou plebeia, concluíram por uma superioridade ou uma inferioridade natural. Foi sobre este dado que estabeleceram suas leis sociais e os privilégios de raças. Deste ponto de vista circunscrito, são consequentes consigo mesmos, porquanto, não considerando senão a vida material, certas classes parecem pertencer, e realmente pertencem, a raças diferentes. Mas se se tomar seu ponto de vista do ser espiritual, do ser essencial e progressivo, numa palavra, do Espírito preexistente e sobrevivente a tudo, cujo corpo não passa de um invólucro temporário, variando, como a roupa, de forma e de cor; se, além disso, do estudo dos seres espirituais ressalta a prova de que esses seres são de natureza e de origem idênticas, que seu destino é o mesmo, que todos partem do mesmo ponto e tendem para o mesmo objetivo; que a vida corporal não passa de um incidente, uma das fases da vida do Espírito, necessária ao seu adiantamento intelectual e moral; que em vista desse avanço o Espírito pode sucessivamente revestir envoltórios diversos, nascer em posições diferentes, chega-se à consequência capital da igualdade de natureza e, a partir daí, à igualdade dos direitos sociais de todas as criaturas humanas e à abolição dos privilégios de raças. Eis o que ensina o Espiritismo. Vós que negais a existência do Espírito para considerar apenas o homem corporal, a perpetuidade do ser inteligente para só encarar a vida presente, repudiais o único princípio sobre o qual é fundada, com razão, a igualdade de direitos que reclamais para vós mesmos e para os vossos semelhantes." (Revista Espírita, 1867, p. 231.)

"Com a reencarnação, desaparecem os preconceitos de raças e de castas, pois o mesmo Espírito pode tornar a nascer rico ou pobre, capitalista ou proletário, chefe ou subordinado, livre ou escravo, homem ou mulher. De todos os argumentos invocados contra a injustiça da servidão e da escravidão, contra a sujeição da mulher à lei do mais forte, nenhum há que prime, em lógica, ao fato material da reencarnação. Se, pois, a reencarnação funda numa lei da Natureza o princípio da fraternidade universal, também funda na mesma lei o da igualdade dos direitos sociais e, por conseguinte, o da liberdade. (A Gênese, cap. I, item 36, p. 42-43. Vide também Revista Espírita, 1867, p.373).

Na época, Allan Kardec sabia apenas o que vários autores contavam a respeito dos selvagens africanos, sempre reduzidos ao embrutecimento quase total, quando não escravizados impiedosamente.

É baseado nesses informes "científicos" da época que o Codificador repete, com outras palavras, o que os pesquisadores europeus descreviam quando de volta das viagens que faziam à África negra. Todavia, é peremptório ao abordar a questão do preconceito racial:

"Nós trabalhamos para dar a fé aos que em nada creem; para espalhar uma crença que os torna melhores uns para os outros, que lhes ensina a perdoar aos inimigos, a se olharem como irmãos, sem distinção de raça, casta, seita, cor, opinião política ou religiosa; numa palavra, uma crença que faz nascer o verdadeiro sentimento de caridade, de fraternidade e deveres sociais." (KARDEC, Allan. *Revista Espírita de 1863 - 1ª.ed. Rio de Janeiro: FEB, 2005. - janeiro de 1863.)*

"O homem de bem é bom, humano e benevolente para com todos, sem distinção de raças, nem de crenças, porque em todos os homens vê irmãos seus." (O Evangelho segundo o Espiritismo, Cap. XVII, item 3, p. 348)

É importante compreender também, que os textos publicados por Allan Kardec na *Revista Espírita* tinham por finalidade submeter à avaliação geral as comunicações recebidas dos Espíritos, bem como aferir a correspondência desses ensinos com teorias e sistemas de pensamento vigentes à época. Em Nota ao Capítulo XI, item 43, do livro *A Gênese*, o Codificador explica essa metodologia:

"Quando, na Revista Espírita de janeiro de 1862, publicamos um artigo sobre a "interpretação da doutrina dos anjos decaídos", apresentamos essa teoria como simples hipótese, sem outra autoridade afora a de uma opinião pessoal controversível, porque nos faltavam, então, elementos bastantes para uma afirmação peremptória. Expusemo-la a título de ensaio, tendo em vista provocar o exame da questão, decidido, porém, a abandoná-la ou modificá-la, se fosse preciso. Presentemente, essa teoria já passou pela prova do controle universal. Não só foi bem aceita pela maioria dos espíritas, como a mais racional e a mais concorde com a soberana justiça de Deus, mas também foi confirmada pela generalidade das instruções que os Espíritos deram sobre o assunto. O mesmo se verificou com a que concerne à origem da raça adâmica." (A Gênese, Cap. XI, item 43, Nota, p. 292.)

Por fim, urge reconhecer que o escopo principal da Doutrina Espírita reside no aperfeiçoamento moral do ser humano, motivo pelo qual as indagações e perquirições científicas e/ou filosóficas ocupam posição secundária, conquanto importantes, haja vista o seu caráter provisório decorrente do progresso e do aperfeiçoamento geral. Nesse sentido, é justa a advertência do Codificador:

"É verdade que esta e outras questões se afastam do ponto de vista moral, que é a meta essencial do Espiritismo. Eis por que seria um equívoco fazê-las objeto de preocupações constantes. Sabemos, aliás, no que respeita ao princípio das coisas, que os Espíritos, por não saberem tudo, só dizem o que sabem ou o que pensam saber. Mas

como há pessoas que poderiam tirar da divergência desses sistemas uma indução contra a unidade do Espiritismo, precisamente porque são formulados pelos Espíritos, é útil poder comparar as razões pró e contra, no interesse da própria doutrina, e apoiar no assentimento da maioria o julgamento que se pode fazer do valor de certas comunicações." (Revista Espírita, 1862, p. 38.)

Feitas essas considerações, é lícito concluir que na Doutrina Espírita vigora o mais absoluto respeito à diversidade humana, cabendo ao Espírita o dever de cooperar para o progresso da Humanidade, exercendo a caridade no seu sentido mais abrangente (*"benevolência para com todos, indulgência para as imperfeições dos outros e perdão das ofensas"*), tal como a entendia Jesus, nosso Guia e Modelo, sem preconceitos de nenhuma espécie: de cor, etnia, sexo, crença ou condição econômica, social ou moral.

A Editora

leia *estude* pratique

Conheça mais sobre
a Doutrina Espírita
por meio das obras de
Allan Kardec

ide ideeditora.com.br

Fundamentos do
Espiritismo

1º Crê na existência de um único Deus, força criadora de todo o Universo, perfeita, justa, bondosa e misericordiosa, que deseja a felicidade a todas as Suas criaturas.

2º Crê na imortalidade do Espírito.

3º Crê na reencarnação como forma de o Espírito se aperfeiçoar, numa demonstração da justiça e da misericórdia de Deus, sempre oferecendo novas chances de Seus filhos evoluírem.

4º Crê que cada um de nós possui o livre-arbítrio de seus atos, sujeitando-se às leis de causa e efeito.

5º Crê que cada criatura possui o seu grau de evolução de acordo com o seu aprendizado moral diante das diversas oportunidades. E que ninguém deixará de evoluir em direção à felicidade, num tempo proporcional ao seu esforço e à sua vontade.

6º Crê na existência de infinitos mundos habitados, cada um em sintonia com os diversos graus de progresso moral do Espírito, condição essencial para que neles vivam, sempre em constante evolução.

7º Crê que a vida espiritual é a vida plena do Espírito: ela é eterna, sendo a vida corpórea transitória e passageira, para nosso aperfeiçoamento e aprendizagem. Acredita no relacionamento destes dois planos, material e espiritual, e, dessa forma, aprofunda-se na comunicação entre eles, através da mediunidade.

8º Crê na caridade como única forma de evoluir e de ser feliz, de acordo com um dos mais profundos ensinamentos de Jesus: "Amar o próximo como a si mesmo".

9º Crê que o espírita tenha de ser, acima de tudo, Cristão, divulgando o Evangelho de Jesus por meio do silencioso exemplo pessoal.

10º O Espiritismo é uma Ciência, posto que a utiliza para comprovar o que ensina; é uma Filosofia porque nada impõe, permitindo que os homens analisem e raciocinem, e, principalmente, é uma Religião porque crê em Deus, e em Jesus como caminho seguro para a evolução e transformação moral.

Para conhecer mais sobre a Doutrina Espírita, leia as Obras Básicas, de Allan Kardec.